물류관련법규

Logistics-Related Laws and Regulations

유창권·김만길 공저

도서출판 두남

머리말

기업의 핵심목표는 제품을 시장에 판매하여 이윤을 획득하는 것이다. 따라서 기업의 마케팅 전략은 시장의 구조와 상황에 따라 전략적 변화를 모색해야만 한다. 과거의 시장구조가 공급자에 비해 수요자가 압도적으로 많은 푸쉬 마켓(push market)의 상황이었다면, 현재의 시장구조는 한정된 소비자에게 다수의 생산자가 동일하거나 유사한 제품을 공급하는 이른바 풀 마켓(pull market)의 상황으로 변화하고 있다. 이러한 맥락에서 기업의 마케팅 전략 또한 현재와 같은 풀 마켓의 시장구조에 적합한 패러다임으로의 변화가 불가피하게 되었다.

실제로 과거의 소비자들은 고품질의 제품을 저렴한 가격에 구매하고자 하는 욕구가 지배적이었기 때문에, 기업의 마케팅 전략은 제품의 가격과 품질관리에 초점을 맞추어 수립되고 추진되어 왔다. 그러나 글로벌 세계경제의 진전으로 생산기술 및 생산요소의 국가 간 이동장벽이 완화됨에 따라 제품의 품질수준과 생산가격의 차별화에 기초한 마케팅 활동이 어려워지면서, 기업의 전략적 관심은 소비자까지의 제품 이동에 소요되는 물류유통 비용의 절감에 집중되고 있다. 이러한 물류유통 활동의 중요성은 소비자 욕구의 고도화 내지 차별화 현상이 진전됨에 따라 더욱 확대될 것으로 예상된다. 이른바 유통과 물류의 시대가 전개되고 있는 것이다.

물류관리(logistics management)란 기업의 비용을 구성하는 요소들을 관리함으로써 물류비의 절감을 통한 제품의 판매촉진과 수익증대를 추구하는 것이라 할 수 있다. 다시 말해서, 물류관리는 경제재인 재화를 생산자로부터 소비자까지 원활하게 흐르도록 하는 업무와 관련된 제반 물류활동인 운송, 보관, 포장, 하역, 유통가공 등의 활동을 유기적(organizational)이고 시스템적(systematical)으로 관리하는 활동을 의미한다.

이와 같은 관리활동을 통해 기업은 물류비용을 감소시키고, 물류활동의 본원적 기능인 시간적 및 공간적 효용을 증대시킴으로써 고객에 대한 서비스 수준을 향상시킬 수 있는 것이다. 물류관리의 중요성이 기업은 물론이고 국가경제에 미치는 영향력이 확대되면서 전문 물류관리 인력 양성의 중요성 또한 증대하고 있다.

이에 본서는 국가공인 전문자격시험인 물류관리사 수험과목인 물류법규를 중심으로 기술하였다.

구체적으로 제1부에서는 물류정책기본법, 제2부에서는 물류시설의 개발 및 운영에 관한 법률, 제3부 화물자동차운수사업법, 제4부 항만운송사업법, 제5부 유통산업발전법, 제6부 철도사업법, 제7부 농수산물 유통 및 가격안정에 관한 법률 등으로 세분화하여 물류관련 법규를 정리하여 기술하였다.

하지만 막상 출판을 앞두고 보니 본래 의도한 목적이 제대로 이루어질지 두려움이 앞선다. 앞으로 부족한 내용은 지속적으로 수정·보완할 것을 약속하며, 본서의 출판을 기꺼이 승낙해 주시고 편집과정에서 정성을 다해 준 도서출판 두남의 이승구 상무님과 편집부 여러분의 노고에 진심어린 감사의 마음을 전한다.

모쪼록 이 책이 물류분야를 공부하는 학생들과 물류관리사 자격시험을 준비하는 모든 분들께 하나의 입문서가 되기를 바라며, 본서의 출판과정에서 도움을 주시고 정성과 노고를 아끼지 않은 모든 분들에게 진심어린 감사의 마음을 전한다.

2024. 2.
저자 씀

차례

PART

1

물류정책기본법

물류정책기본법	[시행 2023.10.19.]	[법 률 제19382호, 2023.04.18., 일부개정]
물류정책기본법 시행령	[시행 2023.10.19.]	[대 통 령 령 제33822호, 2023.10.18., 일부개정]
물류정책기본법 시행규칙	[시행 2023.07.10.]	[국토교통부령 제1232호, 2023.07.10., 타법개정]

제1장 총칙

1. 목적(제1조)

이 법은 물류체계의 효율화, 물류산업의 경쟁력 강화 및 물류의 선진화·국제화를 위하여 국내외 물류정책·계획의 수립·시행 및 지원에 관한 기본적인 사항을 정함으로써 국민경제의 발전에 이바지함을 목적으로 한다.

2. 용어의 정의(제2조)

1) 물류

재화가 공급자로부터 조달·생산되어 수요자에게 전달되거나 소비자로부터 회수되어 폐기될 때까지 이루어지는 운송·보관·하역 등과 이에 부가되어 가치를 창출하는 가공·조립·분류·수리·포장·상표부착·판매·정보통신 등을 말한다.

2) 물류사업

화주의 수요에 따라 유상으로 물류활동을 영위하는 것을 업으로 하는 것으로 다음의 사업을 말한다.

(1) 자동차·철도차량·선박·항공기 또는 파이프라인 등의 운송수단을 통하여 화물을 운송하는 화물운송업
(2) 물류터미널이나 창고 등의 물류시설을 운영하는 물류시설운영업
(3) 화물운송의 주선, 물류장비의 임대, 물류정보의 처리 또는 물류컨설팅 등의 업무를 하는 물류서비스업

3) 물류체계

효율적인 물류활동을 위하여 시설·장비·정보·조직 및 인력 등이 서로 유기적으로 기능을 발휘할 수 있도록 연계된 집합체를 말한다.

4) 물류시설

물류에 필요한 다음의 시설을 말한다.

① 화물의 운송·보관·하역을 위한 시설
② 화물의 운송·보관·하역 등에 부가되는 가공·조립·분류·수리·포장·상표부착·판매·정보통신 등을 위한 시설
③ 물류의 공동화·자동화 및 정보화를 위한 시설
④ ①~③의 시설이 모여 있는 물류터미널 및 물류단지

■ 물류정책기본법 시행령 [별표 1]

물류사업의 범위

대분류	세분류	세세분류
화물운송업	육상화물운송업	화물자동차운송사업, 화물자동차운송가맹사업, 철도사업
	해상화물운송업	외항정기화물운송사업, 외항부정기화물운송사업, 내항화물운송사업
	항공화물운송업	정기항공운송사업, 부정기항공운송사업, 상업서류송달업
	파이프라인운송업	파이프라인운송업
물류시설운영업	창고업(공동집배송센터운영업 포함)	일반창고업, 냉장 및 냉동 창고업, 농·수산물 창고업, 위험물품보관업, 그 밖의 창고업
	물류터미널운영업	복합물류터미널, 일반물류터미널, 해상터미널, 공항화물터미널, 화물차전용터미널, 컨테이너화물조작장(CFS), 컨테이너장치장(CY), 물류단지, 집배송단지 등 물류시설의 운영업
물류서비스업	화물취급업(하역업 포함)	화물의 하역, 포장, 가공, 조립, 상표부착, 프로그램 설치, 품질검사 등 부가적인 물류업
	화물주선업	국제물류주선업, 화물자동차운송주선사업
	물류장비임대업	운송장비임대업, 산업용 기계·장비 임대업, 운반용기 임대업, 화물자동차임대업, 화물선박임대업, 화물항공기임대업, 운반·적치·하역장비 임대업, 컨테이너·파렛트 등 포장용기 임대업, 선박대여업
	물류정보처리업	물류정보 데이터베이스 구축, 물류지원 소프트웨어 개발·운영, 물류 관련 전자문서 처리업
	물류컨설팅업	물류 관련 업무프로세스 개선 관련 컨설팅, 자동창고, 물류자동화 설비 등 도입 관련 컨설팅, 물류 관련 정보시스템 도입 관련 컨설팅
	해운부대사업	해운대리점업, 해운중개업, 선박관리업
	항만운송관련업	항만용역업, 선용품공급업, 선박연료공급업, 선박수리업, 컨테이너 수리업, 예선업
	항만운송사업	항만하역사업, 검수사업, 감정사업, 검량사업
종합물류서비스업	종합물류서비스업	종합물류서비스업

5) 물류공동화

물류기업이나 화주기업들이 물류활동의 효율성을 높이기 위하여 물류에 필요한 시설·장비·인력·조직·정보망 등을 공동으로 이용하는 것을 말한다. 다만, 「독점규제 및 공정거래 에 관한 법률」에 따라 공정거래위원회의 인가를 받은 경우는 제외한다.

6) 물류표준

「산업표준화법」에 따른 한국산업표준 중 물류활동과 관련된 것을 말한다.

7) 물류표준화

원활한 물류를 위하여 다음 사항을 물류표준으로 통일하고 단순화하는 것을 말한다.

① 시설 및 장비의 종류·형상·치수 및 구조

② 포장의 종류·형상·치수·구조 및 방법

③ 물류용어, 물류회계 및 물류 관련 전자문서 등 물류체계의 효율화에 필요한 사항

8) 단위물류정보망

기능별 또는 지역별로 관련 행정기관, 물류기업 및 그 거래처를 연결하는 일련의 물류정보체계를 말한다.

9) 제3자물류

화주가 그와 대통령령으로 정하는 특수관계에 있지 아니한 물류기업에 물류활동의 일부 또는 전부를 위탁하는 것을 말한다. "대통령령으로 정하는 특수관계"란 "경제적 연관관계 또는 경영지배관계 등에 있는 자"로서 다음의 어느 하나에 해당하는 관계를 말한다.

(1) 임원의 임면권의 행사, 사업방침의 결정 등 해당 법인의 경영에 대해 사실상 영향력을 행사하고 있다고 인정되는 자와 그 친족

(2) 소액주주 등이 아닌 주주 또는 출자자와 그 친족

(3) 다음 각 목의 어느 하나에 해당하는 자 및 이들과 생계를 함께하는 친족

① 법인의 임원·직원 또는 비소액주주등의 직원(비소액주주등이 영리법인인 경우에는 그 임원을, 비영리법인인 경우에는 그 이사 및 설립자를 말한다)

② 법인 또는 비소액주주등의 금전이나 그 밖의 자산에 의해 생계를 유지하는 자

(4) 해당 법인이 직접 또는 그와 (1)~(4)까지의 관계에 있는 자를 통해 어느 법인의 경영에 대해 지배적인 영향력을 행사하고 있는 경우 그 법인
(5) 해당 법인에 100분의 30 이상을 출자하고 있는 법인에 100분의 30 이상을 출자하고 있는 법인이나 개인
(6) 해당 법인이 「독점규제 및 공정거래에 관한 법률」에 따른 기업집단에 속하는 법인인 경우에는 그 기업집단에 소속된 다른 계열회사 및 그 계열회사의 임원

10) 국제물류주선업

타인의 수요에 따라 자기의 명의와 계산으로 타인의 물류시설·장비 등을 이용하여 수출입화물의 물류를 주선하는 사업을 말한다.

11) 물류관리사

물류관리에 관한 전문지식을 가진 자로서 제51조에 따른 자격을 취득한 자를 말한다.

12) 물류보안

공항·항만과 물류시설에 폭발물, 무기류 등 위해물품을 은닉·반입하는 행위와 물류에 필요한 시설·장비·인력·조직·정보망 및 화물 등에 위해를 가할 목적으로 행하여지는 불법행위를 사전에 방지하기 위한 조치를 말한다.

13) 국가물류정보망사업

국가, 지자체 및 제22조(물류시설간의 연계와 조화)에 따른 물류관련기관이 정보통신기술과 정보가공기술을 이용하여 물류관련 정보를 생산·수집·가공·축적·연계·활용하는 물류정보화사업을 말한다.

3. 기본이념(제3조)

이 법에 따른 물류정책은 물류가 국가 경제활동의 중요한 원동력임을 인식하고, 신속·정확하면서도 편리하고 안전한 물류활동을 촉진하며, 정부의 물류 관련 정책이 서로 조화롭게 연계되도록 하여 물류산업이 체계적으로 발전하게 하는 것을 기본이념으로 한다.

4. 국가 및 지자체의 책무(제4조)

국가는 물류활동을 원활히 하고 물류체계의 효율성을 높이기 위하여 국가 전체의 물류와 관련된 정책 및 계획을 수립하고 시행하여야 하며, 물류산업이 건전하고 고르게 발전할 수 있도록 육성하여야 한다.

지방자치단체는 국가의 물류정책 및 계획과 조화를 이루면서 지역적 특성을 고려하여 지역물류에 관한 정책 및 계획을 수립하고 시행하여야 한다.

5. 물류기업 및 화주의 책무(제5조)

물류기업 및 화주는 물류사업을 원활히 하고 물류체계의 효율성을 증진시키기 위하여 노력하고, 국가나 지자체의 물류정책 및 계획의 수립·시행에 적극 협력하여야 한다.

6. 다른 법률과의 관계(제6조)

물류에 관한 다른 법률을 제정하거나 개정하는 경우에는 이 법의 목적과 물류정책의 기본이념에 맞도록 하여야 한다. 이 법에 규정된 것 외의 물류시설의 개발 및 운영, 물류사업의 관리와 육성 등에 관하여는 따로 법률로 정한다.

제2장 물류정책의 종합·조정

제1절 물류현황조사

1. 물류현황조사(제7조)

국토교통부장관 또는 해양수산부장관은 물류에 관한 정책 또는 계획의 수립·변경을 위하여 필요하다고 판단될 때에는 관계 행정기관의 장과 미리 협의한 후 물동량의 발생현황과 이동경로, 물류시설·장비의 현황과 이용실태, 물류인력과 물류체계의 현황, 물류비, 물류산업과 국제물류의 현황 등에 관하여 조사할 수 있다. 이 경우「국가통합교통체계효율화법」에 따른 국가교통조사와 중복되지 아니하도록 하여야 한다.

국토교통부장관 또는 해양수산부장관은 다음의 자에게 물류현황조사에 필요한 자료의 제출을 요청하거나 그 일부에 대하여 직접 조사하도록 요청할 수 있다. 이 경우 협조를 요청받은 자는 특별한 사정이 없으면 요청에 따라야 한다.

① 관계 중앙행정기관의 장

② 특별시장·광역시장·특별자치시장·도지사 및 특별자치도지사(이하 "시·도지사"라 한다)

③ 물류기업 및 이 법에 따라 지원을 받는 기업·단체 등

국토교통부장관 또는 해양수산부장관은 물류현황조사를 효율적으로 수행하기 위하여 필요한 경우에는 물류현황조사의 전부 또는 일부를 전문기관으로 하여금 수행하게 할 수 있다.

국토교통부장관 또는 해양수산부장관은 물류현황조사의 결과에 따라 물류비 등 물류지표를 설정하여 물류정책의 수립 및 평가에 활용할 수 있다.

2. 물류현황조사지침(제8조)

국토교통부장관은 물류현황조사를 요청하는 경우에는 효율적인 물류현황조사

를 위하여 조사의 시기, 종류 및 방법 등에 관하여 대통령령으로 정하는 바에 따라 조사지침을 작성하여 통보할 수 있다. 조사지침을 작성하려는 경우에는 미리 관계 중앙행정기관의 장과 협의하여야 한다.

조사 지침에는 다음 각 호의 사항이 포함되어야 하며, 물류현황조사를 수행하는 자는 물류현황조사지침에 따라 조사를 수행하여야 한다.

① 조사의 종류 및 항목

② 조사의 대상·방법 및 절차

③ 조사의 체계

④ 조사의 시기 및 지역

⑤ 조사결과의 집계·분석 및 관리

⑥ 그 밖에 효율적인 물류현황조사를 위하여 필요한 사항

3. 지역물류현황조사 등(제9조)

시·도지사는 지역물류에 관한 정책 또는 계획의 수립·변경을 위하여 필요한 경우에는 해당 행정구역의 물동량 현황과 이동경로, 물류시설·장비의 현황과 이용실태, 물류산업의 현황 등에 관하여 조사할 수 있다. 이 경우 「국가통합교통체계효율화법」에 따른 국가교통조사와 중복되지 아니하도록 하여야 한다.

시·도지사는 관할 시·군 및 구(지방자치단체인 시·군 및 자치구를 말한다.)의 시장·군수 및 구청장 물류기업 및 이 법에 따라 지원을 받는 기업·단체 등에게 지역물류현황조사에 필요한 자료를 제출하도록 요청하거나 그 일부에 대하여 직접 조사하도록 요청할 수 있다. 이 경우 협조를 요청받은 자는 특별한 사정이 없는 한 이에 따라야 한다.

시·도지사는 지역물류현황조사의 효율적인 수행을 위하여 필요한 경우에는 지역물류현황조사의 전부 또는 일부를 전문기관으로 하여금 수행하게 할 수 있다.

시·도지사는 지역물류현황조사를 요청하는 경우에는 효율적인 지역물류현황조사를 위하여 조사의 시기, 종류 및 방법 등에 관하여 해당 특별시·광역시·특별자치시·도 및 특별자치도의 조례로 정하는 바에 따라 조사지침을 작성하여 통보할 수 있다.

4. 물류개선조치의 요청(제10조)

국토교통부장관 또는 해양수산부장관은 물류현황조사 등을 통하여 물류수요가

특정 물류시설이나 특정 운송수단에 치우쳐 효율적인 물류체계 운용을 해치거나 관계 중앙행정기관의 장 또는 시·도지사의 물류 관련 정책 또는 계획이 제11조의 국가물류기본계획(이하 "국가물류기본계획"이라 한다)에 위배된다고 판단될 때에는 해당 중앙행정기관의 장이나 시·도지사에게 이를 개선하기 위한 조치를 하도록 요청할 수 있다. 이 경우 국토교통부장관 또는 해양수산부장관은 미리 해당 중앙행정기관의 장 또는 시·도지사와 개선조치에 대하여 협의하여야 한다.

개선조치를 요청받은 관계 중앙행정기관의 장이나 해당 시·도지사는 특별한 사유가 없는 한 이를 개선하기 위한 조치를 강구하여야 한다.

관계 중앙행정기관의 장이나 시·도지사는 개선조치의 요청에 이의가 있는 경우에는 국가물류정책위원회(이하 "국가물류정책위원회"라 한다)에 조정을 요청할 수 있다.

제2절 물류계획의 수립·시행

1. 국가물류기본계획의 수립(제11조)

1) 국가물류기본계획의 수립의 내용

국토교통부장관 및 해양수산부장관은 국가물류정책의 기본방향을 설정하는 10년 단위의 국가물류기본계획을 5년마다 공동으로 수립하여야 한다. 국가물류기본계획에는 다음 각 호의 사항이 포함되어야 한다.

① 국내외 물류환경의 변화와 전망
② 국가물류정책의 목표와 전략 및 단계별 추진계획
③ 국가물류정보화사업에 관한 사항
④ 운송·보관·하역·포장 등 물류기능별 물류정책 및 도로·철도·해운·항공 등 운송수단별 물류정책의 종합·조정에 관한 사항
⑤ 물류시설·장비의 수급·배치 및 투자 우선순위에 관한 사항
⑥ 연계물류체계의 구축과 개선에 관한 사항
⑦ 물류 표준화·공동화 등 물류체계의 효율화에 관한 사항
⑧ 물류보안에 관한 사항
⑨ 물류산업의 경쟁력 강화에 관한 사항

⑩ 물류인력의 양성 및 물류기술의 개발에 관한 사항
⑪ 국제물류의 촉진·지원에 관한 사항
⑫ 환경친화적 물류활동의 촉진·지원에 관한 사항
⑬ 그 밖에 물류체계의 개선을 위하여 필요한 사항

2) 자료제출 요청

국토교통부장관 및 해양수산부장관은 다음 각 호의 자에 대하여 국가물류기본계획의 수립·변경을 위한 관련 기초 자료의 제출을 요청할 수 있다. 이 경우 협조를 요청받은 자는 특별한 사정이 없는 한 이에 따라야 한다.

① 관계 중앙행정기관의 장
② 시·도지사
③ 물류기업 및 이 법에 따라 지원을 받는 기업·단체 등

3) 협의 및 심의

국토교통부장관 및 해양수산부장관은 국가물류기본계획을 수립하거나 대통령령으로 정하는 중요한 사항을 변경하려는 경우에는 관계 중앙행정기관의 장 및 시·도지사와 협의한 후 국가물류정책위원회의 심의를 거쳐야 한다.

대통령령으로 정하는 중요한 사항이란 다음 각 호의 어느 하나에 해당하는 사항을 말한다. 다만, ②부터 ④까지의 사항이 「국토기본법」에 따른 국토종합계획, 「국가통합교통체계효율화법」에 따른 국가기간교통망계획이나 「물류시설의 개발 및 운영에 관한 법률」 에 따른 물류시설개발종합계획 등이 국가물류기본계획과 관련된 다른 계획의 변경으로 인한 사항을 반영하는 내용일 경우는 제외한다.

① 국가물류정책의 목표와 주요 추진전략에 관한 사항
② 물류시설·장비의 투자 우선 순위에 관한 사항
③ 국제물류의 촉진·지원에 관한 기본적인 사항
④ 그 밖에 법 제17조에 따른 국가물류정책위원회의 심의가 필요하다고 인정하는 사항

4) 통보

국토교통부장관은 국가물류기본계획을 수립하거나 변경한 때에는 이를 관보에 고시하고, 관계 중앙행정기관의 장 및 시·도지사에게 통보하여야 한다.

2. 다른 계획과의 관계(제12조)

국가물류기본계획은 「국토기본법」에 따라 수립된 국토종합계획 및 「국가통합교

통체계효율화법」에 따라 수립된 국가기간교통망계획과 조화를 이루어야 한다.

국가물류기본계획은 다른 법령에 따라 수립되는 물류에 관한 계획에 우선하며 그 계획의 기본이 된다.

3. 연도별시행계획의 수립(제13조)

국토교통부장관 및 해양수산부장관은 국가물류기본계획을 시행하기 위하여 연도별 시행계획을 매년 공동으로 수립하여야 한다. 연도별시행계획의 수립·변경을 위한 자료제출의 요청 등에 관하여는 제11조를 준용하며, 연도별시행계획의 수립 및 시행에 필요한 사항은 대통령령으로 정한다.

① 국토교통부장관 및 해양수산부장관은 국가물류기본계획의 연도별 시행계획을 수립하려는 경우에는 미리 관계 중앙행정기관의 장, 특별시장·광역시장·특별자치시장·도지사 및 특별자치도지사와 협의한 후 물류정책분과위원회의 심의를 거쳐야 한다.

② 국토교통부장관은 수립된 연도별시행계획을 관계 행정기관의 장에게 통보하여야 하며, 관계 행정기관의 장은 연도별시행계획의 원활한 시행을 위하여 적극 협조하여야 한다.

③ 관계 행정기관의 장은 전년도의 연도별시행계획의 추진실적과 해당 연도의 시행계획을 매년 2월 말까지 국토교통부장관 및 해양수산부장관에게 제출하여야 한다.

4. 지역물류기본계획의 수립(제14조)

1) 지역물류기본계획의 수립 내용

특별시장 및 광역시장은 지역물류정책의 기본방향을 설정하는 10년 단위의 지역물류기본계획을 5년마다 수립하여야 한다. 특별자치시장·도지사 및 특별자치도지사는 지역물류체계의 효율화를 위하여 필요한 경우에는 지역물류기본계획을 수립할 수 있다.

지역물류기본계획은 국가물류기본계획에 배치되지 아니하여야 하며, 다음 각 호의 사항이 포함되어야 한다.

① 지역물류환경의 변화와 전망

② 지역물류정책의 목표·전략 및 단계별 추진계획

③ 운송·보관·하역·포장 등 물류기능별 지역물류정책 및 도로·철도·해운·항공 등 운송수단별 지역물류정책에 관한 사항

④ 지역의 물류시설·장비의 수급·배치 및 투자 우선순위에 관한 사항
⑤ 지역의 연계물류체계의 구축 및 개선에 관한 사항
⑥ 지역의 물류 공동화 및 정보화 등 물류체계의 효율화에 관한 사항
⑦ 지역 물류산업의 경쟁력 강화에 관한 사항
⑧ 지역 물류인력의 양성 및 물류기술의 개발·보급에 관한 사항
⑨ 지역차원의 국제물류의 촉진·지원에 관한 사항
⑩ 지역의 환경친화적 물류활동의 촉진·지원에 관한 사항
⑪ 그 밖에 지역물류체계의 개선을 위하여 필요한 사항

2) 지역물류기본계획의 수립 지침

국토교통부장관 및 해양수산부장관은 지역물류기본계획의 수립방법 및 기준 등에 관한 지침을 공동으로 작성하여야 한다. 국토교통부장관은 지침을 작성한 경우 특별시장 및 광역시장(지역물류기본계획을 수립하는 특별자치시장·도지사 및 특별자치도지사를 포함한다.)에게 통보하여야 한다.

5. 지역물류기본계획의 수립절차(제15조)

1) 자료 제출 요청

특별시장 및 광역시장은 다음 각 호의 자에 대하여 지역물류기본계획의 수립·변경을 위한 관련 기초 자료의 제출을 요청할 수 있다. 이 경우 협조를 요청받은 자는 특별한 사정이 없는 한 이에 따라야 한다.

① 인접한 시·도의 시·도지사
② 관할 시·군·구의 시장·군수·구청장
③ 이 법에 따라 해당 시·도의 지원을 받는 기업·단체 등

2) 협의 및 심의

특별시장 및 광역시장이 지역물류기본계획을 수립하거나 대통령령이 정하는 중요한 사항을 변경하려는 경우에는 미리 해당 시·도에 인접한 시·도의 시·도지사와 협의한 후 지역물류정책위원회의 심의를 거쳐야 한다.

대통령령이 정하는 중요한 사항이란 다음 각 호의 어느 하나에 해당하는 사항을 말한다. 다만, ②호부터 ④호까지의 사항이 「국토기본법」에 따른 국토종합계획, 「국가통합교통체계효율화법」에 따른 국가기간교통망계획이나 「물류시설의 개발 및 운영에 관한 법률」에 따른 물류시설개발종합계획 등 국가물류기본계획과 관련된

다른 계획의 변경으로 인한 사항을 반영하는 내용일 경우는 제외한다.

① 지역물류정책의 목표와 주요 추진전략에 관한 사항
② 지역의 물류시설·장비의 투자 우선순위에 관한 사항
③ 지역 차원의 국제물류의 촉진·지원에 관한 기본적인 사항
④ 그 밖에 지역물류정책위원회의 심의가 필요하다고 인정하는 사항

이 경우 특별시장 및 광역시장은 수립하거나 변경한 지역물류기본계획을 국토교통부장관 및 해양수산부장관에게 통보하여야 한다.

3) 통보

특별시장 및 광역시장은 지역물류기본계획을 수립하거나 변경한 때에는 이를 공고하고, 인접한 시·도의 시·도지사, 관할 시·군·구의 시장·군수·구청장 및 이 법에 따라 해당 시·도의 지원을 받는 기업 및 단체 등에 이를 통보하여야 한다.

국토교통부장관 또는 해양수산부장관은 통보받은 지역물류기본계획에 대하여 필요한 경우 관계 중앙행정기관의 장과 협의한 후 물류정책분과위원회의 심의를 거쳐 변경을 요구할 수 있다.

6. 지역물류기본계획의 연도별 시행계획의 수립(제16조)

지역물류기본계획을 수립한 특별시장 및 광역시장은 그 계획을 시행하기 위하여 연도별 시행계획을 매년 수립하여야 한다. 지역물류시행계획의 수립·변경을 위한 자료제출의 요청 등에 관하여는 제15조제1항을 준용한다. 지역물류시행계획의 수립 및 시행에 필요한 사항은 대통령령으로 정한다.

특별시장 또는 광역시장(지역물류기본계획을 수립하는 도지사 및 특별자치도지사를 포함한다.)은 지역물류기본계획의 연도별 시행계획을 수립하려는 경우에는 미리 국토교통부장관, 관계 중앙행정기관의 장, 해당 특별시·광역시·도 및 특별자치도에 인접한 시·도의 시·도지사와 협의한 후 지역물류정책위원회의 심의를 거쳐야 한다.

특별시장 또는 광역시장은 지역물류시행계획을 수립한 경우에는 국토교통부장관, 관계 중앙행정기관의 장, 해당 시·도에 인접한 시·도의 시·도지사, 관할 시·군 및 구의 시장·군수 및 구청장에게 이를 통보하여야 한다.

해당 시·도에 인접한 시·도의 시·도지사, 관할 시·군·구의 시장·군수·구청장 및 관련 법령에 따라 해당 시·도 또는 시·군·구의 지원을 받는 기업 및 단체 등은 지역물류시행계획의 원활한 시행을 위하여 적극 협조하여야 한다.

제3절 물류정책위원회

1. 국가물류정책위원회의 설치 및 기능(제17조)

국가물류정책에 관한 주요 사항을 심의하기 위하여 국토교통부장관 소속으로 국가물류정책위원회를 둔다. 국가물류정책위원회는 다음 각 호의 사항을 심의·조정한다.

① 국가물류체계의 효율화에 관한 중요 정책 사항
② 물류시설의 종합적인 개발계획의 수립에 관한 사항
③ 물류산업의 육성·발전에 관한 중요 정책 사항
④ 물류보안에 관한 중요 정책 사항
⑤ 국제물류의 촉진·지원에 관한 중요 정책 사항
⑥ 이 법 또는 다른 법률에서 국가물류정책위원회의 심의를 거치도록 한 사항
⑦ 그 밖에 국가물류체계 및 물류산업에 관한 중요한 사항으로서 위원장이 회의에 부치는 사항

2. 국가물류정책위원회의 구성 등(제18조)

1) 국가물류정책위원회의 구성

(1) 위원

국가물류정책위원회는 위원장을 포함한 23명 이내의 위원으로 구성한다. 국가물류정책위원회의 위원장은 국토교통부장관이 되고, 위원은 다음 각 호의 자가 된다.

① 기획재정부, 교육부, 과학기술정보통신부, 외교부, 농림축산식품부, 산업통상자원부, 고용노동부, 국토교통부, 해양수산부, 중소벤처기업부, 국가정보원 및 관세청의 고위공무원단에 속하는 공무원 또는 이에 상당하는 공무원 중에서 해당 기관의 장이 지명하는 자 각 1명
② 물류 관련 분야에 관한 전문지식 및 경험이 풍부한 자 중에서 위원장이 위촉하는 10명 이내의 자

(2) 간사

국가물류정책위원회의 사무를 처리하기 위하여 간사 1명을 두되, 간사는 국토교통부 소속 공무원 중에서 위원장이 지명하는 자가 된다.

(3) 임기

공무원이 아닌 위원의 임기는 2년으로 하되, 연임할 수 있다.

(4) 전문위원

물류정책에 관한 중요 사항을 조사·연구하기 위하여 국가물류정책위원회에 5명 이내의 비상근 전문위원을 둘 수 있다. 전문위원은 다음 각 호에 해당하는 자 중에서 국토교통부장관이 위촉한다.

① 중앙행정기관의 장이 추천하는 자

② 물류 관련 분야에 관한 전문지식 및 경험이 풍부한 자

전문위원의 임기는 3년 이내로 하되, 연임할 수 있다. 이 경우 보궐위원의 임기는 전임자의 잔임기간으로 한다. 전문위원은 위원회와 분과위원회에 출석하여 발언할 수 있다.

2) 국가물류정책위원회의 운영

(1) 위원장의 직무

① 위원회의 위원장은 위원회를 대표하고, 위원회의 업무를 총괄한다.

② 위원장이 사고가 있거나 그 밖의 다른 사유로 인하여 회의에 참석하지 못하는 경우에는 위원장이 미리 지명한 위원이 그 직무를 대행한다.

(2) 위원의 해촉 등

① 위원을 지명한 자는 위원이 다음 각 호의 어느 하나에 해당하는 경우에는 그 지명을 철회할 수 있다.

- 심신장애로 인하여 직무를 수행할 수 없게 된 경우
- 직무와 관련된 비위사실이 있는 경우
- 직무태만, 품위손상이나 그 밖의 사유로 인하여 위원으로 적합하지 아니하다고 인정되는 경우
- 위원 스스로 직무를 수행하는 것이 곤란하다고 의사를 밝히는 경우

② 위원회의 위원장은 위원이 제1항 각 호의 어느 하나에 해당하는 경우에는 해당 위원을 해촉(解囑)할 수 있다.

(3) 위원회의 회의

① 위원장은 위원회의 회의를 소집하며, 그 의장이 된다.

② 위원장이 회의를 소집하려는 경우에는 회의 개최일 5일 전까지 회의의 일

시·장소 및 심의안건을 각 위원에게 통지하여야 한다. 다만, 긴급을 요하거나 부득이한 사유가 있는 경우에는 그러하지 아니하다.

③ 회의는 재적위원 과반수의 출석으로 개의하고, 출석위원 과반수의 찬성으로 의결한다.

④ 위원회는 안건 심의와 그 밖의 업무수행에 필요하다고 인정되는 관계 기관에 자료의 제출을 요청하거나 관계인 또는 전문가를 출석하게 하여 그 의견을 들을 수 있다.

(4) 간사

① 위원회의 간사는 국토교통부 소속 공무원으로서 고위공무원단에 속하는 일반직공무원 중에서 위원장이 지명한다.

② 간사는 위원장의 명을 받아 위원회의 사무를 처리한다.

(5) 수당 등

위원회 또는 분과위원회에 출석한 위원에게는 예산의 범위에서 수당과 여비를 지급할 수 있다. 다만, 공무원인 위원이 그 소관 업무와 직접 관련되어 출석하는 경우에는 그러하지 아니하다.

(6) 운영세칙

이 규정외 위원회 및 각 분과위원회의 운영에 필요한 사항은 위원회의 의결을 거쳐 위원회의 위원장이 정한다.

3. 분과위원회(제19조)

1) 분과위원회 구분

국가물류정책위원회의 업무를 효율적으로 추진하기 위하여 다음 각 호의 분과위원회를 둘 수 있다.

① 물류정책분과위원회

② 물류시설분과위원회

③ 국제물류분과위원회

각 분과위원회는 그 소관에 따라 다음 각 호의 사항을 심의·조정한다.

① 국가물류정책위원회에서 심의·조정할 안건으로서 사전 검토가 필요한 사항

② 국가물류정책위원회에서 위임한 사항

③ 이 법 또는 다른 법률에서 분과위원회의 심의·조정을 거치도록 한 사항

분과위원회가 심의·조정한 때에는 분과위원회의 심의·조정을 국가물류정책위원회의 심의·조정으로 본다. 분과위원회의 구성 및 운영 등에 필요한 사항은 대통령령으로 정한다.

2) 분과위원회의 심의 조정 사항

분과위원회는 다음 각 호의 사항을 심의·조정한다.

① 물류정책분과위원회 : 중장기 물류정책의 수립·조정, 물류산업 및 물류기업의 육성·지원, 물류인력의 양성에 관한 사항과 물류시설분과위원회 및 국제물류분과위원회의 소관에 속하지 아니하는 사항

② 물류시설분과위원회 : 물류의 공동화·표준화·정보화 및 자동화, 물류시설·장비 및 프로그램의 개발에 관한 사항

③ 국제물류분과위원회 : 국제물류협력체계 구축, 국내물류기업의 해외진출, 해외물류기업의 유치 및 환적화물의 유치, 해외물류시설 투자 등 국제물류의 촉진 및 지원에 관한 사항

3) 분과위원회의 구성

(1) 분과위원회의 위원장

분과위원회의 위원장은 해당 분과위원회의 위원 중에서 국토교통부장관(물류정책분과위원회 및 물류시설분과위원회의 경우로 한정한다) 또는 해양수산부장관(국제물류분과위원회의 경우로 한정한다)이 지명하는 사람으로 한다.

(2) 분과위원회의 위원

분과위원회의 위원은 다음 각 호의 사람이 된다.

① 중앙행정기관 중 해당 분과위원회에서 심의·조정할 사항에 관련되는 기관의 고위공무원단에 속하는 일반직공무원

② 각 분과위원회의 소관 사항에 관한 전문지식 및 경험이 풍부한 사람 중에서 성별을 고려하여 국토교통부장관이 해양수산부장관과 협의하여 위촉하는 5명 이상 10명 이내의 사람. 다만, 국제물류분과위원회의 경우에는 해양수산부장관이 국토교통부장관과 협의하여 위촉하는 5명 이상 10명 이내의 사람으로 한다.

분과위원회의 위원 중 공무원이 아닌 위원의 임기는 2년으로 하되, 연임할 수 있다.
분과위원회 운영에 관하여는 국가물류정책위원회의 운영에 관한 조항을 준용한다.

4. 지역물류정책위원회(제20조)

지역물류정책에 관한 주요 사항을 심의하기 위하여 시·도지사 소속으로 지역물류정책위원회를 둔다. 지역물류정책위원회의 구성 및 운영에 필요한 사항은 대통령령으로 정한다.

① 지역물류정책위원회는 위원장을 포함한 20명 이내의 위원으로 구성한다.

② 지역물류정책위원회의 위원장은 해당 지역의 시·도지사가 되고, 위원은 다음 각 호의 자 중에서 위원장이 위촉 또는 지명하는 자가 된다.
- 관할 및 인접 시·군·구의 시장·군수·구청장
- 해당 시·도의 물류 관련 업무를 담당하는 3급 이상의 공무원
- 물류 관련 분야에 관한 전문지식 및 경험이 풍부한 자

③ 공무원이 아닌 위원의 임기는 2년으로 하되, 연임할 수 있다.

④ 지역물류정책위원회에 관하여는 국가물류정책위원회의 운영에 관한 조항을 준용한다.

⑤ 그 밖에 지역물류정책위원회의 구성 및 운영에 필요한 사항은 해당 시·도의 조례로 정한다.

제3장 물류체계의 효율화

제1절 물류시설·장비의 확충 등

1. 물류시설·장비의 확충(제21조)

국토교통부장관·해양수산부장관 또는 산업통상자원부장관은 효율적인 물류활동을 위하여 필요한 물류시설 및 장비를 확충할 것을 물류기업에 권고할 수 있으며, 이에 필요한 행정적·재정적 지원을 할 수 있다. 물류시설 및 장비를 원활하게 확충하기 위하여 필요하다고 인정되는 경우 관계 행정기관의 장에게 필요한 지원을 요청할 수 있다.

2. 물류시설 간의 연계와 조화(제22조)

국가, 지방자치단체, "대통령령으로 정하는 물류 관련 기관 및 물류기업" 등이 새로운 물류시설을 건설하거나 기존 물류시설을 정비할 때에는 다음 각 호의 사항을 고려하여야 한다.

① 주요 물류거점시설 및 운송수단과의 연계성
② 주변 물류시설과의 기능중복 여부
③ "대통령령으로 정하는 공항·항만 또는 산업단지"의 경우 적정한 규모 및 기능을 가진 배후 물류시설 부지의 확보 여부

"대통령령으로 정하는 물류 관련 기관"이란 다음 각 호의 자를 말한다.
-「공공기관의 운영에 관한 법률」에 따른 공공기관 중 물류와 관련된 기관
-「지방공기업법」에 따른 지방공기업 중 물류와 관련된 기관
-「민법」에 따라 설립된 물류와 관련된 비영리법인

"대통령령으로 정하는 공항·항만 또는 산업단지"란 다음 각 호를 말한다.
-「공항시설법」에 따른 공항 중 화물의 운송을 위한 시설을 갖춘 공항

-「항만법」에 따른 항만 중 화물의 운송을 위한 시설을 갖춘 항만

-「산업입지 및 개발에 관한 법률」에 따른 국가산업단지

3. 물류 공동화·자동화 촉진(제23조)

1) 자금 지원

국토교통부장관·해양수산부장관·산업통상자원부장관 또는 시·도지사는 물류 공동화를 추진하는 물류기업이나 화주기업 또는 물류 관련 단체에 대하여 예산의 범위에서 필요한 자금을 지원할 수 있다.

또한 화주기업이 물류공동화를 추진하는 경우에는 물류기업이나 물류 관련 단체와 공동으로 추진하도록 권고할 수 있으며, 권고를 이행하는 경우에 우선적으로 지원을 할 수 있다. 물류기업이 다음 각 호의 어느 하나에 해당하는 경우 우선적으로 지원을 할 수 있다. [2023.4.18.개정]

① 「클라우드컴퓨팅 발전 및 이용자 보호에 관한 법률」에 따른 클라우드컴퓨팅 등 정보통신기술을 활용하여 물류공동화를 추진하는 경우

② 다음 각 목의 어느 하나에 해당하는 품목을 그에 적합한 온도를 유지하여 운송["정온(定溫)물류"]하기 위하여 물류공동화를 추진하는 경우

가. 「농업·농촌 및 식품산업 기본법」에 따른 농수산물 및 식품

나. 「약사법」에 따른 의약품

다. 그 밖에 "첨단전자 부품 등 대통령령으로 정하는 품목"

"첨단전자 부품 등 대통령령으로 정하는 품목"이란 다음 각 호의 품목을 말한다.

① 반도체 및 이차전지

② 제1호에 따른 품목 제조에 사용되는 원재료 또는 중간생산물

③ 제2호에 따른 원재료 또는 중간생산물을 생산하거나 해당 원재료 또는 중간생산물을 사용하여 제1호에 따른 품목을 생산하는 장치 또는 설비

④ 「축산법」 제2조제3호에 따른 축산물

⑤ 그 밖에 국토교통부장관·해양수산부장관 또는 산업통상자원부장관이 각각 적합한 온도를 유지하여 운송할 필요가 있다고 인정하여 고시하는 품목[본조 신설 2023.10.18.]

2) 시범지역 지정, 시범사업 운영

국토교통부장관·해양수산부장관·산업통상자원부장관 또는 시·도지사는 물류

공동화를 확산하기 위하여 필요한 경우에는 시범지역을 지정하거나 시범사업을 선정하여 운영할 수 있다. 물류기업이 물류자동화를 위하여 물류시설 및 장비를 확충하거나 교체하려는 경우에는 필요한 자금을 지원할 수 있다.

3) 필요조치의 협의

국토교통부장관 · 해양수산부장관 또는 산업통상자원부장관은 상기의 조치를 하려는 경우에는 중복을 방지하기 위하여 미리 협의하여야 한다. 시 · 도지사는 상기의 필요한 조치를 하려는 경우에는 중복을 방지하기 위하여 미리 해당 조치와 관련하여 국토교통부장관 · 해양수산부장관 또는 산업통상자원부장관과 협의하고, 그 내용을 지역물류기본계획과 지역물류시행계획에 반영하여야 한다.

제2절 물류표준화

1. 물류표준의 보급촉진 등(제24조)

국토교통부장관 또는 해양수산부장관은 물류표준화에 관한 업무를 효과적으로 추진하기 위하여 필요하다고 인정하는 경우에는 산업통상자원부장관에게 「산업표준화법」에 따른 한국산업표준의 제정 · 개정 또는 폐지를 요청할 수 있다.

국토교통부장관 · 해양수산부장관 또는 산업통상자원부장관은 물류표준의 보급을 촉진하기 위하여 필요한 경우에는 관계 행정기관, 공공기관, 물류기업, 물류에 관련된 장비의 사용자 및 제조업자에게 물류표준에 맞는 장비(이하 "물류표준장비"라 한다)를 제조 · 사용하게 하거나 물류표준에 맞는 규격으로 포장을 하도록 요청하거나 권고할 수 있다.

2. 물류표준장비의 사용자 등에 대한 우대조치(제25조)

국토교통부장관 · 해양수산부장관 또는 산업통상자원부장관은 관계 행정기관, 공공기관 및 물류기업 등에게 물류표준장비의 사용자 또는 물류표준에 맞는 규격으로 재화를 포장하는 자에 대하여 운임 · 하역료 · 보관료의 할인 및 우선구매 등의 우대조치를 할 것을 요청하거나 권고할 수 있다.

국토교통부장관 · 해양수산부장관 또는 산업통상자원부장관은 물류표준장비의 보급 확대를 위하여 물류기업, 물류표준장비의 사용자 또는 물류표준에 맞는 규격으로 재화를 포장하는 자 등에 대하여 소요자금의 융자 등 필요한 재정지원을 할 수 있다.

3. 물류회계의 표준화(제26조)

국토교통부장관은 해양수산부장관 및 산업통상자원부장관과 협의하여 물류기업 및 화주기업의 물류비 산정기준 및 방법 등을 표준화하기 위하여 "대통령령으로 정하는 기준에 따라 기업물류비 산정지침"을 작성하여 고시하여야 한다.

국토교통부장관은 물류기업 및 화주기업이 기업물류비 산정지침에 따라 물류비를 관리하도록 권고할 수 있다. 또한 해양수산부장관 및 산업통상자원부장관과 협의하여 기업물류비 산정지침에 따라 물류비를 계산·관리하는 물류기업 및 화주기업에 대하여는 필요한 행정적·재정적 지원을 할 수 있다.

"대통령령으로 정하는 기준에 따라 기업물류비 산정지침"에는 다음 각 호의 사항이 포함되어야 한다.

① 물류비 관련 용어 및 개념에 대한 정의
② 영역별·기능별 및 자가·위탁별 물류비의 분류
③ 물류비의 계산 기준 및 계산 방법
④ 물류비 계산서의 표준 서식

제3절 물류정보화

1. 물류정보화의 촉진(제27조)

국토교통부장관·해양수산부장관·산업통상자원부장관 또는 관세청장은 "물류정보화를 통한 물류체계의 효율화를 위하여 필요한 시책"을 강구하여야 한다.

"물류정보화를 통한 물류체계의 효율화 시책"을 강구할 때에는 다음 각 호의 사항이 포함되도록 하여야 한다. 각 호의 사항을 추진함에 있어서 필요한 경우에는 그 내용을 고시하거나 물류관련기관 또는 기업 등에게 이행을 권고할 수 있다.

① 물류정보의 표준에 관한 사항
② 물류분야 정보통신기술의 도입 및 확산에 관한 사항

③ 물류정보의 연계 및 공동활용에 관한 사항
④ 물류정보의 보안에 관한 사항
⑤ 그 밖에 물류효율의 향상을 위하여 필요한 사항

국토교통부장관·해양수산부장관·산업통상자원부장관 또는 관세청장은 물류정보화를 촉진하기 위하여 필요한 경우에는 예산의 범위에서 물류기업 또는 물류관련 단체에 대하여 물류정보화에 관련된 설비 또는 프로그램의 개발·운용비용의 일부를 지원할 수 있다.

2. 단위물류정보망의 구축(제28조)

1) 단위물류정보망 전담기관 지정

① 관계 행정기관 및 물류관련기관은 소관 물류정보의 수집·분석·가공 및 유통 등을 촉진하기 위하여 필요한 때에는 단위물류정보망을 구축·운영할 수 있다. 이 경우 관계 행정기관은 전담기관을 지정하여 단위물류정보망을 구축·운영할 수 있다.
② 관계 행정기관이 전담기관을 지정하여 단위물류정보망을 구축·운영하는 경우에는 소요비용의 전부 또는 일부를 예산의 범위에서 지원할 수 있다.
③ 단위물류정보망을 구축하는 행정기관 및 물류관련기관은 소관 단위물류정보망과 국가물류통합정보센터 또는 다른 단위물류정보망 간의 연계체계를 구축하여야 한다.
④ 단위물류정보망을 운영하고 있는 관계 행정기관 및 물류관련기관은 국가물류통합정보센터 및 다른 단위물류정보망을 운영하고 있는 행정기관 또는 물류관련기관이 연계를 요청하는 경우에는 상호 협의를 거쳐 특별한 사정이 없으면 이에 협조하여야 한다.
⑤ 단위물류정보망을 구축·운영하는 관계 행정기관의 장은 국가물류통합정보센터 또는 단위물류정보망 간의 연계체계를 구축하기 위하여 필요한 때에는 국토교통부장관과 협의를 거쳐 물류시설분과위원회에 국가물류통합정보센터와의 연계 또는 단위물류정보망 간의 연계체계의 조정을 요청할 수 있다.
⑥ 관계 행정기관은 대통령령으로 정하는 공공기관 또는 물류정보의 수집·분석·가공·유통과 관련한 적절한 시설장비와 인력을 갖춘 자 중에서 단위물류정보망 전담기관을 지정한다.

⑦ 단위물류정보망 전담기관의 지정에 필요한 시설장비와 인력 등의 기준과 지정절차는 대통령령으로 정한다.

⑧ 전담기관을 지정하여 단위물류정보망을 구축·운영하는 관계 행정기관은 단위물류정보망 전담기관이 다음 각 호의 어느 하나에 해당하는 경우에는 그 지정을 취소할 수 있다. 다만, 제1호에 해당하는 경우에는 지정을 취소하여야 한다.

- 거짓이나 그 밖의 부정한 방법으로 지정을 받은 경우
- 지정기준에 미달하게 된 경우

2) 단위물류정보망 전담기관의 지정절차

① 관계 행정기관은 단위물류정보망의 전부 또는 일부를 구축·운영하는 전담기관을 지정하려는 경우에는 신청방법 등을 정하여 30일 이상 관보, 공보 또는 인터넷 홈페이지에 이를 공고하여야 한다.

② 단위물류정보망 전담기관으로 지정받으려는 자는 공고가 있는 때에 국토교통부령으로 정하는 지정신청서에 첨부서류를 갖추어 관계 행정기관의 장에게 제출하여야 한다.

③ 관계 행정기관은 단위물류정보망 전담기관을 지정하려는 경우에는 신청자의 사업수행 능력과 사업계획의 타당성 등을 종합적으로 검토하여야 한다.

④ 관계 행정기관은 단위물류정보망 전담기관을 지정한 때에는 국토교통부령으로 정하는 지정증을 발급하여야 한다. 이 경우 관계 행정기관은 국토교통부장관에게 그 사실을 통보하여야 한다.

⑤ "대통령령으로 정하는 공공기관"이란 다음 각 호의 어느 하나에 해당하는 공공기관을 말한다.

- 「인천국제공항공사법」에 따른 인천국제공항공사
- 「한국공항공사법」에 따른 한국공항공사
- 「한국도로공사법」에 따른 한국도로공사
- 「한국철도공사법」에 따른 한국철도공사
- 「한국토지주택공사법」에 따른 한국토지주택공사
- 「항만공사법」에 따른 항만공사
- 규정한 기관 외에 국토교통부장관이 지정하여 고시하는 공공기관

⑥ 공공기관이 아닌 자로서 단위물류정보망 전담기관으로 지정받을 수 있는 자의 시설장비와 인력 등의 기준은 다음 각 호와 같다.

(1) 다음 각 목의 시설장비를 갖출 것

가. 물류정보 및 이와 관련된 전자문서의 송신·수신·중계 및 보관 시설장비

나. 단위물류정보망을 안전하게 운영하기 위한 보호 시설장비

다. 단위물류정보망의 정보시스템 관리 및 복제·저장 시설장비

라. 단위물류정보망에 보관된 물류정보와 전자문서의 송신·수신의 일자·시각 및 자취 등을 기록·관리하는 시설장비

마. 다른 단위물류정보망 및 국가물류통합정보센터와의 정보연계에 필요한 시설장비

(2) 다음 각 목의 인력을 보유할 것

가. 「국가기술자격법」에 따른 정보통신기사·정보처리기사 또는 전자계산기조직응용기사 이상의 국가기술자격이나 이와 동등한 자격이 있다고 국토교통부장관이 정하여 고시하는 사람 2명 이상

나. 「국가기술자격법」에 따른 정보통신분야(기술·기능 분야)에서 3년 이상 근무한 경력이 있는 사람 1명 이상

(3) 자본금이 2억원 이상인 「상법」에 따른 주식회사일 것

3. 위험물질운송안전관리센터의 설치·운영(제29조)

1) 위험물질운송안전관리센터의 설치 운영

국토교통부장관은 다음 각 호에 따른 물질(이하 "위험물질"이라 한다)의 안전한 도로운송을 위하여 위험물질을 운송하는 차량(이하 "위험물질 운송차량"이라 한다)을 통합적으로 관리하는 센터(이하 "위험물질운송안전관리센터"라 한다)를 설치·운영한다. 이 경우 국토교통부장관은 대통령령으로 정하는 바에 따라 「한국교통안전공단법」에 따른 한국교통안전공단에 위험물질운송안전관리센터의 설치·운영을 대행하게 할 수 있다.

① 「위험물안전관리법」에 따른 위험물

② 「화학물질관리법」에 따른 유해화학물질

③ 「고압가스 안전관리법」에 따른 고압가스

④ 「원자력안전법」에 따른 방사성폐기물

⑤「폐기물관리법」에 따른 지정폐기물

⑥「농약관리법」에 따른 농약과 원제(原劑)

⑦ 그 밖에 대통령령으로 정하는 물질

한국교통안전공단은 매년 다음 각 호의 사항이 포함된 다음 연도 위험물질운송안전관리센터 운영계획서를 국토교통부장관에게 제출하여 승인을 받아야 한다. 이 경우 그 운영계획서를 직전 연도 12월 15일까지 국토교통부장관에게 제출하여야 한다.

① 위험물질운송안전관리센터의 각호의 업무 수행에 관한 사항

② 업무 수행에 필요한 예산 내역

한국교통안전공단은 해당 연도의 위험물질운송안전관리센터 운영결과를 다음 연도 2월 말일까지 국토교통부장관에게 제출하여야 한다.

2) 위험물질운송안전관리센터의 업무

위험물질운송안전관리센터는 다음 각 호의 업무를 수행한다.

① 위험물질 운송차량의 소유자 및 운전자 정보, 운행정보, 사고발생 시 대응 정보 등 위험물질운송안전관리센터 운영에 필요한 정보의 수집 및 관리

② 단말장치의 장착·운용 및 운송계획정보의 입력 등에 관한 교육

③ 위험물질운송안전관리센터의 업무 수행을 지원하기 위한 전자정보시스템(이하 "위험물질운송안전관리시스템"이라 한다)의 구축·운영

④ 위험물질 운송차량의 사고 관련 상황 감시 및 사고발생 시 사고 정보 전파

⑤「도로교통법」에 따라 각 시·도경찰청장이 공고하는 통행금지 및 제한구간, 「물환경보전법」에 따른 상수원보호구역 등 통행제한 구간, 그 밖에 국토교통부령으로 정하는 통행제한 구간에 진입한 위험물질 운송차량에 대한 통행금지 알림 및 관계 기관 등에 해당 위험물질 운송차량의 통행제한구간 진입 사실 전파

⑥ 관계 행정기관과의 위험물질운송안전관리시스템 공동 활용 체계 구축

⑦ 그 밖에 위험물질 운송차량의 사고예방 및 사고발생 시 신속한 방재 지원에 필요한 사항

국토교통부장관은 예산의 범위에서 위험물질운송안전관리센터의 설치 및 운영을 대행하는 데 필요한 예산을 지원할 수 있다.

위험물질운송안전관리센터의 운영에 필요한 정보를 수집·관리 및 활용하는 자

(위험물질운송안전관리센터의 설치 및 운영을 대행하는 한국교통안전공단의 임직원과 정보를 공동으로 활용하는 관계 행정기관의 소속 직원을 포함한다)는 취득한 정보를 목적 외의 용도로 사용하여서는 아니 된다.

관계 행정기관의 장은 위험물질운송안전관리시스템을 통하여 위험물질운송안전관리센터가 수집·관리하는 정보를 공동으로 활용할 수 있다.

국토교통부장관은 위험물질운송안전관리센터의 운영을 위하여 필요한 경우에는 관계 행정기관 및 공공기관·법인 등의 장에게 소속 공무원 또는 임직원의 파견과 자료 및 정보의 제공 등 업무 수행에 필요한 협조를 요청할 수 있다. 이 경우 요청을 받은 관계 행정기관 등의 장은 특별한 사유가 없으면 그 요청에 따라야 한다.

4. 위험물질 운송차량의 소유자 등의 의무 등(제29조의2)

① 도로운송 시 위험물질운송안전관리센터의 감시가 필요한 위험물질을 운송하는 위험물질 운송차량 중 최대 적재량이 일정 기준 이상인 차량의 소유자(「자동차관리법」 제7조에 따른 자동차등록원부에 기재된 자동차 소유자를 말한다.)는 위험물질운송안전관리시스템과 무선통신이 가능하고 위험물질 운송차량의 위치정보의 수집 등이 가능한 이동통신단말장치를 차량에 장착하여야 한다. 이 경우 도로운송 시 위험물질운송안전관리센터의 감시가 필요한 위험물질의 종류 및 위험물질 운송차량의 최대 적재량 기준 등은 관계 중앙행정기관의 장과 협의를 거쳐 국토교통부령으로 정한다.

② 단말장치를 장착한 위험물질 운송차량의 소유자는 단말장치의 정상적인 작동 여부를 점검·관리하여야 하며, 단말장치 장착차량의 운전자는 위험물질을 운송하는 동안 단말장치의 작동을 유지하여야 한다.

③ 국토교통부장관은 위험물질 운송차량의 소유자가 단말장치를 장착·운용하는 데 필요한 비용의 전부 또는 일부를 지원할 수 있다.

④ 단말장치의 장착·기술 기준 및 점검·관리 방법 등 단말장치의 장착·운용에 필요한 사항은 국토교통부령으로 정한다.

⑤ 단말장치 장착차량의 소유자는 위험물질을 운송하려는 경우 사전에 국토교통부령으로 정하는 바에 따라 해당 차량의 운전자 정보, 운송하는 위험물질의 종류, 출발지 및 목적지 등 운송계획에 관한 정보를 위험물질운송안전관리시스템에 입력하여야 한다.

⑥ 국토교통부장관은 단말장치의 장착·기술 기준 및 운송계획정보를 입력하기 위하여 필요한 사항을 정할 때에는 사전에 관계 중앙행정기관의 장과 협의하여야 한다.

⑦ 국토교통부장관은 단말장치의 장착·운용 및 운송계획정보의 입력에 대한 위반 여부를 확인하기 위하여 관계 공무원 또는 위험물질운송단속원(한국교통안전공단의 임직원 중에서 위험물질 운송안전 관리 업무를 담당하는 사람을 말한다.)으로 하여금 위험물질 운송차량을 조사하게 하거나 위험물질 운송차량의 사업장에 출입하여 관련 서류 등을 조사하게 할 수 있다.

⑧ 위험물질 운송차량의 소유자, 운전자 또는 관련 사업장의 관계인은 정당한 사유 없이 출입·조사를 거부·방해 또는 기피하여서는 아니 된다.

⑨ 출입·조사를 하는 공무원 또는 위험물질운송단속원은 그 권한을 표시하는 증표를 지니고 이를 관계인에게 보여주어야 한다.

5. 단말장치의 장착 및 운행중지 명령(제29조의3)

국토교통부장관은 단말장치를 장착하지 아니하거나, 단말장치의 장착·기술 기준을 준수하지 아니한 자에게 국토교통부령으로 정하는 바에 따라 기간을 정하여 단말장치를 장착하거나 개선할 것을 명할 수 있다. 국토교통부장관은 조치명령을 받은 자가 그 명령을 이행하지 아니한 경우 그 위험물질 운송차량의 운행중지를 명할 수 있다.

6. 국가물류통합데이터베이스의 구축(제30조)

국토교통부장관은 해양수산부장관·산업통상자원부장관 및 관세청장과 협의하여 관계 행정기관, 물류관련기관 또는 물류기업 등이 구축한 단위물류정보망으로부터 필요한 정보를 제공받거나 물류현황조사에 따라 수집된 정보를 가공·분석하여 물류 관련 자료를 총괄하는 국가물류통합데이터베이스를 구축할 수 있다. 필요한 경우 관계 행정기관, 지방자치단체, 물류관련기관 또는 물류기업 등에 대하여 자료의 제공을 요청할 수 있다.

7. 국가물류통합정보센터의 설치·운영(제30조의2)

1) 국가물류통합정보센터의 설치

국토교통부장관은 국가물류통합데이터베이스를 구축하고 물류정보를 가공·축적·제공하기 위한 통합정보체계를 갖추기 위하여 국가물류통합정보센터를 설치·운영할 수 있다. 다음 각 호의 어느 하나에 해당하는 자를 국가물류통합정보센터의 운영자로 지정할 수 있다.

① 중앙행정기관

② 대통령령으로 정하는 공공기관

③ 「정부출연연구기관 등의 설립·운영 및 육성에 관한 법률」 또는 「과학기술분야 정부출연연구기관 등의 설립·운영 및 육성에 관한 법률」에 따른 정부출연연구기관

④ 물류관련협회

⑤ 그 밖에 자본금 2억원 이상, 업무능력 등 대통령령으로 정하는 기준과 자격을 갖춘 「상법」상의 주식회사

국토교통부장관은 해양수산부장관·산업통상자원부장관 및 관세청장과 협의하여 국가물류통합정보센터의 효율적인 운영을 위하여 지정된 자에게 필요한 지원을 할 수 있다. 국가물류통합정보센터운영자의 지정에 필요한 절차 및 지정기준 등은 대통령령으로 정한다.

2) 국가물류통합정보센터의 지정절차

① 국토교통부장관은 국가물류통합정보센터의 전부 또는 일부를 운영하는 자를 지정하려는 경우에는 미리 물류시설분과위원회의 심의를 거쳐 신청방법 등을 정하여 30일 이상 관보 또는 인터넷 홈페이지에 이를 공고하여야 한다.

② 국가물류통합정보센터운영자로 지정받으려는 자는 공고가 있는 때에 국토교통부령으로 정하는 지정신청서에 첨부서류를 갖추어 국토교통부장관에게 제출하여야 한다.

③ 국토교통부장관은 국가물류통합정보센터운영자를 지정하려는 경우에는 신청자의 사업수행 능력과 사업계획의 타당성 등을 종합적으로 검토하여야 한다.

④ 국토교통부장관은 국가물류통합정보센터운영자를 지정한 때에는 국토교통부령으로 정하는 지정증을 발급하고, 그 사실을 관보 또는 인터넷 홈페이지에 공고하여야 한다.

⑤ "자본금 2억원 이상, 업무능력 등 대통령령으로 정하는 기준과 자격"이란 다음 각 호를 말한다.

1. 자본금이 2억원 이상일 것
2. 다음 각 목의 시설장비를 갖출 것
   가. 물류정보 및 이와 관련된 전자문서의 송신·수신·중계 및 보관 시설장비
   나. 국가물류통합정보센터를 안전하게 운영하기 위한 보호 시설장비
   다. 국가물류통합정보센터의 정보시스템 관리 및 복제·저장 시설장비
   라. 국가물류통합정보센터에 보관된 물류정보와 전자문서의 송신·수신의 일자·시각 및 자취 등을 기록·관리하는 시설장비
   마. 단위물류정보망 및 외국의 물류정보망과의 정보연계에 필요한 시설장비
3. 다음 각 목의 인력을 보유할 것
   가. 물류관리사 1명 이상
   나. 「국가기술자격법」에 따른 정보통신기사·정보처리기사 또는 전자계산기조직응용기사 이상의 국가기술자격이나 이와 동등한 자격이 있다고 국토교통부장관이 정하여 고시하는 사람 1명 이상
   다. 「국가기술자격법」에 따른 정보통신분야(기술·기능 분야)에서 3년 이상 근무한 경력이 있는 사람 1명 이상
   라. 물류정보의 처리·보관 및 전송 등을 위한 표준전자문서의 개발 또는 전자문서의 송신·수신 및 중계방식과 관련된 기술 분야에서 3년 이상 근무한 경력이 있는 사람 1명 이상
   마. 국가물류통합정보센터의 시스템을 운영하고, 국가물류통합정보센터가 제공하는 물류정보의 이용자에 대한 상담이 가능한 전문요원 1명 이상

8. 지정의 취소 등(제31조)

국토교통부장관은 국가물류통합정보센터운영자가 다음 각 호의 어느 하나에 해당하는 경우에는 그 지정을 취소할 수 있다. 다만 제1호에 해당하는 경우에는 지정을 취소하여야 한다.

① 거짓이나 그 밖의 부정한 방법으로 지정을 받은 경우
② 지정기준에 미달하게 된 경우
③ 국가물류통합정보센터운영자가 국가물류통합데이터베이스의 물류정보를 영리를 목적으로 사용한 경우

9. 전자문서의 이용·개발(제32조)

1) 전자문서의 이용·개발

물류기업, 물류관련기관 및 물류 관련 단체가 "대통령령으로 정하는 물류에 관한 업무"를 전자문서(「전자문서 및 전자거래 기본법」 제2조제1호의 전자문서를 말한다.)로 처리하려는 경우에는 국토교통부령으로 정하는 전자문서를 이용하여야 한다.

국토교통부장관은 해양수산부장관 및 산업통상자원부장관과 협의하여 표준전자문서의 개발·보급계획을 수립하여야 한다.

2) 전자문서 처리 가능한 물류업무의 범위

"대통령령으로 정하는 물류에 관한 업무" 및 "대통령령으로 정하는 물류시설의 이용 등 관련 업무"란 각각 법 및 다음 각 호의 법률과 이에 따른 명령에 의한 업무 중 물류시설의 개발 및 이용, 물류사업의 지원, 물류사업에 대한 각종 신청 및 신고 그 밖에 물류관리와 관련된 업무를 말한다.

- 「선박의 입항 및 출항 등에 관한 법률」
- 「검역법」
- 「도선법」
- 「물류시설의 개발 및 운영에 관한 법률」
- 「상법」
- 「철도사업법」
- 「공항시설법」
- 「항만법」
- 「항만운송사업법」
- 「해운법」
- 「화물자동차 운수사업법」
- 그 밖에 국토교통부장관이 관계 중앙행정기관의 장과 협의하여 고시하는 법률

10. 전자문서 및 물류정보의 보안(제33조)

누구든지 단위물류정보망 또는 전자문서를 위작(僞作) 또는 변작(變作)하거나 위작 또는 변작된 전자문서를 행사하여서는 아니 된다. 누구든지 국가물류통합정보센터 또는 단위물류정보망에서 처리·보관 또는 전송되는 물류정보를 훼손하거

나 그 비밀을 침해·도용(盜用) 또는 누설하여서는 아니 된다.

국가물류통합정보센터운영자 또는 단위물류정보망 전담기관은 전자문서 및 정보처리장치의 파일에 기록되어 있는 물류정보를 대통령령으로 정하는 기간 동안(전자문서 및 물류정보의 보관기간은 2년으로 한다.) 보관하여야 한다. 또한 전자문서 및 물류정보의 보안에 필요한 보호조치를 강구하여야 한다.

누구든지 불법 또는 부당한 방법으로 보호조치를 침해하거나 훼손하여서는 아니 된다.

11. 전자문서 및 물류정보의 공개(제34조)

1) 전자문서 및 물류정보의 공개 금지

국가물류통합정보센터운영자 또는 단위물류정보망 전담기관은 "대통령령으로 정하는 경우"를 제외하고는 전자문서 또는 물류정보를 공개하여서는 아니 된다. 전자문서 또는 물류정보를 공개하려는 때에는 미리 대통령령으로 정하는 이해관계인의 동의를 받아야 한다.

2) 전자문서 및 물류정보의 공개의 예외

"대통령령으로 정하는 경우"란 국가의 안전보장에 위해가 없고 기업의 영업비밀을 침해하지 아니하는 경우로서 다음 각 호의 어느 하나에 해당하는 경우를 말한다.

① 관계 중앙행정기관 또는 지방자치단체가 행정목적상의 필요에 따라 신청하는 경우
② 수사기관이 수사목적상의 필요에 따라 신청하는 경우
③ 법원의 제출명령에 따른 경우
④ 다른 법률에 따라 공개하도록 되어 있는 경우
⑤ 그 밖에 국가물류통합정보센터운영자 또는 단위물류정보망 전담기관의 요청에 따라 국토교통부장관이 공개할 필요가 있다고 인정하는 경우

국가물류통합정보센터운영자 또는 단위물류정보망 전담기관은 전자문서 또는 물류정보를 공개하려는 때에는 신청 등이 있은 날부터 60일 이내에 서면(전자문서를 포함한다)으로 이해관계인의 동의를 받아야 한다.

"대통령령으로 정하는 이해관계인"이란 공개하려는 전자문서 또는 물류정보에 대하여 직접적인 이해관계를 가진 자를 말한다.

12. 전자문서 이용의 촉진(제35조)

국토교통부장관은 해양수산부장관 및 산업통상자원부장관과 협의하여 물류기업, 물류관련기관 및 물류 관련 단체에 대통령령으로 정하는 물류시설의 이용 등 관련 업무를 전자문서로 처리할 것을 요청할 수 있다.

국토교통부장관은 해양수산부장관 및 산업통상자원부장관과 협의하여 전자문서로 업무를 처리하는 물류기업에 대하여 물류관련기관으로 하여금 해당 화물의 우선처리 · 요금할인 등 우대조치를 할 것을 요청할 수 있다.

제4절 국가 물류보안 시책의 수립 및 지원 등

1. 국가 물류보안 시책의 수립 및 지원(제35조의2)

국토교통부장관은 관계 중앙행정기관의 장과 협의하여 국가 물류보안 수준을 향상시키기 위하여 물류보안 관련 제도 및 물류보안 기술의 표준을 마련하는 등 국가 물류보안 시책을 수립 · 시행하여야 한다. 관계 중앙행정기관의 장과 협의하여 물류기업 또는 화주기업이 다음 각 호의 어느 하나에 해당하는 활동을 하는 경우에는 행정적 · 재정적 지원을 할 수 있다.

① 물류보안 관련 시설 · 장비의 개발 · 도입

② 물류보안 관련 제도 · 표준 등 국가 물류보안 시책의 준수

③ 물류보안 관련 교육 및 프로그램의 운영

④ 그 밖에 "대통령령으로 정하는 물류보안 활동"

"대통령령으로 정하는 물류보안 활동"이란 다음 각 호의 어느 하나에 해당하는 활동을 말한다.

- 물류보안 관련 시설 · 장비의 유지 · 관리
- 물류보안 사고 발생에 따른 사후복구조치
- 그 밖에 국토교통부장관이 정하여 고시하는 활동

2. 물류보안 관련 국제협력 증진(제35조의3)

국토교통부장관은 관계 중앙행정기관의 장과 협의하여 물류보안 관련 국제협력

의 증진을 위한 시책을 수립·시행하여야 한다. 물류보안 관련 국제협력을 위한 외국 및 국제기구와의 물류보안 관련 공동연구, 전문인력의 상호파견, 물류보안 기술개발 정보의 공유 등 물류보안 관련 국제협력을 위하여 필요한 사항은 대통령령으로 정한다.

국토교통부장관 및 해양수산부장관은 물류보안 관련 국제협력에 필요한 경비를 예산의 범위에서 지원할 수 있다. 또한 물류보안 표준이 국제적인 기준과 조화를 이루도록 하여야 한다.

제4장 물류산업의 경쟁력 강화

제1절 물류산업의 육성

1. 물류산업의 육성 등(제36조)

1) 물류산업의 육성

국토교통부장관 및 해양수산부장관은 화주기업에 대하여 운송·보관·하역 등의 물류서비스를 일관되고 통합된 형태로 제공하는 물류기업을 우선적으로 육성하는 등 물류산업의 경쟁력을 강화하는 시책을 강구하여야 한다.

국토교통부장관·해양수산부장관 또는 산업통상자원부장관은 물류기업의 육성을 위하여 다음 각 호의 조치를 할 수 있다.

① 이 법 또는 "대통령령으로 정하는 물류 관련 법률"에 따라 국가 또는 지방자치단체의 지원을 받는 물류시설에의 우선 입주를 위한 지원

② 물류시설·장비의 확충, 물류 표준화·정보화 등 물류효율화에 필요한 자금의 원활한 조달을 위하여 필요한 지원

2) 물류 관련 법률

"대통령령으로 정하는 물류 관련 법률"이란 다음 각 호의 법률을 말한다.

- 시행령 제24조 제1호부터 제11호까지의 법률
- 「유통산업발전법」
- 「농수산물유통 및 가격안정에 관한 법률」
- 그 밖에 국토교통부장관이 농림축산식품부장관, 산업통상자원부장관 또는 해양수산부장관과 협의하여 고시하는 법률

2. 제3자물류의 촉진(제37조)

국토교통부장관은 해양수산부장관 및 산업통상자원부장관과 협의하여 화주기

업과 물류기업의 제3자물류 촉진을 위한 시책을 수립·시행하고 지원하여야 한다. 또한 화주기업 또는 물류기업이 다음 각 호의 어느 하나에 해당하는 활동을 하는 때에는 행정적·재정적 지원을 할 수 있다.

① 제3자물류를 활용하기 위한 목적으로 화주기업이 물류시설을 매각·처분하거나 물류기업이 물류시설을 인수·확충하려는 경우
② 제3자물류를 활용하기 위한 목적으로 물류컨설팅을 받으려는 경우
③ 그 밖에 제3자물류 촉진을 위하여 필요하다고 인정하는 경우

국토교통부장관은 해양수산부장관 및 산업통상자원부장관과 협의하여 제3자물류 활용을 촉진하기 위하여 제3자물류 활용의 우수사례를 발굴하고 홍보할 수 있다.

3. 물류신고센터의 설치 등(제37조의2)

1) 물류신고센터의 설치

국토교통부장관 또는 해양수산부장관은 물류시장의 건전한 거래질서를 조성하기 위하여 물류신고센터를 설치·운영할 수 있다. 누구든지 물류시장의 건전한 거래질서를 해치는 다음 각 호의 행위로 분쟁이 발생하는 경우 그 사실을 물류신고센터에 신고할 수 있다.

① 화물의 운송·보관·하역 등에 관하여 체결된 계약을 정당한 사유 없이 이행하지 아니하거나 일방적으로 계약을 변경하는 행위
② 화물의 운송·보관·하역 등의 단가를 인하하기 위하여 고의적으로 재입찰하거나 계약단가 정보를 노출하는 행위
③ 화물의 운송·보관·하역 등에 관하여 체결된 계약의 범위를 벗어나 과적·금전 등을 제공하도록 강요하는 행위
④ 화물의 운송·보관·하역 등에 관하여 유류비의 급격한 상승 등 비용 증가분을 계약단가에 반영하는 것을 지속적으로 회피하는 행위

물류신고센터의 설치 및 운영에 필요한 사항은 대통령령으로 정한다.

2) 물류신고센터의 설치 및 운영

물류신고센터는 다음 각 호의 업무를 수행한다.

① 신고의 접수, 신고 내용에 대한 사실관계 확인 및 조사
② 조정의 권고
③ 자료의 제출 또는 보고의 요구

④ 그 밖에 신고업무 처리에 필요한 사항

물류신고센터의 장은 국토교통부 또는 해양수산부의 물류정책을 총괄하는 부서의 장으로서 국토교통부장관 또는 해양수산부장관이 지명하는 사람이 된다.

3) 물류분쟁의 신고 등 (규칙 제4조의 2)

(1) 신고절차

첫째, 분쟁 사실을 신고하려는 자는 별지 신고서(전자문서로 된 신고서를 포함한다)를 물류신고센터에 제출해야 한다. 신고서를 받은 물류신고센터는 다음 각 호의 사항을 확인할 수 있다.

① 사실관계의 확인

② 신고자 및 피신고자의 인적사항

③ 신고 내용을 증명할 수 있는 참고인 또는 증거자료의 확보 여부

④ 신고 내용의 확인 시 물류신고센터 및 관계 공무원 외의 자에게 신고자의 신분을 밝히거나 암시하는 것에 대한 동의 여부

둘째, 물류신고센터는 확인 결과 보완이 필요하다고 인정하는 때에는 신고자로 하여금 15일 이내의 기간을 정하여 그 내용을 보완하게 할 수 있다. 다만, 15일 이내에 자료를 보완하기 곤란한 사유가 있다고 인정되는 경우에는 신고자와 협의하여 보완기간을 따로 정할 수 있다.

셋째, 물류신고센터는 접수된 신고 내용을 별지 접수대장에 기록·관리해야 한다. 이 경우 전자적 방법으로 기록·관리할 수 있다.

(2) 물류분쟁 신고의 종결처리

물류신고센터는 다음 각 호의 어느 하나에 해당하는 경우 접수된 신고를 종결할 수 있다. 이 경우 종결 사실과 그 사유를 신고자에게 서면 등의 방법으로 통보해야 한다.

① 신고 내용이 명백히 거짓인 경우

② 신고자가 제4조의2제3항에 따른 보완요구를 받고도 보완기간에 보완을 하지 않는 경우

③ 신고에 대한 처리결과를 통보받은 사항에 대하여 정당한 사유 없이 다시 신고한 경우로서 새로운 증거자료 또는 참고인이 없는 경우

④ 신고 내용이 재판에 계류 중이거나 법원의 판결에 의해 확정된 경우

⑤ 신고 내용이 이미 수사나 감사 중에 있는 경우

⑥ 그 밖에 신고 내용을 확인할 수 없는 등 분쟁 처리가 불가능하다고 물류신고센터의 장이 인정하는 경우

(3) 물류분쟁 신고의 처리

① 물류신고센터는 신고서를 받은 날부터 60일 이내에 신고를 처리하고 그 결과를 신고자에게 통지해야 한다. 이 경우 제4조의2제3항에 따른 보완기간은 제외한다.

② 물류신고센터는 신고서를 받은 날부터 60일 이내에 처리가 곤란한 경우에는 30일 이내의 범위에서 그 기간을 연장할 수 있다. 이 경우 그 사유와 연장기간을 신고자에게 미리 통지해야 한다.

(4) 자문위원회

① 물류분쟁에 대한 조정의 권고 등 물류신고센터의 업무와 그 운영에 대한 국토교통부장관 또는 해양수산부장관의 자문에 응하게 하기 위하여 국토교통부 또는 해양수산부에 자문위원회를 둘 수 있다.

② 자문위원회의 구성과 운영에 필요한 사항은 국토교통부장관 또는 해양수산부장관이 각각 정한다.

4) 비밀누설 등의 금지

물류신고센터와 관련한 직무에 종사하거나 종사했던 사람(위탁받은 업무를 처리하거나 처리했던 사람을 포함한다)은 그 직무상 알게 된 사업자의 비밀을 누설하거나 목적 외에 이를 이용해서는 안 된다.

4. 보고 및 조사 등(제37조의3)

국토교통부장관 또는 해양수산부장관은 신고의 내용이 타인이나 국가 또는 지역 경제에 피해를 발생시키거나 발생시킬 우려가 있다고 인정하는 때에는 국토교통부령 또는 해양수산부령으로 정하는 바에 따라 해당 화주기업 또는 물류기업 등 이해관계인에게 조정을 권고[1]할 수 있다.

---

1) 물류신고센터가 조정을 권고하는 경우에는 다음 각 호의 사항을 명시하여 서면으로 통지해야 한다.
   1. 신고의 주요내용
   2. 조정권고 내용

국토교통부장관 또는 해양수산부장관은 신고의 내용이 「독점규제 및 공정거래에 관한 법률」, 「하도급거래 공정화에 관한 법률」, 「대리점거래의 공정화에 관한 법률」 등 다른 법률을 위반하였다고 판단되는 때에는 관계부처에 신고의 내용을 통보하여야 한다.

국토교통부장관 또는 해양수산부장관은 조정의 권고를 위하여 필요한 경우 해당 화주기업 또는 물류기업 등 이해관계인에게 국토교통부령 또는 해양수산부령으로 정하는 자료를 제출하게 하거나 보고하게 할 수 있다.[2)]

국토교통부장관 또는 해양수산부장관은 조정의 권고를 위하여 필요한 경우 관계 공무원으로 하여금 해당 화주기업 또는 물류기업 등 이해관계인의 사업장 또는 그 밖의 장소에 출입하여 장부나 서류, 그 밖의 물건을 조사하게 할 수 있다. 이 경우 조사를 하는 공무원은 그 권한을 표시하는 증표를 지니고 이를 관계인에게 내보여야 한다.

제2절 우수물류기업의 인증

1. 우수물류기업의 인증 등(제38조)

1) 우수물류기업의 인증

국토교통부장관 및 해양수산부장관은 물류기업의 육성과 물류산업 발전을 위하여 소관 물류기업을 각각 우수물류기업으로 인증할 수 있다. 우수물류기업의 인증은 물류사업별로 운영할 수 있으며, 각 사업별 인증의 주체와 대상 등에 필요한 사항은 대통령령으로 정한다.

---

3. 조정권고에 대한 수락 여부 통보기한
4. 향후 신고 처리에 관한 사항

2) 물류신고센터는 해당 화주기업 또는 물류기업 등 이해관계인에게 다음 각 호의 자료를 제출하게 하거나 관련 사항을 보고하게 할 수 있다.
1. 계약서, 거래내역 등 분쟁과 관련된 자료
2. 신고 내용을 확인하거나 증명하는 데 필요한 자료
3. 그 밖에 조정의 권고를 위하여 필요하다고 인정하는 자료

■ 물류정책기본법 시행령 [별표 1의2]

사업별 우수물류기업 인증의 주체와 대상(제27조의4 관련)

물류사업	인증 대상 물류기업	인증 주체
1. 화물운송업	화물자동차운송기업	국토교통부장관
2. 물류시설운영업	물류창고기업	국토교통부장관 또는 해양수산부장관(「항만법」 제2조제4호에 따른 항만구역에 있는 창고를 운영하는 기업의 경우만 해당한다)
3. 물류서비스업	가. 국제물류주선기업	국토교통부장관
	나. 화물정보망기업	국토교통부장관
4. 종합물류서비스업	종합물류서비스기업	국토교통부장관·해양수산부장관 공동

국토교통부장관 또는 해양수산부장관은 인증을 받은 자(이하 "인증우수물류기업"이라 한다)가 요건을 유지하는지의 여부를 대통령령으로 정하는 바에 따라 점검할 수 있다.

우수물류기업 선정을 위한 인증의 기준·절차·방법·점검 및 인증표시의 방법 등에 필요한 사항은 국토교통부와 해양수산부의 공동부령으로 정한다.

2) 인증우수물류기업에 대한 점검

국토교통부장관 또는 해양수산부장관은 우수물류기업으로 인증을 받은 자(이하 "인증우수물류기업"이라 한다)가 요건을 유지하는지에 대하여 국토교통부와 해양수산부의 공동부령으로 정하는 바에 따라 3년마다 점검하여야 한다.

국토교통부장관 또는 해양수산부장관은 인증우수물류기업이 요건을 유지하지 못한다고 판단되는 경우에는 공동부령으로 정하는 바에 따라 별도의 점검을 할 수 있다. 또한 우수물류기업 인증심사 대행기관(이하 "심사대행기관"이라 한다)으로 하여금 점검을 하게 할 수 있다.

2. 인증우수물류기업 인증의 취소 등(제39조)

국토교통부장관 또는 해양수산부장관은 소관 인증우수물류기업이 다음 각 호의 어느 하나에 해당하는 경우에는 그 인증을 취소할 수 있다. 다만, 제1호에 해당하는 때에는 인증을 취소하여야 한다.

① 거짓이나 그 밖의 부정한 방법으로 인증을 받은 경우

② 물류사업으로 인하여 공정거래위원회로부터 시정조치 또는 과징금 부과 처분을 받은 경우

③ 점검을 정당한 사유 없이 3회 이상 거부한 경우
④ 인증기준에 맞지 아니하게 된 경우
⑤ 다른 사람에게 자기의 성명 또는 상호를 사용하여 영업을 하게 하거나 인증서를 대여한 때

인증우수물류기업은 우수물류기업의 인증이 취소된 경우에는 인증서를 반납하고, 인증마크의 사용을 중지하여야 한다.

3. 인증심사 대행기관(제40조)

1) 인증심사 대행기관의 업무

국토교통부장관 및 해양수산부장관은 우수물류기업의 인증과 관련하여 우수물류기업 인증심사 대행기관을 공동으로 지정하여 다음 각 호의 업무를 하게 할 수 있다.

① 인증신청의 접수
② 요건에 맞는지에 대한 심사
③ 점검의 대행
④ 그 밖에 인증업무를 원활히 수행하기 위하여 "대통령령으로 정하는 지원업무"

2) 심사대행기관의 지정 및 지원업무

심사대행기관은 대통령령으로 정하는 바에 따라 다음 각 호의 어느 하나에 해당하는 기관 중에서 지정한다.

① 공공기관
② 정부출연연구기관

국토교통부장관과 해양수산부장관은 심사대행기관을 지정하였을 때에는 그 사실을 관보에 공고하여야 한다.

"대통령령으로 정하는 지원업무"란 다음 각 호의 업무를 말한다.

① 인증의 심사방법, 심사절차 등 인증업무에 대한 세부규정 마련
② 인증심사 계획 및 점검 계획의 수립 및 결과 보고
③ 인증심사위원의 관리
④ 인증제도 및 인증우수물류기업에 대한 홍보
⑤ 인증제도에 대한 연구
⑥ 그 밖에 공동부령으로 정하는 업무

3) 심사대행기관의 운영

심사대행기관의 장은 업무를 수행할 때 필요한 경우에는 관계 행정기관 또는 관련 있는 기관에 협조를 요청할 수 있다. 심사대행기관의 조직 및 운영 등에 필요한 사항은 공동부령으로 정한다.

국토교통부장관 및 해양수산부장관은 심사대행기관을 지도·감독하고, 그 운영비의 일부를 지원할 수 있다.

4. 심사대행기관의 지정취소(제40조의2)

국토교통부장관 및 해양수산부장관은 심사대행기관이 다음 각 호의 어느 하나에 해당하는 경우에는 공동으로 그 지정을 취소할 수 있다. 다만, 제1호에 해당하는 경우에는 지정을 취소하여야 한다.

① 거짓 또는 부정한 방법으로 지정을 받은 경우

② 고의 또는 중대한 과실로 인증 기준 및 절차를 위반한 경우

③ 정당한 사유 없이 인증업무를 거부한 경우

5. 인증서와 인증마크(제41조)

국토교통부장관 또는 해양수산부장관은 소관 인증우수물류기업에 대하여 인증서를 교부하고, 인증을 나타내는 표시("인증마크"라 한다)를 제정하여 인증우수물류기업이 사용하게 할 수 있다.

인증마크의 도안 및 표시방법 등에 대하여는 공동부령으로 정하는 바에 따라 국토교통부장관 및 해양수산부장관이 공동으로 정하여 고시한다.

인증우수물류기업이 아닌 자는 거짓의 인증마크를 제작·사용하거나 그 밖의 방법으로 인증우수물류기업임을 사칭하여서는 아니 된다.

6. 인증우수물류기업 및 우수녹색물류실천기업에 대한 지원(제42조)

국가·지방자치단체 또는 공공기관은 인증우수물류기업 또는 우수녹색물류실천기업에 대하여 대통령령으로 정하는 바에 따라 행정적·재정적 지원을 할 수 있다.

1) 국가·지방자치단체 또는 공공기관은 스스로 운영·관리하는 다음 각 호의 시설에 물류시설 우선입주대상자나 그 밖의 자보다 인증우수물류기업 또는 우수녹색물류실천기업을 우선 입주하게 할 수 있다.

① 「물류시설의 개발 및 운영에 관한 법률」에 따른 복합물류터미널·일반물류

터미널 또는 물류단지

② 「항만법」에 따른 항만배후단지 중 물류시설

③ 「산업입지 및 개발에 관한 법률」에 따른 산업단지 중 물류시설

④ 「철도산업발전기본법」에 따른 철도시설 중 물류시설 및 그 부대시설

⑤ 「공항시설법」에 따른 공항시설 중 공항구역 안에 있는 화물의 운송을 위한 시설과 그 부대시설 및 지원시설

⑥ 「유통산업발전법」에 따른 집배송시설 및 공동집배송센터

⑦ 그 밖에 국토교통부장관과 해양수산부장관이 관계 중앙행정기관의 장과 협의하여 공동으로 고시하는 물류 관련 시설

2) 국가 또는 지방자치단체는 각 호의 시설을 운영·관리하는 자에 대하여 물류시설 우선입주대상자나 그 밖의 자보다 인증우수물류기업 또는 우수녹색물류실천기업을 우선 입주하게 할 것을 권고할 수 있다.

3) 국가 또는 지방자치단체는 인증우수물류기업이 다음 각 호의 사업을 수행하는 경우에는 다른 물류기업에 우선하여 소요자금의 일부를 융자하거나 부지의 확보를 위한 지원 등을 할 수 있다.

① 물류시설의 확충

② 물류정보화·표준화 또는 공동화

③ 첨단물류기술의 개발 및 적용

④ 환경친화적 물류활동

⑤ 그 밖에 물류사업을 효율적으로 운영하기 위하여 필요한 사항으로서 공동부령으로 정하는 사항

4) 국가 또는 지방자치단체는 인증우수물류기업이 해외시장을 개척하는 경우에는 지원 외에 다음 각 호의 사항을 우선적으로 지원할 수 있다.

① 법 제49조에 따른 자금 지원

② 해외시장 개척에 소요되는 비용 지원

5) 법 제42조에 따라 국가 또는 지방자치단체는 인증우수물류기업에 대하여 다음 각 호의 자금을 우선적으로 지원할 수 있다.

① 「물류시설의 개발 및 운영에 관한 법률」에 따른 자금

② 「화물자동차 운수사업법」에 따른 자금

제3절 국제물류주선업

1. 국제물류주선업의 등록(제43조)

국제물류주선업을 경영하려는 자는 국토교통부령으로 정하는 바에 따라 시·도지사에게 등록하여야 한다.

국제물류주선업을 등록한 자가 등록한 사항 중 국토교통부령으로 정하는 중요한 사항을 변경하려는 경우에는 국토교통부령으로 정하는 바에 따라 변경등록을 하여야 한다. 등록을 하려는 자는 3억원 이상의 자본금(법인이 아닌 경우에는 6억원 이상의 자산평가액을 말한다)을 보유하고 그 밖에 대통령령으로 정하는 기준을 충족하여야 한다.

"대통령령으로 정하는 기준"이란 다음 각 호의 어느 하나에 해당하는 경우를 제외하고는 1억원 이상의 보증보험에 가입하여야 하는 것을 말한다.

① 자본금 또는 자산평가액이 10억원 이상인 경우

② 컨테이너장치장을 소유하고 있는 경우

③「은행법」제2조제1항제2호에 따른 은행으로부터 1억원 이상의 지급보증을 받은 경우

④ 1억원 이상의 화물배상책임보험에 가입한 경우

국제물류주선업자는 등록기준에 관한 사항을 3년이 경과할 때마다 국토교통부령으로 정하는 바에 따라 신고하여야 한다.

2. 등록의 결격사유(제44조)

다음 각 호의 어느 하나에 해당하는 자는 국제물류주선업의 등록을 할 수 없으며, 외국인 또는 외국의 법령에 따라 설립된 법인의 경우에는 해당 국가의 법령에 따라 다음 각 호의 어느 하나에 해당하는 경우에도 또한 같다.

① 피성년후견인 또는 피한정후견인

② 이 법,「화물자동차 운수사업법」,「항공사업법」,「항공안전법」,「공항시설법」 또는「해운법」을 위반하여 금고 이상의 실형을 선고받고 그 집행이 종료(집행이 종료된 것으로 보는 경우를 포함한다)되거나 집행이 면제된 날부터 2년이 지나지 아니한 자

③ 이 법, 「화물자동차 운수사업법」, 「항공사업법」, 「항공안전법」, 「공항시설법」 또는 「해운법」을 위반하여 금고 이상의 형의 집행유예를 선고받고 그 유예기간 중에 있는 자

④ 이 법, 「화물자동차 운수사업법」, 「항공사업법」, 「항공안전법」, 「공항시설법」 또는 「해운법」을 위반하여 벌금형을 선고받고 2년이 지나지 아니한 자

⑤ 등록이 취소된 후 2년이 지나지 아니한 자

⑥ 법인으로서 대표자가 ①부터 ⑤까지의 어느 하나에 해당하는 경우

⑦ 법인으로서 대표자가 아닌 임원 중에 ②부터 ⑤까지의 어느 하나에 해당하는 사람이 있는 경우

3. 사업의 승계(제45조)

국제물류주선업자가 그 사업을 양도하거나 사망한 때 또는 법인이 합병한 때에는 그 양수인·상속인 또는 합병 후 존속하는 법인이나 합병으로 설립되는 법인은 국제물류주선업의 등록에 따른 권리·의무를 승계한다.

국제물류주선업의 등록에 따른 권리·의무를 승계한 자는 국토교통부령으로 정하는 바에 따라 시·도지사에게 신고하여야 한다. 승계받은 자의 결격사유에 관하여는 제44조를 준용한다.

4. 사업의 휴업·폐업 관련 정보의 제공 요청(제46조)

시·도지사는 국제물류주선업자의 휴업·폐업 사실을 확인하기 위하여 필요한 경우에는 관할 세무관서의 장에게 대통령령으로 정하는 바에 따라 휴업·폐업에 관한 과세정보의 제공을 요청할 수 있다. 이 경우 요청을 받은 세무관서의 장은 정당한 사유가 없으면 그 요청에 따라야 한다.

5. 등록의 취소 등(제47조)

시·도지사는 국제물류주선업자가 다음 각 호의 어느 하나에 해당하는 경우에는 등록을 취소하거나 6개월 이내의 기간을 정하여 사업의 전부 또는 일부의 정지를 명할 수 있다. 다만, 제1호·제4호·제5호에 해당하는 경우에는 등록을 취소하여야 한다.

① 거짓이나 그 밖의 부정한 방법으로 등록을 한 경우

② 등록기준에 못 미치게 된 경우

③ 신고를 하지 아니하거나 거짓으로 신고한 경우
④ 第44조 각 호의 어느 하나에 해당하게 된 경우. 다만, 그 지위를 승계받은 상속인이 상속일부터 3개월 이내에 그 사업을 다른 사람에게 양도한 경우와 법인(합병 후 존속하는 법인 또는 합병으로 설립되는 법인을 포함한다)이 그 사유가 발생한 날부터 3개월 이내에 해당 임원을 개임한 경우에는 그러하지 아니하다.
⑤ 다른 사람에게 자기의 성명 또는 상호를 사용하여 영업을 하게 하거나 등록증을 대여한 경우

처분의 구체적인 기준과 그 밖에 필요한 사항은 국토교통부령으로 정한다.

6. 자금의 지원제(49조)

국가는 국제물류주선업의 육성을 위하여 필요하다고 인정하는 경우에는 국제물류주선업자에게 그 사업에 필요한 소요자금의 융자 등 필요한 지원을 할 수 있다.

제4절 물류인력의 양성

1. 물류인력의 양성(제50조)

1) 국토교통부장관·해양수산부장관 또는 시·도지사는 대통령령으로 정하는 물류분야의 기능인력 및 전문인력을 양성하기 위하여 다음 각 호의 사업을 할 수 있다.
   ① 화주기업 및 물류기업에 종사하는 물류인력의 역량강화를 위한 교육·연수
   ② 물류체계 효율화 및 국제물류 활성화를 위한 선진기법, 교육프로그램 및 교육교재의 개발·보급
   ③ 외국 물류대학의 국내유치활동 지원 및 국내대학과 외국대학 간의 물류교육프로그램의 공동 개발활동 지원
   ④ 물류시설의 운영과 물류장비의 조작을 담당하는 기능인력의 양성·교육
   ⑤ 그 밖에 신규 물류인력 양성, 물류관리사 재교육 또는 외국인 물류인력 교육을 위하여 필요한 사업

2) 국토교통부장관·해양수산부장관 또는 시·도지사는 다음 각 호의 어느 하나에 해당하는 자가 사업을 하는 경우에는 예산의 범위에서 사업수행에 필요한 경비의 전부나 일부를 지원할 수 있다.
   ① 정부출연연구기관
   ② 「고등교육법」 또는 「경제자유구역 및 제주국제자유도시의 외국교육기관 설립·운영에 관한 특별법」에 따라 설립된 대학이나 대학원
   ③ 그 밖에 국토교통부령 또는 해양수산부령으로 정하는 물류연수기관
3) 국토교통부장관·해양수산부장관 또는 시·도지사는 필요한 경우 국토교통부령 또는 해양수산부령으로 정하는 바에 따라 사업을 전문교육기관에 위탁하여 실시할 수 있다. 사업에 필요한 사항은 소관 업무별로 국토교통부령 또는 해양수산부령으로 정한다.
4) 시·도지사는 사업 등을 하려는 경우에는 중복을 방지하기 위하여 미리 국토교통부장관 및 해양수산부장관과 협의하고, 그 내용을 지역물류기본계획과 지역물류시행계획에 반영하여야 한다.

2. 물류관리사 자격시험(제51조)

① 물류관리사가 되려는 자는 국토교통부장관이 실시하는 시험에 합격하여야 한다.
② 시험에 응시하여 부정행위를 한 자에 대하여는 그 시험을 무효로 한다.
③ 시험의 무효 처분을 받은 자와 자격이 취소된 자는 그 처분을 받은 날 또는 자격이 취소된 날부터 3년간 시험에 응시할 수 없다.
④ 시험의 시기, 절차, 방법, 시험과목, 출제, 응시자격 및 자격증 발급 등에 필요한 사항은 대통령령으로 정한다.
⑤ 국토교통부장관은 시험의 관리 및 자격증 발급 등에 관한 업무를 대통령령으로 정하는 바에 따라 능력이 있다고 인정되는 관계 전문기관 및 단체에 위탁할 수 있다.

3. 물류관리사의 직무(제52조)

물류관리사는 물류활동과 관련하여 전문지식이 필요한 사항에 대하여 계획·조사·연구·진단 및 평가 또는 이에 관한 상담·자문, 그 밖에 물류관리에 필요한 직무를 수행한다.

4. 물류관리사 자격의 취소(제53조)

국토교통부장관은 물류관리사가 다음 각 호의 어느 하나에 해당하는 때에는 그 자격을 취소하여야 한다.

① 자격을 부정한 방법으로 취득한 때

② 다른 사람에게 자기의 성명을 사용하여 영업을 하게 하거나 자격증을 대여한 때

③ 물류관리사의 성명의 사용이나 물류관리사 자격증 대여를 알선한 때

5. 물류관리사 고용사업자에 대한 우선지원(제54조)

국토교통부장관 또는 시·도지사는 물류관리사를 고용한 물류관련 사업자에 대하여 다른 사업자보다 우선하여 행정적·재정적 지원을 할 수 있다. 시·도지사는 지원을 하려는 경우에는 중복을 방지하기 위하여 미리 국토교통부장관과 협의하여야 한다.

제5절 물류 관련 단체의 육성

1. 물류관련협회 등(제55조)

물류기업, 화주기업, 그 밖에 물류활동과 관련된 자는 물류체계를 효율화하고 업계의 건전한 발전 및 공동이익을 도모하기 위하여 필요할 경우 대통령령으로 정하는 바에 따라 협회를 설립할 수 있다. 다만, 다른 법률에서 달리 정하고 있는 경우는 제외한다.

물류관련협회를 설립하려는 경우에는 해당 협회의 회원이 될 자격이 있는 기업 100개 이상이 발기인으로 정관을 작성하여 해당 협회의 회원이 될 자격이 있는 기업 200개 이상이 참여한 창립총회의 의결을 거친 후 소관에 따라 국토교통부장관 또는 해양수산부장관의 설립인가를 받아야 한다. 물류관련협회는 설립인가를 받아 설립등기를 함으로써 성립한다. 물류관련협회는 법인으로 한다.

물류관련협회에 관하여 이 법에 규정한 것 외에는 「민법」 중 사단법인에 관한 규정을 준용한다.

국토교통부장관 및 해양수산부장관은 물류관련협회의 발전을 위하여 필요한 경

우에는 물류관련협회를 행정적·재정적으로 지원할 수 있다. 물류관련협회의 업무 및 정관 등에 필요한 사항은 대통령령으로 정한다.

2. 민·관 합동 물류지원센터(제56조)

1) 물류지원센터의 설치 및 업무

국토교통부장관·해양수산부장관·산업통상자원부장관 및 "대통령령으로 정하는 물류관련협회 및 물류관련 전문기관·단체"[3]는 공동으로 물류체계 효율화를 통한 국가경쟁력을 강화하고 국제물류사업을 효과적으로 추진하기 위하여 물류지원센터를 설치·운영할 수 있다.

물류지원센터는 다음 각 호의 업무를 수행한다.

① 국내물류기업의 해외진출 및 해외물류기업의 국내투자유치 지원

② 물류산업의 육성·발전을 위한 조사·연구

③ 그 밖에 물류 공동화 및 정보화 지원 등 물류체계 효율화를 위하여 필요한 업무

물류지원센터의 설치 및 운영 등에 필요한 사항은 대통령령으로 정한다.

국토교통부장관·해양수산부장관 또는 산업통상자원부장관은 물류지원센터를 효율적으로 운영하기 위하여 필요한 경우 행정적·재정적인 지원을 할 수 있다.

2) 물류지원센터의 운영

① 물류지원센터에는 물류지원센터의 장과 업무 수행에 필요한 조직을 둔다.

② 물류지원센터의 장은 매 연도별로 사업계획을 수립하고, 물류지원센터의 조직·인사·복무·보수·회계·물품·문서의 처리에 관한 규정을 정한 후, 이에 따라 사무를 처리하여야 한다.

③ 행정적·재정적 지원을 하는 관계 중앙행정기관의 장은 해당 물류지원센터의 장에 대하여 매년 2월 말까지 전년도의 사업추진실적 및 해당 연도의 사업추진계획을 작성하여 제출할 것을 요청할 수 있다.

---

3) 시행령 제45조(물류지원센터의 설치) "대통령령으로 정하는 물류관련협회 및 물류관련 전문기관·단체"란 다음 각 호의 어느 하나에 해당하는 협회 또는 단체를 말한다.
1. 물류관련협회
2. 「화물자동차 운수사업법」에 따라 화물자동차운수사업자가 설립한 협회 및 연합회
3. 「민법」에 따라 설립된 물류와 관련된 비영리법인
4. 그 밖에 국토교통부장관이 관계 행정기관의 장과 협의하여 지정·고시하는 기관

제5장 물류의 선진화 및 국제화

제1절 물류 관련 연구개발

1. 물류 관련 신기술·기법의 연구개발 및 보급 촉진 등(제57조)

1) 물류기업에 대한 지원

국토교통부장관·해양수산부장관 또는 시·도지사는 첨단화물운송체계·클라우드컴퓨팅·무선주파수인식 및 정온(定溫)물류 등 물류 관련 신기술·기법의 연구개발 및 이를 통한 첨단 물류시설·장비·운송수단의 보급·촉진을 위한 시책을 마련하여야 한다.

국토교통부장관·해양수산부장관 또는 시·도지사는 물류기업이 다음 각 호의 활동을 하는 경우에는 이에 필요한 행정적·재정적 지원을 할 수 있다.

① 물류신기술을 연구개발하는 경우

② 기존 물류시설·장비·운송수단을 첨단물류시설등으로 전환하거나 첨단물류시설등을 새롭게 도입하는 경우

③ 그 밖에 물류신기술 및 첨단물류시설등의 개발·보급을 위하여 대통령령으로 정하는 사항

국토교통부장관 또는 해양수산부장관은 물류신기술·첨단물류시설등 중 성능 또는 품질이 우수하다고 인정되는 경우 우수한 물류신기술·첨단물류시설등으로 지정하여 이의 보급·활용에 필요한 행정적·재정적 지원을 할 수 있다. 지원의 세부적인 기준, 지정 및 지원의 기준·절차 등에 필요한 사항은 대통령령으로 정한다.

시·도지사는 조치를 하려는 경우에는 중복을 방지하기 위하여 미리 국토교통부장관 및 해양수산부장관과 협의하고, 그 내용을 지역물류기본계획과 지역물류시행계획에 반영하여야 한다.

2) 물류기업에 대한 지원 기준

국토교통부장관·해양수산부장관 또는 시·도지사는 물류기업에 행정적·재정적 지원을 하려는 경우 그 기업이 개발한 물류신기술 및 첨단물류시설등이 다음 각 호의 기준을 갖추었는지를 고려해야 한다.

① 국내에서 최초로 개발된 기술이거나 외국에서 도입해 익히고 개량된 기술일 것
② 신규성·진보성 및 안전성이 있는 기술일 것
③ 물류산업에 파급효과가 있는 기술일 것

3) 우수 물류신기술등의 지정 신청 등

우수한 물류신기술등의 지정을 받으려는 자는 다음 각 호의 서류를 첨부해서 국토교통부장관 또는 해양수산부장관에게 우수 물류신기술등의 지정을 신청해야 한다.

① 물류신기술등의 명칭·범위 및 개발배경을 적은 서류
② 물류신기술등의 내용(물류신기술등의 요지 및 물류신기술등의 신규성·진보성·안전성 등에 관한 구체적인 내용을 포함한다)을 적은 서류
③ 국내외 시장에서의 활용 전망 및 보급 가능성을 적은 서류
④ 물류신기술등의 설계도 또는 기술설명서
⑤ 그 밖에 국내외의 특허 또는 안전성 등의 시험성적서 등 물류신기술등을 심사하는 데 필요하다고 인정되는 서류

우수 물류신기술등의 지정을 신청하려는 자는 공동부령으로 정하는 바에 따라 심사에 드는 비용을 납부해야 한다.

4) 우수 물류신기술등의 지정 심사 등

국토교통부장관 또는 해양수산부장관은 지정 신청을 받으면 신청일부터 120일 이내에 우수 물류신기술등의 지정여부를 결정해야 한다.

국토교통부장관 또는 해양수산부장관은 신청된 물류신기술등이 우수 물류신기술등에 해당하는지를 심사하면서 필요한 경우 이해관계인의 의견을 듣거나 물류기술과 관련된 기관, 협회, 학회, 조합 등에 의견을 요청할 수 있다. 국토교통부장관 또는 해양수산부장관은 이해관계인의 의견을 들으려는 경우에는 신청된 물류신기술등에 관한 주요 내용을 국토교통부장관 또는 해양수산부장관이 정하는 인터넷 홈페이지 등에 공고할 수 있다.

국토교통부장관 또는 해양수산부장관은 신청된 물류신기술등이 기준에 해당하

고 그 성능 또는 품질이 우수하다고 판단되는 경우(다른 법령에 따라 신기술로 지정을 받은 경우는 제외한다) 5년의 범위에서 우수 물류신기술등으로 지정할 수 있다. 이 경우 공동부령으로 정하는 우수 물류신기술등 지정증서를 발급해야 한다. 규정한 사항 외에 우수 물류신기술등 심사의 세부기준 및 절차 등에 관한 사항은 국토교통부장관 또는 해양수산부장관이 정해서 고시한다.

5) 우수 물류신기술등의 지정기간의 연장 등

우수 물류신기술등의 지정을 받은 자가 우수 물류신기술등의 지정기간을 연장받으려면 그 지정기간이 끝나기 150일 전까지 활용실적을 증명하는 서류 및 지정기간 연장의 필요성을 적은 서류 등을 첨부해서 국토교통부장관 또는 해양수산부장관에게 제출해야 한다. 지정기간 연장 심사 및 결정 등에 대해서는 제46조의3 및 제46조의4를 준용한다.

6) 우수 물류신기술등에 대한 지원

국토교통부장관 또는 해양수산부장관은 우수 물류신기술등의 보급·활용을 촉진하기 위해서 다음 각 호에 따른 지원 또는 지원 요청을 할 수 있다.

① 우수 물류신기술등의 지정을 받은 자 및 그 기술을 이용해서 제품을 제조하는 자가 금융지원을 요청하는 경우 관계 기관에 대해 다음 각 목에 따른 자금 또는 보증의 우선 지원 요청

가. 「한국산업은행법」에 따른 한국산업은행 또는 「중소기업은행법」에 따른 중소기업은행의 지원 자금

나. 「여신전문금융업법」에 따라 신기술사업금융업을 등록한 여신전문금융회사의 신기술사업자금

다. 「기술보증기금법」에 따른 기술보증기금의 기술보증

라. 그 밖에 기술개발 및 보급 등을 위해서 정부 및 공공기관이 조성한 자금

② 공공기관에 우수 물류신기술등의 우선 적용 권고 또는 우수 물류신기술등을 적용한 제품 구매 권고

③ 우수 물류신기술등에 대한 전시회 개최, 해외진출 지원, 상용화 성능확인서 발급 등 홍보 및 기술사업화 지원

④ 해외 기술정보 등 보유 기술정보의 제공

⑤ 그 밖에 국토교통부장관 또는 해양수산부장관이 우수 물류신기술등의 보급

및 촉진을 위해서 필요하다고 인정하는 조치

공공기관은 우수 물류신기술등을 활용한 제품이나 공사 등을 발주하는 경우 국토교통부장관 또는 해양수산부장관이 정해서 고시하는 바에 따라 발주 제품 또는 공사 등과 관련된 우수 물류신기술등에 입찰 가산점 부여 등의 우대 조치를 할 수 있다.

우수 물류신기술등으로 지정을 받은 자는 그 기술 또는 제품의 활용실적을 매년 12월 31일을 기준으로 다음 해 2월 말까지 국토교통부장관 또는 해양수산부장관에게 제출해야 한다.

2. 물류 관련 연구기관 및 단체의 육성 등(제58조)

국토교통부장관·해양수산부장관 또는 시·도지사는 물류 관련 기술의 진흥 및 물류신기술의 연구개발을 위하여 관련 연구기관 및 단체를 지도·육성하여야 한다.

국토교통부장관·해양수산부장관 또는 시·도지사는 물류 관련 기술의 진흥 및 물류신기술의 연구개발을 위하여 필요하다고 인정하는 경우에는 공공기관 등으로 하여금 물류기술의 연구·개발에 투자하게 하거나 제1항에 따른 연구기관 및 단체에 출연하도록 권고할 수 있다.

국토교통부장관·해양수산부장관 또는 시·도지사는 물류분야의 연구나 물류기술의 진흥 등에 현저한 기여를 했다고 인정되는 공공기관·물류기업 또는 개인 등에게 포상할 수 있다.

제2절 환경친화적 물류의 촉진

1. 환경친화적 물류의 촉진(제59조)

국토교통부장관·해양수산부장관 또는 시·도지사는 물류활동이 환경친화적으로 추진될 수 있도록 관련 시책을 마련하여야 한다.

국토교통부장관·해양수산부장관 또는 시·도지사는 물류기업, 화주기업 또는 「화물자동차 운수사업법」에 따른 개인 운송사업자가 환경친화적 물류활동을 위하여 다음 각 호의 활동을 하는 경우에는 행정적·재정적 지원을 할 수 있다.

① 환경친화적인 운송수단 또는 포장재료의 사용
② 기존 물류시설·장비·운송수단을 환경친화적인 물류시설·장비·운송수단으로 변경
③ "그 밖에 대통령령으로 정하는 환경친화적 물류활동"[4]

시·도지사는 조치를 하려는 경우에는 중복을 방지하기 위하여 미리 국토교통부장관 및 해양수산부장관과 협의하고, 그 내용을 지역물류기본계획과 지역물류시행계획에 반영하여야 한다.

2. 환경친화적 운송수단으로의 전환촉진(제60조)

국토교통부장관·해양수산부장관 또는 시·도지사는 물류기업 및 화주기업에 대하여 환경친화적인 운송수단으로의 전환을 권고하고 지원할 수 있다. 지원대상의 세부적인 기준 및 지원내용에 필요한 사항은 대통령령으로 정한다.

1) 환경친화적 운송수단으로의 전환 지원

(1) 지원대상

① 화물자동차·철도차량·선박·항공기 등의 배출가스를 저감하거나 배출가스를 저감할 수 있는 운송수단으로 전환하는 경우 및 이를 위한 시설·장비투자를 하는 경우
② 환경친화적인 연료를 사용하는 운송수단으로 전환하는 경우 및 이를 위한 시설·장비투자를 하는 경우

(2) 지원내용

① 환경친화적 운송수단으로의 전환에 필요한 자금의 보조·융자 및 융자 알선
② 환경친화적 운송수단으로의 전환에 필요한 교육, 컨설팅 및 정보의 제공
③ 그 밖에 환경친화적 운송수단으로의 전환을 지원하기 위하여 국토교통부장관이 해양수산부장관 및 관계 행정기관의 장과 협의하여 고시하는 사항

시·도지사는 조치를 하려는 경우에는 중복을 방지하기 위하여 미리 국토교통부

---

4) 시행령 제47조(환경친화적 물류활동) "그 밖에 대통령령으로 정하는 환경친화적 물류활동"이란 다음 각 호의 활동을 말한다.
1. 환경친화적인 물류시스템의 도입 및 개발
2. 물류활동에 따른 폐기물 감량
3. 그 밖에 물류자원을 절약하고 재활용하는 활동으로서 국토교통부장관 및 해양수산부장관이 정하여 고시하는 사항

장관 및 해양수산부장관과 협의하고, 그 내용을 지역물류기본계획과 지역물류시행계획에 반영하여야 한다.

3. 녹색물류협의기구의 설치 등(제60조의2)

1) 녹색물류협의기구의 업무

국토교통부, 관계 행정기관, 물류관련협회, 물류관련 전문기관·단체, 물류기업 및 화주기업 등은 환경친화적 물류활동을 촉진하기 위하여 협의기구를 설치·운영할 수 있다.

녹색물류협의기구는 다음 각 호의 업무를 수행한다.

① 환경친화적 물류활동 촉진을 위한 정책 개발·제안 및 심의·조정

② 물류기업과 화주기업의 환경친화적 협력체계 구축을 위한 정책과 사업의 개발 및 제안

③ 환경친화적 물류활동 지원을 위한 사업의 심사 및 선정

④ 환경친화적 물류활동 촉진을 위한 연구·개발, 홍보 및 교육 등

국토교통부장관은 녹색물류협의기구가 업무를 수행하는 데 필요한 행정적·재정적 지원을 할 수 있다. 녹색물류협의기구의 구성 및 운영 등에 필요한 사항은 대통령령으로 정한다.

2) 녹색물류협의기구의 구성 및 운영 등

① 녹색물류협의기구는 위원장을 포함한 15명 이상 30명 이하의 위원으로 구성한다.

② 녹색물류협의기구의 위원장은 위원 중에서 호선(互選)한다.

③ 녹색물류협의기구의 위원은 다음 각 호의 어느 하나에 해당하는 사람 중에서 국토교통부장관이 임명 또는 위촉한다.

- 산업통상자원부, 국토교통부 및 해양수산부의 물류 또는 에너지 분야 소속 공무원 중 해당 기관의 장이 지명하는 사람 각 1명
- 물류 또는 에너지 분야 협회·전문기관·단체, 물류기업 및 화주기업에서 추천하는 사람
- 「고등교육법」에 따른 학교에서 물류 또는 에너지 분야를 가르치는 조교수 이상인 사람

④ 녹색물류협의기구의 위원 중 공무원이 아닌 위원의 임기는 2년으로 한다. 다

만, 보궐위원의 임기는 전임자 임기의 남은 기간으로 한다.

⑤ 녹색물류협의기구의 위원장은 녹색물류협의기구의 회의를 소집하고, 그 의장이 된다.

⑥ 녹색물류협의기구의 위원장이 사고가 있거나 그 밖의 다른 사유로 인하여 회의에 참석하지 못하는 경우에는 위원장이 미리 지명한 위원이 그 직무를 대행한다.

⑦ 녹색물류협의기구의 회의는 위원 과반수의 출석으로 개의하고, 출석위원 과반수의 찬성으로 의결한다.

⑧ 녹색물류협의기구의 사무를 처리하기 위하여 간사 1명을 두며, 간사는 국토교통부장관이 국토교통부 소속 공무원 중에서 지명하는 사람이 된다.

⑨ 제1항부터 제8항까지에서 규정한 사항 외에 녹색물류협의기구의 구성 및 운영에 필요한 사항은 국토교통부장관이 정하여 고시한다.

3) 녹색물류협의기구 위원의 해임 및 해촉

국토교통부장관은 위원이 다음 각 호의 어느 하나에 해당하는 경우에는 해당 위원을 해임 또는 해촉할 수 있다.

① 심신장애로 인하여 직무를 수행할 수 없게 된 경우

② 직무와 관련된 비위사실이 있는 경우

③ 직무태만, 품위손상이나 그 밖의 사유로 인하여 위원으로 적합하지 아니하다고 인정되는 경우

④ 위원 스스로 직무를 수행하는 것이 곤란하다고 의사를 밝히는 경우

4. 환경친화적 물류활동 우수기업 지정(제60조의3)

① 국토교통부장관은 환경친화적 물류활동을 모범적으로 하는 물류기업과 화주기업을 우수기업으로 지정할 수 있다.

② 우수기업으로 지정받으려는 자는 환경친화적 물류활동의 실적 등 국토교통부령으로 정하는 지정기준을 충족하여야 한다.

③ 국토교통부장관은 지정을 받은 자가 요건을 유지하는지에 대하여 국토교통부령으로 정하는 바에 따라 점검을 할 수 있다.

④ 우수녹색물류실천기업의 지정 절차 및 방법 등에 필요한 사항은 국토교통부령으로 정한다.

5. 우수녹색물류실천기업 지정증과 지정표시(제60조의4)

① 국토교통부장관은 우수녹색물류실천기업에 지정증을 발급하고, 지정을 나타내는 표시를 정하여 우수녹색물류실천기업이 사용하게 할 수 있다.

② 지정표시의 도안 및 표시 방법 등에 대해서는 국토교통부장관이 정하여 고시한다.

③ 우수녹색물류실천기업이 아닌 자는 지정표시나 이와 유사한 표시를 하여서는 아니 된다.

6. 우수녹색물류실천기업의 지정취소 등(제60조의6)

국토교통부장관은 우수녹색물류실천기업이 다음 각 호의 어느 하나에 해당하는 경우에는 그 지정을 취소할 수 있다. 다만, 제1호에 해당할 때에는 지정을 취소하여야 한다.

① 거짓이나 그 밖의 부정한 방법으로 지정을 받은 경우

② 요건을 충족하지 아니하게 된 경우

③ 점검을 정당한 사유 없이 3회 이상 거부한 경우

우수녹색물류실천기업은 지정이 취소된 경우에는 지정증을 반납하고, 지정표시의 사용을 중지하여야 한다.

7. 우수녹색물류실천기업 지정심사대행기관(제60조의7)

국토교통부장관은 우수녹색물류실천기업 지정과 관련하여 우수녹색물류실천기업 지정심사 대행기관을 지정하여 다음 각 호의 업무를 하게 할 수 있다.

① 우수녹색물류실천기업 지정신청의 접수

② 우수녹색물류실천기업의 지정기준에 충족하는지에 대한 심사

③ 우수녹색물류실천기업에 대한 점검

④ 그 밖에 지정업무를 원활히 수행하기 위하여 "대통령령으로 정하는 지원업무"[5)]

지정심사대행기관은 대통령령으로 정하는 바에 따라 다음 각 호의 어느 하나에 해당하는 기관 중에서 지정한다.국 토교통부장관은 지정심사대행기관을 지정하였을 때에는 그 사실을 관보에 공고하여야 한다.

---

5) 시행령 제48조의4(지정심사대행기관의 지원업무) "대통령령으로 정하는 지원업무"란 우수녹색물류실천기업에 대한 홍보를 말한다.

① 공공기관
② 정부출연연구기관
지정심사대행기관의 조직 및 운영 등에 필요한 사항은 국토교통부령으로 정한다.

8. 지정심사대행기관의 지정취소(제60조의8)

국토교통부장관은 지정심사대행기관이 다음 각 호의 어느 하나에 해당하는 경우에는 그 지정을 취소할 수 있다. 다만, 제1호에 해당하는 경우에는 지정을 취소하여야 한다.

① 거짓 또는 부정한 방법으로 지정을 받은 경우
② 고의 또는 중대한 과실로 지정 기준 및 절차를 위반한 경우
③ 정당한 사유 없이 지정업무를 거부한 경우

제3절 국제물류의 촉진 및 지원

1. 국제물류사업의 촉진 및 지원(제61조)

국토교통부장관·해양수산부장관 또는 시·도지사는 국제물류협력체계 구축, 국내 물류기업의 해외진출, 해외 물류기업의 유치 및 환적(換積)화물의 유치 등 국제물류 촉진을 위한 시책을 마련하여야 한다.

국토교통부장관·해양수산부장관 또는 시·도지사는 "대통령령으로 정하는 물류기업 또는 관련 전문기관·단체"[6]가 추진하는 다음 각 호의 국제물류사업에 대하

---

6) 시행령 제49조(국제물류사업에 대한 지원) "대통령령으로 정하는 물류기업 또는 관련 전문기관·단체"란 다음 각 호의 어느 하나에 해당하는 기업 또는 단체를 말한다.
1. 물류사업을 영위하는 기업
2. 「정부출연연구기관 등의 설립·운영 및 육성에 관한 법률」에 따른 다음 각 목의 정부출연연구기관
가. 국토연구원
나. 한국교통연구원
다. 한국해양수산개발원
3. 「과학기술분야 정부출연연구기관 등의 설립·운영 및 육성에 관한 법률」에 따른 한국철도기술연구원
4. 물류관련협회

여 행정적인 지원을 하거나 예산의 범위에서 필요한 경비의 전부나 일부를 지원할 수 있다.

① 물류 관련 정보·기술·인력의 국제교류
② 물류 관련 국제 표준화, 공동조사, 연구 및 기술협력
③ 물류 관련 국제학술대회, 국제박람회 등의 개최
④ 해외 물류시장의 조사·분석 및 수집정보의 체계적인 배분
⑤ 국가간 물류활동을 촉진하기 위한 지원기구의 설립
⑥ 외국 물류기업의 유치
⑦ 국내 물류기업의 해외 물류기업 인수 및 해외 물류 인프라 구축
⑧ 그 밖에 국제물류사업의 촉진 및 지원을 위하여 필요하다고 인정되는 사항

국토교통부장관 및 해양수산부장관은 범정부차원의 지원이 필요한 국가간 물류 협력체의 구성 또는 정부간 협정의 체결 등에 관하여는 미리 국가물류정책위원회의 심의를 거쳐야 한다.

국토교통부장관·해양수산부장관 또는 시·도지사는 물류기업 및 국제물류 관련 기관·단체의 국제물류활동을 촉진하기 위하여 필요한 행정적·재정적 지원을 할 수 있다.

시·도지사는 조치를 하려는 경우에는 중복을 방지하기 위하여 미리 국토교통부장관 및 해양수산부장관과 협의하고, 그 내용을 지역물류기본계획과 지역물류시행계획에 반영하여야 한다.

2. 공동투자유치 활동(제62조)

국토교통부장관·해양수산부장관 또는 시·도지사는 물류시설에 외국인투자기업 및 환적화물을 효과적으로 유치하기 위하여 필요한 경우에는 해당 물류시설관리자(공항·항만 등 물류시설의 소유권 또는 개별 법령에 따른 관리·운영권을 인정받은 자를 말한다. 이하 같다) 또는 국제물류 관련 기관·단체와 공동으로 투자유치 활동을 수행할 수 있다. 물류시설관리자와 국제물류 관련 기관·단체는 공동

---

5. 물류지원센터
6. 「화물자동차 운수사업법」에 따라 화물자동차운수사업자가 설립한 협회 및 연합회
7. 「민법」에 따라 산업통상자원부장관의 허가를 받아 설립된 한국무역협회
8. 그 밖에 국토교통부장관이 해양수산부장관 및 산업통상자원부장관과 협의하여 지정·고시하는 단체

투자 유치활동에 대하여 특별한 사유가 없는 한 적극 협조하여야 한다.

국토교통부장관·해양수산부장관 또는 시·도지사는 효율적인 투자유치를 위하여 필요하다고 인정되는 경우에는 재외공관 등 관계 행정기관 및「대한무역투자진흥공사법」에 따른 대한무역투자진흥공사 등 관련 기관·단체에 협조를 요청할 수 있다.

시·도지사는 조치를 하려는 경우에는 중복을 방지하기 위하여 미리 국토교통부장관 및 해양수산부장관과 협의하여야 한다.

3. 투자유치활동 평가(제63조)

1) 투자유치활동 평가

국토교통부장관 및 해양수산부장관은 물류시설관리자의 외국인투자기업 및 환적화물에 대한 적극적인 유치활동을 촉진하기 위하여 필요한 경우에는 해당 물류시설관리자의 투자유치활동에 대한 평가를 할 수 있다. 투자유치활동의 평가대상기관, 평가방법 및 평가결과의 반영 등에 관한 사항은 대통령령으로 정한다.

2) 투자유치활동의 평가대상기관 등

국토교통부장관 및 해양수산부장관은 다음 각 호의 물류시설에 대한 소유권 또는 관리·운영권을 인정받은 자에 대하여 투자유치활동에 대한 평가를 할 수 있다.

①「공항시설법」에 따른 공항 중 국제공항 및 그 배후지에 위치한 물류시설

②「항만법」에 따른 무역항 및 그 배후지에 위치한 물류시설

국토교통부장관 및 해양수산부장관은 평가를 위하여 필요한 경우에는 평가대상기관에 대하여 관련 자료의 제출을 요청할 수 있다. 평가에 필요한 기준과 방법은 국토교통부장관 및 해양수산부장관이 협의하여 정하되, 평가대상기관의 사업내용 및 특성, 투자유치 목표의 달성 정도와 능률성을 객관적으로 측정할 수 있도록 하여야 한다.

국토교통부장관 및 해양수산부장관은 평가대상기관에 대하여 그 평가결과에 따라 행정적·재정적 지원을 달리 할 수 있다.

제6장 보칙

1. 업무소관의 조정(제64조)

이 법에 따른 국토교통부장관·해양수산부장관 및 산업통상자원부장관의 업무소관이 중복되는 경우에는 서로 협의하여 업무소관을 조정한다.

2. 권한의 위임 및 사무의 위탁(제65조)

1) 이 법에 따른 국토교통부장관·해양수산부장관 및 산업통상자원부장관의 권한은 그 일부를 대통령령으로 정하는 바에 따라 소속 기관의 장 또는 시·도지사에게 위임할 수 있다.

(1) 국토교통부장관은 다음 각 호의 권한을 시·도지사에게 위임한다.

① 위험물질 운송차량 단말장치의 장착 및 개선명령

② 위험물질 운송차량의 운행중지명령

③ 과태료의 부과·징수

(2) 국토교통부장관 또는 해양수산부장관은 다음 각 호의 업무를「건설기술 진흥법」에 따라 설립된 기술평가기관 또는「해양수산과학기술 육성법」에 따라 설립된 해양수산과학기술진흥원에 위탁한다.

① 우수 물류신기술등의 지정 또는 지정기간 연장을 위한 신청의 접수, 심사, 의견 요청·청취 및 공고 업무

② 홍보 및 기술사업화 지원 업무

③ 보유 기술정보의 제공 업무

(3) 국토교통부장관·해양수산부장관 또는 시·도지사는 다음 각 호의 업무를 물류 분야의 전문성을 갖춘 기관·단체 또는 법인에 위탁할 수 있다.

① 신고의 접수 및 그 신고 내용에 대한 사실관계 확인

② 제출 또는 보고된 자료의 접수

③ 환경친화적 물류활동의 추진 시책 마련에 필요한 조사

④ 행정적 · 재정적 지원을 위한 신청의 접수, 확인 및 심사
⑤ 환경친화적 운송수단으로의 전환을 위한 신청의 접수, 확인 및 심사
⑥ 녹색물류협의기구의 운영

(4) 시 · 도지사는 위임받은 업무를 처리한 때에는 이를 분기별로 종합하여 해당 분기 종료 후 15일 이내에 국토교통부장관에게 보고하여야 한다. 국토교통부장관 · 해양수산부장관 또는 시 · 도지사는 업무를 위탁한 때에는 위탁받은 기관 및 위탁업무의 내용을 공고하여야 한다.

2) 이 법에 따른 국토교통부장관 · 해양수산부장관 · 산업통상자원부장관 또는 시 · 도지사의 업무는 대통령령으로 정하는 바에 따라 그 일부를 관계 기관 · 단체 또는 법인에 위탁할 수 있다.

3. 등록증 대여 등의 금지(제66조)

인증우수물류기업 · 국제물류주선업자 및 우수녹색물류실천기업은 다른 사람에게 자기의 성명 또는 상호를 사용하여 사업을 하게 하거나 그 인증서 · 등록증 또는 지정증을 대여하여서는 아니된다.

4. 물류관리사 자격증 대여 금지 등(제66조의2)

물류관리사는 다른 사람에게 자기의 성명을 사용하여 사업을 하게 하거나 물류관리사 자격증을 대여하여서는 아니 된다.

누구든지 물류관리사로부터 그 성명을 빌려 사업을 하거나 물류관리사 자격증을 대여받아서는 아니 되며, 이를 알선하여서도 아니된다.

5. 과징금(제67조)

시 · 도지사는 국제물류주선업자에게 사업의 정지를 명하여야 하는 경우로서 그 사업의 정지가 해당 사업의 이용자 등에게 심한 불편을 주는 경우에는 그 사업정지 처분을 갈음하여 1천만원 이하의 과징금을 부과할 수 있다.

과징금을 부과하는 위반행위의 종별 및 그 정도에 따른 과징금의 금액, 그 밖에 필요한 사항은 대통령령으로 정한다.

과징금을 기한 내에 납부하지 아니한 때에는 시 · 도지사는 「지방행정제재 · 부과금의 징수 등에 관한 법률」에 따라 징수한다.

6. 청문(제68조)

국토교통부장관, 해양수산부장관, 시·도지사 및 행정기관은 다음 각 호의 어느 하나에 해당하는 취소를 하려면 청문을 하여야 한다.

① 단위물류정보망 전담기관에 대한 지정의 취소
② 국가물류통합정보센터운영자에 대한 지정의 취소
③ 인증우수물류기업에 대한 인증의 취소
④ 심사대행기관 지정의 취소
⑤ 국제물류주선업자에 대한 등록의 취소
⑥ 물류관리사 자격의 취소
⑦ 우수녹색물류실천기업의 지정취소
⑧ 지정심사대행기관의 지정취소

7. 수수료(제69조)

다음 각 호의 어느 하나에 해당하는 신청을 하는 자는 국토교통부장관(업무를 위탁하는 경우 위탁받은 자를 포함한다)·해양수산부장관, 시·도지사, 심사대행기관 또는 지정심사대행기관의 장에게 수수료를 납부하여야 한다.

① 우수물류기업의 인증 또는 점검의 신청
② 국제물류주선업의 등록 또는 변경등록의 신청
③ 물류관리사 자격시험 응시와 자격증 발급의 신청
④ 우수녹색물류실천기업 지정 또는 점검의 신청

수수료의 산정기준 및 징수절차 등에 관하여 필요한 사항은 국토교통부령으로 정한다.

8. 벌칙 적용에서의 공무원 의제(제70조)

업무를 대행하는 한국교통안전공단의 임직원, 위험물질운송단속원, 심사대행기관의 임직원, 지정심사대행기관의 임직원은 「형법」에 따른 벌칙의 적용에서는 공무원으로 본다.

제7장 벌칙

1. 벌칙(제71조)

1) 전자문서를 위작 또는 변작하거나 그 사정을 알면서 위작 또는 변작된 전자문서를 행사한 자는 10년 이하의 징역 또는 1억원 이하의 벌금에 처한다. 이 경우 미수범은 본죄에 준하여 처벌한다.

2) 국가물류통합정보센터 또는 단위물류정보망에 의하여 처리·보관 또는 전송되는 물류정보를 훼손하거나 그 비밀을 침해·도용 또는 누설한 자는 5년 이하의 징역 또는 5천만원 이하의 벌금에 처한다.

3) 국가물류통합정보센터 또는 단위물류정보망의 보호조치를 침해하거나 훼손한 자는 3년 이하의 징역 또는 3천만원 이하의 벌금에 처한다.

4) 다음 각 호의 어느 하나에 해당하는 자는 1년 이하의 징역 또는 1천만원 이하의 벌금에 처한다.

① 취득한 정보를 목적 외의 용도로 사용한 자

② 전자문서 또는 물류정보를 대통령령으로 정하는 기간 동안 보관하지 아니한 자

③ 국제물류주선업의 등록을 하지 아니하고 국제물류주선업을 경영한 자

④ 자신의 성명을 사용하여 사업을 하게 하거나 물류관리사 자격증을 대여한 자

⑤ 물류관리사로부터 그 성명을 빌려 사업을 하거나 물류관리사 자격증을 대여받은 자 또는 이를 알선한 자

5) 다음 각 호의 어느 하나에 해당하는 자는 3천만원 이하의 벌금에 처한다.

① 전자문서 또는 물류정보를 공개한 자

② 거짓의 인증마크를 제작·사용하거나 그 밖의 방법으로 인증받은 기업임을 사칭한 자

6) 다음 각 호의 어느 하나에 해당하는 자는 1천만원 이하의 벌금에 처한다.

① 위험물질 운송차량의 운행중지 명령에 따르지 아니한 자

② 자료 제출 및 보고를 하지 아니하거나 거짓으로 한 자
③ 조사를 거부·방해 또는 기피한 자
④ 지정을 받지 아니하고 지정표시 또는 이와 유사한 표시를 사용한 자
⑤ 성명 또는 상호를 다른 사람에게 사용하게 하거나 인증서·등록증 또는 지정증을 대여한 자

2. 양벌규정(제72조)

법인의 대표자나 법인 또는 개인의 대리인, 사용인, 그 밖의 종업원이 그 법인 또는 개인의 업무에 관하여 위반행위를 하면 그 행위자를 벌하는 외에 그 법인 또는 개인에게도 해당 조문의 벌금형을 과(科)한다. 다만, 법인 또는 개인이 그 위반행위를 방지하기 위하여 해당 업무에 관하여 상당한 주의와 감독을 게을리하지 아니한 경우에는 그러하지 아니하다.

3. 과태료(제73조)

1) 다음 각 호의 어느 하나에 해당하는 자에게는 200만원 이하의 과태료를 부과한다.
① 자료를 제출하지 아니하거나 거짓의 자료를 제출한 자
② 변경등록을 하지 아니한 자
③ 신고를 하지 아니한 자
④ 인증마크를 계속 사용한 자
⑤ 지정표시를 계속 사용한 자
⑥ 단말장치를 장착하지 아니한 자
⑦ 단말장치를 점검·관리하지 아니하거나 단말장치의 작동을 유지하지 아니한 자
⑧ 운송계획정보를 입력하지 아니하거나 거짓으로 입력한 자
⑨ 정당한 사유 없이 출입·조사를 거부·방해 또는 기피한 자

2) 과태료는 대통령령으로 정하는 바에 따라 국토교통부장관, 해양수산부장관 또는 시·도지사가 부과·징수한다.

PART

2

물류시설의 개발 및 운영에 관한 법률

물류시설법 [시행 2023.08.16.] [법 률 제19679호, 2023.08.16., 일부개정]
물류시설법 시행령 [시행 2023.11.16.] [대 통 령 령 제33858호, 2023.11.16., 타법개정]
물류시설법 시행규칙 [시행 2023.07.10.] [국토교통부령 제1232호, 2023.07.10., 타법개정]

제1장 총칙

1. 목적(제1조)

이 법은 물류시설을 합리적으로 배치·운영하고 물류시설 용지를 원활히 공급하여 물류산업의 발전을 촉진함으로써 국가경쟁력을 강화하고 국토의 균형 있는 발전과 국민경제의 발전에 이바지함을 목적으로 한다.

2. 정의(제2조) [개정 2023.8.16, 시행일: 2024.2.17.]

1) 물류시설

① 화물의 운송·보관·하역을 위한 시설
② 화물의 운송·보관·하역과 관련된 가공·조립·분류·수리·포장·상표부착·판매·정보통신 등의 활동을 위한 시설
③ 물류의 공동화·자동화 및 정보화를 위한 시설
④ 가목부터 다목까지의 시설이 모여 있는 물류터미널 및 물류단지

2) 물류터미널

화물의 집화(集貨)·하역(荷役) 및 이와 관련된 분류·포장·보관·가공·조립 또는 통관 등에 필요한 기능을 갖춘 시설물을 말한다. 다만, 가공·조립 시설은 대통령령으로 정하는 규모 이하의 것이어야 한다. "대통령령으로 정하는 규모 이하의 것"이란 가공·조립 시설의 전체 바닥면적 합계가 물류터미널의 전체 바닥면적 합계의 4분의 1 이하인 것을 말한다.

3) 물류터미널사업

물류터미널을 경영하는 사업으로서 복합물류터미널사업과 일반물류터미널사업을 말한다. 다만, 다음 각 목의 시설물을 경영하는 사업은 제외한다.

① 「항만법」의 항만시설 중 항만구역 안에 있는 화물하역시설 및 화물보관·처리 시설

② 「공항시설법」 의 공항시설 중 공항구역 안에 있는 화물운송을 위한 시설과 그 부대시설 및 지원시설
③ 「철도사업법」 에 따른 철도사업자가 그 사업에 사용하는 화물운송·하역 및 보관 시설
④ 「유통산업발전법」 의 집배송시설 및 공동집배송센터

4) 복합물류터미널사업

두 종류 이상의 운송수단 간의 연계운송을 할 수 있는 규모 및 시설을 갖춘 물류터미널사업을 말한다.

5) 일반물류터미널사업

물류터미널사업 중 복합물류터미널사업을 제외한 것을 말한다.

(1) 물류창고

화물의 저장·관리, 집화·배송 및 수급조정 등을 위한 보관시설(주문 수요를 예측하여 소형·경량 위주의 화물을 미리 보관하고 소비자의 주문에 대응하여 즉시 배송하기 위한 주문배송시설을 포함한다)·보관장소 또는 이와 관련된 하역·분류·포장·상표부착 등에 필요한 기능을 갖춘 시설을 말한다.

(2) 물류창고업

화주(貨主)의 수요에 따라 유상으로 물류창고에 화물을 보관하거나 이와 관련된 하역·분류·포장·상표부착 등을 하는 사업을 말한다. 다만, 다음 각 목의 어느 하나에 해당하는 것은 제외한다.

① 「주차장법」에 따른 주차장에서 자동차의 보관, 「자전거 이용 활성화에 관한 법률」에 따른 자전거 주차장에서 자전거의 보관
② 「철도사업법」에 따른 철도사업자가 여객의 수하물 또는 소화물을 보관하는 것
③ 그 밖에 「위험물안전관리법」에 따른 위험물저장소에 보관하는 것 등 국토교통부와 해양수산부의 공동부령으로 정하는 것

(3) 스마트물류센터

첨단물류시설 및 설비, 운영시스템 등을 도입하여 저비용·고효율·안전성·친환경성 등에서 우수한 성능을 발휘할 수 있는 물류창고로서 국토교통부장관의 인증을 받은 물류창고를 말한다.

6) 물류단지

물류단지시설과 지원시설을 집단적으로 설치·육성하기 위하여 지정·개발하는 일단(一團)의 토지 및 시설로서 도시첨단물류단지와 일반물류단지를 말한다.

(1) 도시첨단물류단지

도시 내 물류를 지원하고 물류·유통산업 및 물류·유통과 관련된 산업의 육성과 개발을 촉진하려는 목적으로 도시첨단물류단지시설과 지원시설을 집단적으로 설치하기 위하여 「국토의 계획 및 이용에 관한 법률」에 따른 도시지역에 지정·개발하는 일단의 토지 및 시설을 말한다.

(2) 일반물류단지

물류단지 중 도시첨단물류단지를 제외한 것을 말한다.

(3) 물류단지시설

일반물류단지시설과 도시첨단물류단지시설을 말한다.

7) 일반물류단지시설

(1) 일반물류단지시설

화물의 운송·집화·하역·분류·포장·가공·조립·통관·보관·판매·정보처리 등을 위하여 일반물류단지 안에 설치되는 다음 각 목의 시설을 말한다.

① 물류터미널 및 창고

② 「유통산업발전법」의 대규모점포·전문상가단지·공동집배송센터 및 중소유통공동도매물류센터

③「농수산물유통 및 가격안정에 관한 법률」의 농수산물도매시장·농수산물공판장 및 농수산물종합유통센터

④「궤도운송법」에 따른 궤도사업을 경영하는 자가 그 사업에 사용하는 화물의 운송·하역 및 보관 시설

⑤「축산물위생관리법」의 작업장

⑥ 「농업협동조합법」·「수산업협동조합법」·「산림조합법」·「중소기업협동조합법」 또는 「협동조합 기본법」에 따른 조합 또는 그 중앙회(연합회를 포함한다)가 설치하는 구매사업 또는 판매사업 관련 시설

⑦「화물자동차 운수사업법」의 화물자동차운수사업에 이용되는 차고, 화물취급소, 그 밖에 화물의 처리를 위한 시설

⑧「약사법」의 의약품 도매상의 창고 및 영업소시설

⑨ 그 밖에 물류기능을 가진 시설로서 대통령령으로 정하는 시설[1)]

⑩ ①부터 ⑨까지의 시설에 딸린 시설(제8호(지원시설) ① 또는 ②의 시설로서 ①부터 ⑨까지의 시설과 동일한 건축물에 설치되는 시설을 포함한다)

(2) 도시첨단물류단지시설

도시 내 물류를 지원하고 물류·유통산업 및 물류·유통과 관련된 산업의 육성과 개발을 목적으로 도시첨단물류단지 안에 설치되는 다음 각 목의 시설을 말한다.

① 도시 내 물류·유통기능 증진을 위한 시설

②「산업입지 및 개발에 관한 법률」에 따른 공장, 지식산업 관련 시설, 정보통신 산업 관련 시설, 교육·연구시설 중 첨단산업과 관련된 시설로서 국토교통부령으로 정하는 물류·유통 관련 시설

③ 그 밖에 도시 내 물류·유통기능 증진을 위한 시설로서 대통령령으로 정하는 시설

④ ①부터 ③까지의 시설에 딸린 시설

(3) 복합용지

도시첨단물류단지시설, 지원시설, 물류단지개발사업의 ②목에서 ⑤목까지의 시설을 하나의 용지에 전부 또는 일부 설치하기 위한 용지를 말한다.

8) 지원시설

물류단지시설의 운영을 효율적으로 지원하기 위하여 물류단지 안에 설치되는 다음 각 목의 시설을 말한다. 다만, ① 또는 ②의 시설로서 제7호(일반물류단지시설) ①부터 ⑨까지의 시설과 동일한 건축물에 설치되는 시설은 제외한다.

① 대통령령으로 정하는 가공·제조 시설[2)]

---

1) "그 밖에 물류기능을 가진 시설로서 대통령령으로 정하는 시설"이란 다음 각 호의 시설을 말한다.
   1.「관세법」에 따른 보세창고
   2.「수산식품산업의 육성 및 지원에 관한 법률」에 따른 수산물가공업시설(냉동·냉장업 시설만 해당한다)
   3.「항만법」의 항만시설 중 항만구역에 있는 화물하역시설 및 화물보관·처리 시설
   4.「공항시설법」의 공항시설 중 공항구역에 있는 화물운송을 위한 시설과 그 부대시설 및 지원시설
   5.「철도사업법」에 따른 철도사업자가 그 사업에 사용하는 화물운송·하역 및 보관 시설
   6. 그 밖에 물류기능을 가진 시설로서 국토교통부령으로 정하는 시설

2) "대통령령으로 정하는 가공·제조 시설"이란 다음 각 호의 시설을 말한다.
   1.「농수산물유통 및 가격안정에 관한 법률」 제51조에 따른 농수산물산지유통센터(축산물

② 정보처리시설
③ 금융·보험·의료·교육·연구·업무 시설
④ 물류단지의 종사자 및 이용자의 생활과 편의를 위한 시설
⑤ 그 밖에 물류단지의 기능 증진을 위한 시설로서 대통령령으로 정하는 시설[3)]

9) 물류단지개발사업

물류단지를 조성하기 위하여 시행하는 다음 각 목의 사업으로서 도시첨단물류단지개발사업과 일반물류단지개발사업을 말한다.

① 물류단지시설 및 지원시설의 용지조성사업과 건축사업
② 도로·철도·궤도·항만 또는 공항 시설 등의 건설사업
③ 전기·가스·용수 등의 공급시설과 전기통신설비의 건설사업
④ 하수도, 폐기물처리시설, 그 밖의 환경오염방지시설 등의 건설사업
⑤ 그 밖에 가목부터 라목까지의 사업에 딸린 사업

10) 도시첨단물류단지개발사업

물류단지개발사업 중 도시첨단물류단지를 조성하기 위하여 시행하는 사업을 말한다.

11) 일반물류단지개발사업

물류단지개발사업 중 도시첨단물류단지사업을 제외한 것을 말한다.

3. 다른 법률과의 관계(제3조)

다른 법률에서 물류터미널 및 물류단지 외의 물류시설의 개발·관리 및 운영 등에 관하여 규정하고 있는 경우에는 그 법률로 정하는 바에 따른다.

물류 교통·환경 정비사업과 관련된 사항에 대하여는 다른 법률에 우선하여 이 법을 적용한다.

의 도축·가공·보관 등을 하는 축산물 종합처리시설을 포함한다)
2. 「산업집적활성화 및 공장설립에 관한 법률」 제2조제1호에 따른 공장
3. 「수산식품산업의 육성 및 지원에 관한 법률」 제15조에 따른 수산가공품 생산공장 및 같은 법 제16조에 따른 수산물가공업시설(냉동·냉장업 시설 및 선상가공업시설은 제외한다)
4. 그 밖에 국토교통부령으로 정하는 제조·가공시설

3) "대통령령으로 정하는 시설"이란 다음 각 호의 시설을 말한다.
1. 「건축법 시행령」 별표 1 제5호에 따른 문화 및 집회시설
2. 입주기업체 및 지원기관에서 발생하는 폐기물의 처리를 위한 시설(재활용시설을 포함한다)
2의2. 물류단지의 종사자 및 이용자의 주거를 위한 단독주택, 공동주택 등의 시설
3. 그 밖에 물류단지의 기능 증진을 위한 시설로서 국토교통부령으로 정하는 시설

제2장 물류시설개발종합계획의 수립

1. 물류시설개발종합계획의 수립(제4조)

국토교통부장관은 물류시설의 합리적 개발·배치 및 물류체계의 효율화 등을 위하여 물류시설의 개발에 관한 종합계획을 5년 단위로 수립하여야 한다. 물류시설개발종합계획은 물류시설을 다음 각 호의 기능별 분류에 따라 체계적으로 수립한다. 이 경우 다음 각 호의 물류시설의 기능이 서로 관련되어 있는 때에는 이를 고려하여 수립하여야 한다.

① 단위물류시설 : 창고 및 집배송센터 등 물류활동을 개별적으로 수행하는 최소 단위의 물류시설

② 집적[클러스터(cluster)]물류시설 : 물류터미널 및 물류단지 등 둘 이상의 단위 물류시설 등이 함께 설치된 물류시설

③ 연계물류시설 : 물류시설 상호 간의 화물운송이 원활히 이루어지도록 제공되는 도로 및 철도 등 교통시설

물류시설개발종합계획에는 다음 각 호의 사항이 포함되어야 한다.

① 물류시설의 장래수요에 관한 사항

② 물류시설의 공급정책 등에 관한 사항

③ 물류시설의 지정·개발에 관한 사항

④ 물류시설의 지역별·규모별·연도별 배치 및 우선순위에 관한 사항

⑤ 물류시설의 기능개선 및 효율화에 관한 사항

⑥ 물류시설의 공동화·집단화에 관한 사항

⑦ 물류시설의 국내 및 국제 연계수송망 구축에 관한 사항

⑧ 물류시설의 환경보전·관리에 관한 사항

⑨ 도심지에 위치한 물류시설의 정비와 교외이전(郊外移轉)에 관한 사항

⑩ 그 밖에 대통령령으로 정하는 사항[4)]

2. 물류시설개발종합계획의 수립절차(제5조)

국토교통부장관은 물류시설개발종합계획을 수립하는 때에는 관계 행정기관의 장으로부터 소관별 계획을 제출받아 이를 기초로 물류시설개발종합계획안을 작성하여 특별시장·광역시장·특별자치시장·도지사 또는 특별자치도지사의 의견을 듣고 관계 중앙행정기관의 장과 협의한 후 「물류정책기본법」의 물류시설분과위원회의 심의를 거쳐야 한다. 물류시설개발종합계획 중 대통령령으로 정하는 사항을 변경하려는 때[5]에도 또한 같다.

국토교통부장관은 물류시설개발종합계획을 수립하거나 변경한 때에는 이를 관보에 고시하여야 한다.

관계 중앙행정기관의 장은 필요한 경우 국토교통부장관에게 물류시설개발종합계획을 변경하도록 요청할 수 있다. 관계 중앙행정기관의 장은 물류시설개발종합계획의 변경을 요청할 때에는 국토교통부장관에게 다음 각 호의 사항에 관한 서류를 제출하여야 한다.

① 물류시설의 현황

② 자금조달계획 및 투자계획

③ 그 밖에 국토교통부령으로 정하는 사항

국토교통부장관은 대통령령으로 정하는 바에 따라 관계 기관에 물류시설개발종합계획을 수립하거나 변경하는 데에 필요한 자료의 제출을 요구하거나 협조를 요청할 수 있으며, 그 요구나 요청을 받은 관계 기관은 정당한 사유가 없으면 이에 따라야 한다.

국토교통부장관은 물류시설개발종합계획을 효율적으로 수립하기 위하여 필요하다고 인정하는 때에는 물류시설에 대하여 조사할 수 있다. 이 경우 물류시설의 조사에 관하여는 「물류정책기본법」 제7조(물류현황조사)를 준용한다.

물류시설개발종합계획의 수립 등에 필요한 사항은 대통령령으로 정한다.

3. 물류시설개발종합계획과 다른 계획과의 관계(제6조)

물류시설개발종합계획은 「물류정책기본법」의 국가물류기본계획과 조화를 이루

4) "그 밖에 대통령령으로 정하는 사항"이란 용수·에너지·통신시설 등 기반시설에 관한 사항을 말한다.

5) "대통령령으로 정하는 사항을 변경하려는 때"란 물류시설별 물류시설용지면적의 100분의 10 이상으로 물류시설의 수요·공급계획을 변경하려는 때를 말한다.

어야 한다.

국토교통부장관, 관계 중앙행정기관의 장 또는 시·도지사는 물류시설을 지정·개발하거나 인·허가를 할 때 이 법에 따라 수립된 물류시설개발종합계획과 상충되거나 중복되지 아니하도록 하여야 한다. 또한 다음 각 호의 어느 하나에 해당하는 경우에는 그 계획을 변경하도록 요청할 수 있다. 이 경우 조정이 필요하면「물류정책기본법」의 물류시설분과위원회에 조정을 요청할 수 있다.

① 다른 행정기관이 직접 지정·개발하려는 물류시설 개발계획이 물류시설개발종합계획과 상충되거나 중복된다고 인정하는 경우

② 다른 행정기관이 인·허가를 하려는 물류시설 개발계획이 물류시설개발종합계획과 상충되거나 중복된다고 인정하는 경우

제3장 물류터미널사업

1. 복합물류터미널사업의 등록(제7조)

복합물류터미널사업을 경영하려는 자는 국토교통부령으로 정하는 바에 따라 국토교통부장관에게 등록하여야 한다. 등록을 할 수 있는 자는 다음 각 호의 어느 하나에 해당하는 자로 한다.

① 국가 또는 지방자치단체

②「공공기관의 운영에 관한 법률」에 따른 공공기관 중 대통령령으로 정하는 공공기관[6)]

③「지방공기업법」에 따른 지방공사

④ 특별법에 따라 설립된 법인

⑤「민법」 또는「상법」에 따라 설립된 법인

복합물류터미널사업의 등록을 한 자가 그 등록한 사항 중 대통령령으로 정하는 사항[7)]을 변경하려는 경우에는 대통령령으로 정하는 바에 따라 변경등록[8)]을 하여야 한다. 등록을 하려는 자가 갖추어야 할 등록기준은 다음 각 호와 같다.

---

6) "대통령령으로 정하는 공공기관"이란 다음 각 호의 기관을 말한다.
   1.「한국철도공사법」에 따른 한국철도공사
   2.「한국토지주택공사법」에 따른 한국토지주택공사
   3.「한국도로공사법」에 따른 한국도로공사
   4.「한국수자원공사법」에 따른 한국수자원공사
   5.「한국농어촌공사 및 농지관리기금법」에 따른 한국농어촌공사
   6.「항만공사법」에 따른 항만공사

7) "대통령령으로 정하는 사항"이란 다음 각 호 외의 사항을 말한다.
   1. 복합물류터미널의 부지 면적의 변경(변경 횟수에 불구하고 통산하여 부지 면적의 10분의 1 미만의 변경만 해당한다)
   2. 복합물류터미널의 구조 또는 설비의 변경
   3. 영업소의 명칭 또는 위치의 변경

8) 복합물류터미널사업의 등록을 한 자는 등록사항을 변경하려는 경우에는 국토교통부령으로 정하는 서류를 갖추어 국토교통부장관에게 변경등록신청을 하여야 한다.

① 복합물류터미널이 해당 지역 운송망의 중심지에 위치하여 다른 교통수단과 쉽게 연계될 것
② 부지 면적이 3만3천제곱미터 이상일 것
③ 다음 각 목의 시설을 갖출 것
가. 주차장
나. 화물취급장
다. 창고 또는 배송센터
④ 물류시설개발종합계획 및 「물류정책기본법」의 국가물류기본계획상의 물류터미널의 개발 및 정비계획 등에 배치되지 아니할 것

국토교통부장관은 해당하는 자가 등록신청을 하는 경우에는 ① 등록신청자가 등록기준을 갖추지 못한 경우 ② 결격사유에 해당하는 경우를 제외하고는 등록을 해주어야 한다.

2. 등록의 결격사유(제8조)

다음 각 호의 어느 하나에 해당하는 자는 복합물류터미널사업의 등록을 할 수 없다.
① 이 법을 위반하여 벌금형 이상을 선고받은 후 2년이 지나지 아니한 자
② 복합물류터미널사업 등록이 취소된 후 2년이 지나지 아니한 자
③ 법인으로서 그 임원 중에 다음 각 목의 어느 하나에 해당하는 자가 있는 경우
가. 피성년후견인 또는 파산선고를 받고 복권되지 아니한 자
나. 이 법을 위반하여 금고 이상의 실형을 선고받고 그 집행이 종료(집행이 종료된 것으로 보는 경우를 포함한다)되거나 집행이 면제된 날부터 2년이 지나지 아니한 자
다. 이 법을 위반하여 금고 이상의 형의 집행유예를 선고받고 그 유예기간 중에 있는 자

3. 공사시행의 인가(제9조)

복합물류터미널사업자는 건설하려는 물류터미널의 구조 및 설비 등에 관한 공사계획을 수립하여 국토교통부장관의 공사시행인가를 받아야 하며, 일반물류터미널사업을 경영하려는 자는 물류터미널 건설에 관하여 필요한 경우 시·도지사의 공사시행인가를 받을 수 있다. 인가받은 공사계획 중 대통령령으로 정하는 사항을 변경하는 경우와 복합물류터미널사업자가 「산업집적활성화 및 공장설립에 관한

법률」에 따른 제조시설 및 그 부대시설과「유통산업발전법」에 따른 대규모점포 및 준대규모점포의 매장과 그 매장에 포함되는 용역의 제공장소를 설치하는 경우에는 해당 인가권자의 변경인가를 받아야 한다.

국토교통부장관 또는 시·도지사는 공사시행인가 또는 변경인가를 하려는 때에는 관할 특별자치시장·특별자치도지사·시장·군수 또는 구청장의 의견을 듣고, 관계 법령에 적합한지를 미리 소관 행정기관의 장과 협의하여야 한다. 협의를 요청받은 소관 행정기관의 장은 협의 요청받은 날부터 20일 이내에 의견을 제출하여야 하며, 그 기간 내에 의견을 제출하지 아니하면 의견이 없는 것으로 본다.

국토교통부장관 또는 시·도지사는 공사계획이 국토교통부령으로 정하는 구조 및 설비기준에 적합한 경우에는 인가를 하여야 하며, 공사시행인가 또는 변경인가를 한 때에는 국토교통부령으로 정하는 바에 따라 고시하여야 한다.

물류터미널사업자가 공사시행의 인가 또는 변경인가를 받으려는 경우에는 국토교통부령으로 정하는 공사시행의 인가 또는 변경인가신청서에 공사계획서를 첨부하여 복합물류터미널사업자는 국토교통부장관에게 제출하고, 일반물류터미널사업을 경영하려는 자는 특별시장·광역시장·특별자치시장·도지사 또는 특별자치도지사에게 제출해야 한다.

공사계획의 변경에 관한 인가를 받아야 하는 경우는 다음 각 호와 같다.

① 공사의 기간을 변경하는 경우
② 물류터미널의 부지 면적을 변경하는 경우(부지 면적의 10분의 1 이상을 변경하는 경우만 해당한다)
③ 물류터미널 안의 건축물의 연면적(하나의 건축물의 각 층의 바닥면적의 합계를 말한다. 이하 같다)을 변경하는 경우(연면적의 10분의 1 이상을 변경하는 경우만 해당한다)
④ 물류터미널 안의 공공시설 중 도로·철도·광장·녹지나 그 밖에 국토교통부령으로 정하는 시설을 변경하는 경우

4. 토지등의 수용·사용(제10조)

공사시행인가를 받은 자(물류터미널사업자)가 물류터미널을 건설하는 경우에는 이에 필요한 토지·건축물 또는 토지에 정착한 물건과 이에 관한 소유권 외의 권리, 광업권·어업권·양식업권 및 물의 사용에 관한 권리를 수용하거나 사용할 수 있

다. 다만, 다음 각 호에 해당하지 아니하는 자가 토지등을 수용하거나 사용하려면 사업대상 토지(국유지·공유지는 제외한다.) 면적의 3분의 2 이상에 해당하는 토지를 소유하고, 토지소유자 총수의 2분의 1 이상에 해당하는 자의 동의를 받아야 한다.

① 국가 또는 지방자치단체
② 대통령령으로 정하는 공공기관
③ 그 밖에 공익 목적을 위하여 개발사업을 시행하는 자로서 대통령령으로 정하는 자[9)]

토지등을 수용하거나 사용할 때 공사시행인가의 고시가 있는 때에는「공익사업을 위한 토지 등의 취득 및 보상에 관한 법률」에 따른 사업인정 및 사업인정의 고시를 한 것으로 보며, 재결(裁決)의 신청은 공사시행인가에서 정한 사업의 시행기간 내에 할 수 있다.

토지등의 수용·사용에 관하여는 이 법에 특별한 규정이 있는 경우 외에는「공익사업을 위한 토지 등의 취득 및 보상에 관한 법률」을 준용한다.

5. 토지매수업무 등의 위탁(제11조)

물류터미널사업자는 물류터미널의 건설을 위한 토지매수업무·손실보상업무 및 이주대책에 관한 업무를「공익사업을 위한 토지 등의 취득 및 보상에 관한 법률」의 기관에 위탁하여 시행할 수 있다.

6. 토지 출입 등(제12조)

물류터미널사업자는 물류터미널의 건설을 위하여 필요한 때에는 다른 사람의 토지에 출입하거나 이를 일시 사용할 수 있으며, 나무, 토석, 그 밖의 장애물을 변경하거나 제거할 수 있다. 다른 사람의 토지 출입 등에 관하여는「국토의 계획 및 이용에 관한 법률」을 준용한다.

7. 국·공유지의 처분제한(제13조)

물류터미널을 건설하기 위한 부지 안에 있는 국가 또는 지방자치단체 소유의 토지로서 물류터미널 건설사업에 필요한 토지는 해당 물류터미널 건설사업 목적이

---

9) "대통령령으로 정하는 자"란 다음 각 호의 자를 말한다.
1.「지방공기업법」에 따른 지방공사
2. 특별법에 따라 설립된 특수법인

아닌 다른 목적으로 매각하거나 양도할 수 없다.

물류터미널을 건설하기 위한 부지 안에 있는 국가 또는 지방자치단체 소유의 재산은 「국유재산법」, 「공유재산 및 물품 관리법」, 그 밖의 다른 법령에도 불구하고 물류터미널사업자에게 수의계약으로 매각할 수 있다. 이 경우 그 재산의 용도폐지(행정재산인 경우에 한정한다.) 및 매각에 관하여는 국토교통부장관 또는 시·도지사가 미리 관계 행정기관의 장과 협의하여야 한다.

협의를 요청하려는 경우에는 다음 각 호의 서류를 첨부하여야 한다.

① 협의대상 재산의 명세서

② 용도폐지·매각 및 재산평가방법 등에 관한 협의 내용을 적은 서류

③ 위치도

④ 미등기확인서(등기가 되어 있지 아니한 재산의 경우에만 첨부한다)

협의를 요청받은 관계 행정기관의 장은 「전자정부법」에 따른 행정정보의 공동이용을 통하여 다음 각 호의 행정정보를 확인하여야 한다.

① 토지(임야)대장 등본

② 등기부 등본

③ 지적도 등본

협의요청이 있은 때에는 관계 행정기관의 장은 그 요청을 받은 날부터 30일 이내에 용도폐지 및 매각, 그 밖에 필요한 조치를 하여야 한다.

물류터미널사업자에게 매각하려는 재산 중 관리청이 불분명한 재산은 다른 법령에도 불구하고 기획재정부장관이 이를 관리하거나 처분한다.

8. 사업의 승계(제14조)

복합물류터미널사업자가 그 사업을 양도하거나 법인이 합병한 때에는 그 양수인 또는 합병 후 존속하는 법인이나 합병에 의하여 설립되는 법인은 복합물류터미널사업의 등록에 따른 권리·의무를 승계한다.

복합물류터미널사업의 등록에 따른 권리·의무를 승계한 자는 국토교통부령으로 정하는 바에 따라 국토교통부장관에게 신고하여야 한다.

국토교통부장관은 신고를 받은 날부터 10일 이내에 신고수리 여부를 신고인에게 통지하여야 한다. 국토교통부장관이 기간 내에 신고수리 여부 또는 민원 처리 관련 법령에 따른 처리기간의 연장을 신고인에게 통지하지 아니하면 그 기간(민원

처리 관련 법령에 따라 처리기간이 연장 또는 재연장된 경우에는 해당 처리기간을 말한다)이 끝난 날의 다음 날에 신고를 수리한 것으로 본다.

9. 사업의 휴업·폐업(제15조)

복합물류터미널사업자는 복합물류터미널사업의 전부 또는 일부를 휴업하거나 폐업하려는 때에는 미리 국토교통부장관에게 신고하여야 한다. 휴업기간은 6개월을 초과할 수 없다.

복합물류터미널사업자인 법인이 합병 외의 사유로 해산한 경우에는 그 청산인(파산에 따라 해산한 경우에는 파산관재인을 말한다)은 지체 없이 그 사실을 국토교통부장관에게 신고하여야 한다.

복합물류터미널사업자가 사업의 전부 또는 일부를 휴업하거나 폐업하려는 때에는 미리 그 취지를 영업소나 그 밖에 일반 공중(公衆)이 보기 쉬운 곳에 게시하여야 한다.

10. 등록증대여 등의 금지(제16조)

복합물류터미널사업자는 다른 사람에게 자기의 성명 또는 상호를 사용하여 사업을 하게 하거나 그 등록증을 대여하여서는 아니 된다.

11. 등록의 취소 등(제17조)

국토교통부장관은 복합물류터미널사업자가 다음 각 호의 어느 하나에 해당하는 때에는 그 등록을 취소하거나 6개월 이내의 기간을 정하여 사업의 정지를 명할 수 있다. 다만, 제①호·제④호·제⑦호 또는 제⑧호에 해당하는 때에는 등록을 취소하여야 한다.

① 거짓이나 그 밖의 부정한 방법으로 등록을 한 때

② 변경등록을 하지 아니하고 등록사항을 변경한 때

③ 등록기준에 맞지 아니하게 된 때. 다만, 3개월 이내에 그 기준을 충족시킨 때에는 그러하지 아니하다.

④ 등록의 결격사유(제8조)의 어느 하나에 해당하게 된 때. 다만, 같은 조 제3호에 해당하는 경우로서 그 사유가 발생한 날부터 3개월 이내에 해당 임원을 개임(改任)한 경우에는 그러하지 아니하다.

⑤ 인가 또는 변경인가를 받지 아니하고 공사를 시행하거나 변경한 때

⑥ 사업의 전부 또는 일부를 휴업한 후 정당한 사유 없이 신고한 휴업기간이 지난 후에도 사업을 재개(再開)하지 아니한 때

⑦ 다른 사람에게 자기의 성명 또는 상호를 사용하여 사업을 하게 하거나 등록증을 대여한 때

⑧ 이 조에 따른 사업정지명령을 위반하여 그 사업정지기간 중에 영업을 한 때

처분의 기준 및 절차 등에 관한 사항은 국토교통부령으로 정한다.

12. 과징금(제18조)

국토교통부장관은 복합물류터미널사업자가 사업의 정지를 명하여야 하는 경우로서 그 사업의 정지가 그 사업의 이용자 등에게 심한 불편을 주는 경우에는 그 사업정지처분을 갈음하여 5천만원 이하의 과징금을 부과할 수 있다. 과징금을 부과하는 위반행위의 종류와 그 정도에 따른 과징금의 금액, 그 밖에 필요한 사항은 대통령령으로 정한다.

국토교통부장관은 과징금을 내야 할 자가 납부기한까지 과징금을 내지 아니하면 대통령령으로 정하는 바에 따라 국세강제징수의 예에 따라 징수한다.

1) 과징금의 부과 및 납부

국토교통부장관은 ① 과징금을 부과하려는 경우에는 해당 위반행위를 조사·확인한 후 위반사실과 이의제기의 방법 및 기간 등을 서면으로 명시하여, 이를 납부할 것을 과징금 부과대상자에게 알려야 한다.

② 통지를 받은 자는 그 통지를 받은 날부터 20일 이내에 국토교통부장관이 정하는 수납기관에 과징금을 내야 한다.

③ 과징금의 납부를 받은 수납기관은 과징금을 낸 자에게 과징금영수증을 내주어야 한다.

④ 과징금의 수납기관은 제3항에 따른 과징금영수증을 내주었을 때에는 국토교통부장관에게 영수필통지서를 보내야 한다.

2) 과징금의 독촉 및 징수

국토교통부장관은 과징금의 납부통지를 받은 자가 납부기한까지 과징금을 내지 아니한 경우에는 납부기한이 지난 날부터 7일 이내에 독촉장을 보내야 한다. 이 경우 납부기한은 독촉장을 보낸 날부터 10일 이내로 한다.

국토교통부장관은 독촉을 받은 자가 납부기한까지 과징금을 내지 않은 경우에

는 소속 공무원으로 하여금 국세강제징수의 예에 따라 과징금을 강제징수하게 할 수 있다. 이 경우 소속 공무원은 그 권한을 표시하는 증표를 지니고 이를 관계인에게 내보여야 한다.

13. 물류터미널사업협회(제19조)

복합물류터미널사업자 및 일반물류터미널을 경영하는 자는 물류터미널사업의 건전한 발전과 사업자의 공동이익을 도모하기 위하여 대통령령으로 정하는 바에 따라 사업자협회를 설립할 수 있다.

물류터미널사업협회를 설립하려는 경우에는 해당 협회의 회원의 자격이 있는 자 중 5분의 1 이상의 발기인이 정관을 작성하여 해당 협회의 회원 자격이 있는 자의 3분의 1 이상이 출석한 창립총회의 의결을 거친 후 국토교통부장관의 설립인가를 받아야 한다.

물류터미널사업협회는 설립인가를 받아 설립등기를 함으로써 성립하며, 법인으로 한다. 물류터미널사업협회에 관하여 이 법에서 규정한 것 외에는 「민법」 중 사단법인에 관한 규정을 준용한다. 물류터미널사업협회의 업무 및 정관 등에 필요한 사항은 대통령령으로 정한다.

1) 협회의 설립

물류터미널사업자는 법 제19조에 따른 물류터미널사업협회(이하 "협회"라 한다)를 설립하려는 경우에는 사업자 7명 이상의 발기인이 창립총회의 의결을 거쳐 설립인가신청서에 다음 각 호의 서류를 첨부하여 국토교통부장관에게 제출하여야 한다.

1. 정관
2. 발기인의 명부 및 이력서
3. 회원의 명부
4. 사업계획서 및 예산의 수입지출계획서
5. 창립총회 회의록

2) 정관

협회의 정관에는 다음 각 호의 사항을 포함하여야 한다.

1. 목적
2. 명칭

3. 사무소의 소재지
4. 회원 및 총회에 관한 사항
5. 임원에 관한 사항
6. 업무에 관한 사항
7. 회계 및 회비에 관한 사항
8. 정관의 변경에 관한 사항
9. 해산에 관한 사항
10. 공고의 방법에 관한 사항

3) 업무

협회는 다음 각 호의 업무를 한다.

1. 물류터미널사업의 건전한 발전과 사업자의 공동이익을 도모하는 사업
2. 물류터미널사업의 진흥·발전에 필요한 통계의 작성·관리와 외국자료의 수집·조사·연구사업
3. 경영자와 종업원의 교육훈련
4. 물류터미널사업의 경영개선에 관한 지도
5. 국토교통부장관으로부터 위탁받은 업무
6. 제1호부터 제5호까지의 사업에 딸린 사업

14. 물류터미널 개발의 지원(제20조)

국가 또는 지방자치단체는 물류터미널사업자가 다음 각 호의 어느 하나에 해당하는 사업을 수행하는 경우에는 소요자금의 일부를 융자하거나 부지의 확보를 위한 지원을 할 수 있다.

① 물류터미널의 건설
② 물류터미널 위치의 변경
③ 물류터미널의 규모·구조 및 설비의 확충 또는 개선

국가 또는 지방자치단체는 물류터미널사업자가 설치한 물류터미널의 원활한 운영에 필요한 도로·철도·용수시설 등 대통령령으로 정하는 기반시설[10]의 설치 또

---

10) "도로·철도·용수시설 등 대통령령으로 정하는 기반시설"이란 다음 각 호의 어느 하나에 해당하는 시설을 말한다.
1. 「도로법」에 따른 도로
2. 「철도산업발전기본법」에 따른 철도

는 개량에 필요한 예산을 지원할 수 있다.

국토교통부장관은 사업 또는 운영을 위하여 필요하다고 인정하는 경우에는 시·도지사에게 부지의 확보 및 도시·군계획시설의 설치 등에 관한 협조를 요청할 수 있다.

15. 물류터미널의 활성화 지원(제20조의2)

국토교통부장관 또는 시·도지사는 건설·운영 중인 물류터미널의 활성화를 위하여 필요한 경우 물류터미널에 「산업집적활성화 및 공장설립에 관한 법률」에 따른 제조시설 및 그 부대시설과 「유통산업발전법」에 따른 점포등의 설치를 포함하여 공사시행 변경인가를 할 수 있다. 다만, 일반물류터미널은 화물자동차 운행에 필요한 품목의 제조 또는 판매를 위한 시설의 설치에 한정한다.

국토교통부장관 또는 시·도지사가 공사시행 변경인가를 하는 경우 다음 각 호의 사항을 준수하여야 한다.

① 제조시설 및 그 부대시설과 점포등의 설치 면적 전체의 합계가 물류터미널 전체 부지면적의 4분의 1 이하일 것

② 주변의 상권 및 산업단지 수요와의 상호관계를 고려하기 위하여 공사시행인가 또는 변경인가를 하는 경우 복합물류터미널사업에 대하여 국토교통부장관은 관계 중앙행정기관의 장과 해당 물류터미널이 소재하는 시·도지사(특별자치시장을 포함한다)와 협의하고, 일반물류터미널사업에 대하여 시·도지사는 해당 물류터미널이 소재하는 시장·군수·구청장과 협의할 것

③ 복합물류터미널사업은 「국토의 계획 및 이용에 관한 법률」에 따른 중앙도시계획위원회, 일반물류터미널사업은 지방도시계획위원회의 심의를 받을 것

16. 인·허가등의 의제(제21조)

국토교통부장관 또는 시·도지사가 공사시행인가 또는 변경인가를 하는 경우에 다음 각 호의 인가·허가·승인 또는 결정 등에 관하여 관계 행정기관의 장과 협의한 사항은 해당 인·허가등을 받은 것으로 보며, 공사시행인가 또는 변경인가를 고시한 때에는 다음 각 호의 법률에 따른 해당 인·허가등의 고시 또는 공고를 한 것으로 본다.

① 「건축법」에 따른 건축허가, 건축신고, 건축허가·신고사항의 변경, 가설건축

---

3. 「수도법」에 따른 수도시설
4. 「물환경보전법」에 따른 수질오염방지시설

물의 건축의 허가·신고 및 건축협의

② 「공유수면 관리 및 매립에 관한 법률」에 따른 공유수면의 점용·사용허가 및 점용·사용 실시계획의 승인 또는 신고, 공유수면의 매립면허 및 공유수면매립실시계획의 승인

③ 「국토의 계획 및 이용에 관한 법률」에 따른 도시·군관리계획의 결정, 토지형질변경의 허가 또는 토지분할의 허가, 도시·군계획시설사업의 시행자의 지정 및 실시계획의 인가

④ 「농어촌정비법」에 따른 농업생산기반시설의 사용허가

⑤ 「농지법」에 따른 농지전용의 허가 및 협의

⑥ 「도로법」에 따른 도로공사의 시행허가 및 도로의 점용허가

⑦ 「도시개발법」에 따른 사업시행자의 지정 및 실시계획의 인가

⑧ 「사도법」에 따른 사도개설의 허가

⑨ 「사방사업법」에 따른 벌채 등의 허가 및 사방지 지정의 해제

⑩ 「산지관리법」에 따른 산지전용허가 및 산지전용신고, 산지일시사용허가·신고, 「산림자원의 조성 및 관리에 관한 법률」에 따른 입목벌채등의 허가·신고, 「산림보호법」에 따른 산림보호구역(산림유전자원보호구역은 제외한다)에서의 행위의 허가·신고

⑪ 「수도법」에 따른 수도사업의 인가, 전용수도 설치의 인가

⑫ 「장사 등에 관한 법률」에 따른 연고자가 없는 분묘의 개장허가

⑬ 「초지법」에 따른 초지전용허가

⑭ 「하수도법」에 따른 공공하수도공사의 시행허가

⑮ 「하천법」에 따른 하천공사 시행허가, 하천공사실시계획의 인가 및 하천의 점용허가

⑯ 「항만법」에 따른 항만개발사업 시행의 허가 및 항만개발사업실시계획의 승인

물류터미널사업자가 물류터미널의 공사를 완료하고 「건축법」에 따른 사용승인을 받은 경우에는 다음 각 호의 사항에 관하여 소관 행정기관의 허가를 받거나 소관 행정기관에 등록 또는 신고한 것으로 본다. 다만, 제①호는 복합물류터미널의 경우에만 적용한다.

① 「물류정책기본법」에 따른 국제물류주선업의 등록

② 「석유 및 석유대체연료 사업법」에 따른 석유판매업 중 주유소의 등록 또는 신고

③ 「식품위생법」에 따른 식품접객업(단란주점영업 및 유흥주점영업은 제외한다)의 허가

④ 「자동차관리법」에 따른 자동차관리사업 중 자동차매매업 및 자동차정비업의 등록

⑤ 「화물자동차 운수사업법」에 따른 화물자동차운송주선사업의 허가

관계 법령을 관장하는 중앙행정기관의 장은 그 처리기준을 국토교통부장관에게 통보하여야 한다. 이를 변경한 때에도 또한 같다. 국토교통부장관은 처리기준을 통보받으면 이를 통합하여 고시하여야 한다.

제3장의2 물류창고업

1. 물류창고업의 등록(제21조의2)

다음에 해당하는 물류창고를 소유 또는 임차하여 물류창고업을 경영하려는 자는 국토교통부와 해양수산부의 공동부령으로 정하는 바에 따라 국토교통부장관 또는 해양수산부장관에게 등록하여야 한다. [개정 2023.8.16.]

① 전체 바닥면적의 합계가 1천제곱미터 이상인 보관시설(하나의 필지를 기준으로 해당 물류창고업을 등록하고자 하는 자가 직접 사용하는 바닥면적만을 산정하되, 필지가 서로 연접한 경우에는 연접한 필지를 합산하여 산정한다). 다만, 주문배송시설로서 「건축법」에 따른 제2종 근린생활시설을 설치하는 경우에는 본문의 바닥면적 기준을 적용하지 아니한다.

② 전체면적의 합계가 4천500제곱미터 이상인 보관장소(보관시설이 차지하는 토지면적을 포함하고 하나의 필지를 기준으로 물류창고업을 등록하고자 하는 자가 직접 사용하는 면적만을 산정하되, 필지가 서로 연접한 경우에는 연접한 필지를 합산하여 산정한다)

물류창고업의 등록을 한 자가 그 등록한 사항 중 대통령령으로 정하는 사항[11]을 변경하려는 경우에는 국토교통부와 해양수산부의 공동부령으로 정하는 바에 따라 변경등록의 사유가 발생한 날부터 30일 이내에 변경등록을 하여야 한다.

물류창고의 구조, 설비 또는 입지기준 등 물류창고업의 등록 기준에 필요한 사항은 국토교통부와 해양수산부의 공동부령으로 정한다. [개정 2023.8.16.]

물류창고를 갖추고 그 전부를 다음의 용도로만 사용하며 해당 법률에 따라 해당 영업의 허가·변경허가를 받거나 등록·변경등록 또는 신고·변경신고를 한 때에는

11) “대통령령으로 정하는 사항”이란 다음 각 호의 어느 하나에 해당하는 사항을 말한다.
1. 물류창고업의 등록을 한 자의 성명(법인인 경우에는 그 대표자의 성명) 및 상호
2. 물류창고의 소재지
3. 물류창고 면적의 100분의 10 이상의 증감

물류창고업의 등록 또는 변경등록을 한 것으로 본다. 〈개정 2023.8.16.〉

① 「관세법」에 따른 보세창고의 설치 · 운영

② 「화학물질관리법」에 따른 유해화학물질 보관 · 저장업

③ 「식품위생법」에 따른 식품보존업 중 식품냉동 · 냉장업, 「축산물 위생관리법」에 따른 축산물보관업 및 「수산식품산업의 육성 및 지원에 관한 법률」에 따른 수산물가공업 중 냉동 · 냉장업

영업의 현황을 관리하는 행정기관은 그 보관업의 허가 · 변경허가, 등록 · 변경등록 등으로 그 현황이 변경될 경우에는 국토교통부장관 또는 해양수산부장관에게 통보하여야 한다. [시행일: 2024.2.17.]

2. 물류창고 내 시설에 대한 내진설계 기준(제21조의3)

국토교통부장관은 화물을 쌓아놓기 위한 선반 등 물류창고 내 시설에 대하여 내진설계(耐震設計) 기준을 정하는 등 지진에 따른 피해를 최소화하기 위하여 필요한 시책을 강구하여야 한다.

3. 스마트물류센터의 인증 등(제21조의4)

국토교통부장관은 ① 스마트물류센터의 보급을 촉진하기 위하여 스마트물류센터를 인증할 수 있다. 이 경우 인증의 유효기간은 인증을 받은 날부터 3년으로 한다.

② 스마트물류센터의 인증 및 점검업무를 수행하기 위하여 인증기관을 지정할 수 있다.

③ 스마트물류센터의 인증을 받으려는 자는 인증기관에 신청하여야 한다.

④ 스마트물류센터의 인증을 신청한 자가 그 인증을 받은 경우 국토교통부령으로 정하는 바에 따라 인증서를 교부하고, 인증을 나타내는 표시(이하 "인증마크"라 한다)를 사용하게 할 수 있다.

⑤ 인증을 받지 않은 자는 거짓의 인증마크를 제작 · 사용하거나 스마트물류센터임을 사칭해서는 아니 된다.

⑥ 인증을 받은 자가 기준을 유지하는지 여부를 국토교통부령으로 정하는 바에 따라 점검할 수 있다.

⑦ 인증기관을 지도 · 감독하고, 인증 및 점검업무에 소요되는 비용의 일부를 지원할 수 있다.

⑧ 인증의 기준 · 절차 및 방법, 인증기관의 조직 · 운영 및 지정 기준 · 절차에 관

한 사항은 국토교통부령으로 정한다.

4. 인증의 취소(제21조의5)

국토교통부장관은 인증을 받은 자가 다음 각 호의 어느 하나에 해당하는 경우에는 대통령령으로 정하는 바에 따라 그 인증을 취소할 수 있다. 다만, 제①에 해당하는 경우 그 인증을 취소하여야 한다. 인증을 취소한 경우 이를 관보에 고시해야 한다.

① 거짓이나 그 밖의 부정한 방법으로 인증을 받은 경우
② 인증의 전제나 근거가 되는 중대한 사실이 변경된 경우
③ 점검을 정당한 사유 없이 3회 이상 거부한 경우
④ 인증 기준에 맞지 아니하게 된 경우
⑤ 인증받은 자가 인증서를 반납하는 경우

스마트물류센터의 소유자 또는 대표자는 인증이 취소된 경우 인증서를 반납하고, 인증마크의 사용을 중지하여야 한다.

5. 인증기관의 지정 취소(제21조의6)

국토교통부장관은 지정된 인증기관이 다음 각 호의 어느 하나에 해당하면 인증기관의 지정을 취소하거나 1년 이내의 기간을 정하여 업무의 전부 또는 일부를 정지하도록 명할 수 있다. 다만, 제①호에 해당하는 경우에는 그 지정을 취소하여야 한다.

① 거짓이나 부정한 방법으로 지정을 받은 경우
② 지정 기준에 적합하지 아니하게 된 경우
③ 고의 또는 중대한 과실로 인증 기준 및 절차를 위반한 경우
④ 정당한 사유 없이 인증 및 점검업무를 거부한 경우
⑤ 정당한 사유 없이 지정받은 날부터 2년 이상 계속하여 인증 및 점검업무를 수행하지 아니한 경우
⑥ 그 밖에 인증기관으로서 업무를 수행할 수 없게 된 경우

6. 재정지원 등(제21조의7)

국가 또는 지방자치단체는 물류창고업자 또는 그 사업자단체가 다음 각 호의 어느 하나에 해당하는 사업을 수행하는 경우로서 재정적 지원이 필요하다고 인정하면 자금의 일부를 보조 또는 융자할 수 있다.

① 물류창고의 건설
② 물류창고의 보수·개조 또는 개량
③ 물류장비의 투자
④ 물류창고 관련 기술의 개발
⑤ 그 밖에 물류창고업의 경영합리화를 위한 사항으로서 국토교통부령으로 정하는 사항

국가·지방자치단체 또는 공공기관은 스마트물류센터에 대하여 공공기관 등이 운영하는 기금·자금의 우대 조치 등 대통령령령으로 정하는 바에 따라 행정적·재정적으로 우선 지원할 수 있다.

1) 스마트물류센터에 대한 지원

국가 또는 지방자치단체는 다음의 지원을 할 수 있다.

① 스마트물류센터 구축에 드는 비용의 일부 보조 또는 융자
② 스마트물류센터 인증을 받은 자가 스마트물류센터의 구축 및 운영에 필요한 자금을 마련하기 위해 국내 금융기관에서 대출을 받은 경우 그 금리와 국토교통부장관이 관계 중앙행정기관의 장과 협의하여 정하는 금리와의 차이에 따른 차액의 전부 또는 일부 보전
③ 스마트물류센터 신축 또는 증·개축 시 「국토의 계획 및 이용에 관한 법률」에 따라 특별시·광역시·특별자치시·특별자치도·시 또는 군의 조례로 정하는 용적률 및 높이의 상한 적용

「신용보증기금법」에 따라 설립된 신용보증기금 및 「기술보증기금법」에 따라 설립된 기술보증기금은 스마트물류센터의 구축 및 운영에 필요한 자금의 대출 등으로 인한 금전채무의 보증한도, 보증료 등 보증조건을 우대할 수 있다.

7. 보조금 등의 사용 등(제21조의8)

보조금 또는 융자금 등은 보조 또는 융자받은 목적 외의 용도로 사용하여서는 아니 된다.

국토교통부장관·해양수산부장관 또는 지방자치단체의 장은 보조 또는 융자 등을 받은 자가 그 자금을 적정하게 사용하도록 지도·감독하여야 한다.

국토교통부장관·해양수산부장관 또는 지방자치단체의 장은 다음 각 호의 어느 하나에 해당하는 경우 물류창고업자 또는 그 사업자단체에 보조금이나 융자금의

반환을 명하여야 하며 이에 따르지 아니하면 국세강제징수의 예 또는 「지방행정제재·부과금의 징수 등에 관한 법률」에 따라 회수할 수 있다. 〈개정 2023.8.16.〉

① 거짓이나 부정한 방법으로 보조금 또는 융자금을 교부받은 경우

② 보조금 또는 융자금을 목적 외의 용도로 사용한 경우

8. 과징금(제21조의9)

국토교통부장관 또는 해양수산부장관은 물류창고업자에게 사업의 정지를 명하여야 하는 경우로서 그 사업의 정지가 그 사업의 이용자 등에게 심한 불편을 주는 경우에는 그 사업정지처분을 갈음하여 1천만원 이하의 과징금을 부과할 수 있다.

과징금을 부과하는 위반행위의 종류와 위반 정도에 따른 과징금의 금액 등에 필요한 사항은 대통령령으로 정한다.

국토교통부장관 또는 해양수산부장관은 과징금을 내야 할 자가 납부기한까지 과징금을 내지 아니하면 대통령령으로 정하는 바에 따라 국세강제징수의 예에 따라 징수한다.

9. 준용규정(제21조의10)

물류창고업에 관하여는 다음 각 호에 따라 제8조, 제14조부터 제17조까지(제17조제1항제5호는 제외한다) 및 제19조를 준용한다.

① "복합물류터미널사업"은 "물류창고업"으로, "법인으로서 그 임원 중에"는 "물류창고업을 등록하려는 자(법인의 경우 그 임원을 포함한다)가"로, "해당하는 자가 있는 경우"는 "해당하는 경우"로, "국토교통부장관"은 "국토교통부장관 또는 해양수산부장관"으로, "국토교통부령"은 "국토교통부와 해양수산부의 공동부령"으로, "물류터미널사업"은 "물류창고업"으로, "물류터미널사업협회"는 "물류창고협회"로 본다.

② "복합물류터미널사업자"는 "물류창고업자"로, "복합물류터미널사업자 및 일반물류터미널을 경영하는 자"는 "물류창고업자"로 본다.

제4장 물류단지의 개발 및 운영

1. 일반물류단지의 지정(제22조)

일반물류단지는 다음의 구분에 따른 자가 지정한다.

① 국가정책사업으로 물류단지를 개발하거나 물류단지 개발사업의 대상지역이 2개 이상의 특별시·광역시·특별자치시·도 또는 특별자치도에 걸쳐 있는 경우: 국토교통부장관

② 제①호 외의 경우: 시·도지사

국토교통부장관은 일반물류단지를 지정하려는 때에는 일반물류단지개발계획을 수립하여 관할 시·도지사 및 시장·군수·구청장의 의견을 듣고 관계 중앙행정기관의 장과 협의한 후 「물류정책기본법」의 물류시설분과위원회의 심의를 거쳐야 한다. 일반물류단지개발계획 중 대통령령으로 정하는 중요 사항을 변경[12)]하려는 때에도 또한 같다.

시·도지사는 일반물류단지를 지정하려는 때에는 일반물류단지개발계획을 수립하여 관계 행정기관의 장과 협의한 후 「물류정책기본법」의 지역물류정책위원회의 심의를 거쳐야 한다. 일반물류단지개발계획 중 대통령령으로 정하는 중요 사항을 변경하려는 때에도 또한 같다.

관계 행정기관의 장과 해당하는 자는 일반물류단지의 지정이 필요하다고 인정하는 때에는 대상지역을 정하여 국토교통부장관 또는 시·도지사에게 일반물류단

12) "대통령령으로 정하는 중요 사항을 변경하려는 때"란 다음의 어느 하나에 해당하는 변경을 하려는 때를 말한다.
① 일반물류단지지정 면적의 변경(10분의 1 이상의 면적을 변경하는 경우만 해당한다)
② 일반물류단지시설용지 면적의 변경(10분의 1 이상의 면적을 변경하는 경우만 해당한다) 또는 일반물류단지시설용지의 용도변경
③ 기반시설(구거를 포함한다)의 부지 면적의 변경(10분의 1 이상의 면적을 변경하는 경우만 해당한다) 또는 그 시설의 위치 변경
④ 일반물류단지개발사업 시행자의 변경

지의 지정을 요청할 수 있다. 이 경우 중앙행정기관의 장 이외의 자는 일반물류단지개발계획안을 작성하여 제출하여야 한다.

일반물류단지개발계획에는 다음의 사항이 포함되어야 한다. 다만, 일반물류단지개발계획을 수립할 때까지 시행자가 확정되지 아니하였거나 세부목록의 작성이 곤란한 경우에는 일반물류단지의 지정 후에 이를 일반물류단지개발계획에 포함시킬 수 있다.

① 일반물류단지의 명칭 · 위치 및 면적
② 일반물류단지의 지정목적
③ 일반물류단지개발사업의 시행자
④ 일반물류단지개발사업의 시행기간 및 시행방법
⑤ 토지이용계획 및 주요 기반시설계획
⑥ 주요 유치시설 및 그 설치기준에 관한 사항
⑦ 재원조달계획
⑧ 수용하거나 사용할 토지, 건축물, 그 밖의 물건이나 권리가 있는 경우에는 그 세부목록
⑨ 그 밖에 대통령령으로 정하는 사항[13)]

1) 일반물류단지의 지정요청

국토교통부장관 또는 시 · 도지사는 일반물류단지를 지정할 때에는 일반물류단지개발계획과 물류단지개발지침에 적합한 경우에만 일반물류단지를 지정하여야 한다.

일반물류단지의 지정을 요청하려는 자는 일반물류단지개발계획안에 다음의 서류 및 도면을 첨부하여 국토교통부장관 또는 시 · 도지사에게 제출하여야 한다.

① 위치도 · 시설배치도 및 조감도
② 지정대상지역의 토지이용 현황에 관한 서류
③ 용수 · 에너지 · 교통 · 통신시설 등 입지 여건의 분석에 관한 서류
④ 개발한 토지 · 시설 등의 처분계획에 관한 서류(처분계획에는 일반물류단지개발사업으로 공급되는 토지 · 시설 등의 위치 · 면적 및 가격결정방법과 공급대

13) "그 밖에 대통령령으로 정하는 사항"이란 다음 각 호의 사항을 말한다.
1. 일반물류단지의 개발을 위한 주요시설의 지원계획
2. 환지의 필요성이 있는 경우 그 환지계획

상자의 자격요건 및 선정방법, 공급의 시기·방법 및 조건, 임대관리 등에 관한 사항이 포함되어야 한다. 이하 같다)

⑤ 이주대책에 관한 서류

국토교통부장관 또는 시·도지사는 일반물류단지지정 요청이 있는 지역이 일반물류단지로 지정하기에 적합하지 아니하다고 인정되는 경우에는 그 이유를 요청한 자에게 알려야 한다.

2. 도시첨단물류단지의 지정 등(제22조의2)

도시첨단물류단지는 국토교통부장관 또는 시·도지사가 다음의 어느 하나에 해당하는 지역에 지정하며, 시·도지사(특별자치도지사는 제외한다)가 지정하는 경우에는 시장·군수·구청장의 신청을 받아 지정할 수 있다.

① 노후화된 일반물류터미널 부지 및 인근 지역

② 노후화된 유통업무설비 부지 및 인근 지역

③ 그 밖에 국토교통부장관이 필요하다고 인정하는 지역

시장·군수·구청장은 시·도지사에게 도시첨단물류단지의 지정을 신청하려는 경우에는 도시첨단물류단지개발계획안을 작성하여 제출하여야 한다.

도시첨단물류단지의 지정 절차 및 개발계획에 관하여는 제22조제2항, 제3항, 제5항을 준용한다. 다만, 도시첨단물류단지개발계획에는 층별·시설별 용도, 바닥면적 등 건축계획 및 복합용지이용계획(복합용지를 계획하는 경우에 한정한다)이 포함되어야 한다.

도시첨단물류단지개발사업의 시행자는 대통령령으로 정하는 바에 따라 대상 부지 토지가액의 100분의 40의 범위에서 다음 각 호의 어느 하나에 해당하는 시설 또는 그 운영비용의 일부를 국가나 지방자치단체에 제공하여야 한다. 다만, 「개발이익 환수에 관한 법률」에 따라 개발부담금이 부과·징수되는 경우에는 대상 부지의 토지가액에서 개발부담금에 상당하는 금액은 제외한다.

① 물류산업 창업보육센터 등 해당 도시첨단물류단지를 활용한 일자리 창출을 위한 시설

② 해당 도시첨단물류단지에서 공동으로 사용하는 물류시설

③ 해당 도시첨단물류단지의 물류산업 활성화를 위한 연구시설

④ 그 밖에 제①호부터 제③호까지의 시설에 준하는 시설로서 대통령령으로 정

하는 공익시설[14)]

3. 토지소유자 등의 동의(제22조의3)

국토교통부장관 또는 시·도지사는 도시첨단물류단지를 지정하려면 도시첨단물류단지 예정지역 토지면적의 2분의 1 이상에 해당하는 토지소유자의 동의와 토지소유자 총수(그 지상권자를 포함하며, 1필지의 토지를 여러 명이 공유하는 경우 그 여러 명은 1인으로 본다) 및 건축물 소유자 총수(집합건물의 경우 각 구분소유자 각자를 1인의 소유자로 본다) 각 2분의 1 이상의 동의를 받아야 한다.

동의자 수를 산정하는 방법은 다음과 같다.

① 1필지의 토지를 여러 명이 공유하는 경우: 다른 공유자의 동의를 받은 대표공유자 1명만을 해당 토지의 소유자로 본다. 다만, 「집합건물의 소유 및 관리에 관한 법률」에 따른 구분소유자는 각각을 토지소유자 1명으로 본다.

② 하나의 건축물을 여러 명이 공유하는 경우: 다른 공유자의 동의를 받은 대표공유자 1명만을 해당 건축물의 소유자로 본다.

③ 공고일 후에 「집합건물의 소유 및 관리에 관한 법률」에 따른 구분소유권을 분할하게 되어 토지소유자 및 건축물 소유자의 수가 증가하게 된 경우: 공고일 전의 소유자의 수를 기준으로 산정하고, 증가된 소유자의 수는 소유자 총수에 추가 산입하지 아니한다.

④ 토지등기부 등본, 건물등기부 등본, 토지대장 및 건축물대장에 소유자로 등재될 당시 주민등록번호의 기재가 없고, 기재된 주소가 현재 주소와 상이한 경우로서 소재가 확인되지 아니한 자는 토지소유자, 지상권자, 건축물 소유자의 수에서 제외한다.

국토교통부장관 또는 시· 도지사는 토지소유자, 지상권자 또는 건축물 소유자의 동의나 동의철회를 받으려는 경우에는 국토교통부령으로 정하는 동의서 또는 동의철회서를 제출받아야 하며, 공유 토지, 지상권 또는 건축물의 대표 소유자로부

---

14) "대통령령으로 정하는 공익시설"이란 다음 각 호의 시설을 말한다.
1. 「국토의 계획 및 이용에 관한 법률」에 따른 공공시설
2. 「국토의 계획 및 이용에 관한 법률 시행령」에 따른 공공·문화체육시설
3. 「국토의 계획 및 이용에 관한 법률 시행령」에 따른 보건위생시설 중 종합의료시설
4. 「국토의 계획 및 이용에 관한 법률 시행령」에 따른 환경기초시설 중 폐기물처리시설
5. 「공공주택 특별법」에 따른 공공주택

터는 대표자지정 동의서를 추가로 제출받아야 한다. 세부적인 사항은 국토교통부령으로 정한다.

4. 지원단지의 조성 등의 특례(제22조의4)

도시첨단물류단지개발사업의 시행자는 도시첨단물류단지 내 또는 도시첨단물류단지 인근지역에 입주기업 종사자 등을 위하여 주거·문화·복지·교육 시설 등을 포함한 지원단지를 조성할 수 있다. 지원단지의 조성은 도시첨단물류단지개발사업으로 할 수 있다.

입주기업 종사자 등의 주거마련을 위하여 필요한 경우 조성되는 지원단지에서 건설·공급되는 주택에 대하여 「주택법」에도 불구하고 대통령령으로 정하는 바에 따라 입주자 모집요건 등 주택공급의 기준을 따로 정할 수 있다.

지원단지에서 주택을 건설하여 공급하는 자는 입주예정기업 또는 교육·연구기관의 종사자 등에게 그 건설량의 100분의 50(「수도권정비계획법」에 따른 과밀억제권역에 위치한 도시첨단물류단지의 경우에는 100분의 30)의 범위에서 특별공급할 수 있다. 특별공급되는 주택의 입주자격 및 선정방법은 국토교통부령으로 정한다.

5. 다른 지구와의 입체개발(제22조의5)

국토교통부장관 또는 시·도지사는 「공공주택 특별법」의 공공주택지구 등 대통령령으로 정하는 지구의 지정권자와 협의하여 도시첨단물류단지와 동일한 부지에 해당 지구를 함께 지정하여 도시첨단물류단지개발사업으로 할 수 있다.

시행자는 지구 내 사업에 따른 시설과 도시첨단물류단지개발사업에 따른 시설을 일단의 건물로 조성할 수 있다.

6. 물류단지개발지침(제22조의6)

국토교통부장관은 물류단지의 개발에 관한 기본지침을 작성하여 관보에 고시하여야 한다.

국토교통부장관은 물류단지개발지침을 작성할 때에는 미리 시·도지사의 의견을 듣고 관계 중앙행정기관의 장과 협의한 후 「물류정책기본법」에 따른 물류시설분과위원회의 심의를 거쳐야 한다. 물류단지개발지침을 변경할 때(국토교통부령으로 정하는 경미한 사항을 변경할 때는 제외한다)에도 또한 같다.

물류단지개발지침에는 다음의 사항이 포함되어야 하며, 지역 간의 균형 있는 발전을 위하여 물류단지시설용지의 배분이 적정하게 이루어지도록 작성되어야 한다.

① 물류단지의 계획적·체계적 개발에 관한 사항
② 물류단지의 지정·개발·지원에 관한 사항
③ 「환경영향평가법」에 따른 전략환경영향평가, 소규모 환경영향평가 및 환경영향평가 등 환경보전에 관한 사항
④ 지역 간의 균형발전을 위하여 고려할 사항
⑤ 문화재의 보존을 위하여 고려할 사항
⑥ 토지가격의 안정을 위하여 필요한 사항
⑦ 분양가격의 결정에 관한 사항
⑧ 토지·시설 등의 공급에 관한 사항

7. 물류단지 실수요 검증(제22조의7)

물류단지를 지정하는 국토교통부장관 또는 시·도지사는 무분별한 물류단지 개발을 방지하고 국토의 효율적 이용을 위하여 물류단지 지정 전에 물류단지 실수요 검증을 실시하여야 한다. 이 경우 물류단지지정권자는 실수요 검증 대상사업에 대하여 관계 행정기관과 협의하여야 한다.

실수요 검증을 실시하기 위하여 국토교통부 또는 시·도에 각각 실수요검증위원회를 둔다.

도시첨단물류단지개발사업의 경우에는 실수요 검증을 실수요검증위원회의 자문으로 갈음할 수 있다.

물류단지 실수요 검증의 평가기준 및 평가방법 등에 관하여 필요한 사항은 국토교통부령으로, 실수요검증위원회의 구성 및 운영 등에 필요한 사항은 국토교통부령 또는 해당 시·도의 조례로 각각 정한다.

8. 물류단지지정의 고시 등(제23조)

물류단지지정권자가 물류단지를 지정하거나 지정내용을 변경한 때에는 대통령령으로 정하는 사항을 관보 또는 시·도의 공보에 고시하고, 관계 서류의 사본을 관할 시장·군수·구청장에게 보내야 한다.

물류단지로 지정되는 지역에 수용하거나 사용할 토지, 건축물, 그 밖의 물건이나 권리가 있는 경우에는 고시내용에 그 토지 등의 세부목록을 포함시켜야 한다. 관계 서류를 받은 시장·군수·구청장은 이를 14일 이상 일반인이 열람할 수 있도록 하

여야 한다.

1) 물류단지지정 또는 변경의 고시

"대통령령으로 정하는 사항"이란 다음의 사항을 말한다.

① 물류단지의 명칭·위치 및 면적
② 물류단지의 지정 목적
③ 물류단지개발사업의 시행자
④ 물류단지의 개발기간 및 개발방법
⑤ 토지이용계획 및 주요 기반시설계획
⑤의2. 건축계획 및 복합용지이용계획(도시첨단물류단지를 지정하거나 그 지정 내용을 변경하는 경우만 해당한다)
⑥ 주요 유치업종 및 유치업종배치계획(물류단지를 지정하는 자와 물류단지 입주 희망 기업이 입주협약을 체결한 경우에는 그 기업의 배치계획을 포함한다)
⑦ 수용 또는 사용의 대상이 되는 토지, 건축물 또는 토지에 정착한 물건과 이에 관한 소유권 외의 권리, 광업권·어업권 및 물의 사용에 관한 권리가 있는 경우에는 그 세목과 소유자 및 「공익사업을 위한 토지 등의 취득 및 보상에 관한 법률」에 따른 관계인의 성명 및 주소
⑧ 물류단지의 개발을 위한 주요시설지원계획
⑨ 종전 토지소유자에 대한 환지계획
⑩ 「공유수면 관리 및 매립에 관한 법률」에 따른 공유수면매립 기본계획
⑪ 「국토의 계획 및 이용에 관한 법률」에 따른 도시·군관리계획
⑫ 「토지이용규제 기본법」에 따른 지형도면 등
⑬ 관계 도서의 열람방법

물류단지를 지정하는 때 확정되지 아니한 경우에는 그 내용이 확정된 후에 이를 따로 고시할 수 있다. 시·도지사는 물류단지를 지정 또는 변경지정한 후 고시한 때에는 지체 없이 고시 내용을 국토교통부장관에게 통보하여야 한다.

9. 주민 등의 의견청취(제24조)

물류단지지정권자는 물류단지를 지정하려는 때에는 주민 및 관계 전문가의 의견을 들어야 하고 타당하다고 인정하는 때에는 그 의견을 반영하여야 한다. 다만, 국방상 기밀(機密)사항이거나 대통령령으로 정하는 경미한 사항인 경우에는 의견

청취를 생략할 수 있다.

1) 주민 등의 의견청취에 필요한 사항

물류단지 지정권자는 물류단지의 지정에 관하여 주민 및 관계 전문가의 의견을 들으려는 경우에는 물류단지개발계획안의 내용을 해당 물류단지의 소재지를 관할하는 특별자치시장·특별자치도지사·시장·군수 또는 구청장에게 보내야 하며, 이를 받은 시장·군수·구청장은 그 주요 내용을 해당 지방에서 발간되는 일간신문, 공보, 인터넷 홈페이지 또는 방송 등을 통하여 공고하고 14일 이상 일반에게 열람하게 해야 한다.

공고된 물류단지개발계획안의 내용에 대하여 의견이 있는 자는 그 열람기간 내에 해당 시장·군수·구청장에게 의견서를 제출할 수 있다. 시장·군수·구청장은 제출된 의견에 대한 검토의견을 물류단지지정권자에게 제출하여야 한다.

2) 경미한 사항의 의견 청취 생략

"대통령령으로 정하는 경미한 사항"이란 다음의 사항을 말한다.

① 물류단지지정 면적의 변경(10분의 1 미만의 면적을 변경하는 경우만 해당한다)

② 물류단지시설용지 면적의 변경(10분의 1 미만의 면적을 변경하는 경우만 해당한다) 또는 물류단지시설용지의 용도변경

③ 기반시설(구거를 포함한다)의 부지 면적의 변경(10분의 1 미만의 면적을 변경하는 경우만 해당한다) 또는 그 시설의 위치 변경

물류단지지정권자는 주민 및 관계 전문가의 의견청취를 생략하려는 경우에는 미리 관계 행정기관의 장과 협의하여야 한다.

10. 행위제한 등(제25조)

물류단지 안에서 건축물의 건축, 공작물의 설치, 토지의 형질변경, 토석의 채취, 토지분할, 물건을 쌓아놓는 행위 등 대통령령으로 정하는 행위를 하려는 자는 시장·군수·구청장의 허가를 받아야 한다. 허가받은 사항을 변경하려는 때에도 또한 같다.

1) 시장·군수·구청장의 허가를 받아야 하는 행위는 다음과 같다.

① 건축물의 건축 등 : 「건축법」에 따른 건축물(가설건축물을 포함한다)의 건축, 대수선 또는 용도변경

② 공작물의 설치 : 인공을 가하여 제작한 시설물(「건축법」에 따른 건축물은 제

외한다)의 설치

③ 토지의 형질변경: 절토(땅깎기)·성토(흙쌓기)·정지(흙고르기)·포장 등의 방법으로 토지의 형상을 변경하는 행위, 토지의 굴착 또는 공유수면의 매립

④ 토석의 채취 : 흙·모래·자갈·바위 등의 토석을 채취하는 행위. 다만, 토지의 형질변경을 목적으로 하는 것은 제3호에 따른다.

⑤ 토지분할

⑥ 물건을 쌓아놓는 행위 : 이동이 쉽지 아니한 물건을 1개월 이상 쌓아놓는 행위

⑦ 죽목의 벌채 및 식재(植栽)

2) 다음에 해당하는 행위는 허가를 받지 아니하고 할 수 있다.

① 재해복구 또는 재난수습에 필요한 응급조치를 위하여 하는 행위

② 그 밖에 대통령령으로 정하는 행위

3) 허가를 받아야 하는 행위로서 물류단지의 지정 및 고시 당시 이미 관계 법령에 따라 행위허가를 받았거나 허가를 받을 필요가 없는 행위에 관하여 그 공사 또는 사업에 착수한 자는 대통령령으로 정하는 바에 따라 시장·군수·구청장에게 신고한 후 이를 계속 시행할 수 있다.

4) 시장·군수·구청장은 위반한 자에게 원상회복을 명할 수 있다. 이 경우 명령을 받은 자가 그 의무를 이행하지 아니하면 시장·군수·구청장은 「행정대집행법」에 따라 대집행할 수 있다.

5) 허가에 관하여 이 법에서 규정한 것 외에는 「국토의 계획 및 이용에 관한 법률」을 준용한다.

6) 허가를 받은 경우에는 「국토의 계획 및 이용에 관한 법률」에 따라 허가를 받은 것으로 본다.

11. 물류단지지정의 해제(제26조)

1) 물류단지로 지정·고시된 날부터 대통령령으로 정하는 기간 이내[15]에 그 물류단지의 전부 또는 일부에 대하여 물류단지개발실시계획의 승인을 신청하지 아니하면 그 기간이 지난 다음 날 해당 지역에 대한 물류단지의 지정이 해제된 것으로 본다.

15) "대통령령으로 정하는 기간"이란 5년을 말한다.

2) 물류단지지정권자는 다음에 해당하는 경우에는 대통령령으로 정하는 바에 따라 해당 지역에 대한 물류단지 지정의 전부 또는 일부를 해제할 수 있다.
① 물류단지의 전부 또는 일부에 대한 개발 전망이 없게 된 경우
② 개발이 완료된 물류단지가 준공(부분 준공을 포함한다)된 지 20년 이상 된 것으로서 주변상황과 물류산업여건이 변화되어 물류단지재정비사업을 하더라도 물류단지 기능수행이 어려울 것으로 판단되는 경우

3) 물류단지지정권자는 물류단지의 지정을 해제하려는 경우에는 다음의 사항을 명시하여 관계 행정기관의 장과 협의하여야 한다.
① 해제 사유 및 내역
②「국토의 계획 및 이용에 관한 법률」제36조에 따른 용도지역의 환원에 관한 사항

4) 물류단지지정권자는 물류단지의 지정이 해제된 경우에는 다음의 사항을 고시하여야 한다.
① 물류단지의 명칭
② 해제되는 물류단지의 위치 및 면적
③ 물류단지지정의 해제 사유
④「국토의 계획 및 이용에 관한 법률」제36조에 따른 용도지역의 환원 여부
⑤ 관계 도서의 열람방법

5) 물류단지의 지정이 해제된 것으로 보거나 해제된 경우 해당 물류단지지정권자는 그 사실을 관계 중앙행정기관의 장 및 시·도지사에게 통보하고 고시하여야 하며, 통보를 받은 시·도지사는 지체 없이 시장·군수·구청장으로 하여금 이를 14일 이상 일반인이 열람할 수 있도록 하여야 한다.

6) 물류단지의 지정으로「국토의 계획 및 이용에 관한 법률」에 따른 용도지역이 변경·결정된 후 해당 물류단지의 지정이 해제된 경우에는 해당 물류단지에 대한 용도지역은 변경·결정되기 전의 용도지역으로 환원된 것으로 본다. 다만, 물류단지의 개발이 완료되어 물류단지의 지정이 해제된 경우에는 변경·결정되기 전의 용도지역으로 환원되지 아니한다.

7) 시장·군수·구청장은 용도지역이 환원된 경우에는 즉시 그 사실을 고시하여야 한다.

12. 물류단지개발사업의 시행자(제27조)

1) 물류단지개발사업을 시행하려는 자는 대통령령으로 정하는 바에 따라 물류단지지정권자로부터 시행자 지정을 받아야 한다. 물류단지지정권자는 시행자를 지정할 때에는 사업계획의 타당성 및 재원조달능력과 다른 법률에 따라 수립된 개발계획과의 관계 등을 고려하여야 한다.

2) 물류단지개발사업의 시행자로 지정받을 수 있는 자는 다음의 자로 한다.

① 국가 또는 지방자치단체

② 대통령령으로 정하는 공공기관[16)]

③「지방공기업법」에 따른 지방공사

④ 특별법에 따라 설립된 법인

⑤「민법」 또는「상법」에 따라 설립된 법인

⑥ 물류단지 예정지역의 토지소유자 또는 그 토지소유자가 물류단지개발을 위하여 설립한 조합[17)]

3) 물류단지개발사업의 시행자로 지정받으려는 자는 대통령령으로 정하는 바에 따라 물류단지지정권자에게 시행자 지정을 신청하여야 한다. 시행자로 지정받으려는 자는 다음의 사항을 적은 시행자지정신청서를 물류단지지정권자에게 제출하여야 한다.

① 사업을 시행하려는 자의 성명(법인인 경우에는 그 명칭 및 대표자의 성명)·주소

② 사업을 시행하려는 물류단지의 명칭·위치 및 사업시행 면적

③ 사업의 명칭·목적·개요·시행기간·시행방법 등 사업계획의 개요

시행자지정신청서에는 다음의 서류 및 도면을 첨부하여야 한다.

① 위치도

---

16) "대통령령으로 정하는 공공기관"이란 다음 각 호의 기관을 말한다.
1. 「한국토지주택공사법」에 따른 한국토지주택공사
2. 「한국도로공사법」에 따른 한국도로공사
3. 삭제 〈2009. 9. 21.〉
4. 「한국수자원공사법」에 따른 한국수자원공사
5. 「한국농어촌공사 및 농지관리기금법」에 따른 한국농어촌공사
6. 「항만공사법」에 따른 항만공사

17) 제27조의2(조합설립의 인가 등) 조합의 설립, 조합원의 자격, 조합원의 경비 부담 등에 관하여는 「도시개발법」의 규정을 준용한다. 이 경우 "도시개발구역"은 "물류단지 예정지역"으로, "지정권자"는 "물류단지지정권자"로 본다.

② 사업계획서
③ 자금조달계획서

4) 물류단지지정권자는 물류단지개발사업을 시행하는 자로 지정받은 자가 승인을 받은 물류단지개발실시계획에서 정하여진 기간 내에 물류단지개발사업을 완료하지 아니하면 다른 시행자를 지정하여 그 시행자에게 해당 물류단지개발사업을 시행하게 할 수 있다.

5) 시행자는 물류단지개발사업을 효율적으로 시행하기 위하여 필요하다고 인정하는 경우에는 대통령령으로 정하는 바에 따라 해당 물류단지에 입주하거나 입주하려는 물류시설의 운영자 및 지원시설의 운영자에게 물류단지개발사업의 일부를 대행하게 할 수 있다.

① 시행자는 물류단지시설용지의 조성과 물류단지시설의 건설을 병행하게 할 필요가 있거나 물류단지개발사업의 원활한 시행을 위하여 필요하다고 인정하는 경우에는 입주기업체 또는 지원기관으로 하여금 물류단지개발사업 중 해당 입주기업체 또는 지원기관이 사용할 시설의 부지조성사업을 대행하게 할 수 있다.

② 시행자는 입주기업체 또는 지원기관으로 하여금 물류단지개발사업의 일부를 대행하게 하려는 때에는 이에 관한 계약을 체결하여야 한다. 이 경우 시행자는 계약을 체결한 날부터 14일 이내에 계약서의 사본을 첨부하여 해당 물류단지지정권자에게 물류단지개발사업의 대행에 관한 보고를 하여야 한다.

③ 시행자는 계약을 체결한 물류단지개발사업의 대행자가 그 계약에 따라 성실하게 사업을 시행하도록 지도·감독하여야 한다.

13. 물류단지개발 실시계획의 승인(제28조)

1) 시행자는 대통령령으로 정하는 바에 따라 물류단지개발 실시계획을 수립하여 물류단지지정권자의 승인을 받아야 한다. 승인을 받은 사항 중 대통령령으로 정하는 중요 사항을 변경하려는 경우에도 또한 같다.

(1) 실시계획의 승인 신청

시행자는 물류단지개발실시계획의 승인을 신청하려는 경우에는 다음의 사항을 적은 실시계획승인신청서를 물류단지지정권자에게 제출하여야 한다.

① 시행자의 성명(법인인 경우에는 그 명칭 및 대표자의 성명)·주소

② 사업의 명칭
③ 사업의 목적
④ 사업을 시행하려는 위치 및 면적
⑤ 사업의 시행방법 및 시행기간
⑥ 사업시행지역의 토지이용 현황
⑦ 토지이용계획 및 기반시설계획
⑧ 공공시설의 귀속 및 관리계획

(2) 신청시 첨부서류

실시계획승인신청서에는 다음 각 호의 서류 및 도면을 첨부하여야 한다.

① 위치도
② 지적도에 따라 작성한 용지도
③ 계획평면도 및 실시설계도서(공유수면의 매립이 포함되는 경우에는 「공유수면 관리 및 매립에 관한 법률 시행령」에 따라 제출하여야 하는 매립공사에 관한 설명서를 포함한다)
④ 사업비 및 자금조달계획서(연차별 투자계획을 포함한다)
⑤ 개발한 토지·시설 등의 처분계획에 관한 서류
⑥ 사업시행지역에 존치하려는 기존의 물류단지시설이나 건축물 등의 명세서
⑦ 사업시행지역의 토지·건물 또는 권리 등의 매수·보상 및 주민의 이주대책에 관한 서류
⑧ 토지등이 있는 경우에는 그 세목과 소유자 및 「공익사업을 위한 토지 등의 취득 및 보상에 관한 법률」에 따른 관계인의 성명 및 주소
⑨ 공공시설물 및 토지등의 무상귀속 등에 관한 계획서
⑩ 도시·군관리계획결정에 필요한 관계 서류 및 도면
⑪ 「해양환경관리법」에 따라 제출하여야 하는 해역이용협의를 위한 서류(공유수면매립의 경우에만 첨부한다)
⑫ 「환경영향평가법」에 따른 환경영향평가 대상사업이거나 「도시교통정비 촉진법」에 따른 교통영향평가 대상사업인 경우에는 환경영향평가서 또는 교통영향평가서
⑬ 문화재 보존대책에 관한 서류

2) 실시계획에는 개발한 토지·시설 등의 처분에 관한 사항이 포함되어야 한다.
3) 물류단지지정권자가 실시계획을 승인하거나 승인한 사항을 변경승인할 때에는 관계 법률에 적합한지를 미리 소관 행정기관의 장과 협의하여야 한다.

14. 실시계획승인의 고시(제29조)

1) 물류단지지정권자는 실시계획을 승인하거나 승인한 사항을 변경승인한 때에는 대통령령으로 정하는 사항을 관보 또는 시·도의 공보에 고시하고, 관계 서류의 사본을 관할 시장·군수·구청장에게 보내야 한다. 고시하여야 하는 사항은 다음과 같다.
   ① 사업의 명칭
   ② 시행자의 성명(법인인 경우에는 그 명칭 및 대표자의 성명)
   ③ 사업의 목적 및 개요
   ④ 사업시행지역의 위치 및 면적
   ⑤ 사업시행기간(착공 및 준공예정일을 포함한다)
   ⑥ 도시·군계획시설에 대한 「국토의 계획 및 이용에 관한 법률 시행령」 제25조 제6항 각 호의 사항
2) 관계 서류의 사본을 받은 시장·군수·구청장은 이를 14일 이상 일반인이 열람할 수 있도록 하여야 한다.
3) 관계 서류의 사본을 받은 시장·군수·구청장은 실시계획에 도시·군관리계획 결정사항이 포함되어 있으면 「국토의 계획 및 이용에 관한 법률」에 따라 지형도면의 고시 등에 필요한 절차를 취하여야 한다. 이 경우 시행자는 도시·군관리계획에 관한 지형도면의 고시 등에 필요한 서류를 작성하여 시장·군수·구청장에게 제출하여야 한다.

15. 인·허가등의 의제(제30조)

1) 물류단지지정권자가 실시계획을 승인 또는 변경승인하는 경우에 다음 각 호의 인·허가등에 관하여 관계 행정기관의 장과 협의한 사항은 해당 인·허가 등을 받은 것으로 보며, 실시계획승인 또는 변경승인을 고시한 때에는 다음의 법률에 따른 해당 인·허가 등의 고시 또는 공고를 한 것으로 본다.
   ① 「가축분뇨의 관리 및 이용에 관한 법률」에 따른 배출시설에 대한 설치허가 또는 신고

② 「건축법」에 따른 건축허가, 건축신고, 건축허가 · 신고사항의 변경, 가설건축물의 건축의 허가 · 신고 및 건축협의
③ 「골재채취법」에 따른 골재채취의 허가
④ 「공유수면 관리 및 매립에 관한 법률」에 따른 공유수면의 점용 · 사용허가, 점용 · 사용 실시계획의 승인 또는 신고, 공유수면의 매립면허, 매립의 협의 또는 승인 및 공유수면매립실시계획의 승인
⑤ 「공유재산 및 물품 관리법」에 따른 행정재산의 용도폐지 및 행정재산의 사용 · 수익의 허가
⑥ 「광업법」에 따른 광업권설정불허가처분 및 광업권의 취소 또는 광구감소처분
⑦ 「국유재산법」에 따른 행정재산의 사용허가 및 행정재산의 용도폐지
⑧ 「국토의 계획 및 이용에 관한 법률」에 따른 도시 · 군관리계획의 결정, 토지형질변경의 허가 또는 토지분할의 허가, 도시 · 군계획시설사업의 시행자의 지정 및 실시계획의 인가
⑨ 「농어촌정비법」에 따른 농업생산기반시설의 사용허가
⑩ 「농지법」에 따른 농업진흥지역 등의 변경 및 해제, 농지전용의 허가 및 협의
⑪ 「도로법」에 따른 도로관리청이 아닌 자에 대한 도로공사 시행의 허가, 도로의 점용 허가 및 도로관리청과의 협의 또는 승인
⑫ 「사도법」에 따른 사도개설의 허가
⑬ 「사방사업법」에 따른 벌채 등의 허가 및 사방지 지정의 해제
⑭ 「산지관리법」에 따른 산지전용허가 및 산지전용신고, 산지일시사용허가 · 신고, 토석채취허가, 「산림자원의 조성 및 관리에 관한 법률」에 따른 입목벌채등의 허가 · 신고, 「산림보호법」에 따른 산림보호구역(산림유전자원보호구역은 제외한다)에서의 행위의 허가 · 신고 및 산림보호구역의 지정해제
⑮ 「소하천정비법」에 따른 소하천 공사시행의 허가 및 소하천 점용의 허가
⑯ 「수도법」에 따른 수도사업의 인가, 전용수도 설치의 인가
⑰ 「물환경보전법」에 따른 공공폐수처리시설 기본계획의 승인
⑱ 「에너지이용 합리화법」에 따른 에너지사용계획의 협의
⑲ 「임업 및 산촌 진흥촉진에 관한 법률」에 따른 임업진흥권역의 지정변경 및 해제
⑳ 「장사 등에 관한 법률」에 따른 연고자가 없는 분묘의 개장허가

㉑ 「전기안전관리법」에 따른 자가용전기설비의 공사계획의 인가 또는 신고
㉒ 「공간정보의 구축 및 관리 등에 관한 법률」에 따른 사업의 착수·변경 또는 완료의 신고
㉓ 「집단에너지사업법」에 따른 집단에너지의 공급 타당성에 관한 협의
㉔ 「초지법」토지의 형질변경 등의 허가 및 초지전용허가
㉕ 「공간정보의 구축 및 관리 등에 관한 법률」에 따른 지도등의 간행 심사
㉖ 「폐기물관리법」에 따른 폐기물처리시설의 설치승인 또는 신고
㉗ 「하수도법」에 따른 공공하수도공사의 시행허가 및 공공하수도의 점용허가
㉘ 「하천법」에 따른 하천관리청과의 협의 또는 승인, 하천공사 시행허가, 하천공사실시계획의 인가, 하천의 점용허가 및 하천수의 사용허가
㉙ 「항만법」에 따른 항만개발사업 시행의 허가 및 항만개발사업실시계획의 승인
㉚ 「산업집적활성화 및 공장설립에 관한 법률」에 따른 공장설립등의 승인
㉛ 「유통산업발전법」에 따른 대규모점포의 개설등록
㉜ 「체육시설의 설치·이용에 관한 법률」에 따른 사업계획의 승인

2) 다른 법률에 따른 인·허가등을 받은 것으로 보는 경우에는 관계 법률 또는 시·도의 조례에 따라 부과되는 그 인·허가등에 따른 수수료·사용료 등을 면제한다.

3) 인·허가등의 의제와 관련된 처리기준에 관하여는 제21조제3항 및 제4항을 준용한다.

16. 물류단지개발사업의 위탁시행 등(제31조)

1) 시행자는 물류단지개발사업 중 항만, 용수시설, 그 밖에 대통령령으로 정하는 공공시설[18]의 건설과 공유수면의 매립에 관한 사항을 대통령령으로 정하는 바에 따라 국가·지방자치단체 또는 대통령령으로 정하는 공공기관에 위탁하여 시행할 수 있다.

시행자는 물류단지개발사업의 일부를 국가·지방자치단체 또는 공공기관에 위탁하여 시행하려는 경우에는 이를 위탁받아 시행할 자와 다음 각 호의 사항에 관하여 협의하여야 한다.

18) "그 밖에 대통령령으로 정하는 공공시설"이란 도로·상수도·철도·공동구(共同溝)·공공폐수처리시설·폐기물처리시설·집단에너지공급시설·제방·호안(기슭·제방 보호시설)·방조제·하굿둑 및 녹지시설을 말한다.

① 위탁사업의 사업지
② 위탁사업의 종류 · 규모 · 금액과 그 밖에 공사설계의 기준이 될 사항
③ 위탁사업의 시행기간(착공 및 준공예정일과 공정계획을 포함한다)
④ 위탁사업에 필요한 비용의 지급방법과 그 자금의 관리에 관한 사항
⑤ 위탁자가 부동산 · 기자재 또는 근로자를 제공하는 경우에는 그 관리에 관한 사항
⑥ 위험부담에 관한 사항
⑦ 그 밖에 위탁사업의 내용을 명백히 하기 위하여 필요한 사항

2) 물류단지개발사업을 위한 토지매수업무 등의 위탁에 관하여는 제11조를 준용한다. 이 경우 “물류터미널사업자”는 “시행자”로, “물류터미널”은 “물류단지”로 본다.

3) 시행자는 물류단지지정권자의 승인을 받아 「자본시장과 금융투자업에 관한 법률」에 따라 설립된 부동산신탁업자와 대통령령으로 정하는 바에 따라 물류단지 개발을 목적으로 하는 신탁계약을 체결하여 물류단지개발사업을 시행할 수 있다.

신탁계약의 승인을 받으려는 경우에는 신탁계약승인신청서에 다음 각 호의 사항이 포함된 서류를 첨부하여 물류단지지정권자에게 제출해야 한다.

① 위탁자 및 수탁자의 성명 및 주소(법인인 경우에는 법인의 명칭 · 주소 및 그 대표자의 성명 · 주소를 말한다)
② 물류단지의 명칭 · 위치 및 면적
③ 신탁개발의 목적 · 종류 · 신탁기간이 포함된 신탁개발사업의 개요
④ 다음 각 목의 사항이 포함된 물류단지개발사업계획
   가. 물류단지개발사업 위치도
   나. 물류단지개발사업 자금조달계획서
   다. 물류단지개발사업으로 조성되는 토지 · 시설 등의 처분계획서

승인을 받아 신탁계약을 체결한 경우에는 그 계약을 체결한 날부터 1개월 이내에 계약서 사본을 물류단지지정권자에게 제출해야 한다.

4) 신탁계약을 체결한 부동산신탁업자는 종전의 시행자의 권리 · 의무를 포괄적으로 승계한다.

17. 토지등의 수용 · 사용(제32조)

시행자 물류단지개발사업에 필요한 토지등을 수용하거나 사용할 수 있다. 다만, 제27조제2항제5호의 시행자인 경우에는 사업대상 토지면적의 3분의 2 이상을 매

입하여야 토지등을 수용하거나 사용할 수 있다.

토지등을 수용하거나 사용하는 경우에 물류단지 지정 고시를 한 때에는 「공익사업을 위한 토지 등의 취득 및 보상에 관한 법률」에 따른 사업인정 및 그 고시를 한 것으로 본다.

국토교통부장관이 지정하는 물류단지 안의 토지등에 대한 재결은 중앙토지수용위원회가 관장하고, 시·도지사가 지정하는 물류단지 안의 토지등에 대한 재결은 관할 지방토지수용위원회가 관장한다. 이 경우 재결의 신청은 「공익사업을 위한 토지 등의 취득 및 보상에 관한 법률」에도 불구하고 물류단지개발계획에서 정하는 사업시행기간 내에 할 수 있다.

수용 또는 사용에 관하여는 이 법에 특별한 규정이 있는 경우 외에는 「공익사업을 위한 토지 등의 취득 및 보상에 관한 법률」을 준용한다.

18. 「공유수면 관리 및 매립에 관한 법률」 등의 적용특례(제33조)

물류단지가 지정·고시된 경우에는 그 범위에서 「공유수면 관리 및 매립에 관한 법률」에 따른 매립기본계획, 「국토의 계획 및 이용에 관한 법률」에 따른 도시·군관리계획 및 「하천법」에 따른 하천기본계획 및 하천공사시행계획이 수립·변경된 것으로 본다.

실시계획의 승인을 받은 시행자가 해당 물류단지 안의 토지에 관하여 체결하는 토지거래계약에 대하여는 「부동산 거래신고 등에 관한 법률」 제11조를 적용하지 아니한다.

지원시설에 대하여는 「국토의 계획 및 이용에 관한 법률」에 따른 지역·지구 안에서의 건축금지 및 제한에 관한 규정을 적용하지 아니한다.

19. 토지소유자에 대한 환지(제34조)

1) 시행자는 물류단지 안의 토지를 소유하고 있는 자가 물류단지개발계획에서 정한 물류단지시설 또는 대통령령으로 정하는 지원시설을 운영하려는 경우에는 그 토지를 포함하여 물류단지개발사업을 시행할 수 있으며, 해당 사업이 완료된 후 대통령령으로 정하는 바에 따라 해당 토지소유자에게 환지(換地)하여 줄 수 있다. 〈개정 2023.8.16.〉

① 환지를 받을 수 있는 토지소유자는 물류단지개발계획에서 정한 유치업종에 적

합한 물류단지시설을 설치하려는 자로서 물류단지의 지정·고시일 현재 물류단지개발계획에서 정한 최소공급면적 이상의 토지를 소유한 자로 한다.

② 환지를 받으려는 자는 환지신청서에 물류단지시설설치계획서를 첨부하여 시행자에게 제출하여야 한다.

③ 환지신청은 시행자가 해당 물류단지에 관한 보상공고에서 정한 협의기간에 하여야 한다.

④ 시행자는 다음 각 호의 기준에 따라 환지의 방법 및 절차 등을 물류단지개발계획에서 정하여야 한다.

가. 환지의 대상이 되는 종전 토지의 가액은 보상공고 시 시행자가 제시한 협의를 위한 보상금액으로 하고, 환지의 가액은 해당 물류단지의 물류단지시설용지의 분양가격을 기준으로 한다.

나. 환지면적은 종전의 토지면적을 기준으로 하되, 지역 여건 및 물류단지의 수급 상황 등을 고려하여 그 면적을 늘리거나 줄일 수 있다.

다. 종전의 토지가액과 환지가액과의 차액은 현금으로 정산하여야 한다.

2) 토지소유자에 대한 환지에 관하여는 「도시개발법」 규정을 준용한다. 다만, 시행자가 「도시개발법」에 따른 환지 계획을 포함하여 다음 각 호의 어느 하나에 해당하는 승인을 받은 경우에는 환지 계획의 인가를 받은 것으로 본다.

① 실시계획의 승인

② 제59조의2에 따라 준용되는 「산업단지 인·허가 절차 간소화를 위한 특례법」에 따른 물류단지계획의 승인 [시행일: 2024. 2. 17.]

20. 토지 출입 등(제35조)

물류단지개발사업 시행을 위한 토지 출입 등에 관하여는 제12조를 준용한다. 이 경우 "물류터미널사업자"는 "시행자"로, "물류터미널"은 "물류단지"로 본다.

21. 공공시설 및 토지 등의 귀속(제36조)

시행자가 물류단지개발사업의 시행으로 새로 공공시설을 설치하거나 기존의 공공시설에 대체되는 공공시설을 설치한 경우에는 「국유재산법」 및 「공유재산 및 물품 관리법」에도 불구하고 종래의 공공시설은 시행자에게 무상으로 귀속되고 새로 설치된 공공시설은 그 시설을 관리할 국가 또는 지방자치단체에 무상으로 귀속된다.

시행자가 물류단지개발사업의 시행으로 새로 설치한 공공시설은 그 시설을 관리할 국가 또는 지방자치단체에 무상으로 귀속되고, 물류단지개발사업의 시행으로 인하여 용도가 폐지되는 국가 또는 지방자치단체 소유의 재산은 「국유재산법」 및 「공유재산 및 물품 관리법」에도 불구하고 새로 설치한 공공시설의 설치비용에 상당하는 범위에서 그 시행자에게 무상으로 양도할 수 있다.

물류단지지정권자는 공공시설의 귀속 및 양도에 관한 사항이 포함된 실시계획을 승인하려는 때에는 미리 그 공공시설을 관리하는 기관의 의견을 들어야 한다. 실시계획을 변경하려는 때에도 또한 같다.

시행자는 국가 또는 지방자치단체에 귀속될 공공시설과 시행자에게 귀속되거나 양도될 재산의 종류와 토지의 세부목록을 그 물류단지개발사업의 준공 전에 관리청에 통지하여야 하며, 해당 공공시설과 재산은 그 사업이 준공되어 시행자에게 준공인가통지를 한 때에 국가 또는 지방자치단체에 귀속되거나 시행자에게 귀속 또는 양도된 것으로 본다.

공공시설과 재산의 등기에 관하여는 물류단지개발사업의 실시계획승인서와 준공인가서로써 「부동산등기법」에 따른 등기원인을 증명하는 서면을 갈음할 수 있다.

공공시설의 범위는 대통령령으로 정한다. 공공시설은 「국토의 계획 및 이용에 관한 법률」에 따른 공공시설 중 다음 각 호의 시설을 말한다.

① 도로
② 공원
③ 광장
④ 주차장(국가 또는 지방자치단체가 설치한 것만 해당한다)
⑤ 철도
⑥ 하천
⑦ 녹지
⑧ 운동장(국가 또는 지방자치단체가 설치한 것만 해당한다)
⑨ 공공공지
⑩ 수도(한국수자원공사가 설치하는 수도의 경우에는 관로만 해당한다)
⑪ 하수도
⑫ 공동구
⑬ 유수지시설

⑭ 구거

22. 국·공유지의 처분제한(제37조)

물류단지개발사업에 필요한 국·공유지의 처분제한 등에 관하여는 제13조를 준용한다. 이 경우 "물류터미널을 건설하기 위한 부지"는 "물류단지"로, "물류터미널 건설사업"은 "물류단지개발사업"으로, "국토교통부장관 또는 시·도지사"는 "물류단지지정권자"로, "물류터미널사업자"는 "시행자·입주기업체 또는 지원기관"으로 본다.

23. 물류단지개발사업의 비용(제38조)

물류단지개발사업에 필요한 비용은 시행자가 부담한다.

물류단지에 필요한 전기시설·전기통신설비·가스공급시설 또는 지역난방시설은 대통령령으로 정하는 범위에서 해당 지역에 전기·전기통신·가스 또는 난방을 공급하는 자가 비용을 부담하여 설치하여야 한다. 다만, 물류단지개발사업의 시행자·입주기업·지방자치단체 등의 요청에 따라 전기간선시설(電氣幹線施設)을 땅 속에 설치하는 경우에는 전기를 공급하는 자와 땅 속에 설치할 것을 요청하는 자가 각각 100분의 50의 비율로 그 설치비용을 부담한다.

각 시설의 설치시기, 그 밖에 필요한 사항은 대통령령으로 정한다.

1) 전기시설 등의 설치 범위 및 시기 등

(1) 전기시설·전기통신설비·가스공급시설 및 지역난방시설의 설치 범위는 다음 각 호와 같다.

① 전기시설 : 물류단지 밖의 기간(基幹)이 되는 시설로부터 물류단지 안의 토지이용계획상 6미터 이상의 도시·군계획도로에 접하는 개별필지(이하 "개별필지"라 한다)의 경계선까지의 전기시설

② 전기통신설비 : 물류단지 밖의 기간이 되는 시설로부터 물류단지 안의 개별필지의 경계선까지의 관로시설 및 물류단지 밖의 기간이 되는 시설로부터 물류단지 안의 개별필지의 최초 단자까지의 케이블시설

③ 가스공급시설: 물류단지 밖의 기간이 되는 가스공급시설로부터 물류단지 안의 개별필지의 경계선까지의 가스공급시설. 다만, 취사나 개별난방용(중앙집중식난방용은 제외한다)으로 가스를 공급하기 위하여 물류단지

안의 개별필지에 정압조정실(일정 압력 유지·조정실)을 설치하는 경우에는 그 정압조정실까지의 가스공급시설

④ 지역난방시설 : 물류단지 밖의 기간이 되는 열수송관의 분기점으로부터 물류단지 안의 개별필지의 각 기계실 입구 차단밸브까지의 열수송관

(2) 물류단지지정권자는 실시계획을 승인한 때에는 지체 없이 전기시설·전기통신설비·가스공급시설 또는 지역난방시설의 설치자에게 그 사실을 알려야 한다.

(3) 시설의 설치는 특별한 사유가 없으면 준공인가신청일(물류단지지정권자가 시행자인 경우에는 물류단지개발사업의 완료일)까지 끝내야 한다.

24. 물류단지개발사업의 지원(제39조)

1) 비용의 보조 또는 융자

국가 또는 지방자치단체는 대통령령으로 정하는 바에 따라 물류단지개발사업에 필요한 비용의 일부를 보조하거나 융자할 수 있다.

국가나 지방자치단체가 보조 또는 융자할 수 있는 비용의 종목은 다음 각 호와 같다.

① 물류단지의 간선도로의 건설비
② 물류단지의 녹지의 건설비
③ 이주대책사업비
④ 물류단지시설용지와 지원시설용지의 조성비 및 매입비
⑤ 용수공급시설·하수도 및 공공폐수처리시설의 건설비
⑥ 문화재 조사비

2) 기반시설의 설치지원

국가 또는 지방자치단체는 물류단지의 원활한 개발을 위하여 필요한 도로·철도·항만·용수시설 등 기반시설의 설치를 우선적으로 지원하여야 한다.

국가나 지방자치단체가 지원하는 기반시설은 다음 각 호와 같다.

① 도로·철도 및 항만시설
② 용수공급시설 및 통신시설
③ 하수도시설 및 폐기물처리시설
④ 물류단지 안의 공동구
⑤ 집단에너지공급시설

⑥ 그 밖에 물류단지개발을 위하여 특히 필요한 공공시설로서 국토교통부령으로 정하는 시설

25. 물류단지개발특별회계의 설치(제40조)

시·도지사 또는 시장·군수는 물류단지개발사업을 촉진하기 위하여 지방자치단체에 물류단지개발특별회계를 설치할 수 있다.

특별회계는 다음 각 호의 재원으로 조성된다.

① 해당 지방자치단체의 일반회계로부터의 전입금

② 정부의 보조금

③ 부과·징수된 과태료

④「개발이익환수에 관한 법률」에 따라 지방자치단체에 귀속되는 개발부담금 중 해당 지방자치단체의 조례로 정하는 비율의 금액

⑤「국토의 계획 및 이용에 관한 법률」에 따른 수익금

⑥「지방세법」에 따라 부과·징수되는 재산세의 징수액 중 대통령령으로 정하는 비율의 금액[19]

⑦ 차입금

⑧ 해당 특별회계자금의 융자회수금·이자수입금 및 그 밖의 수익금

26. 특별회계의 운용(제41조)

1) 물류단지개발 특별회계의 용도

특별회계는 다음 각 호의 용도로 사용한다.

① 물류단지개발사업의 시행자에 대한 공사비의 보조 또는 융자

② 물류단지개발사업에 따른 도시·군계획시설사업에 관한 보조 또는 융자

③ 지방자치단체가 시행하는 물류단지개발사업에 따른 도시·군계획시설의 설치사업비

④ 물류단지지정, 물류시설의 개발계획수립 및 제도발전을 위한 조사·연구비

⑤ 차입금의 원리금 상환

⑥ 특별회계의 조성·운용 및 관리를 위한 경비

---

19) "대통령령으로 정하는 비율"이란 10퍼센트를 말한다. 다만, 해당 지방자치단체의 조례로 달리 정하는 경우에는 그 비율을 말한다.

⑦ 그 밖에 대통령령으로 정하는 사항[20]

국토교통부장관은 필요한 경우에는 지방자치단체의 장에게 특별회계의 운용상황을 보고하게 할 수 있다.

2) 물류단지개발특별회계의 운용 및 관리

특별회계의 설치 및 운용·관리에 필요한 사항은 대통령령으로 정하는 기준에 따라 해당 지방자치단체의 조례로 정한다. 해당 지방자치단체의 조례로 물류단지개발특별회계에서 보조할 수 있는 사항을 정하는 경우 그 범위는 다음 각 호와 같다.

① 해당 지방자치단체의 장이 시행하는 다음 각 목의 사업비

가. 물류단지개발사업의 공사비

나. 물류단지개발사업과 관련된 「국토의 계획 및 이용에 관한 법률」 제2조제10호에 따른 도시·군계획시설사업의 공사비 및 사유대지의 보상비

② 제①호 외의 자가 시행하는 다음 각 목의 사업비의 2분의 1 이하

가. 물류단지개발사업 중 도시·군계획시설의 설치에 필요한 공사비

나. 물류단지개발사업과 관련된 「국토의 계획 및 이용에 관한 법률」 제2조제10호에 따른 도시·군계획시설사업의 공사비

③ 조사·연구비

④ 경비

해당 지방자치단체의 조례로 물류단지개발특별회계에서 융자할 수 있는 사항을 정하는 경우 그 범위는 다음 각 호와 같다.

① 물류단지개발사업과 관련된 해당 지방자치단체의 장이 시행하는 「국토의 계획 및 이용에 관한 법률」에 따른 도시·군계획시설사업의 공사비의 2분의 1 이하

② 제①1호 외의 자가 시행하는 다음 각 목의 사업비의 3분의 1 이하

가. 물류단지개발사업 중 도시·군계획시설의 설치에 필요한 공사비

나. 물류단지개발사업과 관련된 「국토의 계획 및 이용에 관한 법률」에 따른 도시·군계획시설사업의 공사비

---

20) "대통령령으로 정하는 사항"이란 다음 각 호의 사항을 말한다. [전문개정 2023.11.16.]

1. 지방자치단체가 시행하는 물류단지개발사업의 사업비
2. 해당 지방자치단체의 조례로 정하는 사항

27. 시설의 존치(제42조)

시행자는 물류단지 안에 있는 기존의 시설이나 그 밖의 공작물을 이전하거나 철거하지 아니하여도 물류단지개발사업에 지장이 없다고 인정하는 때에는 이를 남겨두게 할 수 있다.

28. 선수금(제43조)

시행자는 그가 조성하는 용지를 분양·임대받거나 시설을 이용하려는 자로부터 대통령령으로 정하는 바에 따라 대금의 전부 또는 일부를 미리 받을 수 있다. 선수금을 받으려는 시행자는 다음 각 호의 구분에 따른 요건을 갖추어야 한다.

① 법 제27조제2항제1호부터 제3호까지에 해당하는 시행자[21) : 실시계획 승인을 받을 것

② 법 제27조제2항제4호 및 제5호에 해당하는 시행자[22) : 다음 각 목의 요건을 모두 갖출 것

가. 실시계획 승인을 받을 것

나. 분양하려는 토지에 대한 소유권을 확보하고 해당 토지에 설정된 저당권을 말소하였을 것. 다만, 부득이한 사유로 토지소유권을 확보하지 못하였거나 저당권을 말소하지 못한 경우에는 시행자·토지소유자 및 저당권자는 다음 내용의 공동약정서를 공증하여 법 제28조제1항에 따른 실시계획 승인권자에게 제출하여야 한다.

가) 토지소유자는 제3자에게 해당 토지를 양도하거나 담보로 제공하지 아니할 것

나) 법 제43조에 따라 해당 대금을 낸 자가 준공인가 또는 준공인가 전 사용허가를 받아 해당 토지를 사용하게 되는 경우에는 토지소유자 및 저당권자는 지체 없이 소유권을 이전하고 저당권을 말소할 것

다. 분양하려는 토지에 대한 개발사업의 공사 진척률이 100분의 10 이상에 달하였을 것

라. 분양계약을 이행하지 아니하는 경우 선수금의 환불을 담보하기 위하여

21) 1. 국가 또는 지방자치단체, 2. 대통령령으로 정하는 공공기관, 3. 「지방공기업법」에 따른 지방공사

22) 4. 특별법에 따라 설립된 법인, 5. 「민법」 또는 「상법」에 따라 설립된 법인

다음의 내용이 포함된 보증서 등(「국가를 당사자로 하는 계약에 관한 법률 시행령」의 보증서·보험증권·정기예금증서·수익증권 등을 말한다.)을 물류단지지정권자에게 제출할 것

가) 보증 또는 보험금액은 선수금에 그 금액에 대한 보증 또는 보험기간에 해당하는 약정이자 상당액(지방은행을 제외한 일반은행의 어음대출 금리수준에 따라 산출한 금액을 말한다)을 더한 금액 이상으로 할 것

나) 보증 또는 보험기간의 개시일은 선수금을 받은 날 이전이어야 하며, 종료일은 준공일부터 30일 이상 지난 날일 것. 다만, 그 사업기간을 연장한 경우에는 당초의 보증 또는 보험기간에 그 연장한 기간을 더한 기간을 보증 또는 보험기간으로 하는 보증서 등을 제출하여야 한다.

시행자는 선수금을 받은 후에는 그가 조성한 용지나 시설을 담보로 제공하여서는 아니 된다. 물류단지지정권자는 시행자가 분양계약의 내용대로 사업을 이행하지 아니하거나 이행할 능력이 없다고 인정되는 경우에는 해당 물류단지의 준공 전에 보증서 등을 선수금의 환불을 위하여 사용할 수 있다.

29. 시설부담금(제44조)

물류단지지정권자는 시행자에게 도로, 공원, 녹지, 그 밖에 대통령령으로 정하는 공공시설을 설치하게 하거나 기존의 공원 및 녹지를 보존하게 할 수 있다. 시행자는 공공시설의 설치나 기존의 공원 및 녹지의 보존에 필요한 비용에 충당하기 위하여 그 비용의 범위에서 존치시설의 소유자에게 시설부담금을 납부하게 할 수 있다. 시설부담금의 산정기준, 징수방법, 그 밖에 필요한 사항은 대통령령으로 정한다.

30. 이주대책 등(제45조)

시행자는 「공익사업을 위한 토지 등의 취득 및 보상에 관한 법률」로 정하는 바에 따라 물류단지개발사업으로 인하여 생활의 근거를 상실하게 되는 자에 대한 이주대책 등을 수립·시행하여야 한다. 입주기업체 및 지원기관은 특별한 사유가 없으면 이주자 또는 인근지역의 주민을 우선적으로 고용하여야 한다.

31. 물류단지개발사업의 준공인가(제46조)

시행자는 물류단지개발사업의 전부 또는 일부를 완료하면 대통령령으로 정하는 바에 따라 물류단지지정권자의 준공인가를 받아야 한다.

시행자가 준공인가를 신청한 경우에 물류단지지정권자는 관계 중앙행정기관, 지방자치단체 또는 대통령령으로 정하는 공공기관, 연구기관, 그 밖의 전문기관의 장에게 준공인가에 필요한 검사를 의뢰할 수 있다. 이 경우 공공시설에 대한 검사는 원칙적으로 그 시설을 관리할 국가 또는 지방자치단체에 의뢰하여야 한다.

물류단지지정권자는 준공검사를 한 결과 실시계획대로 완료된 경우에는 준공인가를 하고 대통령령으로 정하는 바에 따라 이를 공고한 후 시행자 및 관리청에 통지하여야 하며, 실시계획대로 완료되지 아니한 경우에는 지체 없이 보완시공 등 필요한 조치를 명하여야 한다.

시행자가 준공인가를 받은 때에는 실시계획승인으로 의제되는 인·허가등에 따른 해당 사업의 준공에 관한 검사·인가·신고·확인 등을 받은 것으로 본다.

준공인가 전에는 물류단지개발사업으로 개발된 토지나 설치된 시설을 사용할 수 없다. 다만, 대통령령으로 정하는 바에 따라 물류단지지정권자의 사용허가를 받은 경우에는 그러하지 아니하다.

물류단지지정권자는 사용허가의 신청을 받은 날부터 15일 이내에 허가 여부를 신청인에게 통지하여야 한다.

32. 관계 서류 등의 열람(제47조)

시행자는 물류단지개발사업을 시행할 때 필요하면 국가 또는 지방자치단체에 서류의 열람 또는 등사를 하거나 그 등본 또는 초본의 교부를 청구할 수 있다. 국가 또는 지방자치단체는 발급하는 서류에 대하여는 수수료를 부과하지 아니한다.

33. 물류단지개발 관련 사업에 대한 준용(제49조)

물류단지의 인근지역에서 물류단지개발과 관련되는 사업으로서 다음 각 호의 어느 하나에 해당하는 사업을 시행하는 경우 해당 사업에 대하여는 제25조, 제28조부터 제37조까지, 제39조, 제45조부터 제47조까지, 제52조 및 제61조를 준용한다. 이 경우 "물류단지"는 "물류단지개발과 관련되는 사업에 대한 실시계획승인이 고시된 지역"으로, "물류단지개발실시계획"은 "물류단지개발과 관련되는 사업에 대한 실시계획"으로, "물류단지 지정의 고시"는 "물류단지개발과 관련되는 사업에 대한 실시계획 승인의 고시"로, "물류단지개발계획"은 "물류단지개발과 관련되는 사업에 대한 실시계획"으로 본다.

① 항만·도로·하천·철도·용수공급시설·하수도·공공폐수처리시설·폐기물 처리시설·전기시설 또는 통신시설사업
② 가스 또는 유류의 공급시설사업
③ 물류단지의 조성을 위하여 그 물류단지에 연접한 취토장(取土場) 또는 돌산을 개발하는 사업
④ 물류단지를 조성하기 위한 준설사업

34. 개발한 토지·시설 등의 처분(제50조)

시행자는 물류단지개발사업에 따라 개발한 토지·시설 등(도시첨단물류단지개발사업의 경우에는 시설의 설치가 완료되지 아니한 토지는 제외한다)을 분양 또는 임대할 수 있다. 토지·시설 등의 처분방법·절차·가격기준 등에 관하여 필요한 사항은 대통령령으로 정한다.

35. 물류단지시설 등의 건설공사 착수 등(제50조의2)

입주기업체 또는 지원기관은 시행자와 분양계약을 체결한 날(물류단지개발사업의 준공 전에 분양계약을 체결한 경우에는 준공일을 말하고, 물류단지개발사업의 준공인가 전 사용허가를 받은 경우에는 사용허가일을 말한다)부터 국토교통부령으로 정하는 기간 안에 그 물류단지시설 또는 지원시설의 건설공사에 착수하거나 토지·시설 등을 처분하여야 한다. 다만, 국토교통부령으로 정하는 정당한 사유가 있는 경우에는 그러하지 아니하다. 토지·시설 등의 처분에 관하여는 제51조를 준용한다.

36. 이행강제금(제50조의3)

물류단지지정권자는 의무를 이행하지 아니한 자에 대하여 국토교통부령으로 정하는 기한까지 그 의무를 이행할 것을 명하여야 하며, 그 기한까지 의무를 이행하지 아니하면 해당 토지·시설 등 재산가액(「감정평가 및 감정평가사에 관한 법률」에 따른 감정평가법인등의 감정평가액을 말한다)의 100분의 20에 해당하는 금액의 이행강제금을 부과할 수 있다.

물류단지지정권자는 이행강제금을 부과하기 전에 이행강제금을 부과하고 징수한다는 뜻을 미리 문서로 알려야 한다. 물류단지지정권자는 이행강제금을 부과하려는 경우에는 이행강제금의 금액, 부과 사유, 납부기한, 수납기관, 이의제기방법

및 이의제기기관 등을 명시한 문서로써 하여야 한다.

물류단지지정권자는 기간이 만료한 다음 날을 기준으로 하여 매년 1회 그 의무가 이행될 때까지 반복하여 이행강제금을 부과하고 징수할 수 있다.

물류단지지정권자는 의무가 있는 자가 그 의무를 이행한 경우에는 새로운 이행강제금의 부과를 중지하되, 이미 부과된 이행강제금은 징수하여야 한다. 이행강제금의 부과 및 징수 절차는 국토교통부령으로 정한다.

37. 개발한 토지·시설 등의 처분제한(제51조)

입주기업체 또는 지원기관은 물류단지시설 또는 지원시설의 설치를 완료하기 전에 분양받은 토지·시설 등을 처분하려는 때에는 시행자 또는 제53조에 따른 관리기관에 양도하여야 한다. 다만, 시행자나 관리기관이 매수할 수 없는 때에는 대통령령으로 정하는 바에 따라 시행자나 관리기관이 매수신청을 받아 선정한 다른 입주기업체, 지원기관 또는 다음 각 호의 자에게 양도하여야 한다.

① 한국토지주택공사
② 「은행법」에 따라 은행업의 인가를 받은 은행
③ 그 밖에 대통령령으로 정하는 자

토지의 양도가격은 취득가격에 대통령령으로 정하는 이자 및 비용을 더한 금액으로 하고, 시설 등의 양도가격은 「감정평가 및 감정평가사에 관한 법률」에 따른 감정평가법인등의 감정평가액을 고려하여 결정할 수 있다. 다만, 입주기업체 또는 지원기관의 요청이 있는 경우 토지의 양도가격은 취득가격에 대통령령으로 정하는 이자 및 비용을 더한 금액 이하로 할 수 있다. 매수한 토지·시설 등의 매각가격·매각절차 등에 필요한 사항은 대통령령으로 정한다.

38. 물류단지시설 등의 건축허가 및 사용승인(제52조)

물류단지 안에서 물류단지시설 또는 지원시설을 건축하려는 자가 「건축법」에 따른 건축허가를 받은 때에는 다음의 인·허가등을 받은 것으로 본다.

① 「가축분뇨의 관리 및 이용에 관한 법률」에 따른 배출시설에 대한 설치허가 또는 신고 및 같은 법 제15조에 따른 준공검사
② 「건축법」에 따른 가설건축물의 건축허가 또는 신고 및 공작물축조의 신고
③ 「고압가스 안전관리법」에 따른 고압가스저장소 설치의 허가, 고압가스의 제조·저장·판매·수입시설이나 용기등의 제조시설의 설치공사의 완성검사 및

특정고압가스시설의 완성검사

④「국토의 계획 및 이용에 관한 법률」에 따른 개발행위(건축물의 건축 또는 공작물의 설치에 한정한다)의 허가, 준공검사, 도시·군계획시설사업의 시행자의 지정, 실시계획의 인가 및 준공검사

⑤「대기환경보전법」,「물환경보전법」 및「소음·진동관리법」에 따른 배출시설 설치의 허가 또는 신고

⑥「대기환경보전법」 및「물환경보전법」 배출시설과 방지시설의 가동개시 신고

⑦「도로법」에 따른 도로점용허가

⑧「소방시설 설치 및 관리에 관한 법률」에 따른 건축허가등의 동의,「소방시설공사업법」에 따른 소방시설공사의 신고, 완공검사,「위험물안전관리법」에 따른 제조소등의 설치허가 및 완공검사

⑨「수도법」에 따른 전용수도 설치의 인가

⑩「액화석유가스의 안전관리 및 사업법」에 따른 액화석유가스 저장소 설치의 허가 및 저장소 설치와 가스용품제조시설의 완성검사

⑪「전기안전관리법」에 따른 자가용전기설비 공사계획의 인가 또는 신고 및 자가용전기설비의 사용전검사

⑫「정보통신공사업법」에 따른 사용전검사

⑬「공간정보의 구축 및 관리 등에 관한 법률」에 따른 토지이동의 등록신청

⑭「총포·도검·화약류 등 단속법」에 따른 화약류(간이)저장소설치의 허가 및 완성검사

⑮「토양환경보전법」에 따른 특정토양오염관리대상시설 설치의 신고

⑯「폐기물관리법」에 따른 폐기물처리시설의 설치승인 또는 신고 및 폐기물처리시설의 사용개시신고

⑰「하수도법」에 따른 공공하수도 점용허가, 배수설비설치신고, 개인하수처리시설의 설치신고 및 준공검사

해당하는 사항이 다른 행정기관의 권한에 속하는 경우에는 해당 특별시장·광역시장 또는 시장·군수·구청장은 미리 그 다른 행정기관의 장과 협의를 하여야 한다. 인·허가등의 의제와 관련된 처리기준에 관하여는 제21조제3항 및 제4항을 준용한다.

39. 물류단지의 재정비(제52조의2)

물류단지지정권자는 준공(부분 준공을 포함한다)된 날부터 20년이 지나서 물류산업구조의 변화 및 물류시설의 노후화 등으로 물류단지를 재정비할 필요가 있는 경우에는 직접 또는 관계 중앙행정기관의 장이나 시장·군수·구청장의 요청에 따라 물류단지를 재정비하는 사업을 할 수 있다. 다만, 준공된 날부터 20년이 지나지 아니한 물류단지에 대하여도 업종의 재배치 등이 필요한 경우에는 물류단지재정비사업을 할 수 있다.

물류단지재정비사업은 대통령령으로 정하는 바에 따라 물류단지의 전부 또는 부분 재정비사업으로 구분하여 할 수 있다.

물류단지지정권자는 물류단지재정비사업을 하려는 경우에는 입주업체와 관계 지방자치단체의 장의 의견을 듣고 관계 행정기관의 장과 협의하여 물류단지재정비계획을 수립·고시하되, 부분 재정비사업인 경우에는 재정비계획 고시를 생략할 수 있다. 재정비계획을 변경할 때(대통령령으로 정하는 경미한 사항을 변경할 때는 제외한다)에도 또한 같다.

재정비계획에는 다음 각 호의 사항이 포함되어야 한다.

① 물류단지의 명칭·위치 및 면적
② 물류단지재정비사업의 목적
③ 물류단지재정비사업의 시행자
④ 물류단지재정비사업의 시행방법
⑤ 주요 유치시설 및 그 설치기준에 관한 사항
⑥ 당초 토지이용계획 및 주요 기반시설의 변경 계획
⑦ 재원조달방안
⑧ 그 밖에 대통령령으로 정하는 사항

물류단지재정비사업의 시행자로 지정받은 자는 물류단지재정비시행계획을 수립하여 물류단지지정권자의 승인을 받아야 한다. 승인을 받은 사항을 변경할 때(대통령령으로 정하는 경미한 사항을 변경할 때는 제외한다)에도 또한 같다.

물류단지지정권자는 재정비시행계획을 승인하려면 미리 입주업체 및 관계 지방자치단체의 장의 의견을 듣고 관계 행정기관의 장과 협의하여야 한다.

관계 중앙행정기관의 장 또는 시장·군수·구청장이 물류단지지정권자에게 물류단지재정비사업의 실시를 요청할 때에는 국토교통부장관이 정하는 바에 따라 물류단지재정비사업의 기본방향 및 재원조달방안 등을 제출하여야 한다.

물류단지 지정을 요청할 수 있는 자는 물류단지지정권자에게 물류단지재정비사업의 실시를 요청할 수 있다. 이 경우 물류단지 전부에 대한 재정비사업의 실시를 요청하려면 재정비계획을 작성하여 제출하여야 한다.

40. 지정·승인·인가의 취소 등(제52조의3)

국토교통부장관 또는 시·도지사는 시행자가 다음 어느 하나에 해당하는 경우에는 이 법에 따른 지정·승인 또는 인가를 취소하거나 공사의 중지, 공작물의 개축, 이전, 그 밖에 필요한 조치를 할 수 있다. 다만, 제1호부터 제5호까지의 경우에는 그 지정·승인 또는 인가를 취소하여야 한다.

① 거짓이나 그 밖의 부정한 방법으로 물류단지의 지정을 받은 경우
② 거짓이나 그 밖의 부정한 방법으로 시행자의 지정을 받은 경우
③ 거짓이나 그 밖의 부정한 방법으로 실시계획의 승인을 받은 경우
④ 거짓이나 그 밖의 부정한 방법으로 준공인가를 받은 경우
⑤ 거짓이나 그 밖의 부정한 방법으로 재정비시행계획의 승인을 받은 경우
⑥ 사정이 변경되어 물류단지개발사업을 계속 시행하는 것이 불가능하게 된 경우

국토교통부장관 또는 시·도지사는 처분을 한 때에는 대통령령으로 정하는 바에 따라 그 사실을 고시하여야 한다.

41. 물류단지의 관리기관(제53조)

물류단지지정권자는 효율적인 관리를 위하여 대통령령으로 정하는 관리기구 또는 입주기업체가 자율적으로 구성한 협의회에 물류단지를 관리하도록 하여야 한다. 관리기구 및 입주기업체협의회의 구성과 운영에 필요한 사항은 대통령령으로 정한다.

42. 물류단지의 관리지침(제54조)

국토교통부장관은 물류단지의 관리에 관한 지침을 작성하여 관보에 고시하여야 한다.

국토교통부장관은 물류단지관리지침을 작성하려는 때에는 시·도지사의 의견을 듣고 관계 중앙행정기관의 장과 협의한 후 「물류정책기본법」의 물류시설분과위원

회의 심의를 거쳐야 한다. 물류단지관리지침 중 대통령령으로 정하는 사항을 변경하려는 때에도 또한 같다. 물류단지관리지침의 내용 및 작성 등에 필요한 사항은 대통령령으로 정한다.

43. 물류단지관리계획(제55조)

관리기관은 물류단지관리계획을 수립하여 물류단지지정권자에게 제출하여야 한다. 물류단지관리계획에는 다음 각 호의 사항이 포함되어야 한다. 물류단지관리계획의 작성에 필요한 사항은 대통령령으로 정한다.

① 관리할 물류단지의 면적 및 범위에 관한 사항

② 물류단지시설과 지원시설의 설치·운영에 관한 사항

③ 그 밖에 물류단지의 관리에 필요한 사항

44. 공동부담금(제56조)

관리기관은 물류단지 안의 폐기물처리장, 가로등, 그 밖에 대통령령으로 정하는 공동시설의 설치·유지 및 보수를 위하여 필요하면 입주기업체 및 지원기관으로부터 공동부담금을 받을 수 있다. 공동부담금에 관한 기준 및 방법 등에 필요한 사항은 대통령령으로 정한다.

45. 권고(제57조)

물류단지지정권자는 물류단지의 기능이 원활히 수행되도록 하기 위하여 관리기관·입주기업체 및 지원기관에 그 관리 및 운영방법, 그 밖에 대통령령으로 정하는 사항에 관하여 필요한 조치를 권고할 수 있다. 이 경우 필요하다고 인정할 때에는 그 권고를 받은 자에게 그 권고에 따라 강구한 조치에 대하여 보고를 하게 할 수 있다.

46. 조세 등의 감면(제58조)

국가 또는 지방자치단체는 물류단지의 원활한 개발 및 입주기업체의 유치를 위하여 「지방세특례제한법」·지방세감면조례·「농업·농촌기본법」·「농지법」·「산지관리법」·「개발이익환수에 관한 법률」·「수도권정비계획법」 등으로 정하는 바에 따라 지방세·농지보전부담금·대체산림자원조성비·개발부담금 또는 과밀부담금 등을 감면할 수 있다.

47. 자금지원(제59조)

국가 또는 지방자치단체는 물류단지의 원활한 개발 및 입주기업체의 유치를 위하여 자금지원에 대한 필요한 조치를 할 수 있다.

48. 「산업단지 인·허가 절차 간소화를 위한 특례법」의 준용(제59조의2)

물류단지 지정 및 개발절차에 관하여「산업단지 인·허가 절차 간소화를 위한 특례법」을 준용한다. 다만, 같은 법 제17조 및 제18조는 준용하지 아니한다.

「산업단지 인·허가 절차 간소화를 위한 특례법」을 준용하는 경우 "산업단지"는 "물류단지"로, "국가산업단지"는 "국토교통부장관이 지정한 물류단지"로, "산업단지개발지원센터"는 "물류단지개발지원센터"로, "산업단지계획심의위원회"는 "물류단지계획심의위원회"로, "중앙산업단지계획심의위원회"는 "중앙물류단지계획심의위원회"로, "지방산업단지계획심의위원회"는 "지방물류단지계획심의위원회"로, "산업단지계획"은 "물류단지계획"으로, "민간기업등"은 "물류단지를 지정하는 자 외의 자"로, "산업입지정책심의위원회"는 "「물류정책기본법」에 따른 물류시설분과위원회 또는 지역물류정책위원회"로, "산업단지계획 통합기준"은 "물류단지계획 통합기준"으로 본다.

국토교통부장관은 물류단지 지정 및 개발을 원활히 수행하기 위하여 물류단지 지정권자에게 사업추진현황 등에 관한 자료를 요청할 수 있으며, 관계 기관 협의 등을 위하여 필요한 경우 국무총리에게 조정을 요청할 수 있다.

49. 물류단지 안의 조경의무 면제(제59조의3)

입주기업체에 대해서는「건축법」에도 불구하고 해당 입주기업체 부지 안의 조경(造景) 의무를 면제한다.

제4장의2 물류 교통·환경 정비사업

1. 물류 교통·환경 정비지구의 지정 신청(제59조의4)

시장·군수·구청장은 물류시설의 밀집으로 도로 등 기반시설의 정비와 소음·진동·미세먼지 저감 등 생활환경의 개선이 필요한 경우로서 대통령령으로 정하는 요건에 해당하는 경우 시·도지사에게 물류 교통·환경 정비지구의 지정을 신청할 수 있다. 정비지구를 변경하려는 경우에도 또한 같다.

정비지구의 지정 또는 변경을 신청하려는 시장·군수·구청장은 다음 각 호의 사항을 포함한 물류 교통·환경 정비계획을 수립하여 시·도지사에게 제출하여야 한다. 이 경우 정비지구가 둘 이상의 시·군·구의 관할지역에 걸쳐있는 경우에는 관할 시장·군수·구청장이 공동으로 이를 수립·제출한다.

① 위치·면적·정비기간 등 정비계획의 개요

② 정비지구의 현황(인구수, 물류시설의 수와 면적·교통량·물동량 등)

③ 도로의 신설·확장·개량 및 보수 등 교통정비계획

④ 소음·진동 방지, 대기오염 저감 등 환경정비계획

⑤ 물류 교통·환경 정비사업의 비용분담계획

⑥ 그 밖에 대통령령으로 정하는 사항

시장·군수·구청장은 제1항에 따른 정비지구의 지정 또는 변경을 신청하려는 경우에는 주민설명회를 열고, 그 내용을 14일 이상 주민에게 공람하여 의견을 들어야 하며, 지방의회의 의견을 들은 후(이 경우 지방의회는 시장·군수·구청장이 정비지구의 지정 또는 변경 신청서를 통지한 날부터 60일 이내에 의견을 제시하여야 하며, 의견제시 없이 60일이 지난 때에는 이의가 없는 것으로 본다) 그 의견을 첨부하여 신청하여야 한다. 다만, 대통령령으로 정하는 경미한 사항의 변경을 신청하려는 경우에는 주민설명회, 주민 공람, 주민의 의견청취 및 지방의회의 의견청취 절차를 거치지 아니할 수 있다. 주민설명회, 주민 공람 및 주민의 의견청취 방법 등에 관하여 필요한 사항은 대통령령으로 정한다.

2. 물류 교통·환경 정비지구의 지정(제59조의5)

시·도지사는 정비지구의 지정을 신청받은 경우에는 관계 행정기관의 장과 협의하고 대통령령으로 정하는 바에 따라 물류단지계획심의위원회와 「국토의 계획 및 이용에 관한 법률」에 따른 지방도시계획위원회가 공동으로 하는 심의를 거쳐 정비지구를 지정한다. 정비지구의 지정을 변경하려는 경우에도 또한 같다.

협의를 요청받은 관계 행정기관의 장은 특별한 사유가 없으면 그 요청을 받은 날부터 30일 이내에 의견을 제시하여야 한다.

시·도지사는 정비지구를 지정하거나 변경할 때에는 대통령령으로 정하는 바에 따라 그 내용을 지체 없이 해당 지방자치단체의 공보에 고시하여야 한다. 시·도지사가 정비지구를 지정하거나 변경하였을 때에는 국토교통부령으로 정하는 바에 따라 국토교통부장관에게 보고하여야 한다.

3. 물류 교통·환경 정비지구 지정의 해제(제59조의6)

시·도지사는 물류 교통·환경 정비사업의 추진 상황으로 보아 정비지구의 지정 목적을 달성하였거나 달성할 수 없다고 인정하는 경우에는 대통령령으로 정하는 바에 따라 물류단지계획심의위원회와 「국토의 계획 및 이용에 관한 법률」에 따른 지방도시계획위원회가 공동으로 하는 심의를 거쳐 정비지구의 지정을 해제할 수 있다.

정비지구의 지정을 해제하려는 시·도지사는 물류단지계획심의위원회와 「국토의 계획 및 이용에 관한 법률」에 따른 지방도시계획위원회가 공동으로 하는 심의 전에 주민설명회를 열고, 그 내용을 14일 이상 주민에게 공람하여 의견을 들어야 하며, 지방의회의 의견을 들어야 한다. 이 경우 지방의회는 의견을 요청받은 날부터 60일 이내에 의견을 제시하여야 하며, 의견제시 없이 60일이 지난 때에는 이의가 없는 것으로 본다.

시·도지사는 정비지구의 지정을 해제할 때에는 대통령령으로 정하는 바에 따라 그 내용을 지체 없이 해당 지방자치단체의 공보에 고시하여야 한다. 시·도지사가 정비지구의 지정을 해제하였을 때에는 국토교통부령으로 정하는 바에 따라 국토교통부장관에게 보고하여야 한다. 주민설명회, 주민 공람 및 주민의 의견청취 방법 등에 관하여 필요한 사항은 대통령령으로 정한다.

4. 물류 교통·환경 정비사업의 지원(제59조의7)

국가 또는 시·도지사는 지정된 정비지구에서 시장·군수·구청장에게 다음의 사업에 대한 행정적·재정적 지원을 할 수 있다.

① 도로 등 기반시설의 신설·확장·개량 및 보수

② 「화물자동차 운수사업법」에 따른 공영차고지 및 화물자동차 휴게소의 설치

③ 「소음·진동관리법」에 따른 방음·방진시설의 설치

④ 그 밖에 정비지구의 교통·환경 정비를 위하여 대통령령으로 정하는 사업

제5장 보칙

1. 보고 등(제61조)

국토교통부장관은 복합물류터미널사업자에게 복합물류터미널의 건설에 관하여 필요한 보고를 하게 하거나 자료의 제출을 명할 수 있으며 소속 공무원에게 복합물류터미널의 건설에 관한 업무를 검사하게 할 수 있다.

국토교통부장관 또는 해양수산부장관은 물류창고업자에게 물류창고의 운영에 관하여 보고를 하게 하거나 자료의 제출을 명할 수 있으며 소속 공무원에게 물류창고의 운영에 관한 업무를 검사하게 할 수 있다. 다만, 제21조의2제4항 각 호의 어느 하나에 해당하는 물류창고업을 경영하는 자는 제외한다.

국토교통부장관 또는 시·도지사는 시행자에게 물류단지의 개발에 관하여 필요한 보고를 하게 하거나 자료의 제출을 명할 수 있으며 소속 공무원에게 물류단지의 개발에 관한 업무를 검사하게 할 수 있다.

국토교통부장관 또는 시·도지사는 관리기관·입주기업체 및 지원기관에 물류단지의 관리에 관하여 필요한 보고를 하게 하거나 자료의 제출을 명할 수 있으며, 소속 공무원에게 물류단지의 관리에 관한 업무를 검사하게 할 수 있다. 검사를 하는 공무원은 그 권한을 나타내는 증표를 지니고 이를 관계인에게 내보여야 한다. 증표에 필요한 사항은 국토교통부령으로 정한다.

2. 청문(제62조)

국토교통부장관·해양수산부장관 또는 시·도지사는 다음 각 호의 어느 하나에 해당하는 경우에는 청문을 실시하여야 한다.

① 복합물류터미널사업 등록의 취소 또는 물류창고업 등록의 취소

② 인증의 취소 또는 지정의 취소

③ 지정·승인 또는 인가의 취소

3. 수수료(제63조)

다음 각 호의 어느 하나에 해당하는 신청을 하려는 자는 국토교통부령으로 정하는 바에 따라 수수료를 내야 한다.

① 복합물류터미널사업의 등록신청 및 변경등록의 신청
② 물류터미널의 구조 및 설비 등에 관한 공사시행인가와 변경인가의 신청
③ 물류창고업의 등록 및 변경등록
④ 스마트물류센터 인증의 신청

4. 권한의 위임(제64조)

1) 시·도지사에게 위임

이 법에 따른 국토교통부장관 또는 해양수산부장관의 권한 중 다음 각 호의 권한을 대통령령으로 정하는 바에 따라 시·도지사에게 위임할 수 있다. 다만,「항만법」에 따른 무역항 중 국가관리무역항 구역에서 물류창고업을 경영하는 경우는 제외한다.

① 물류창고업의 등록 및 변경등록
② 물류창고업자에 대한 과징금의 부과 및 징수
③ 물류창고업자에 대한 사업승계의 신고수리 및 신고수리 여부 통지
④ 물류창고업의 휴업·폐업 신고의 접수 및 법인해산 신고의 접수
⑤ 물류창고업자에 대한 등록취소 및 사업정지
⑥ 실시계획의 승인·변경승인 및 소관 행정기관의 장과의 협의
⑦ 실시계획승인·변경승인의 고시 및 관할 시장·군수·구청장에 대한 관계 서류 사본의 송부
⑧ 물류단지개발사업을 위한 국·공유재산의 용도폐지 및 매각에 관한 관계 행정기관의 장과의 협의
⑨ 물류단지개발사업의 준공인가, 공고와 시행자 및 관리청에의 통지 및 사용허가
⑩ 이행강제금의 부과·징수
⑪ 물류단지관리계획의 접수
⑫ 관리기관 등에 대한 권고
⑬ 물류창고업자에 대한 보고·자료 제출의 명령 및 업무의 검사
⑭ 물류창고업의 등록 취소에 관한 청문

⑮ 물류창고업자에 대한 과태료의 부과 및 징수

⑯ 그 밖에 대통령령으로 정하는 업무

2) 소속기관의 장에게 위임

이 법에 따른 국토교통부장관의 권한 중 다음 각 호의 권한을 대통령령으로 정하는 바에 따라 소속기관의 장에게 위임할 수 있다.

① 복합물류터미널사업의 등록 및 변경등록

② 공사시행인가·변경인가, 소관 행정기관의 장과의 협의 및 공사시행인가의 고시

③ 복합물류터미널 건설을 위한 국·공유재산의 용도폐지 및 매각에 관한 관계 행정기관의 장과의 협의

④ 복합물류터미널사업자에 대한 사업승계의 신고수리 및 신고수리 여부 통지

⑤ 복합물류터미널사업의 휴업·폐업 신고의 접수 및 법인해산 신고의 접수

⑥ 복합물류터미널사업자에 대한 등록취소 및 사업정지

⑦ 복합물류터미널사업자에 대한 과징금의 부과 및 징수

⑧ 부지의 확보 및 도시·군계획시설의 설치 등에 관한 협조 요청

⑨ 공사시행 변경인가

⑩ 복합물류터미널사업자에 대한 보고 명령, 자료 제출의 명령 및 업무의 검사

⑪ 복합물류터미널사업의 등록 취소에 관한 청문

⑫ 복합물류터미널사업자에 대한 과태료의 부과 및 징수

⑬ 그 밖에 대통령령으로 정하는 업무

3) 지방해양수산청장에게 위임

이 법에 따른 해양수산부장관의 권한 중 다음 각 호의 권한을 대통령령으로 정하는 바에 따라 지방해양수산청장에게 위임할 수 있다. 다만, 「항만법」에 따른 무역항 중 국가관리무역항 구역 안의 물류창고를 경영하는 경우만 해당한다. 〈개정 2023.8.16.〉

① 물류창고업의 등록 및 변경등록

② 물류창고업자에 대한 과징금의 부과 및 징수

③ 물류창고업자에 대한 사업승계의 신고수리 및 신고수리 여부 통지

④ 사업의 휴업·폐업의 신고수리 및 법인해산의 신고수리

⑤ 물류창고업자에 대한 등록취소 및 사업정지

⑥ 물류창고업자에 대한 보고·자료 제출의 명령 및 업무의 검사

⑦ 물류창고업의 등록 취소에 관한 청문

⑧ 물류창고업자에 대한 과태료의 부과 및 징수

⑨ 그 밖에 대통령령으로 정하는 업무

시·도지사는 국토교통부장관 또는 해양수산부장관으로부터 위임받은 권한의 일부를 국토교통부장관 또는 해양수산부장관의 승인을 받아 시장·군수·구청장(특별자치도지사는 제외한다)에게 재위임할 수 있다.

시·도지사는 이 법에 따른 권한의 일부를 시·도의 조례로 정하는 바에 따라 시장·군수·구청장(특별자치도지사는 제외한다)에게 위임할 수 있다.

과징금의 부과·징수권한이 시·도지사에게 위임된 경우에 과징금을 기한까지 내지 아니하는 자에 대하여는 시·도지사가 해당 지방자치단체의 조례로 정하는 바에 따라 「지방행정제재·부과금의 징수 등에 관한 법률」에 따라 징수한다. 〈개정 2023.8.16.〉

제6장 벌칙

1. 벌칙(제65조)

1) 다음 각 호의 어느 하나에 해당하는 자는 1년 이하의 징역 또는 1천만원 이하의 벌금에 처한다. 다만, 제7호에 해당하는 자로서 그 처분행위로 얻은 이익이 3천만원 이상인 경우에는 1년 이하의 징역 또는 그 이익에 상당하는 금액 이하의 벌금에 처한다.

① 등록을 하지 아니하고 복합물류터미널사업을 경영한 자
② 공사시행인가 또는 변경인가를 받지 아니하고 공사를 시행한 자
③ 성명 또는 상호를 다른 사람에게 사용하게 하거나 등록증을 대여한 자
④ 등록을 하지 아니하고 물류창고업을 경영한 자. 다만, 제21조의2제4항 각 호의 어느 하나에 해당하는 물류창고업을 경영한 자는 제외한다.
⑤ 위반하여 건축물의 건축 등을 한 자
⑥ 거짓이나 그 밖의 부정한 방법으로 지정 또는 승인을 받은 자
⑦ 위반하여 토지 또는 시설을 처분한 자

2) 거짓의 인증마크를 제작·사용하거나 스마트물류센터임을 사칭한 자는 3천만원 이하의 벌금에 처한다.

2. 양벌규정(제66조)

법인의 대표자나 법인 또는 개인의 대리인, 사용인, 그 밖의 종업원이 그 법인 또는 개인의 업무에 관하여 위반행위를 하면 그 행위자를 벌하는 외에 그 법인 또는 개인에게도 해당 조문의 벌금형을 과(科)한다. 다만, 법인 또는 개인이 그 위반행위를 방지하기 위하여 해당 업무에 관하여 상당한 주의와 감독을 게을리하지 아니한 경우에는 그러하지 아니하다.

3. 과태료(제67조)

1) 보고 또는 자료제출을 하지 아니하거나 거짓 보고 또는 거짓 자료를 제출한 자 또는 검사를 방해 · 거부한 자에게는 300만원 이하의 과태료를 부과한다.

2) 다음 각 호의 어느 하나에 해당하는 자에게는 200만원 이하의 과태료를 부과한다.

① 승계의 신고를 하지 아니한 자

② 인증마크를 계속 사용한 자

3) 과태료는 대통령령으로 정하는 바에 따라 국토교통부장관 · 해양수산부장관 또는 시 · 도지사가 부과 · 징수한다.

PART

3

화물자동차 운송사업법

화물자동차 운수사업법 [시행 2023.06.08.] [법 률 제18568호, 2021.12.07., 일부개정]
화물자동차 운수사업법 시행령 [시행 2023.12.12.] [대 통 령 령 제33913호, 2023.12.12., 타법개정]
화물자동차 운수사업법 시행규칙 [시행 2024.12.28.] [국토교통부령 제1290호, 2023.12.27., 일부개정]

제1장 총칙

1. 목적(제1조)

이 법은 화물자동차 운수사업을 효율적으로 관리하고 건전하게 육성하여 화물의 원활한 운송을 도모함으로써 공공복리의 증진에 기여함을 목적으로 한다.

2. 정의(제2조)

이 법에서 사용하는 용어의 뜻은 다음과 같다.

1) 화물자동차

「자동차관리법」에 따른 화물자동차 및 특수자동차로서 국토교통부령으로 정하는 자동차를 말한다.[1)]

2) 화물자동차 운수사업

화물자동차 운송사업, 화물자동차 운송주선사업 및 화물자동차 운송가맹사업을 말한다.

3) 화물자동차 운송사업

다른 사람의 요구에 응하여 화물자동차를 사용하여 화물을 유상으로 운송하는 사업을 말한다. 이 경우 화주(貨主)가 화물자동차에 함께 탈 때의 화물은 중량, 용적, 형상 등이 여객자동차 운송사업용 자동차에 싣기 부적합한 것으로서 그 기준과 대상차량 등은 국토교통부령으로 정한다.

---

1) "국토교통부령으로 정하는 자동차"란 「자동차관리법 시행규칙」 별표 1에 따른 일반형·덤프형·밴형 및 특수용도형 화물자동차와 견인형·구난형 및 특수용도형 특수자동차를 말한다. 이 경우 밴형 화물자동차는 다음 각 호의 요건을 모두 충족하는 구조이어야 한다.
   1. 물품적재장치의 바닥면적이 승차장치의 바닥면적보다 넓을 것
   2. 승차 정원이 3명 이하일 것. 다만, 다음 각 목의 어느 하나에 해당하는 경우는 예외로 한다.
      가. 「경비업법」에 따라 호송경비업무 허가를 받은 경비업자의 호송용 차량
      나. 2001년 11월 30일 전에 화물자동차 운송사업 등록을 한 6인승 밴형 화물자동차

(1) 화물의 기준은 다음 각 호의 어느 하나에 해당하는 것으로 한다.

① 화주(貨主) 1명당 화물의 중량이 20킬로그램 이상일 것

② 화주 1명당 화물의 용적이 4만 세제곱센티미터 이상일 것

③ 화물이 다음 각 목의 어느 하나에 해당하는 물품일 것

가. 불결하거나 악취가 나는 농산물·수산물 또는 축산물

나. 혐오감을 주는 동물 또는 식물

다. 기계·기구류 등 공산품

라. 합판·각목 등 건축기자재

마. 폭발성·인화성 또는 부식성 물품

(2) 대상차량은 밴형 화물자동차로 한다.

4) 화물자동차 운송주선사업

다른 사람의 요구에 응하여 유상으로 화물운송계약을 중개·대리하거나 화물자동차 운송사업 또는 화물자동차 운송가맹사업을 경영하는 자의 화물 운송수단을 이용하여 자기 명의와 계산으로 화물을 운송하는 사업(화물이 이사화물인 경우에는 포장 및 보관 등 부대서비스를 함께 제공하는 사업을 포함한다)을 말한다.

5) 화물자동차 운송가맹사업

다른 사람의 요구에 응하여 자기 화물자동차를 사용하여 유상으로 화물을 운송하거나 화물정보망(인터넷 홈페이지 및 이동통신단말장치에서 사용되는 응용프로그램을 포함한다. 이하 같다)을 통하여 소속 화물자동차 운송가맹점에 의뢰하여 화물을 운송하게 하는 사업을 말한다.

6) 화물자동차 운송가맹사업자

화물자동차 운송가맹사업의 허가를 받은 자를 말한다.

7) 화물자동차 운송가맹점

화물자동차 운송가맹사업자의 운송가맹점으로 가입한 자로서 다음 각 목의 어느 하나에 해당하는 자를 말한다.

① 운송가맹사업자의 화물정보망을 이용하여 운송 화물을 배정받아 화물을 운송하는 운송사업자

② 운송가맹사업자의 화물운송계약을 중개·대리하는 운송주선사업자

③ 운송가맹사업자의 화물정보망을 이용하여 운송 화물을 배정받아 화물을 운송하는 자로서 화물자동차 운송사업의 경영의 일부를 위탁받은 사람. 다만, 경영의 일부를 위탁한 운송사업자가 화물자동차 운송가맹점으로 가입한 경우는 제외한다.

8) 영업소

주사무소 외의 장소에서 다음 각 목의 어느 하나에 해당하는 사업을 영위하는 곳을 말한다.

① 화물자동차 운송사업의 허가를 받은 자 또는 화물자동차 운송가맹사업자가 화물자동차를 배치하여 그 지역의 화물을 운송하는 사업

② 화물자동차 운송주선사업의 허가를 받은 자가 화물 운송을 주선하는 사업

9) 운수종사자

화물자동차의 운전자, 화물의 운송 또는 운송주선에 관한 사무를 취급하는 사무원 및 이를 보조하는 보조원, 그 밖에 화물자동차 운수사업에 종사하는 자를 말한다.

10) 공영차고지

화물자동차 운수사업에 제공되는 차고지로서 다음 각 목의 어느 하나에 해당하는 자가 설치한 것을 말한다.

① 특별시장 · 광역시장 · 특별자치시장 · 도지사 · 특별자치도지사

② 시장 · 군수 · 구청장

③ 「공공기관의 운영에 관한 법률」에 따른 공공기관 중 대통령령으로 정하는 공공기관[2)]

④ 「지방공기업법」에 따른 지방공사

11) 화물자동차 휴게소

화물자동차의 운전자가 화물의 운송 중 휴식을 취하거나 화물의 하역(荷役)을

---

2) "대통령령으로 정하는 공공기관"이란 다음 각 호의 기관을 말한다.
1. 「인천국제공항공사법」에 따른 인천국제공항공사
2. 「한국공항공사법」에 따른 한국공항공사
3. 「한국도로공사법」에 따른 한국도로공사
4. 「한국철도공사법」에 따른 한국철도공사
5. 「한국토지주택공사법」에 따른 한국토지주택공사
6. 「항만공사법」에 따른 항만공사

위하여 대기할 수 있도록 「도로법」에 따른 도로 등 화물의 운송경로나 「물류시설의 개발 및 운영에 관한 법률」에 따른 물류시설 등 물류거점에 휴게시설과 차량의 주차·정비·주유(注油) 등 화물운송에 필요한 기능을 제공하기 위하여 건설하는 시설물을 말한다.

12) 화물차주

화물을 직접 운송하는 자로서 다음 각 목의 어느 하나에 해당하는 자를 말한다.

① 개인화물자동차 운송사업의 허가를 받은 자(이하 "개인 운송사업자"라 한다)

② 경영의 일부를 위탁받은 사람(이하 "위·수탁차주"라 한다)

13) 화물자동차 안전운송원가

화물차주에 대한 적정한 운임의 보장을 통하여 과로, 과속, 과적 운행을 방지하는 등 교통안전을 확보하기 위하여 화주, 운송사업자, 운송주선사업자 등이 화물운송의 운임을 산정할 때에 참고할 수 있는 운송원가로서 화물자동차 안전운임위원회의 심의·의결을 거쳐 국토교통부장관이 공표한 원가를 말한다.

14) 화물자동차 안전운임

화물차주에 대한 적정한 운임의 보장을 통하여 과로, 과속, 과적 운행을 방지하는 등 교통안전을 확보하기 위하여 필요한 최소한의 운임으로서 화물자동차 안전운송원가에 적정 이윤을 더하여 화물자동차 안전운임위원회의 심의·의결을 거쳐 국토교통부장관이 공표한 운임을 말하며 다음 각 목으로 구분한다.

① 화물자동차 안전운송운임: 화주가 운송사업자, 운송주선사업자 및 운송가맹사업자(이하 "운수사업자"라 한다) 또는 화물차주에게 지급하여야 하는 최소한의 운임

② 화물자동차 안전위탁운임: 운수사업자가 화물차주에게 지급하여야 하는 최소한의 운임

제2장 화물자동차 운송사업

1. 화물자동차 운송사업의 허가 등(제3조)

1) 화물자동차 운송사업을 경영하려는 자는 각 호의 구분에 따라 국토교통부장관의 허가를 받아야 한다.

① 일반화물자동차 운송사업: 20대 이상의 범위에서 대통령령으로 정하는 대수 이상의 화물자동차를 사용하여 화물을 운송하는 사업

② 개인화물자동차 운송사업: 화물자동차 1대를 사용하여 화물을 운송하는 사업으로서 대통령령으로 정하는 사업[3]

2) 화물자동차 운송가맹사업의 허가를 받은 자는 제1항에 따른 허가를 받지 아니한다.

3) 화물자동차 운송사업의 허가를 받은 자가 허가사항을 변경하려면 국토교통부령으로 정하는 바에 따라 국토교통부장관의 변경허가를 받아야 한다. 다만, 대통령령으로 정하는 경미한 사항을 변경[4]하려면 국토교통부령으로 정하는 바에 따라 국토교통부장관에게 신고하여야 한다.

4) 국토교통부장관은 변경신고를 받은 날부터 3일 이내에 신고수리 여부를 신고인에게 통지하여야 한다.

---

3) "대통령령으로 정하는 대수"란 20대를 말한다.

4) "대통령령으로 정하는 경미한 사항"이란 다음 각 호의 어느 하나에 해당하는 사항을 말한다.

1. 상호의 변경
2. 대표자의 변경(법인인 경우만 해당한다)
3. 화물취급소의 설치 또는 폐지
4. 화물자동차의 대폐차(代廢車)
5. 주사무소·영업소 및 화물취급소의 이전. 다만, 주사무소의 경우 관할 관청의 행정구역 내에서의 이전만 해당한다.

■ 화물자동차 운수사업법 시행규칙 [별표 1]

화물자동차 운송사업의 허가기준

구분 \ 업종	일반화물자동차 운송사업	개인화물자동차 운송사업
허가기준 대수	○ 20대 이상	○ 1대
사무실 및 영업소	○ 영업에 필요한 면적	○ 없음
최저보유 차고면적	화물자동차 1대당 해당 화물자동차의 길이와 너비를 곱한 면적	해당 화물자동차의 길이와 너비를 곱한 면적. 다만, 주사무소가 있는 특별시·광역시·특별자치시·특별자치도·시 또는 군의 주차 여건과 교통상황 등을 종합적으로 고려하여 최대적재량 1.5톤 이하(특수자동차의 경우 총중량 3.5톤 이하) 화물자동차를 소유하고 있는 개인화물자동차 운송사업자에게 차고지를 설치하지 않도록 해당 지방자치단체의 조례로 정한 경우에는 차고지를 설치하지 않을 수 있다.
화물자동차의 종류	○ 「자동차관리법」에 따른 화물자동차 또는 특수자동차	○ 「자동차관리법」에 따른 화물자동차 또는 특수자동차
업무형태	업무형태를 제한하지 않음	업무형태를 제한하지 않음. 다만, 집화등만을 위해 허가를 받으려는 경우에는 국토교통부장관이 고시하는 시설 및 장비기준을 갖추고, 화물을 집화·분류·배송하는 형태의 운송사업을 하는 운송사업자와의 전속 운송계약을 통해 그 운송사업자의 명의로 사업을 수행할 것

5) 국토교통부장관이 기간 내에 신고수리 여부 또는 민원 처리 관련 법령에 따른 처리기간의 연장 여부를 신고인에게 통지하지 아니하면 그 기간이 끝난 날의 다음 날에 신고를 수리한 것으로 본다.

6) 허가의 신청방법 및 절차 등에 필요한 사항은 국토교통부령으로 정한다.

7) 화물자동차 운송사업의 허가 또는 증차(增車)를 수반하는 변경허가의 기준은 다음 각 호와 같다.

① 국토교통부장관이 화물의 운송 수요를 고려하여 업종별로 고시하는 공급기준에 맞을 것. 다만, 다음 각 목의 어느 하나에 해당하는 경우는 제외한다.

가. 제12항에 따라 6개월 이내로 기간을 한정하여 허가를 하는 경우

나. 제13항에 따라 허가를 신청하는 경우

다. 「환경친화적 자동차의 개발 및 보급 촉진에 관한 법률」에 따른 전기자동차 또는 수소전기자동차로서 국토교통부령으로 정하는 최대 적재량 이하인 화물자동차에 대하여 해당 차량과 그 경영을 다른 사람에게 위탁하지 아니하는 것을 조건으로 변경허가를 신청하는 경우

② 화물자동차의 대수, 차고지 등 운송시설, 그 밖에 국토교통부령으로 정하는 기준에 맞을 것

8) 운송사업자는 다음 각 호의 어느 하나에 해당하면 증차를 수반하는 허가사항을 변경할 수 없다.

① 개선명령을 받고 이를 이행하지 아니한 경우

② 감차(減車) 조치 명령을 받은 후 1년이 지나지 아니한 경우

9) 운송사업자는 허가받은 날부터 5년의 범위에서 대통령령으로 정하는 기간[5)]마다 국토교통부령으로 정하는 바에 따라 허가기준에 관한 사항을 국토교통부장관에게 신고하여야 한다.

10) 신고서의 기재사항 및 첨부서류에 흠이 없고, 법령 등에 규정된 형식상의 요건을 충족하는 경우에는 신고서가 접수기관에 도달된 때에 신고 의무가 이행된 것으로 본다.

11) 운송사업자는 주사무소 외의 장소에서 상주(常住)하여 영업하려면 국토교통부령으로 정하는 바에 따라 국토교통부장관의 허가를 받아 영업소를 설치하여야 한다. 다만, 개인 운송사업자의 경우에는 그러하지 아니하다.

12) 국토교통부장관은 해지된 위·수탁계약의 위·수탁차주였던 자가 허가취소 또는 감차 조치가 있는 날부터 3개월 내에 허가를 신청하는 경우 6개월 이내로 기간을 한정하여 허가("임시허가"라 한다)를 할 수 있다. 다만, 운송사업자의 허가취소 또는 감차 조치의 사유와 직접 관련이 있는 화물자동차의 위·수탁차주였던 자는 제외한다.

13) 임시허가를 받은 자가 허가 기간 내에 다른 운송사업자와 위·수탁계약을 체결하지 못하고 임시허가 기간이 만료된 경우 3개월 내에 허가를 신청할 수 있다.

14) 국토교통부장관은 화물자동차 운수사업의 질서를 확립하기 위하여 화물자동차 운송사업의 허가 또는 증차를 수반하는 변경허가에 조건 또는 기한을 붙일 수 있다.

---

5) "대통령령으로 정하는 기간"이란 5년을 말한다.

15) 국토교통부장관은 운송사업자가 사업정지처분을 받은 경우에는 주사무소를 이전하는 변경허가를 하여서는 아니 된다.

2. 결격사유(제4조)

다음 각 호의 어느 하나에 해당하는 자는 화물자동차 운송사업의 허가를 받을 수 없다. 법인의 경우 그 임원 중 다음 각 호의 어느 하나에 해당하는 자가 있는 경우에도 또한 같다.

① 피성년후견인 또는 피한정후견인
② 파산선고를 받고 복권되지 아니한 자
③ 이 법을 위반하여 징역 이상의 실형(實刑)을 선고받고 그 집행이 끝나거나(집행이 끝난 것으로 보는 경우를 포함한다) 집행이 면제된 날부터 2년이 지나지 아니한 자
④ 이 법을 위반하여 징역 이상의 형(刑)의 집행유예를 선고받고 그 유예기간 중에 있는 자
⑤ 허가가 취소된 후 2년이 지나지 아니한 자
⑥ 제19조제1항제1호[6] 또는 제2호[7]에 해당하여 허가가 취소된 후 5년이 지나지 아니한 자

2. 운임 및 요금 등(제5조)

1) 운송사업자는 운임과 요금을 정하여 미리 국토교통부장관에게 신고하여야 한다. 이를 변경하려는 때에도 또한 같다.
2) 운임과 요금을 신고하여야 하는 운송사업자의 범위는 대통령령으로 정한다.
운임 및 요금을 신고하여야 하는 화물자동차 운송사업의 허가를 받은 자 또는 화물자동차 운송가맹사업의 허가를 받은 자는 다음 각 호의 어느 하나에 해당하는 운송사업자 또는 운송가맹사업자(화물자동차를 직접 소유한 운송가맹사업자만 해당한다)를 말한다.
① 구난형(救難型) 특수자동차를 사용하여 고장차량·사고차량 등을 운송하는 운송사업자 또는 운송가맹사업자

---

6) 1. 부정한 방법으로 허가를 받은 경우
1의2. 허가를 받은 후 6개월간의 운송실적이 국토교통부령으로 정하는 기준에 미달한 경우
7) 2. 부정한 방법으로 변경허가를 받거나, 변경허가를 받지 아니하고 허가사항을 변경한 경우

② 밴형 화물자동차를 사용하여 화주와 화물을 함께 운송하는 운송사업자 및 운송가맹사업자

3) 국토교통부장관은 신고 또는 변경신고를 받은 날부터 14일 이내에 신고수리 여부를 신고인에게 통지하여야 한다. 국토교통부장관이 기간 내에 신고수리 여부 또는 민원 처리 관련 법령에 따른 처리기간의 연장 여부를 신고인에게 통지하지 아니하면 그 기간이 끝난 날의 다음 날에 신고를 수리한 것으로 본다.

4) 운임 및 요금의 신고절차 등에 필요한 사항은 국토교통부령으로 정한다.

3. 화물자동차 안전운임위원회의 설치 등(제5조의2)

1) 다음 각 호의 사항을 심의·의결하기 위하여 국토교통부장관 소속으로 화물자동차 안전운임위원회를 둔다.

① 화물자동차 안전운송원가 및 화물자동차 안전운임의 결정 및 조정에 관한 사항

② 화물자동차 안전운송원가 및 화물자동차 안전운임이 적용되는 운송품목 및 차량의 종류 등에 관한 사항

③ 화물자동차 안전운임제도의 발전을 위한 연구 및 건의에 관한 사항

④ 그 밖에 화물자동차 안전운임에 관한 중요 사항으로서 국토교통부장관이 회의에 부치는 사항

2) 위원회는 위원장을 포함하여 15명 이내의 범위에서 다음 각 호의 위원으로 구성하며, 위원장은 공익을 대표하는 위원 중에서 위원회가 선출한다.

① 화물차주를 대표하는 위원 3명

② 운수사업자를 대표하는 위원 3명

③ 화주를 대표하는 위원 3명

④ 공익을 대표하는 위원 3명

3) 위원회에는 위원 외에 관계 행정기관의 공무원으로 구성된 3명 이내의 특별위원을 둘 수 있고, 특별위원은 위원회의 회의에 출석하여 발언할 수 있다. 특별위원은 다음 각 호의 관계 행정기관의 3급 또는 4급 공무원이나 고위공무원단에 속하는 공무원 중에서 국토교통부장관이 위촉하거나 임명한다.

① 산업통상자원부

② 국토교통부

③ 해양수산부

4) 화물자동차 안전운송원가 산정 등 위원회 업무에 관한 자문이나 위원회 심의·의결사항에 관한 사전검토 등을 위하여 위원회에 해당 분야 전문가로 구성된 전문위원회를 둔다. 이 경우 위원회는 전문위원회에 위원회 사무 중 일부를 위임할 수 있다.
   ① 전문위원회의 구성 및 운영에 관하여는 제4조의2(화물자동차 안전운임위원회 구성 및 운영 등)를 준용한다. 이 경우 "위원회"는 "전문위원회"로 본다.
   ② 전문위원회의 위원장은 전문위원회의 공익위원 중 위원회의 위원장이 지명하는 사람으로 한다.
   ③ 규정한 사항 외에 전문위원회의 구성 및 운영 등에 필요한 사항은 국토교통부장관이 정하여 고시한다.

5) 위원회의 구성 및 운영, 특별위원의 자격 및 위촉, 전문위원회의 구성 및 운영 등에 필요한 사항은 대통령령으로 정한다.

[법률 제15602호(2018.4.17.) 제5조의2의 개정규정 중 화물자동차 안전운임에 관한 부분은 같은 법 부칙 제2조의 규정에 의하여 2022년 12월 31일까지 유효함]

4. 화물자동차 안전운송원가 및 화물자동차 안전운임의 심의기준(제5조의3)

1) 위원회는 다음 각 호의 사항을 고려하여 화물자동차 안전운송원가를 심의·의결한다.
   ① 인건비, 감가상각비 등 고정비용
   ② 유류비, 부품비 등 변동비용
   ③ 그 밖에 상·하차 대기료, 운송사업자의 운송서비스 수준 등 평균적인 영업조건을 고려하여 대통령령으로 정하는 사항. "대통령령으로 정하는 사항"이란 다음 각 호의 사항을 말한다.
      - 화물의 상·하차 대기료
      - 운송사업자의 운송서비스 수준
      - 운송서비스 제공에 필요한 추가적인 시설 및 장비 사용료
      - 그 밖에 화물의 안전한 운송에 필수적인 사항으로서 위원회에서 필요하다고 인정하는 사항

2) 위원회는 화물자동차 안전운송원가에 적정 이윤을 더하여 화물자동차 안전운임을 심의·의결한다. 이 경우 적정 이윤의 산정에 필요한 사항은 대통령령으로

정한다. 적정 이윤을 산정하는 경우 「국가를 당사자로 하는 계약에 관한 법률 시행령」의 예정가격 결정기준을 고려해야 한다.

5. 화물자동차 안전운송원가 및 화물자동차 안전운임의 공표(제5조의4)

1) 국토교통부장관은 매년 10월 31일까지 위원회의 심의·의결을 거쳐 대통령령으로 정하는 운송품목에 대하여 다음 연도에 적용할 화물자동차 안전운송원가를 공표하여야 한다. "대통령령으로 정하는 운송품목"이란 다음 각 호의 품목을 말한다. 국토교통부장관은 위원회의 심의·의결을 거친 화물자동차 안전운송원가 및 화물자동차 안전운임을 관보에 고시해야 한다.
   ① 「자동차관리법」에 따른 피견인자동차의 경우: 철강재
   ② 「자동차관리법」에 따른 일반형 화물자동차의 경우: 해당 화물자동차로 운송할 수 있는 모든 품목
2) 국토교통부장관은 매년 10월 31일까지 위원회의 심의·의결을 거쳐 다음 각 호의 운송품목에 대하여 다음 연도에 적용할 화물자동차 안전운임을 공표하여야 한다.
   ① 「자동차관리법」에 따른 특수자동차로 운송되는 수출입 컨테이너
   ② 「자동차관리법」에 따른 특수자동차로 운송되는 시멘트
3) 화물자동차 안전운송원가 및 화물자동차 안전운임의 공표 방법 및 절차 등에 필요한 사항은 대통령령으로 정한다.

6. 화물자동차 안전운임의 효력(제5조의5)

화주는 운수사업자 또는 화물차주에게 화물자동차 안전운송운임 이상의 운임을 지급하여야 한다. 운수사업자는 화물차주에게 화물자동차 안전위탁운임 이상의 운임을 지급하여야 한다.

화물운송계약 중 화물자동차 안전운임에 미치지 못하는 금액을 운임으로 정한 부분은 무효로 하며, 해당 부분은 화물자동차 안전운임과 동일한 운임을 지급하기로 한 것으로 본다.

화주와 운수사업자·화물차주는 운임 지급과 관련하여 서로 부정한 금품을 주고받아서는 아니 된다.

7. 화물자동차 안전운임의 주지 의무(제5조의6)

화물자동차 안전운임의 적용을 받는 화주와 운수사업자는 대통령령으로 정하는

바에 따라 해당 화물자동차 안전운임을 게시하거나 그 밖에 적당한 방법으로 운수사업자와 화물차주에게 알려야 한다.

화주와 운수사업자는 운송계약 또는 운송주선계약을 체결하려는 다른 운수사업자와 화물차주에게 다음 각 호의 사항을 계약 체결 전까지 알려야 한다.

① 화물자동차 안전운임의 액수

② 화물자동차 안전운임의 효력발생 연월일

8. 화물자동차 안전운임신고센터(제5조의7)

국토교통부장관은 화물자동차 안전운임에 미치지 못하는 운임의 지급에 대한 신고를 위하여 화물자동차 안전운임신고센터를 설치·운영하여야 한다. 화물자동차 안전운임신고센터의 설치 및 운영에 필요한 사항은 대통령령령으로 정한다.

화물자동차 안전운임신고센터는 다음 각 호의 업무를 수행한다.

① 안전운임 위반 신고 접수

② 위반사실 확인 및 관할 관청에의 통보

③ 신고 처리상황 안내

④ 화물자동차 안전운임제 홍보

⑤ 화물자동차 안전운임제 정착을 위한 연구 등

9. 운송비용 등 조사(제5조의8)

국토교통부장관은 화물자동차 안전운송원가 및 화물자동차 안전운임의 효율적인 심의를 위하여 화물운송에 소요되는 비용 등을 주기적으로 조사하여야 한다. 조사 방법 및 주기 등은 국토교통부령으로 정한다. 화물운송 소요비용 조사 주기는 1년으로 한다.

10. 운송약관(제6조)

운송사업자는 운송약관을 정하여 국토교통부장관에게 신고하여야 한다. 이를 변경하려는 때에도 또한 같다.

국토교통부장관은 ① 신고 또는 변경신고를 받은 날부터 3일 이내에 신고수리 여부를 신고인에게 통지하여야 한다. ② 기간 내에 신고수리 여부 또는 민원 처리 관련 법령에 따른 처리기간의 연장 여부를 신고인에게 통지하지 아니하면 그 기간이 끝난 날의 다음 날에 신고를 수리한 것으로 본다. ③ 협회 또는 연합회가 작성한 것으로서 「약관의 규제에 관한 법률」에 따라 공정거래위원회의 심사를 거친 화물운송에 관한 표준이 되는 약관이 있으면 운송사업자에게 그 사용을 권장할 수 있다.

운송사업자가 화물자동차 운송사업의 허가(변경허가를 포함한다)를 받는 때에 표준약관의 사용에 동의하면 신고한 것으로 본다.

11. 운송사업자의 책임(제7조)

화물의 멸실(滅失)·훼손(毁損) 또는 인도(引渡)의 지연(이하 "적재물사고"라 한다)으로 발생한 운송사업자의 손해배상 책임에 관하여는 「상법」 제135조(손해배상 책임)를 준용한다. 이때 화물이 인도기한이 지난 후 3개월 이내에 인도되지 아니하면 그 화물은 멸실된 것으로 본다.

국토교통부장관은

① 손해배상에 관하여 화주가 요청하면 국토교통부령으로 정하는 바에 따라 이에 관한 분쟁을 조정(調停)할 수 있다.

② 화주가 분쟁조정을 요청하면 지체 없이 그 사실을 확인하고 손해내용을 조사한 후 조정안을 작성하여야 한다.

③ 당사자 쌍방이 조정안을 수락하면 당사자 간에 조정안과 동일한 합의가 성립된 것으로 본다.

④ 국토교통부장관은 분쟁조정 업무를 「소비자기본법」에 따른 한국소비자원 또는 소비자단체에 위탁할 수 있다.

12. 화물자동차 운수사업의 운전업무 종사자격 등(제8조)

1) 화물자동차 운수사업의 운전업무에 종사하려는 자는 제①호 및 제②호의 요건을 갖춘 후 제③호 또는 제④호의 요건을 갖추어야 한다.

① 국토교통부령으로 정하는 연령·운전경력 등 운전업무에 필요한 요건을 갖출 것

② 국토교통부령으로 정하는 운전적성에 대한 정밀검사기준에 맞을 것. 이 경우 운전적성에 대한 정밀검사는 국토교통부장관이 시행한다.

③ 화물자동차 운수사업법령, 화물취급요령 등에 관하여 국토교통부장관이 시행하는 시험에 합격하고 정하여진 교육을 받을 것

④ 「교통안전법」에 따른 교통안전체험에 관한 연구·교육시설에서 교통안전체험, 화물취급요령 및 화물자동차 운수사업법령 등에 관하여 국토교통부장

관이 실시하는 이론 및 실기 교육을 이수할 것

2) 국토교통부장관은

① 요건을 갖춘 자에게 화물자동차 운수사업의 운전업무에 종사할 수 있음을 표시하는 자격증("화물운송 종사자격증")을 내주어야 한다.

② 화물운송 종사자격증을 받은 사람은 다른 사람에게 그 자격증을 빌려주어서는 아니 된다.

③ 누구든지 다른 사람의 화물운송 종사자격증을 빌려서는 아니 된다.

④ 누구든지 금지한 행위를 알선하여서는 아니 된다.

⑤ 시험 · 교육 · 자격증의 교부 등에 필요한 사항은 국토교통부령으로 정한다.

13. 결격사유(제9조)

다음 각 호의 어느 하나에 해당하는 자는 화물운송 종사자격을 취득할 수 없다.

① 제4조제3호 또는 제4호[8]에 해당하는 자

② 화물운송 종사자격이 취소된 날부터 2년이 지나지 아니한 자

③ 시험일 전 또는 교육일 전 5년간 다음 각 목의 어느 하나에 해당하는 사람

가. 「도로교통법」에 해당하여 운전면허가 취소된 사람

나. 「도로교통법」을 위반하여 운전면허를 받지 아니하거나 운전면허의 효력이 정지된 상태로 자동차등을 운전하여 벌금형 이상의 형을 선고받거나 운전면허가 취소된 사람

다. 운전 중 고의 또는 과실로 3명 이상이 사망(사고발생일부터 30일 이내에 사망한 경우를 포함한다)하거나 20명 이상의 사상자가 발생한 교통사고를 일으켜 「도로교통법」에 따라 운전면허가 취소된 사람

④ 시험일 전 또는 교육일 전 3년간 「도로교통법」에 해당하여 운전면허가 취소된 사람

14. 화물자동차 운수사업의 운전업무 종사의 제한(제9조의2)

1) 다음 각 호의 어느 하나에 해당하는 사람은 화물운송 종사자격의 취득에도 불구하고 「생활물류서비스산업발전법」에 따른 택배서비스사업의 운전업무에는

---

8) 3. 이 법을 위반하여 징역 이상의 실형(實刑)을 선고받고 그 집행이 끝나거나(집행이 끝난 것으로 보는 경우를 포함한다) 집행이 면제된 날부터 2년이 지나지 아니한 자
4. 이 법을 위반하여 징역 이상의 형(刑)의 집행유예를 선고받고 그 유예기간 중에 있는 자

종사할 수 없다.

① 다음 각 목의 어느 하나에 해당하는 죄를 범하여 금고(禁錮) 이상의 실형을 선고받고 그 집행이 끝나거나(집행이 끝난 것으로 보는 경우를 포함한다) 면제된 날부터 최대 20년의 범위에서 범죄의 종류, 죄질, 형기의 장단 및 재범위험성 등을 고려하여 대통령령으로 정하는 기간이 지나지 아니한 사람

가.「특정강력범죄의 처벌에 관한 특례법」에 따른 죄 : 20년

나.「특정범죄 가중처벌 등에 관한 법률」에 따른 죄 : 6년-20년

다.「마약류 관리에 관한 법률」에 따른 죄 : 6년-20년

라.「성폭력범죄의 처벌 등에 관한 특례법」에 따른 죄 : 20년

마.「아동·청소년의 성보호에 관한 법률」에 따른 죄 : 20년

② 죄를 범하여 금고 이상의 형의 집행유예를 선고받고 그 유예기간 중에 있는 사람

2) 국토교통부장관 또는 시·도지사는 범죄경력을 확인하기 위하여 필요한 정보에 한정하여 경찰청장에게 범죄경력자료의 조회를 요청할 수 있다.

15. 화물자동차 운전자 채용 기록의 관리(제10조)

운송사업자는 화물자동차의 운전자를 채용할 때에는 근무기간 등 운전경력증명서의 발급을 위하여 필요한 사항을 기록·관리하여야 한다. 설립된 협회 및 연합회는 근무기간 등을 기록·관리하는 일 등에 필요한 업무를 국토교통부령으로 정하는 바에 따라 행할 수 있다.

16. 화물자동차 운전자의 교통안전 기록·관리(제10조의2)

국토교통부장관은 화물자동차의 안전운전을 확보하기 위하여 화물자동차 운전자의 교통사고, 교통법규 위반사항 및 범죄경력을 기록·관리하여야 한다. 이 경우 국토교통부장관은 경찰청장에게 필요한 자료의 제공 등 협조를 요청할 수 있다. 협조요청을 받은 경찰청장은 특별한 사정이 없으면 그 요청에 따라야 한다.

국토교통부장관은 국토교통부령으로 정하는 화물자동차 운전자의 인명사상사고 및 교통법규 위반사항에 대하여는 해당 시·도지사 및 사업자단체에 그 내용을 제공하여야 한다. 다만, 범죄경력에 대하여는 필요한 경우에 한정하여 시·도지사에게 그 내용을 제공할 수 있다.

국토교통부장관은 기록·관리를 위하여 사업자단체 또는 운송사업자에게 기록·

관리하는 자료를 요청할 수 있다. 이 경우 사업자단체 또는 운송사업자는 특별한 사유가 없으면 지체 없이 자료를 제공하여야 한다.

17. 운송사업자의 준수사항(제11조)

1) 운송사업자는 허가받은 사항의 범위에서 사업을 성실하게 수행하여야 하며, 부당한 운송조건을 제시하거나 정당한 사유 없이 운송계약의 인수를 거부하거나 그 밖에 화물운송 질서를 현저하게 해치는 행위를 하여서는 아니 된다.
2) 운송사업자는 화물자동차 운전자의 과로를 방지하고 안전운행을 확보하기 위하여 운전자를 과도하게 승차근무하게 하여서는 아니 된다.
3) 운송사업자는 화물의 기준에 맞지 아니하는 화물을 운송하여서는 아니 된다.
4) 운송사업자는 고장 및 사고차량 등 화물의 운송과 관련하여 「자동차관리법」에 따른 자동차관리사업자와 부정한 금품을 주고받아서는 아니 된다.
5) 운송사업자는 해당 화물자동차 운송사업에 종사하는 운수종사자가 제12조에 따른 준수사항을 성실히 이행하도록 지도·감독하여야 한다.
6) 운송사업자는 화물운송의 대가로 받은 운임 및 요금의 전부 또는 일부에 해당하는 금액을 부당하게 화주, 다른 운송사업자 또는 화물자동차 운송주선사업을 경영하는 자에게 되돌려주는 행위를 하여서는 아니 된다.
7) 운송사업자는 택시 요금미터기의 장착 등 국토교통부령으로 정하는 택시 유사표시행위를 하여서는 아니 된다.
8) 운송사업자는 운임 및 요금과 운송약관을 영업소 또는 화물자동차에 갖추어 두고 이용자가 요구하면 이를 내보여야 한다.
9) 위·수탁차주나 개인 운송사업자에게 화물운송을 위탁한 운송사업자는 해당 위·수탁차주나 개인 운송사업자가 요구하면 화물적재요청자와 화물의 종류·중량 및 운임 등 국토교통부령으로 정하는 사항을 적은 화물위탁증을 내주어야 한다. 다만, 운송사업자가 최대 적재량 1.5톤 이상의 「자동차관리법」에 따른 화물자동차를 소유한 위·수탁차주나 개인 운송사업자에게 화물운송을 위탁하는 경우 국토교통부령으로 정하는 화물을 제외하고는 화물위탁증을 발급하여야 하며, 위·수탁차주나 개인 운송사업자는 화물위탁증을 수령하여야 한다.
10) 운송사업자는 화물자동차 운송사업을 양도·양수하는 경우에는 양도·양수에 소요되는 비용을 위·수탁차주에게 부담시켜서는 아니 된다.

11) 운송사업자는 위·수탁차주가 현물출자한 차량을 위·수탁차주의 동의 없이 타인에게 매도하거나 저당권을 설정하여서는 아니 된다. 다만, 보험료 납부, 차량 할부금 상환 등 위·수탁차주가 이행하여야 하는 차량관리 의무의 해태로 인하여 운송사업자의 채무가 발생하였을 경우에는 위·수탁차주에게 저당권을 설정한다는 사실을 사전에 통지하고 그 채무액을 넘지 아니하는 범위에서 저당권을 설정할 수 있다.
12) 운송사업자는 위·수탁계약으로 차량을 현물출자 받은 경우에는 위·수탁차주를「자동차관리법」에 따른 자동차등록원부에 현물출자자로 기재하여야 한다.
13) 운송사업자는 위·수탁차주가 다른 운송사업자와 동시에 1년 이상의 운송계약을 체결하는 것을 제한하거나 이를 이유로 불이익을 주어서는 아니 된다.
14) 운송사업자는 화물운송을 위탁하는 경우「도로법」또는「도로교통법」에 따른 기준을 위반하는 화물의 운송을 위탁하여서는 아니 된다.
15) 운송사업자는 운송가맹사업자의 화물정보망이나「물류정책기본법」에 따라 인증 받은 화물정보망을 통하여 위탁 받은 물량을 재위탁하는 등 화물운송질서를 문란하게 하는 행위를 하여서는 아니 된다.
16) 운송사업자는 적재된 화물이 떨어지지 아니하도록 국토교통부령으로 정하는 기준 및 방법에 따라 덮개·포장·고정장치 등 필요한 조치를 하여야 한다.
17) 허가 또는 변경허가를 받은 운송사업자는 허가 또는 변경허가의 조건을 위반하여 다른 사람에게 차량이나 그 경영을 위탁하여서는 아니 된다.
18) 운송사업자는 화물자동차의 운전업무에 종사하는 운수종사자가 교육을 받는 데에 필요한 조치를 하여야 하며, 그 교육을 받지 아니한 화물자동차의 운전업무에 종사하는 운수종사자를 화물자동차 운수사업에 종사하게 하여서는 아니 된다.
19) 운송사업자는「자동차관리법」을 위반하여 전기·전자장치(최고속도제한장치에 한정한다)를 무단으로 해체하거나 조작해서는 아니 된다.
20) 국토교통부장관은 준수사항 외에 다음 각 호의 사항을 국토교통부령으로 정할 수 있다.
   ① 화물자동차 운송사업의 차고지 이용과 운송시설에 관한 사항
   ② 그 밖에 수송의 안전과 화주의 편의를 도모하기 위하여 운송사업자가 지켜야 할 사항

18. 운송사업자의 직접운송 의무 등(제11조의2)

1) 국토교통부령으로 정하는 운송사업자는 화주와 운송계약을 체결한 화물에 대하여 국토교통부령으로 정하는 비율 이상을 해당 운송사업자에게 소속된 차량으로 직접 운송하여야 한다. 다만, 국토교통부령으로 정하는 차량으로 운송하는 경우에는 이를 직접 운송한 것으로 본다.

2) 운송사업자는 직접 운송하는 화물 이외의 화물에 대하여 다음 각 호의 자 외의 자에게 운송을 위탁하여서는 아니 된다.

   ① 다른 운송사업자

   ② 다른 운송사업자에게 소속된 위·수탁차주

3) 다른 운송사업자나 운송주선사업자로부터 화물운송을 위탁받은 운송사업자와 운송가맹사업자로부터 화물운송을 위탁받은 운송사업자(운송가맹점인 운송사업자만 해당한다)는 해당 운송사업자에게 소속된 차량으로 직접 화물을 운송하여야 한다. 다만, 다른 운송사업자나 운송주선사업자로부터 화물운송을 위탁받은 운송사업자가 국토교통부령으로 정하는 차량으로 운송하는 경우에는 이를 직접 운송한 것으로 본다.

4) 운송사업자가 운송주선사업을 동시에 영위하는 경우에도 직접운송 규정을 적용한다.

5) 운송사업자가 국토교통부령으로 정하는 바에 따라 운송가맹사업자의 화물정보망이나 「물류정책기본법」에 따라 인증 받은 화물정보망을 이용하여 운송을 위탁하면 직접 운송한 것으로 본다.

19. 운수종사자의 준수사항(제12조)

1) 화물자동차 운송사업에 종사하는 운수종사자는 다음 각 호의 어느 하나에 해당하는 행위를 하여서는 아니 된다.

   ① 정당한 사유 없이 화물을 중도에서 내리게 하는 행위

   ② 정당한 사유 없이 화물의 운송을 거부하는 행위

   ③ 부당한 운임 또는 요금을 요구하거나 받는 행위

   ④ 고장 및 사고차량 등 화물의 운송과 관련하여 자동차관리사업자와 부정한 금품을 주고받는 행위

   ⑤ 일정한 장소에 오랜 시간 정차하여 화주를 호객(呼客)하는 행위

⑥ 문을 완전히 닫지 아니한 상태에서 자동차를 출발시키거나 운행하는 행위
⑦ 택시 요금미터기의 장착 등 국토교통부령으로 정하는 택시 유사표시행위
⑧ 조치를 하지 아니하고 화물자동차를 운행하는 행위
⑨ 「자동차관리법」를 위반하여 전기 · 전자장치(최고속도제한장치에 한정한다)를 무단으로 해체하거나 조작하는 행위

2) 국토교통부장관은 준수사항 외에 안전운행을 확보하고 화주의 편의를 도모하기 위하여 운수종사자가 지켜야 할 사항을 국토교통부령으로 정할 수 있다.

20. 운행 중인 화물자동차에 대한 조사 등(제12조의2)

1) 국토교통부장관은 공공의 안전 유지 및 교통사고의 예방을 위하여 필요하다고 인정되는 경우에는 다음 각 호의 사항을 확인하기 위하여 관계 공무원, 「자동차관리법」에 따른 자동차안전단속원 또는 「도로법」에 따른 운행제한단속원("관계공무원등"이라 한다)에게 운행 중인 화물자동차를 조사하게 할 수 있다.
① 덮개 · 포장 · 고정장치 등 필요한 조치를 하지 아니하였는지 여부
② 전기 · 전자장치(최고속도제한장치에 한정한다)를 무단으로 해체하거나 조작하였는지 여부

2) 운행 중인 화물자동차를 소유한 운송사업자 또는 해당 차량을 운전하는 운수종사자는 정당한 사유 없이 제1항에 따른 조사를 거부 · 방해 또는 기피하여서는 아니 된다.

3) 조사를 하는 관계공무원등은 그 권한을 표시하는 증표를 지니고 이를 운행 중인 화물자동차를 소유한 운송사업자 또는 해당 차량을 운전하는 운수종사자에게 보여주어야 한다.

4) 그 밖에 조사에 필요한 사항은 국토교통부령으로 정한다.

21. 개선명령(제13조)

1) 국토교통부장관은 안전운행을 확보하고, 운송 질서를 확립하며, 화주의 편의를 도모하기 위하여 필요하다고 인정되면 운송사업자에게 다음 각 호의 사항을 명할 수 있다.
① 운송약관의 변경
② 화물자동차의 구조변경 및 운송시설의 개선
③ 화물의 안전운송을 위한 조치

④ 적재물배상보험등의 가입과 「자동차손해배상 보장법」에 따라 운송사업자가 의무적으로 가입하여야 하는 보험·공제에 가입
⑤ 위·수탁계약에 따라 운송사업자 명의로 등록된 차량의 자동차등록번호판이 훼손 또는 분실된 경우 위·수탁차주의 요청을 받은 즉시 「자동차관리법」에 따른 등록번호판의 부착 및 봉인을 신청하는 등 운행이 가능하도록 조치
⑥ 위·수탁계약에 따라 운송사업자 명의로 등록된 차량의 노후, 교통사고 등으로 대폐차가 필요한 경우 위·수탁차주의 요청을 받은 즉시 운송사업자가 대폐차 신고 등 절차를 진행하도록 조치
⑦ 위·수탁계약에 따라 운송사업자 명의로 등록된 차량의 사용본거지를 다른 시·도로 변경하는 경우 즉시 자동차등록번호판의 교체 및 봉인을 신청하는 등 운행이 가능하도록 조치
⑧ 그 밖에 화물자동차 운송사업의 개선을 위하여 필요한 사항으로 대통령령으로 정하는 사항

22. 업무개시 명령(제14조)

1) 국토교통부장관은 운송사업자나 운수종사자가 정당한 사유 없이 집단으로 화물운송을 거부하여 화물운송에 커다란 지장을 주어 국가경제에 매우 심각한 위기를 초래하거나 초래할 우려가 있다고 인정할 만한 상당한 이유가 있으면 그 운송사업자 또는 운수종사자에게 업무개시를 명할 수 있다.
2) 국토교통부장관은 운송사업자 또는 운수종사자에게 업무개시를 명하려면 국무회의의 심의를 거쳐야 한다.
3) 국토교통부장관은 업무개시를 명한 때에는 구체적 이유 및 향후 대책을 국회 소관 상임위원회에 보고하여야 한다.
4) 운송사업자 또는 운수종사자는 정당한 사유 없이 명령을 거부할 수 없다.

23. 화물자동차 운송사업의 양도와 양수 등(제16조)

1) 화물자동차 운송사업을 양도·양수하려는 경우에는 국토교통부령으로 정하는 바에 따라 양수인은 국토교통부장관에게 신고하여야 한다.
2) 운송사업자인 법인이 서로 합병하려는 경우(운송사업자인 법인이 운송사업자가 아닌 법인을 흡수 합병하는 경우는 제외한다)에는 국토교통부령으로 정하는 바에 따라 합병으로 존속하거나 신설되는 법인은 국토교통부장관에게 신고하

여야 한다.

3) 국토교통부장관은 신고를 받은 날부터 5일 이내에 신고수리 여부를 신고인에게 통지하여야 한다.

4) 국토교통부장관이 기간 내에 신고수리 여부 또는 민원 처리 관련 법령에 따른 처리기간의 연장 여부를 신고인에게 통지하지 아니하면 그 기간이 끝난 날의 다음 날에 신고를 수리한 것으로 본다.

5) 국토교통부장관은 화물자동차의 지역 간 수급균형과 화물운송시장의 안정과 질서유지를 위하여 국토교통부령으로 정하는 바에 따라 화물자동차 운송사업의 양도·양수와 합병을 제한할 수 있다.

6) 신고가 있으면 화물자동차 운송사업을 양수한 자는 화물자동차 운송사업을 양도한 자의 운송사업자로서의 지위를 승계(承繼)하며, 합병으로 설립되거나 존속되는 법인은 합병으로 소멸되는 법인의 운송사업자로서의 지위를 승계한다.

7) 양수인, 합병으로 존속하거나 신설되는 법인의 결격사유에 관하여는 제4조를 준용한다.

8) 신고가 있으면 화물자동차 운송사업을 양도한 자와 위·수탁계약을 체결한 위·수탁차주는 그 동일한 내용의 위·수탁계약을 화물자동차 운송사업을 양수한 자와 체결한 것으로 보며, 합병으로 소멸되는 법인과 위·수탁계약을 체결한 위·수탁차주는 그 동일한 내용의 위·수탁계약을 합병으로 존속하거나 신설되는 법인과 체결한 것으로 본다.

9) 다음 각 호의 어느 하나에 해당하는 운송사업자는 그 사업을 양도할 수 없다.
   ① 제3조제7항제1호나목에 따라 같은 조 제1항의 허가를 받은 운송사업자
   ② 제3조제7항제1호다목에 따라 같은 조 제1항의 허가 또는 같은 조 제3항에 따른 변경허가를 받은 운송사업자

24. 화물자동차 운송사업의 상속(제17조)

1) 운송사업자가 사망한 경우 상속인이 그 화물자동차 운송사업을 계속하려면 피상속인이 사망한 후 90일 이내에 국토교통부장관에게 신고하여야 한다.

2) 국토교통부장관은 신고를 받은 날부터 5일 이내에 신고수리 여부를 신고인에게 통지하여야 한다.

3) 국토교통부장관이 기간 내에 신고수리 여부 또는 민원 처리 관련 법령에 따른

처리기간의 연장 여부를 신고인에게 통지하지 아니하면 그 기간이 끝난 날의 다음 날에 신고를 수리한 것으로 본다.

4) 상속인이 신고를 하면 피상속인이 사망한 날부터 신고한 날까지 피상속인에 대한 화물자동차 운송사업의 허가는 상속인에 대한 허가로 본다.

5) 신고한 상속인은 피상속인의 운송사업자로서의 지위를 승계한다.

6) 상속인의 결격사유에 관하여는 제4조를 준용한다. 다만, 상속인이 피상속인의 사망일부터 3개월 이내에 그 화물자동차 운송사업을 다른 사람에게 양도하면 피상속인의 사망일부터 양도일까지 피상속인에 대한 화물자동차 운송사업의 허가는 상속인에 대한 허가로 본다.

25. 화물자동차 운송사업의 휴업 및 폐업 신고(제18조)

1) 운송사업자가 화물자동차 운송사업의 전부 또는 일부를 휴업하거나 화물자동차 운송사업의 전부를 폐업하려면 국토교통부령으로 정하는 바에 따라 미리 국토교통부장관에게 신고하여야 한다.

2) 신고가 신고서의 기재사항 및 첨부서류에 흠이 없고, 법령 등에 규정된 형식상의 요건을 충족하는 경우에는 신고서가 접수기관에 도달된 때에 신고 의무가 이행된 것으로 본다.

3) 운송사업자가 화물자동차 운송사업의 전부 또는 일부를 휴업하거나 화물자동차 운송사업의 전부를 폐업하려면 미리 그 취지를 영업소나 그 밖에 일반 공중(公衆)이 보기 쉬운 곳에 게시하여야 한다.

26. 화물자동차 운송사업의 허가취소 등(제19조)

1) 국토교통부장관은 운송사업자가 다음 각 호의 어느 하나에 해당하면 그 허가를 취소하거나 6개월 이내의 기간을 정하여 그 사업의 전부 또는 일부의 정지를 명령하거나 감차 조치를 명할 수 있다.

   ① 부정한 방법으로 허가를 받은 경우 〈허가 취소〉

   ② 허가를 받은 후 6개월간의 운송실적이 국토교통부령으로 정하는 기준에 미달한 경우

   ③ 부정한 방법으로 제3조제3항에 따른 변경허가를 받거나, 변경허가를 받지 아니하고 허가사항을 변경한 경우

   ④ 기준을 충족하지 못하게 된 경우

⑤ 신고를 하지 아니하였거나 거짓으로 신고한 경우
⑥ 화물자동차 소유 대수가 2대 이상인 운송사업자가 영업소 설치 허가를 받지 아니하고 주사무소 외의 장소에서 상주하여 영업한 경우
⑦ 조건 또는 기한을 위반한 경우
⑧ 제4조 각 호의 어느 하나에 해당하게 된 경우. 다만, 법인의 임원 중 제4조 각 호의 어느 하나에 해당하는 자가 있는 경우에 3개월 이내에 그 임원을 개임(改任)하면 허가를 취소하지 아니한다. 〈허가 취소〉
⑨ 화물운송 종사자격이 없는 자에게 화물을 운송하게 한 경우
⑩ 준수사항을 위반한 경우
⑪ 직접운송 의무 등을 위반한 경우
⑫ 1대의 화물자동차를 본인이 직접 운전하는 운송사업자, 운송사업자가 채용한 운수종사자 또는 위·수탁차주가 과태료 처분을 1년 동안 3회 이상 받은 경우
⑬ 정당한 사유 없이 개선명령을 이행하지 아니한 경우
⑭ 정당한 사유 없이 업무개시 명령을 이행하지 아니한 경우
⑮ 위반하여 사업을 양도한 경우
⑯ 이 조에 따른 사업정지처분 또는 감차 조치 명령을 위반한 경우
⑰ 중대한 교통사고 또는 빈번한 교통사고로 1명 이상의 사상자를 발생하게 한 경우
⑱ 보조금의 지급이 정지된 자가 그 날부터 5년 이내에 다시 같은 항 각 호의 어느 하나에 해당하게 된 경우
⑲ 신고를 하지 아니하였거나 거짓으로 신고한 경우
⑳ 기준을 충족하지 못하게 된 경우
㉑ 화물자동차 교통사고와 관련하여 거짓이나 그 밖의 부정한 방법으로 보험금을 청구하여 금고 이상의 형을 선고받고 그 형이 확정된 경우 〈허가 취소〉
㉒ 대통령령으로 정하는 연한 이상[9]의 화물자동차를 「자동차관리법」에 따른 정기검사 또는 자동차종합검사를 받지 아니한 상태로 운행하거나 운행하게 한 경우

9) "대통령령으로 정하는 연한"이란 차령(車齡) 13년을 말한다.

2) 중대한 교통사고와 빈번한 교통사고의 범위는 대통령령으로 정한다.

(1) 중대한 교통사고는 다음 각 호의 어느 하나에 해당하는 사유로 별표 1에 따른 사상자가 발생한 경우로 한다.

① 「교통사고처리 특례법」 제3조제2항 단서에 해당하는 사유

② 화물자동차의 정비불량

③ 화물자동차의 전복(顚覆) 또는 추락. 다만, 운수종사자에게 귀책사유가 있는 경우만 해당한다.

(2) 빈번한 교통사고는 사상자가 발생한 교통사고가 별표 1에 따른 교통사고지수 또는 교통사고 건수에 이르게 된 경우로 한다.

3) 허가취소·사업정지 처분 또는 감차 조치 명령의 기준과 절차, 그 밖에 필요한 사항은 대통령령으로 정한다. 허가취소, 사업정지처분 또는 감차(減車) 조치 명령은 다음 각 호의 구분에 따라 별표 1의 기준에 따라 해야 한다.

① 허가취소: 화물자동차 운송사업의 허가취소

② 감차 조치: 화물자동차의 감차를 수반하는 허가사항의 변경

③ 위반차량 감차 조치: 위반행위와 직접 관련된 화물자동차(위반행위와 직접 관련된 화물자동차가 없는 경우에는 위반행위를 한 운송사업자의 다른 화물자동차를 말한다)에 대한 감차 조치

④ 사업 전부정지: 화물자동차 운송사업 전부의 정지

⑤ 사업 일부정지: 화물자동차의 5분의 1(이 경우 소수점 이하의 수는 버린다. 다만, 5분의 1에 해당하는 화물자동차의 대수가 1 미만인 경우에는 이를 1대로 본다)에 대한 사용정지

⑥ 위반차량 운행정지: 위반행위와 직접 관련된 화물자동차(위반행위와 직접 관련된 화물자동차가 없는 경우에는 위반행위를 한 운송사업자의 다른 화물자동차를 말한다)의 사용정지

27. 자동차 사용의 정지(제20조)

1) 운송사업자는 다음 각 호의 어느 하나에 해당하면 해당 화물자동차의 자동차등록증과 자동차등록번호판을 국토교통부장관에게 반납하여야 한다.

① 화물자동차 운송사업의 휴업·폐업신고를 한 경우

② 허가취소 또는 사업정지처분을 받은 경우

③ 감차를 목적으로 허가사항을 변경한 경우

④ 임시허가 기간이 만료된 경우

2) 국토교통부장관은 다음 각 호의 어느 하나에 해당하면 반납받은 자동차등록증과 자동차등록번호판을 해당 운송사업자에게 되돌려 주어야 한다. 자동차등록번호판을 되돌려 받은 운송사업자는 이를 해당 화물자동차에 달고 시·도지사의 봉인(封印)을 받아야 한다.

① 신고한 휴업기간이 끝난 때

② 사업정지기간이 끝난 때

28. 과징금의 부과(제21조)

1) 국토교통부장관은 운송사업자가 어느 하나에 해당하여 사업정지처분을 하여야 하는 경우로서 그 사업정지처분이 해당 화물자동차 운송사업의 이용자에게 심한 불편을 주거나 그 밖에 공익을 해칠 우려가 있으면 대통령령으로 정하는 바에 따라 사업정지처분을 갈음하여 2천만원 이하의 과징금을 부과·징수할 수 있다. 과징금을 부과하는 위반행위의 종류와 과징금의 금액은 별표 2와 같다.

2) 과징금을 부과하는 위반행위의 종류·정도 등에 따른 과징금의 금액과 그 밖에 필요한 사항은 대통령령으로 정한다.

3) 국토교통부장관은 과징금 부과처분을 받은 자가 과징금을 정한 기한에 내지 아니하면 국세 체납처분의 예에 따라 징수한다.

4) 징수한 과징금은 다음 각 호 외의 용도로는 사용(보조 또는 융자를 포함한다)할 수 없다.

① 화물 터미널의 건설과 확충

② 공동차고지(사업자단체, 운송사업자 또는 운송가맹사업자가 운송사업자 또는 운송가맹사업자에게 공동으로 제공하기 위하여 설치하거나 임차한 차고지를 말한다. 이하 같다)의 건설과 확충

③ 경영개선이나 그 밖에 화물에 대한 정보 제공사업 등 화물자동차 운수사업의 발전을 위하여 필요한 사업

"경영개선이나 그 밖에 화물에 대한 정보 제공사업 등 화물자동차 운수사업의 발전을 위하여 필요한 사업"이란 다음 각 호의 사업을 말한다.

가. 공영차고지의 설치·운영사업

나. 특별시장·광역시장·특별자치시장·도지사 또는 특별자치도지사가 설치·운영하는 운수종사자의 교육시설에 대한 비용의 보조사업

다. 사업자단체가 실시하는 교육훈련 사업[운수종사자 연수기관이 설립되지 아니하였거나 지정되지 아니한 특별시·광역시·특별자치시·도·특별자치도에서 실시한 교육만 해당한다]

④ 신고포상금의 지급

5) 국토교통부장관은 국토교통부령으로 정하는 바에 따라 과징금으로 징수한 금액의 운용계획을 수립·시행하여야 한다.

29. 청문(제22조)

1) 국토교통부장관은 다음 각 호의 어느 하나에 해당하는 처분을 하려면 청문을 하여야 한다.

① 화물자동차 운송사업의 허가 취소

② 화물운송 종사자격의 취소

③ 화물자동차 운송주선사업의 허가 취소

④ 화물자동차 운송가맹사업의 허가 취소

30. 화물운송 종사자격의 취소(제23조)

1) 국토교통부장관은 화물운송 종사자격을 취득한 자가 다음 각 호의 어느 하나에 해당하면 그 자격을 취소하거나 6개월 이내의 기간을 정하여 그 자격의 효력을 정지시킬 수 있다. 다만, 제1호·제2호·제5호·제6호·제7호·제9호 및 제10호의 경우에는 그 자격을 취소하여야 한다.

① 제9조제1호에서 준용하는 제4조 각 호의 어느 하나에 해당하게 된 경우

② 거짓이나 그 밖의 부정한 방법으로 화물운송 종사자격을 취득한 경우

③ 제14조제4항을 위반한 경우

④ 화물운송 중에 고의나 과실로 교통사고를 일으켜 사람을 사망하게 하거나 다치게 한 경우

⑤ 화물운송 종사자격증을 다른 사람에게 빌려준 경우

⑥ 화물운송 종사자격 정지기간 중에 화물자동차 운수사업의 운전 업무에 종사한 경우

⑦ 화물자동차를 운전할 수 있는 「도로교통법」에 따른 운전면허가 취소된 경우

⑦의2. 「도로교통법」을 위반하여 화물자동차를 운전할 수 있는 운전면허가 정지된 경우

⑧ 제12조제1항제3호 · 제7호 및 제9호를 위반한 경우

⑨ 화물자동차 교통사고와 관련하여 거짓이나 그 밖의 부정한 방법으로 보험금을 청구하여 금고 이상의 형을 선고받고 그 형이 확정된 경우

⑩ 제9조의2제1항을 위반한 경우

2) 처분의 기준 및 절차에 필요한 사항은 국토교통부령으로 정한다.

제3장 화물자동차 운송주선사업

1. 화물자동차 운송주선사업의 허가 등(제24조)

1) 화물자동차 운송주선사업을 경영하려는 자는 국토교통부령으로 정하는 바에 따라 국토교통부장관의 허가를 받아야 한다. 다만, 화물자동차 운송가맹사업의 허가를 받은 자는 허가를 받지 아니한다.
2) 화물자동차 운송주선사업의 허가를 받은 자가 허가사항을 변경하려면 국토교통부령으로 정하는 바에 따라 국토교통부장관에게 신고하여야 한다.
3) 국토교통부장관은 변경신고를 받은 날부터 5일 이내에 신고수리 여부를 신고인에게 통지하여야 한다.
4) 국토교통부장관이 기간 내에 신고수리 여부 또는 민원 처리 관련 법령에 따른 처리기간의 연장 여부를 신고인에게 통지하지 아니하면 그 기간이 끝난 날의 다음 날에 신고를 수리한 것으로 본다.
5) 화물자동차 운송주선사업의 허가기준은 다음과 같다.
   ① 국토교통부장관이 화물의 운송주선 수요를 고려하여 고시하는 공급기준에 맞을 것
   ② 사무실의 면적 등 국토교통부령으로 정하는 기준에 맞을 것
6) 운송주선사업자의 허가기준에 관한 사항의 신고에 관하여는 제3조제9항(화물자동차 운송사업의 허가 등)을 준용한다.
7) 운송주선사업자는 주사무소 외의 장소에서 상주하여 영업하려면 국토교통부령으로 정하는 바에 따라 국토교통부장관의 허가를 받아 영업소를 설치하여야 한다.

2. 운송주선사업자의 명의이용 금지(제25조)

운송주선사업자는 자기 명의로 다른 사람에게 화물자동차 운송주선사업을 경영하게 할 수 없다.

3. 운송주선사업자의 준수사항(제26조)

1) 운송주선사업자는 자기의 명의로 운송계약을 체결한 화물에 대하여 그 계약금액 중 일부를 제외한 나머지 금액으로 다른 운송주선사업자와 재계약하여 이를 운송하도록 하여서는 아니 된다. 다만, 화물운송을 효율적으로 수행할 수 있도록 위·수탁차주나 개인 운송사업자에게 화물운송을 직접 위탁하기 위하여 다른 운송주선사업자에게 중개 또는 대리를 의뢰하는 때에는 그러하지 아니하다.

2) 운송주선사업자는 화주로부터 중개 또는 대리를 의뢰받은 화물에 대하여 다른 운송주선사업자에게 수수료나 그 밖의 대가를 받고 중개 또는 대리를 의뢰하여서는 아니 된다.

3) 운송주선사업자는 운송사업자에게 화물의 종류·무게 및 부피 등을 거짓으로 통보하거나 「도로법」 또는 「도로교통법」에 따른 기준을 위반하는 화물의 운송을 주선하여서는 아니 된다.

4) 운송주선사업자가 운송가맹사업자에게 화물의 운송을 주선하는 행위는 재계약·중개 또는 대리로 보지 아니한다.

5) 위 규정한 사항 외에 화물운송질서의 확립 및 화주의 편의를 위하여 운송주선사업자가 지켜야 할 사항은 국토교통부령으로 정한다.

4. 국제물류주선업자에 대한 운송주선사업자의 준수사항 등 적용 (제26조의2)

1) 「물류정책기본법」 제43조제1항에 따라 국제물류주선업을 등록한 자가 수출입화물의 국내 운송을 위하여 화물자동차 운송을 주선하는 때에는 운송주선사업자의 준수사항에 관하여 제26조를 적용한다.

5. 화물자동차 운송주선사업의 허가취소 등(제27조)

1) 국토교통부장관은 운송주선사업자가 다음 각 호의 어느 하나에 해당하면 그 허가를 취소하거나 6개월 이내의 기간을 정하여 그 사업의 정지를 명할 수 있다. 다만, 제1호·제2호 및 제9호의 경우에는 그 허가를 취소하여야 한다.

① 제28조(준용규정)에서 준용하는 제4조(결격사유) 각 호의 어느 하나에 해당하게 된 경우. 다만, 법인의 임원 중 제4조 각 호의 어느 하나에 해당하는 자가 있는 경우 3개월 이내에 그 임원을 개임한 경우에는 취소하지 아니한다.

② 거짓이나 그 밖의 부정한 방법으로 허가를 받은 경우
③ 허가기준을 충족하지 못하게 된 경우
④ 신고를 하지 아니하거나 거짓으로 신고한 경우
④의2. 영업소 설치 허가를 받지 아니하고 주사무소 외의 장소에서 상주하여 영업한 경우
⑤ 제25조(운송주선업자의 명의이용 금지)를 위반한 경우
⑥ 제26조(운송주선사업자의 준수사항)에 따른 준수사항을 위반한 경우
⑦ 제28조(준용규정)에서 준용하는 제11조(운송사업자의 준수사항)에 따른 준수사항을 위반한 경우
⑧ 제28조(준용규정)에서 준용하는 제13조(개선명령)에 따른 개선명령을 이행하지 아니한 경우
⑧의2. 신고를 하지 아니하였거나 거짓으로 신고한 경우
⑨ 이 조에 따른 사업정지명령을 위반하여 그 사업정지기간 중에 사업을 한 경우

2) 허가취소 또는 사업정지처분의 기준·절차, 그 밖에 필요한 사항은 대통령령으로 정한다. 허가취소 또는 사업정지처분의 기준은 별표 3과 같다.

6. 준용 규정(제28조)

1) 화물자동차 운송주선사업에 관하여는 제4조, 제6조, 제7조, 제11조(같은 조 제3항·제4항·제7항·제10항·제14항부터 제18항까지 및 제20항부터 제24항까지는 제외한다), 제12조(같은 조 제1항제4호는 제외한다), 제13조(같은 조 제2호 및 제5호부터 제7호까지는 제외한다), 제16조부터 제18조까지 및 제21조를 준용한다. 이 경우 "운송약관"은 "운송주선약관"으로, "운송사업자"는 "운송주선사업자"로 본다.

제4장 화물자동차 운송가맹사업 및 화물정보망

1. 화물자동차 운송가맹사업의 허가 등(제29조)

1) 화물자동차 운송가맹사업을 경영하려는 자는 국토교통부령으로 정하는 바에 따라 국토교통부장관에게 허가를 받아야 한다.

2) 허가를 받은 운송가맹사업자는 허가사항을 변경하려면 국토교통부령으로 정하는 바에 따라 국토교통부장관의 변경허가를 받아야 한다. 다만, 대통령령으로 정하는 경미한 사항을 변경하려면 국토교통부령으로 정하는 바에 따라 국토교통부장관에게 신고하여야 한다. 변경신고를 하여야 하는 사항은 다음 각 호와 같다.

① 대표자의 변경(법인인 경우만 해당한다)

② 화물취급소의 설치 및 폐지

③ 화물자동차의 대폐차(화물자동차를 직접 소유한 운송가맹사업자만 해당한다)

④ 주사무소 · 영업소 및 화물취급소의 이전

⑤ 화물자동차 운송가맹계약의 체결 또는 해제 · 해지

3) 화물자동차 운송가맹사업의 허가 또는 증차를 수반하는 변경허가의 기준은 다음과 같다.

① 국토교통부장관이 화물의 운송수요를 고려하여 고시하는 공급기준에 맞을 것

② 화물자동차의 대수(운송가맹점이 보유하는 화물자동차의 대수를 포함한다), 운송시설, 그 밖에 국토교통부령으로 정하는 기준에 맞을 것

4) 운송가맹사업자의 허가기준에 관한 사항의 신고에 관하여는 제3조제9항을 준용한다.

5) 운송가맹사업자는 주사무소 외의 장소에서 상주하여 영업하려면 국토교통부령으로 정하는 바에 따라 국토교통부장관의 허가를 받아 영업소를 설치하여야

한다.

6) 국토교통부장관은 허가·변경허가의 신청을 받거나 변경신고를 받은 날부터 20일 이내에 허가 또는 신고수리 여부를 신청인에게 통지하여야 한다.

7) 국토교통부장관이 기간 내에 허가 또는 신고수리 여부나 민원 처리 관련 법령에 따른 처리기간의 연장 여부를 신청인에게 통지하지 아니하면 그 기간이 끝난 날의 다음 날에 허가 또는 신고수리를 한 것으로 본다.

2. 운송가맹사업자 및 운송가맹점의 역할 등(제30조)

1) 운송가맹사업자는 화물자동차 운송가맹사업의 원활한 수행을 위하여 다음 각 호의 사항을 성실히 이행하여야 한다.
   ① 운송가맹사업자의 직접운송물량과 운송가맹점의 운송물량의 공정한 배정
   ② 효율적인 운송기법의 개발과 보급
   ③ 화물의 원활한 운송을 위한 화물정보망의 설치·운영

2) 운송가맹점은 화물자동차 운송가맹사업의 원활한 수행을 위하여 다음 각 호의 사항을 성실히 이행하여야 한다.
   ① 운송가맹사업자가 정한 기준에 맞는 운송서비스의 제공(운송사업자 및 위·수탁차주인 운송가맹점만 해당된다)
   ② 화물의 원활한 운송을 위한 차량 위치의 통지(운송사업자 및 위·수탁차주인 운송가맹점만 해당된다)
   ③ 운송가맹사업자에 대한 운송화물의 확보·공급(운송주선사업자인 운송가맹점만 해당된다)

3) 운송가맹사업자와 운송가맹점 간의 분쟁조정에 관하여는 제7조제3항부터 제6항까지의 규정을 준용한다. 이 경우 “화주”를 “운송가맹사업자 또는 운송가맹점”으로 본다.

3. 개선명령(제31조)

1) 국토교통부장관은 안전운행의 확보, 운송질서의 확립 및 화주의 편의를 도모하기 위하여 필요하다고 인정하면 운송가맹사업자에게 다음 각 호의 사항을 명할 수 있다.
   ① 운송약관의 변경
   ② 화물자동차의 구조변경 및 운송시설의 개선

③ 화물의 안전운송을 위한 조치
④「가맹사업거래의 공정화에 관한 법률」에 따른 정보공개서의 제공의무 등, 가맹금의 반환, 가맹계약서의 기재사항 등, 가맹계약의 갱신 등의 통지
⑤ 적재물배상보험등과「자동차손해배상 보장법」에 따라 운송가맹사업자가 의무적으로 가입하여야 하는 보험·공제의 가입
⑥ 그 밖에 화물자동차 운송가맹사업의 개선을 위하여 필요한 사항으로서 대통령령으로 정하는 사항

4. 화물자동차 운송가맹사업의 허가취소 등(제32조)

1) 국토교통부장관은 운송가맹사업자가 다음 각 호의 어느 하나에 해당하면 그 허가를 취소하거나 6개월 이내의 기간을 정하여 그 사업의 전부 또는 일부의 정지를 명하거나 감차 조치를 명할 수 있다. 다만, 제1호 및 제4호의 경우에는 그 허가를 취소하여야 한다.
① 제33조(준용규정)에서 준용하는 제4조(결격사유) 각 호의 어느 하나에 해당하게 된 경우. 다만, 법인의 임원 중 제4조 각 호의 어느 하나에 해당하는 자가 있는 경우 3개월 이내에 그 임원을 개임하면 취소하지 아니한다.
② 화물운송 종사자격이 없는 자에게 화물을 운송하게 한 경우
③ 업무개시 명령을 정당한 사유 없이 이행하지 아니한 경우
④ 거짓이나 그 밖의 부정한 방법으로 허가를 받은 경우
⑤ 거짓이나 그 밖의 부정한 방법으로 변경허가를 받은 경우
⑥ 허가 또는 변경허가의 기준을 충족하지 못하게 된 경우
⑦ 신고를 하지 아니하였거나 거짓으로 신고한 경우
⑦의2. 영업소 설치 허가를 받지 아니하고 주사무소 외의 장소에서 상주하여 영업한 경우
⑧ 정당한 사유 없이 개선명령을 이행하지 아니한 경우
⑨ 제33조에서 준용하는 제11조(운송사업자의 준수사항) 및 제25조(소속 운송가맹점에 자기의 영업표지를 사용하게 하는 경우는 제외한다)를 위반한 경우
⑩「가맹사업거래의 공정화에 관한 법률」을 위반한 경우
⑪ 이 조에 따른 사업정지명령 또는 감차 조치 명령을 위반한 경우
⑫ 중대한 교통사고 또는 빈번한 교통사고로 1명 이상의 사상자를 발생하게 한

경우

⑬ 보조금의 지급이 정지된 자가 그 날부터 5년 이내에 다시 같은 항 각 호의 어느 하나에 해당하게 된 경우

⑬의2. 신고를 하지 아니하였거나 거짓으로 신고한 경우

⑭ 대통령령으로 정하는 연한[10] 이상의 화물자동차를 「자동차관리법」에 따른 정기검사 또는 자동차종합검사를 받지 아니한 상태로 운행하거나 운행하게 한 경우

2) 중대한 교통사고와 빈번한 교통사고의 범위는 대통령령으로 정한다.

3) 허가취소·사업정지 처분 또는 감차 조치 명령의 기준·절차, 그 밖에 필요한 사항은 대통령령으로 정한다. 허가취소·사업정지처분 또는 감차 조치 명령은 다음 각 호의 구분에 따라 별표 4의 기준에 따라 해야 한다.

① 허가취소: 화물자동차 운송가맹사업의 허가취소

② 감차 조치: 운송가맹사업자가 직접 소유한 화물자동차의 감차를 수반하는 허가사항의 변경

③ 위반차량 감차 조치: 운송가맹사업자가 직접 소유한 화물자동차로서 위반행위와 직접 관련된 화물자동차(위반행위와 직접 관련된 화물자동차가 없는 경우에는 위반행위를 한 운송가맹사업자가 직접 소유한 다른 화물자동차를 말한다)에 대한 감차 조치

④ 사업 전부정지: 화물자동차 운송가맹사업 전부의 정지

⑤ 사업 일부정지: 운송가맹사업자가 직접 소유한 화물자동차 전부의 사용정지

⑥ 위반차량 운행정지: 운송가맹사업자가 직접 소유한 화물자동차로서 위반행위와 직접 관련된 화물자동차(위반행위와 직접 관련된 화물자동차가 없는 경우에는 위반행위를 한 운송가맹사업자가 직접 소유한 다른 화물자동차를 말한다)의 사용정지

5. 준용 규정(제33조)

1) 화물자동차 운송가맹사업에 관하여는 제4조, 제5조, 제6조, 제7조, 제10조, 제10조의2, 제11조, 제11조의2, 제12조, 제12조의2, 제13조, 제14조, 제16조부터 제18조까지, 제20조, 제21조 및 제25조(소속 운송가맹점에 자기의 영업표지를

---

10) "대통령령으로 정하는 연한"이란 차령 13년을 말한다.

사용하게 하는 경우는 제외한다)를 준용한다. 이 경우 "운송약관"은 "운송가맹약관"으로, "운송사업자"는 "운송가맹사업자"로 본다.

6. 「가맹사업거래의 공정화에 관한 법률」의 준용(제34조)

1) 운송가맹사업자와 운송가맹점 간의 정보의 제공, 가맹금의 반환, 가맹계약 등에 관해서는 「가맹사업거래의 공정화에 관한 법률」 제7조, 제9조부터 제11조까지, 제13조 및 제14조를 준용한다. 이 경우 "가맹희망자"를 "운송가맹점으로 가입하려는 자"로, "가맹점사업자"를 "운송가맹점"으로 보고, "가맹본부", 같은 법 제7조제1항의 "가맹본부(가맹지역본부 또는 가맹중개인이 가맹점사업자를 모집하는 경우도 포함한다. 이하 같다)" 및 같은 법 제7조제3항의 "가맹본부 또는 가맹본부로 구성된 사업자단체"를 각각 "운송가맹사업자"로 보며, 같은 법 제10조제1항에 따른 "제2조제6호가목 및 나목의 가맹금"을 "명칭이나 지급형태를 가리지 않고 운송가맹점으로 가입할 때 영업표지 사용허가의 대가로 운송가맹사업자에게 지급한 금전"으로 본다.

7. 화물정보망 등의 이용(제34조의4)

1) 운송사업자가 다른 운송사업자나 다른 운송사업자에게 소속된 위·수탁차주에게 화물운송을 위탁하는 경우에는 운송가맹사업자의 화물정보망이나 「물류정책기본법」에 따라 인증 받은 화물정보망을 이용할 수 있다.

2) 운송주선사업자가 운송사업자나 위·수탁차주에게 화물운송을 위탁하는 경우에는 운송가맹사업자의 화물정보망이나 「물류정책기본법」에 따라 인증 받은 화물정보망을 이용할 수 있다.

제5장 적재물배상보험등의 가입 등

1. 적재물배상보험등의 의무 가입(제35조)

1) 다음 각 호의 어느 하나에 해당하는 자는 손해배상 책임을 이행하기 위하여 대통령령으로 정하는 바에 따라 적재물배상 책임보험 또는 공제에 가입하여야 한다.
   ① 최대 적재량이 5톤 이상이거나 총 중량이 10톤 이상인 화물자동차 중 국토교통부령으로 정하는 화물자동차를 소유하고 있는 운송사업자
   ② 국토교통부령으로 정하는 화물을 취급하는 운송주선사업자
   ③ 운송가맹사업자
2) 적재물배상 책임보험 또는 공제에 가입하려는 자는 다음 각 호의 구분에 따라 사고 건당 2천만원[화물자동차 운송주선사업의 허가를 받은 자가 이사화물운송만을 주선하는 경우에는 500만원] 이상의 금액을 지급할 책임을 지는 적재물배상보험등에 가입하여야 한다.
   ① 운송사업자: 각 화물자동차별로 가입
   ② 운송주선사업자: 각 사업자별로 가입
   ③ 운송가맹사업자: 화물자동차를 직접 소유한 자는 각 화물자동차별 및 각 사업자별로, 그 외의 자는 각 사업자별로 가입

2. 적재물배상보험등 계약의 체결 의무(제36조)

1) 「보험업법」에 따른 보험회사는 적재물배상보험등에 가입하여야 하는 자가 적재물배상보험등에 가입하려고 하면 대통령령으로 정하는 사유가 있는 경우 외에는 적재물배상보험등의 계약의 체결을 거부할 수 없다.
2) 보험등 의무가입자가 적재물사고를 일으킬 개연성이 높은 경우 등 국토교통부령으로 정하는 사유에 해당하면 다수의 보험회사등이 공동으로 책임보험계약등을 체결할 수 있다.

3. 책임보험계약등의 해제(제37조)

1) 보험등 의무가입자 및 보험회사등은 다음 각 호의 어느 하나에 해당하는 경우 외에는 책임보험계약등의 전부 또는 일부를 해제하거나 해지하여서는 아니 된다.

① 화물자동차 운송사업의 허가사항이 변경(감차만을 말한다)된 경우

② 화물자동차 운송사업을 휴업하거나 폐업한 경우

③ 화물자동차 운송사업의 허가가 취소되거나 감차 조치 명령을 받은 경우

④ 화물자동차 운송주선사업의 허가가 취소된 경우

⑤ 화물자동차 운송가맹사업의 허가사항이 변경(감차만을 말한다)된 경우

⑥ 화물자동차 운송가맹사업의 허가가 취소되거나 감차 조치 명령을 받은 경우

⑦ 적재물배상보험등에 이중으로 가입되어 하나의 책임보험계약등을 해제하거나 해지하려는 경우

⑧ 보험회사등이 파산 등의 사유로 영업을 계속할 수 없는 경우

⑨ 그 밖에 제1호부터 제8호까지의 규정에 준하는 경우로서 대통령령으로 정하는 경우[11)]

4. 책임보험계약등의 계약 종료일 통지 등(제38조)

1) 보험회사등은 자기와 책임보험계약등을 체결하고 있는 보험등 의무가입자에게 그 계약종료일 30일 전까지 그 계약이 끝난다는 사실을 알려야 한다. 보험회사등은 자기와 책임보험계약등을 체결한 보험등 의무가입자가 그 계약이 끝난 후 새로운 계약을 체결하지 아니하면 그 사실을 지체 없이 국토교통부장관에게 알려야 한다. 통지의 방법·절차에 필요한 사항은 국토교통부령으로 정한다.

11) "대통령령으로 정하는 경우"란 「상법」 제650조제1항·제2항, 제651조 또는 제652조제1항에 따른 계약해제 또는 계약해지의 사유가 발생한 경우를 말한다.

제6장 경영의 합리화

1. 경영합리화 등의 노력(제39조)

운수사업자는 화물운송 질서의 확립, 경영관리의 건전화, 화물운송 기법의 개발 등 경영합리화와 수송서비스 향상을 위하여 노력하여야 한다.

2. 경영의 위탁(제40조)

1) 운송사업자는 화물자동차 운송사업의 효율적인 수행을 위하여 필요하면 다른 사람(운송사업자를 제외한 개인을 말한다)에게 차량과 그 경영의 일부를 위탁하거나 차량을 현물출자한 사람에게 그 경영의 일부를 위탁할 수 있다.
2) 국토교통부장관은 화물운송시장의 질서유지 및 운송사업자의 운송서비스 향상을 유도하기 위하여 필요한 경우 경영의 위탁을 제한할 수 있다.
3) 운송사업자와 위·수탁차주는 대등한 입장에서 합의에 따라 공정하게 위·수탁계약을 체결하고, 신의에 따라 성실하게 계약을 이행하여야 한다.
4) 계약의 당사자는 그 계약을 체결하는 경우 차량소유자·계약기간, 그 밖에 국토교통부령으로 정하는 사항을 계약서에 명시하여야 하며, 서명날인한 계약서를 서로 교부하여 보관하여야 한다. 이 경우 국토교통부장관은 건전한 거래질서의 확립과 공정한 계약의 정착을 위하여 표준 위·수탁계약서를 고시하여야 하고, 이를 우선적으로 사용하도록 권고할 수 있다.
5) 위·수탁계약의 기간은 2년 이상으로 하여야 한다.
6) 시·도지사는 위·수탁계약의 체결·이행으로 발생하는 분쟁의 해결을 지원하기 위하여 대통령령으로 정하는 바에 따라 화물운송사업분쟁조정협의회를 설치·운영할 수 있다.
   (1) 시·도지사가 설치하는 화물운송사업분쟁조정협의회는 다음 각 호의 사항을 심의·조정한다.
      ① 운송사업자와 경영의 일부를 위탁받은 사람(“위·수탁차주”) 간 금전지

급에 관한 분쟁

② 운송사업자와 위·수탁차주 간 차량의 소유권에 관한 분쟁

③ 운송사업자와 위·수탁차주 간 차량의 대폐차에 관한 분쟁

④ 운송사업자와 위·수탁차주 간 화물자동차 운송사업의 양도·양수에 관한 분쟁

⑤ 그 밖에 분쟁의 성격·빈도 및 중요성 등을 고려하여 국토교통부장관이 정하여 고시하는 사항에 관한 분쟁

(2) 협의회는 위원장 1명을 포함하여 5명 이상 10명 이내의 위원으로 구성하며, 위원은 다음 각 호의 어느 하나에 해당하는 사람 중에서 시·도지사가 위촉하거나 임명한다.

①「변호사법」에 따른 변호사

② 화물운수와 관련된 업무를 담당하는 공무원

③ 물류 관련 분야의 연구기관이나 대학에서 재직 중인 연구원 또는 교수

④ 그 밖에 화물운수 및 분쟁해결에 관한 경험과 학식이 풍부한 사람

(3) 협의회는 매월 1회 개최한다. 다만, 시·도지사가 분쟁의 신속한 해결을 위하여 협의회의 개최를 요청하는 경우에는 수시로 개최할 수 있다.

(4) 분쟁당사자는 협의회의 회의에 출석하여 의견을 진술하거나 관계 자료 등을 제출할 수 있다.

(5) 협의회는 심의 결과 조정안을 작성하여 분쟁당사자에게 권고할 수 있다. 다만, 분쟁의 성격·빈도 및 중요성 등을 고려하여 필요하다고 인정하는 경우에는 분쟁당사자 간의 자율적인 분쟁해결을 권고할 수 있다.

(6) 규정한 사항 외에 협의회의 구성·운영 및 분쟁조정 신청 등에 필요한 사항은 국토교통부장관이 정하여 고시하는 기준에 따라 해당 시·도의 규칙으로 정하여 운영할 수 있다.

7) 위·수탁계약의 내용이 당사자 일방에게 현저하게 불공정한 경우로서 다음 각 호의 어느 하나에 해당하는 경우에는 그 부분에 한정하여 무효로 한다.

① 운송계약의 형태·내용 등 관련된 모든 사정에 비추어 계약체결 당시 예상하기 어려운 내용에 대하여 상대방에게 책임을 떠넘기는 경우

② 계약내용에 대하여 구체적인 정함이 없거나 당사자 간 이견이 있는 경우 계약내용을 일방의 의사에 따라 정함으로써 상대방의 정당한 이익을 침해한

경우

③ 계약불이행에 따른 당사자의 손해배상책임을 과도하게 경감하거나 가중하여 정함으로써 상대방의 정당한 이익을 침해한 경우

④「민법」및 이 법 등 관계 법령에서 인정하고 있는 상대방의 권리를 상당한 이유 없이 배제하거나 제한하는 경우

⑤ 그 밖에 위·수탁계약의 내용 중 일부가 당사자 일방에게 현저하게 불공정하여 해당 부분을 무효로 할 필요가 있는 경우로서 대통령령으로 정하는 경우

3. 위·수탁계약의 갱신 등(제40조의2)

1) 운송사업자는 위·수탁차주가 위·수탁계약기간 만료 전 150일부터 60일까지 사이에 위·수탁계약의 갱신을 요구하는 때에는 다음 각 호의 어느 하나에 해당하는 경우를 제외하고는 이를 거절할 수 없다.

① 최초 위·수탁계약기간을 포함한 전체 위·수탁계약기간이 6년 이하인 경우로서 다음 각 목의 어느 하나에 해당하는 경우

가. 위·수탁차주가 거짓이나 그 밖의 부정한 방법으로 위·수탁계약을 체결한 경우

나. 그 밖에 운송사업자가 위·수탁계약을 갱신하기 어려운 중대한 사유로서 대통령령으로 정하는 사유에 해당하는 경우[12)]

② 최초 위·수탁계약기간을 포함한 전체 위·수탁계약기간이 6년을 초과하는 경우로서 다음 각 목의 어느 하나에 해당하는 경우

가. 제1호 각 목의 어느 하나에 해당하는 경우

나. 위·수탁차주가 운송사업자에게 지급하기로 한 위·수탁계약상의 월지

---

12) "대통령령으로 정하는 사유에 해당하는 경우"란 다음 각 호의 어느 하나에 해당하는 경우를 말한다.

1. 위·수탁차주가 계약기간 동안 운수종사자의 준수사항을 위반하여 처벌 또는 과태료 처분을 받은 경우
2. 위·수탁차주가 계약기간 동안 처분을 받은 경우
3. 다음 각 목의 어느 하나에 해당하는 운송사업자의 요청 또는 지도·감독을 위·수탁차주가 정당한 사유 없이 따르지 아니한 경우
   가. 신고에 필요한 자료의 제출 요청
   나. 지도·감독

급액(월 2회 이상 지급하는 것으로 계약한 경우에는 해당 월에 지급하기로 한 금액의 합을 말한다)을 6회 이상 지급하지 아니한 경우(위·수탁계약상의 월지급액이 같은 업종의 통상적인 월지급액보다 뚜렷하게 높은 경우는 제외한다)

다. 제40조제4항 후단에 따른 표준 위·수탁계약서에 기재된 계약 조건을 위·수탁차주가 준수하지 아니한 경우

라. 그 밖에 운송사업자가 운송사업의 경영을 정상적으로 유지하기 어려운 사유로서 대통령령으로 정하는 사유에 해당하는 경우[13)]

2) 운송사업자가 제1항에 따른 갱신 요구를 거절하는 경우에는 그 요구를 받은 날부터 15일 이내에 위·수탁차주에게 거절 사유를 적어 서면으로 통지하여야 한다.

3) 운송사업자가 제2항의 거절 통지를 하지 아니하거나 위·수탁계약기간 만료 전 150일부터 60일까지 사이에 위·수탁차주에게 계약 조건의 변경에 대한 통지나 위·수탁계약을 갱신하지 아니한다는 사실의 통지를 서면으로 하지 아니한 경우에는 계약 만료 전의 위·수탁계약과 같은 조건으로 다시 위·수탁계약을 체결한 것으로 본다. 다만, 위·수탁차주가 계약이 만료되는 날부터 30일 전까지 이의를 제기하거나 운송사업자나 위·수탁차주에게 천재지변이나 그 밖에 대통령령으로 정하는 부득이한 사유가 있는 경우[14)]에는 그러하지 아니하다.

4. 위·수탁계약의 해지 등(제40조의3)

1) 운송사업자는 위·수탁계약을 해지하려는 경우에는 위·수탁차주에게 2개월 이상의 유예기간을 두고 계약의 위반 사실을 구체적으로 밝히고 이를 시정하지 아니하면 그 계약을 해지한다는 사실을 서면으로 2회 이상 통지하여야 한다. 다만, 대통령령으로 정하는 바에 따라 위·수탁계약을 지속하기 어려운 중대한 사

---

13) "대통령령으로 정하는 사유에 해당하는 경우"란 운송사업자가 운송사업의 전부를 폐업하는 경우를 말한다.

14) "대통령령으로 정하는 부득이한 사유가 있는 경우"란 다음 각 호의 어느 하나에 해당하는 경우를 말한다.

1. 운송사업자가 사고·질병 등 일신상의 사유로 위·수탁계약의 갱신에 관한 의사표시를 할 수 없는 경우
2. 위·수탁차주의 소재 불명이나 국외 이주 등으로 운송사업자가 위·수탁차주에게 위·수탁계약의 갱신에 관한 의사표시를 할 수 없는 경우

유가 있는 경우에는 그러하지 아니하다.

(1) 위·수탁계약 해지 절차의 예외

위·수탁계약을 지속하기 어려운 중대한 사유가 있는 경우는 다음 각 호의 어느 하나에 해당하는 경우로 한다.

① 위·수탁차주가 화물운송 종사자격을 갖추지 아니한 경우
② 위·수탁차주가 계약기간 동안 운수종사자의 준수사항을 위반하여 처벌 또는 과태료 처분을 받은 경우
③ 위·수탁차주가 계약기간 동안 처분을 받은 경우
④ 위·수탁차주가 사고·질병 또는 국외 이주 등 일신상의 사유로 더 이상 위탁받은 운송사업을 경영할 수 없게 된 경우

2) 절차를 거치지 아니한 위·수탁계약의 해지는 그 효력이 없다.

3) 운송사업자가 다음 각 호의 어느 하나에 해당하는 사유로 허가취소 또는 감차 조치(위·수탁차주의 화물자동차가 감차 조치의 대상이 된 경우에만 해당한다)를 받은 경우 해당 운송사업자와 위·수탁차주의 위·수탁계약은 해지된 것으로 본다.

① 제19조(화물자동차 운송사업의 허가취소 등)제1항제1호·제2호·제3호 또는 제5호
② 그 밖에 운송사업자의 귀책사유(위·수탁차주의 고의에 의하여 허가취소 또는 감차 조치될 수 있는 경우는 제외한다)로 허가취소 또는 감차 조치되는 경우로서 대통령령으로 정하는 경우

4) 국토교통부장관 또는 연합회는 제3항에 따라 해지된 위·수탁계약의 위·수탁차주였던 자가 다른 운송사업자와 위·수탁계약을 체결할 수 있도록 지원하여야 한다. 이 경우 해당 위·수탁차주였던 자와 위·수탁계약을 체결한 운송사업자는 위·수탁계약의 체결을 명목으로 부당한 금전지급을 요구하여서는 아니된다.

5. 위·수탁계약의 양도·양수(제40조의4)

1) 위·수탁차주는 운송사업자의 동의를 받아 위·수탁계약상의 지위를 타인에게 양도할 수 있다. 다만, 다음 각 호의 어느 하나의 해당하는 사유가 발생하는 경우에는 운송사업자는 양수인이 제8조에 따른 화물운송 종사자격을 갖추지 못

한 경우 등 대통령령으로 정하는 경우를 제외하고는 위·수탁계약의 양도에 대한 동의를 거절할 수 없다.

① 업무상 부상 또는 질병의 발생 등으로 자신이 위탁받은 경영의 일부를 수행할 수 없는 경우

② 그 밖에 위·수탁차주에게 부득이한 사유가 발생하는 경우로서 대통령령으로 정하는 경우

2) 위·수탁계약상의 지위를 양수한 자는 양도인의 위·수탁계약상 권리와 의무를 승계한다.

3) 위·수탁계약상의 지위를 양도하는 경우 위·수탁차주는 운송사업자에게 양도 사실을 서면으로 통지하여야 한다.

4) 통지가 있은 날부터 1개월 이내에 운송사업자가 양도에 대한 동의를 거절하지 아니하는 경우에는 운송사업자가 양도에 동의한 것으로 본다.

5. 위·수탁계약의 실태조사 등(제40조의5)

1) 국토교통부장관 또는 시·도지사는 정기적으로 위·수탁계약서의 작성 여부에 대한 실태조사를 할 수 있다.

2) 국토교통부장관 또는 시·도지사는 위·수탁계약의 당사자에게 계약과 관련된 자료를 요청할 수 있다. 이 경우 자료를 요청받은 계약의 당사자는 특별한 사정이 없으면 요청에 따라야 한다.

3) 실태조사의 시기·범위 및 방법 등에 필요한 사항은 대통령령으로 정한다.

(1) 위·수탁계약 실태조사의 시기 등

① 위·수탁계약서의 작성 여부에 대한 실태조사는 매년 1회 이상 실시한다.

② 실태조사의 범위는 다음 각 호와 같다.

가. 위·수탁계약서의 작성 여부에 관한 사항

나. 표준 위·수탁계약서의 사용에 관한 사항

다. 위·수탁계약 내용의 불공정성에 관한 사항

라. 위·수탁계약의 체결 절차·과정에 관한 사항

마. 그 밖에 화물운송시장의 질서 확립 및 건전한 발전을 위하여 조사가 필요한 사항

③ 국토교통부장관 또는 시·도지사는 자료를 요청할 때에는 위·수탁계약의

당사자에게 자료의 범위와 내용, 요청 사유 및 제출기한 등을 명시한 문서(전자문서를 포함한다)로 요청하여야 한다.

6. 경영지도(제41조)

1) 국토교통부장관 또는 시·도지사는 화물자동차 운수사업의 경영개선 또는 운송서비스의 향상을 위하여 다음 각 호의 어느 하나에 해당하는 경우 운수사업자를 지도할 수 있다.
   ① 운수사업자의 준수사항에 대한 지도가 필요한 경우
   ② 과로, 과속, 과적 운행의 예방 등 안전한 수송을 위한 지도가 필요한 경우
   ③ 그 밖에 화물자동차의 운송에 따른 안전 확보 및 운송서비스 향상에 필요한 경우

2) 국토교통부장관 또는 시·도지사는 재무관리 및 사업관리 등 경영실태가 부실하다고 인정되는 운수사업자에게는 경영개선에 관한 권고를 할 수 있으며, 필요하면 경영개선에 관한 중·장기 또는 연차별 계획 등을 제출하게 할 수 있다.

3) 국토교통부장관 또는 시·도지사는 운수사업자가 제출한 경영개선에 관한 계획 등이 불합리하다고 인정되면 변경할 것을 권고할 수 있다.

7. 경영자 연수교육(제42조)

1) 시·도지사는 운수사업자의 경영능력 향상을 위하여 필요하다고 인정하면 경영을 담당하는 임원(개인인 경우에는 운수사업자를 말한다)에게 경영자 연수교육을 실시할 수 있다.

8. 재정지원(제43조)

1) 국가는 지방자치단체, 「공공기관의 운영에 관한 법률」에 따른 공공기관 중 대통령령으로 정하는 공공기관, 「지방공기업법」에 따른 지방공사, 사업자단체 또는 운수사업자가 다음 각 호의 어느 하나에 해당하는 사업을 수행하는 경우로서 재정적 지원이 필요하다고 인정되면 대통령령으로 정하는 바에 따라 소요자금의 일부를 보조하거나 융자할 수 있다.
   ① 공동차고지 및 공영차고지 건설
   ② 화물자동차 운수사업의 정보화
   ③ 낡은 차량의 대체

④ 연료비가 절감되거나 환경친화적인 화물자동차 등으로의 전환 및 이를 위한 시설 · 장비의 투자

⑤ 화물자동차 휴게소의 건설

⑥ 화물자동차 운수사업의 서비스 향상을 위한 시설 · 장비의 확충과 개선

⑦ 그 밖에 화물자동차 운수사업의 경영합리화를 위한 사항으로서 국토교통부령으로 정하는 사항

(1) 보조 또는 융자의 신청

보조 또는 융자를 받으려는 자는 다음 각 호의 사항을 적은 신청서를 시 · 도지사를 거쳐 국토교통부장관에게 제출하여야 한다.

① 신청인의 성명(법인인 경우에는 그 명칭 및 대표자의 성명을 말한다) 및 주소

② 사업등록의 종류 · 등록일 및 등록번호

③ 보조 또는 융자를 받으려는 사유

④ 보조 또는 융자를 받으려는 금액

신청서에는 다음 각 호의 서류를 첨부하여야 한다.

① 보조 또는 융자를 받으려는 사업의 목적, 시행계획, 자금조달계획, 효과 및 시설 등을 적은 사업계획서

② 보조금 또는 융자금의 사용계획서

2) 특별시장 · 광역시장 · 특별자치시장 · 특별자치도지사 · 시장 또는 군수는 운송사업자, 운송가맹사업자 및 화물자동차 운송사업을 위탁받은 자에게 유류(油類)에 부과되는 다음 각 호의 세액 등의 인상액에 상당하는 금액의 전부 또는 일부를 대통령령으로 정하는 바에 따라 보조할 수 있다.

① 「교육세법」, 「교통 · 에너지 · 환경세법」, 「지방세법」에 따라 경유에 각각 부과되는 교육세, 교통 · 에너지 · 환경세, 자동차세

② 「개별소비세법」, 「교육세법」, 「석유 및 석유대체연료 사업법」에 따라 석유가스 중 부탄에 각각 부과되는 개별소비세 · 교육세 · 부과금

(1) 유가보조금 지급 기준 · 방법 및 절차

① 운송사업자, 운송가맹사업자 또는 위 · 수탁차주에게 보조하는 금전은 다음 각 호의 요건을 모두 갖춘 경우에 지급한다.

가. 「부가가치세법」에 따라 사업자등록을 하고 실제로 사업을 영위하는

운송사업자·운송가맹사업자 또는 위·수탁차주가 구매한 유류(油類)일 것

나. 법 또는 다른 법령에 따라 운행의 제한을 받지 아니할 것

다. 화물자동차 운수사업의 운전업무 종사자격 요건을 갖춘 자가 운행할 것

라. 주유소·충전소·자가주유시설 또는 자가충전시설의 고정된 설비에서 유류를 직접 주유 또는 충전받을 것

마. 해당 화물자동차의 연료와 일치하는 종류의 유류를 구매할 것

바. 유류 구매를 입증하는 자료에 적힌 구매자 이름, 자동차등록번호, 구매 일시·장소, 구매량, 구매금액, 구매한 유류의 종류·단가 등이 실제 주유 또는 충전한 내용과 일치할 것

사. 운송사업자, 운송가맹사업자 또는 위·수탁차주가 다른 법령이나 국가 간의 조약·협정에 따라 유류비를 지원받거나 조세가 면제된 유류를 공급받지 않을 것

아. 그 밖에 유가보조금의 부정수급을 방지하기 위하여 국토교통부장관이 정하여 고시하는 사항을 지킬 것

② 유가보조금 지급액은 운송사업자, 운송가맹사업자 또는 위·수탁차주가 구매한 유류의 양에 국토교통부장관이 정하여 고시하는 지급단가를 곱하여 산정한 금액으로 한다.

③ 유가보조금은 유류를 주유받은 화물자동차가 소속된 운송사업자 또는 운송가맹사업자에게 지급한다. 다만, 위·수탁차주가 현물출자한 화물자동차의 경우에는 해당 위·수탁차주에게 지급한다.

④ 규정한 사항 외에 유가보조금의 지급 기준·방법 및 절차 등에 관한 세부사항은 국토교통부장관이 정하여 고시한다.

3) 특별시장·광역시장·특별자치시장·특별자치도지사·시장 또는 군수는 운송사업자등이 「환경친화적 자동차의 개발 및 보급 촉진에 관한 법률」에 따른 수소전기자동차를 운행하기 위하여 수소를 구매하는 경우 그 비용의 전부 또는 일부를 대통령령으로 정하는 바에 따라 보조할 수 있다.

(1) 수소 연료보조금의 지급 기준·방법 및 절차

보조금의 지급 기준·방법 및 절차에 관하여는 유가보조금 지급기준 방법 및 절

차를 준용한다. 이 경우 "유가보조금"은 "수소 연료보조금"으로, "유류"는 "수소"로, "주유소·충전소·자가주유시설 또는 자가충전시설"은 "충전소 또는 자가충전시설"로, "주유 또는 충전"은 "충전"으로, "유류비"는 "수소 연료비용"으로 본다.

9. 보조금의 사용 등(제44조)

1) 보조 또는 융자받은 자는 그 자금을 보조 또는 융자받은 목적 외의 용도로 사용하여서는 아니 된다.
2) 국토교통부장관·특별시장·광역시장·특별자치시장·특별자치도지사·시장 또는 군수는 보조 또는 융자를 받은 자가 그 자금을 적정하게 사용하도록 지도·감독하여야 한다.
3) 국토교통부장관·특별시장·광역시장·특별자치시장·특별자치도지사·시장 또는 군수는 거짓이나 부정한 방법으로 보조금이나 융자금을 교부받은 사업자단체 또는 운송사업자등에게 보조금이나 융자금의 반환을 명하여야 하며, 이에 따르지 아니하면 국세 또는 지방세 체납처분의 예에 따라 회수할 수 있다.

10. 보조금의 지급 정지 등(제44조의2)

1) 특별시장·광역시장·특별자치시장·특별자치도지사·시장 또는 군수는 운송사업자등이 다음 각 호의 어느 하나에 해당하면 대통령령으로 정하는 바에 따라 5년의 범위에서 보조금의 지급을 정지하여야 한다.[15]
   ① 「석유 및 석유대체연료 사업법」에 따른 석유판매업자, 「액화석유가스의 안전관리 및 사업법」에 따른 액화석유가스 충전사업자 또는 「수소경제 육성 및 수소 안전관리에 관한 법률」에 따른 수소판매사업자로부터 「부가가치세법」에 따른 세금계산서를 거짓으로 발급받아 보조금을 지급받은 경우
   ② 주유업자등으로부터 유류 또는 수소의 구매를 가장하거나 실제 구매금액을 초과하여 「여신전문금융업법」에 따른 신용카드, 직불카드, 선불카드 등으로서 보조금의 신청에 사용되는 카드(이하 "유류구매카드"라 한다)로 거래를 하거나 이를 대행하게 하여 보조금을 지급받은 경우

---

15) 보조금의 지급정지는 위반 횟수별로 다음 각 호의 기준에 따른다.
   1. 1차 위반: 6개월의 보조금 지급정지
   2. 2차 위반: 1년의 보조금 지급정지. 다만, 보조금의 지급이 정지된 날부터 5년이 지나지 않은 경우는 제외한다.

③ 화물자동차 운수사업이 아닌 다른 목적에 사용한 유류분 또는 수소 구매분에 대하여 보조금을 지급받은 경우

④ 다른 운송사업자등이 구입한 유류 또는 수소 사용량을 자기가 사용한 것으로 위장하여 보조금을 지급받은 경우

⑤ 그 밖에 대통령령으로 정하는 사항을 위반하여 거짓이나 부정한 방법으로 보조금을 지급받은 경우

⑥ 소명서 및 증거자료의 제출요구에 따르지 아니하거나, 같은 항에 따른 검사나 조사를 거부·기피 또는 방해한 경우

2) 특별시장·광역시장·특별자치시장·특별자치도지사·시장 또는 군수는 주유업자등이 제1항 각 호의 어느 하나에 해당하는 행위에 가담하였거나 이를 공모한 경우 대통령령으로 정하는 바에 따라 5년의 범위에서 해당 사업소에 대한 유류구매카드의 거래기능을 정지하여야 한다. 다만, 주유업자등이 유류구매카드의 거래기능이 정지된 날부터 5년 이내에 다시 지급정지사유에 해당하는 행위에 가담하였거나 이를 공모한 경우에는 유류구매카드의 거래기능을 영구적으로 정지하여야 한다.[16)]

3) 특별시장·광역시장·특별자치시장·특별자치도지사·시장 또는 군수는 다음 각 호의 어느 하나에 해당하는 사항을 확인하기 위하여 운송사업자등으로 하여금 소명서 또는 거래내역을 입증할 수 있는 증거자료를 제출하게 할 수 있으며, 필요하면 소속 공무원이 운송사업자등의 사업장에 출입하여 장부·서류, 그 밖의 물건을 검사하게 하거나 관계인에게 질문하게 할 수 있다.

① 운송사업자등이 지급정지사유에 해당하는 행위를 하였는지 여부

② 주유업자등이 지급정지사유에 해당하는 행위에 가담하였거나 이를 공모하였는지 여부

4) 조사나 검사를 하려면 조사 또는 검사 7일 전에 조사 또는 검사할 내용, 일시, 이유 등에 대한 계획서를 운송사업자등에게 알려야 한다. 다만, 긴급한 경우 또는 사전통지를 하면 증거인멸 등으로 조사목적을 달성할 수 없다고 인정하는 경우에는 그러하지 아니하다.

---

16) 유류구매카드의 거래기능 정지는 다음 각 호의 기준에 따른다.
1. 1회 가담·공모한 경우: 유류구매카드의 거래기능 정지 3년
2. 2회 이상 가담·공모한 경우: 유류구매카드의 거래기능 정지 5년

5) 조사나 검사를 하는 공무원은 그 권한을 표시하는 증표를 지니고 이를 관계인에게 내보여야 하며, 출입할 때에는 출입자의 성명, 출입시간, 출입목적 등이 표시된 문서를 관계인에게 내주어야 한다.

11. 공영차고지의 설치(제45조)

1) 제2조제9호(공영차고지) 각 목의 어느 하나에 해당하는 자는 공영차고지(公營車庫地)를 설치하여 직접 운영하거나 다음 각 호의 어느 하나에 해당하는 자에게 임대(운영의 위탁을 포함한다)할 수 있다.

① 사업자단체

② 운송사업자

③ 운송가맹사업자

④ 운송사업자로 구성된 「협동조합 기본법」에 따른 협동조합

2) 공영차고지를 설치한 자는 공영차고지를 설치하려면 공영차고지의 설치·운영에 관한 계획을 수립하여야 한다.

3) 시·도지사를 제외한 차고지설치자가 설치·운영계획을 수립하는 경우에는 미리 시·도지사의 인가를 받아야 한다. 인가받은 계획을 변경하려는 경우에도 또한 같다.

4) 차고지설치자는 설치·운영계획을 수립·변경하거나 인가·변경인가를 받은 때에는 이를 공보에 고시하거나 일간신문 등에 게재하여야 한다.

5) 시·도지사가 설치·운영계획을 수립하거나 시·도지사를 제외한 차고지설치자의 설치·운영계획을 인가하는 경우에 그에 관련된 각종 인가·허가 등에 관하여는 제46조의4를 준용한다.

6) 차고지설치자가 설치·운영계획을 수립·변경하는 경우 공영차고지의 설치·변경이 학생의 통학안전에 미치는 영향에 대하여 특별시·광역시·특별자치시·도·특별자치도의 교육감과 협의하여야 한다.

12. 화물자동차 휴게소의 확충(제46조의2)

1) 국토교통부장관은 화물자동차 운전자의 근로 여건을 개선하고 화물의 원활한 운송을 도모하기 위하여 운송경로 및 주요 물류거점에 화물자동차 휴게소를 확충하기 위한 종합계획을 5년 단위로 수립하여야 한다.

2) 휴게소 종합계획에는 다음 각 호의 사항이 포함되어야 한다.

① 화물자동차 휴게소의 현황 및 장래수요에 관한 사항
② 화물자동차 휴게소의 계획적 공급에 관한 사항
③ 화물자동차 휴게소의 연도별 · 지역별 배치에 관한 사항
④ 화물자동차 휴게소의 기능 개선 및 효율화에 관한 사항
⑤ 그 밖에 화물자동차 휴게소 확충과 관련된 사항으로서 국토교통부령으로 정하는 사항

3) 국토교통부장관은 휴게소 종합계획을 수립하거나 국토교통부령으로 정하는 사항을 변경하려는 경우 미리 시 · 도지사의 의견을 듣고 관계 중앙행정기관의 장과 협의하여야 한다.
4) 국토교통부장관은 휴게소 종합계획을 수립하거나 변경한 때에는 이를 관보에 고시하여야 한다.
5) 사업시행자는 필요한 경우 국토교통부장관에게 휴게소 종합계획을 변경하도록 요청할 수 있다.[17)]
6) 국토교통부장관 또는 시 · 도지사는 건설계획의 승인 또는 변경승인을 할 때에는 휴게소 종합계획과 상충하거나 중복되지 아니하도록 하여야 한다.
7) 휴게소 종합계획의 수립 등에 필요한 사항은 대통령령으로 정한다.[18)]

13. 화물자동차 휴게소의 건설사업 시행 등제(46조의3)

1) 화물자동차 휴게소 건설사업을 할 수 있는 자는 다음 각 호의 어느 하나에 해당하는 자로 한다.
① 국가 또는 지방자치단체
② 「공공기관의 운영에 관한 법률」에 따른 공공기관 중 대통령령으로 정하는 공공기관[19)]

---

17) ① 국토교통부장관은 사업시행자가 휴게소 종합계획의 변경을 요청하는 경우에는 해당 사업시행자에게 그 변경에 관련된 자료의 제출이나 그 밖의 필요한 협력을 요청할 수 있다.
18) ② 국토교통부장관은 휴게소 종합계획의 수립이나 변경을 위하여 필요하다고 인정하는 경우에는 물류 관련 기관이나 단체 또는 전문가 등에 대하여 의견 및 자료제출 또는 그 밖의 필요한 협력을 요청할 수 있다.
19) "대통령령으로 정하는 공공기관"이란 다음 각 호의 기관을 말한다.
1. 「한국철도공사법」에 따른 한국철도공사
2. 「한국토지주택공사법」에 따른 한국토지주택공사
3. 「한국도로공사법」에 따른 한국도로공사
4. 「한국수자원공사법」에 따른 한국수자원공사

③ 「지방공기업법」에 따른 지방공사
④ 대통령령으로 정하는 바에 따라 지정을 받은 법인

(1) 사업시행자 지정신청

사업시행자로 지정받으려는 법인은 다음 각 호의 사항을 적은 신청서를 시·도지사에게 제출하여야 한다. 다만, 연합회의 경우에는 국토교통부장관에게 제출하여야 한다.

① 법인의 명칭 및 주소(대표자의 성명을 포함한다)
② 사업을 시행하려는 화물자동차 휴게소의 명칭·위치 및 운영계획 등에 관한 사항
③ 사업의 시행기간·시행방법·시행면적 등 사업 시행에 관한 사항
④ 자금조달계획서

국토교통부장관 또는 시·도지사는 신청서를 제출받은 경우 사업계획의 타당성, 재원조달능력 및 휴게소 종합계획과의 적합 여부 등을 종합적으로 고려하여 사업시행자를 지정하여야 한다.

국토교통부장관 또는 시·도지사는 사업시행자를 지정하는 경우에는 그 지정사실을 관보에 고시한다.

2) 화물자동차 휴게소 건설사업을 시행하려는 자는 사업의 명칭·목적, 사업을 시행하려는 위치와 면적 등 대통령령으로 정하는 사항이 포함된 화물자동차 휴게소 건설에 관한 계획을 수립하여야 한다.

(1) "사업의 명칭·목적, 사업을 시행하려는 위치와 면적 등 대통령령으로 정하는 사항"이란 다음 각 호의 사항을 말한다.

① 사업의 명칭 및 목적
② 사업시행지의 위치와 면적
③ 사업 시행시기 및 시행방법
④ 사업에 대한 자금조달계획

---

5. 「한국농어촌공사 및 농지관리기금법」에 따른 한국농어촌공사
6. 「항만공사법」에 따른 항만공사
7. 「인천국제공항공사법」에 따른 인천국제공항공사
8. 「한국공항공사법」에 따른 한국공항공사
9. 「한국교통안전공단법」에 따른 한국교통안전공단
10. 「국가철도공단법」에 따른 국가철도공단

⑤ 수용 또는 사용할 토지 또는 건물 등에 관한 사항
⑥ 설치 또는 폐지되는 공공시설 등에 관한 사항
⑦ 그 밖에 사업의 원활한 시행을 위하여 국토교통부장관이 정하여 고시하는 사항

3) 화물자동차 휴게소의 건설 대상지역 및 시설기준은 국토교통부령으로 정한다.

4) 사업시행자는 건설계획을 수립한 때에는 대통령령으로 정하는 바에 따라 이를 공고하고, 관계 서류의 사본을 20일 이상 일반인이 열람할 수 있도록 하여야 한다.

5) 화물자동차 휴게소 건설사업의 이해관계인은 열람기간에 사업시행자에게 건설계획에 대한 의견서를 제출할 수 있으며, 사업시행자는 제출된 의견이 타당하다고 인정하는 경우에는 이를 건설계획에 반영하여야 한다.

6) 사업시행자는 공고 및 열람을 마친 후 그 건설계획에 대하여 시·도지사의 승인을 받아야 한다. 다만, 국가, 사업시행자 및 국가 또는 사업시행자로부터 지정을 받은 자는 국토교통부장관의 승인을 받아야 한다.

7) 승인을 받은 사업시행자는 승인받은 건설계획 중 사업을 시행하려는 위치와 면적 등 대통령령으로 정하는 사항을 변경하려면 해당 승인권자의 변경승인을 받아야 한다.

(1) "사업을 시행하려는 위치와 면적 등 대통령령으로 정하는 사항"이란 다음 각 호 외의 사항을 말한다.

① 전체 사업시행 면적의 100분의 10 범위에서의 면적의 감소
② 전체 사업비의 100분의 10 범위에서의 사업비의 변경. 다만, 해당 사업비의 변경에 따라 해당 사업에 대한 보조금이 변경되는 경우는 제외한다.
③ 전체 사업을 분할하여 시행하는 경우에는 해당 분할사업에서의 면적의 변경. 다만, 전체 사업면적이 변경되지 아니하는 경우만 해당한다.
④ 「공간정보의 구축 및 관리 등에 관한 법률」에 따른 지적확정측량의 결과에 따른 부지 면적의 변경
⑤ 그 밖에 계산착오, 오기, 누락 또는 이에 준하는 사유로서 그 변경근거가 분명한 사항의 변경

8) 국토교통부장관 또는 시·도지사는 건설계획의 승인 또는 변경승인의 신청을 받은 경우에는 특별한 사유가 없으면 승인 또는 변경승인 신청을 받은 날부터

60일 이내에 승인 또는 변경승인 여부를 결정하여야 하며, 건설계획의 승인 또는 변경승인을 한 경우에는 이를 고시하여야 한다.

9) 국토교통부장관 또는 시·도지사가 건설계획의 승인 또는 변경승인 신청을 받은 날부터 60일 이내에 승인 또는 변경승인 여부를 결정하지 아니하였을 때에는 승인 또는 변경승인을 한 것으로 본다.

10) 국토교통부장관 또는 시·도지사는 사업시행자가 다음 각 호의 어느 하나에 해당하는 경우에는 건설계획의 승인을 취소 또는 변경하거나 그 밖에 필요한 조치를 명할 수 있다. 다만, 제1호에 해당하는 경우에는 건설계획의 승인을 취소하여야 한다.

① 거짓 또는 그 밖의 부정한 방법으로 건설계획의 승인을 받은 경우

② 변경승인을 받지 아니하고 건설계획을 변경하여 사업을 진행한 경우

14. 인·허가등의 의제(제46조의4)

1) 국토교통부장관 또는 시·도지사는 건설계획의 승인 또는 변경승인을 하는 경우에 그 건설계획에 대한 다음 각 호의 인가·허가·승인 또는 결정 등에 관하여 관계 행정기관의 장과 협의한 사항에 대하여는 해당 사업시행자가 해당 인·허가등을 받은 것으로 보며, 고시된 때에는 다음 각 호의 법률에 따른 해당 인·허가등이 고시 또는 공고된 것으로 본다.

① 「건축법」에 따른 건축허가, 건축신고, 건축허가·신고 사항의 변경, 가설건축물의 건축허가·신고 및 건축협의

② 「골재채취법」에 따른 골재채취의 허가

③ 「공유수면 관리 및 매립에 관한 법률」에 따른 공유수면의 점용·사용허가, 실시계획의 승인이나 신고, 매립면허 및 공유수면매립실시계획의 승인

④ 「공유재산 및 물품 관리법」에 따른 행정재산의 용도폐지 및 행정재산의 사용·수익의 허가

⑤ 「국유재산법」에 따른 행정재산의 사용허가 및 행정재산의 용도폐지

⑥ 「국토의 계획 및 이용에 관한 법률」 에 따른 도시관리계획의 결정(「국토의 계획 및 이용에 관한 법률」, 개발행위의 허가, 도시계획시설사업 시행자의 지정 및 실시계획의 인가

⑦ 「농어촌정비법」에 따른 농업생산기반시설의 사용허가

⑧「농지법」에 따른 농지전용의 허가 및 협의
⑨「대기환경보전법」, 「물환경보전법」 및 「소음·진동관리법」에 따른 배출시설 설치의 허가 또는 신고
⑩「도로법」에 따른 도로공사시행의 허가 및 도로의 점용허가
⑪「도시개발법」에 따른 사업시행자의 지정 및 실시계획의 인가
⑫「사도법」에 따른 사도의 개설허가
⑬「사방사업법」에 따른 벌채 등의 허가 및 사방지의 지정해제
⑭「산지관리법」에 따른 산지전용허가 및 산지전용신고
⑮「산림자원의 조성 및 관리에 관한 법률」에 따른 입목벌채등의 허가·신고, 「산림보호법」에 따른 산림보호구역에서의 행위의 허가 및 신고
⑯「산업입지 및 개발에 관한 법률」에 따른 사업시행자의 지정 및 실시계획의 승인
⑰「석유 및 석유대체연료 사업법」에 따른 석유판매업 중 대통령령으로 정하는 석유판매업의 등록
⑱「소하천정비법」에 따른 소하천공사 시행의 허가 및 소하천 점용의 허가
⑲「수도법」에 따른 수도사업의 인가, 전용수도 설치의 인가
⑳「물환경보전법」에 따른 공공폐수처리시설 기본계획의 승인
㉑「에너지이용 합리화법」에 따른 에너지사용계획의 협의
㉒「자동차관리법」에 따른 자동차관리사업 중 자동차매매업 및 자동차정비업의 등록
㉓「장사 등에 관한 법률」에 따른 타인의 토지 등에 설치된 분묘의 처리허가
㉔「집단에너지사업법」에 따른 집단에너지의 공급타당성에 관한 협의
㉕「초지법」에 따른 초지의 전용허가
㉖「공간정보의 구축 및 관리 등에 관한 법률」에 따른 측량성과의 사용심사 및 사업의 착수, 변경 또는 완료의 신고
㉗「폐기물관리법」에 따른 폐기물처리시설의 설치 승인 또는 신고
㉘「하수도법」에 따른 공공하수도 공사의 시행허가 및 공공하수도의 점용 허가
㉙「하천법」에 따른 하천공사 시행의 허가, 하천공사실시계획의 인가 및 하천의 점용허가
㉚「항만법」에 따른 항만개발사업 시행의 허가 및 항만개발사업실시계획의 승인

2) 국토교통부장관 또는 시·도지사는 건설계획의 승인 또는 변경승인을 할 때 그 건설계획에 제1항 각 호의 사항이 포함되어 있는 경우에는 관계 행정기관의 장과 미리 협의하여야 한다. 이 경우 관계 행정기관의 장은 협의요청을 받은 날부터 20일 이내에 의견을 제출하여야 한다.

3) 인·허가등의 의제를 받으려는 사업시행자는 건설계획의 승인 또는 변경승인을 신청할 때에 해당 법률에서 정하는 관련 서류를 함께 제출하여야 한다.

15. 수용 및 사용(제46조의5)

1) 다음 각 호의 어느 하나에 해당하는 사업을 시행하는 자는 필요한 경우「공익사업을 위한 토지 등의 취득 및 보상에 관한 법률」에 따른 토지등을 수용 또는 사용할 수 있다.
   ① 공영차고지의 설치
   ② 화물자동차 휴게소 건설사업

2) 다음 각 호의 어느 하나에 해당하는 인·허가 및 고시 등이 있는 경우에는 각각「공익사업을 위한 토지 등의 취득 및 보상에 관한 법률」에 따른 사업인정 및 사업인정의 고시가 있는 것으로 본다.
   ① 설치·운영계획의 수립·인가 및 고시 또는 게재
   ② 건설계획의 승인 및 고시

3) 토지등의 수용 또는 사용에 관한 재결의 신청은「공익사업을 위한 토지 등의 취득 및 보상에 관한 법률」에도 불구하고 설치·운영계획 또는 건설계획에서 정한 사업의 시행기간 내에 할 수 있다.

4) 수용 또는 사용에 관하여는 이 법에 특별한 규정이 있는 경우를 제외하고는「공익사업을 위한 토지 등의 취득 및 보상에 관한 법률」을 준용한다.

16. 화물자동차 휴게소 운영의 위탁(제46조의6)

1) 사업시행자는 화물자동차 휴게소의 운영을 사업자단체 등 대통령령으로 정하는 자에게 위탁할 수 있다. "사업자단체 등 대통령령으로 정하는 자"란 다음 각 호의 자를 말한다. 다만, 제②호의 경우에는 국가 또는 지방자치단체가 위탁하는 경우만 해당한다.
   ① 연합회 또는 협회
   ② 공공기관 또는「지방공기업법」에 따른 지방공기업

③ 「민법」 또는 「상법」에 따라 설립된 법인으로서 그 설립목적이 화물운수와 관련이 있는 법인

2) 화물자동차 휴게소 운영의 위탁 기간 및 위탁 방법 등에 필요한 사항은 국토교통부령으로 정한다.

17. 실적 신고 및 관리 등(제47조의2)

1) 운송사업자(개인 운송사업자는 제외한다), 운송주선사업자 및 운송가맹사업자는 국토교통부령으로 정하는 바에 따라 운송 또는 주선 실적을 관리하고 이를 국토교통부장관에게 신고하여야 한다.

2) 직접운송 의무가 있는 운송사업자는 국토교통부령으로 정하는 기준 이상으로 화물을 운송하여야 한다. 이 경우 기준내역에 관하여는 국토교통부령으로 정한다.

3) 국토교통부장관은 운송 또는 주선 실적 등 화물운송정보를 체계적으로 관리하기 위한 화물운송실적관리시스템(이하 "화물운송실적관리시스템"이라 한다)을 구축·운영할 수 있다.

4) 국토교통부장관은 화물운송실적관리시스템의 운영을 국토교통부령으로 정하는 자에게 위탁할 수 있으며, 필요한 비용을 지원할 수 있다.

5) 화물운송실적관리시스템의 운영방식 및 활용방법 등에 필요한 사항은 국토교통부령으로 정한다.

18. 화물운송실적관리시스템의 보안대책(제47조의4)

1) 화물운송실적관리시스템의 관리자는 화물운송실적관리시스템에 대한 제3자의 불법적인 접근, 입력된 정보의 변경, 훼손, 파괴, 해킹, 유출 등에 대비한 기술적·물리적·관리적 보안대책을 세워야 한다.

19. 화물운송실적관리자료의 비밀유지(제47조의5)

1) 다음 각 호의 어느 하나에 해당하거나 해당하였던 자는 그 직무와 관련하여 알게 된 화물운송실적관리자료를 다른 사람에게 제공 또는 누설하거나 그 목적 외의 용도로 사용하여서는 아니 된다.

① 국토교통부 소속 공무원

② 지방자치단체 소속 공무원

③ 화물운송실적관리와 관련한 업무를 위탁받은 자

20. 화물운송서비스평가 등(제47조의6)

1) 국토교통부장관은 화물운송서비스 증진과 이용자의 권익보호를 위하여 운수사업자가 제공하는 화물운송서비스에 대한 평가를 할 수 있다.

2) 화물운송서비스에 대한 평가의 기준은 다음 각 호와 같다.
   ① 화물운송서비스의 이용자 만족도
   ② 화물운송서비스의 신속성 및 정확성
   ③ 화물운송서비스의 안전성
   ④ 그 밖에 제1호부터 제3호까지에 준하는 사항으로서 국토교통부령으로 정하는 사항

3) 화물운송서비스에 대한 평가는 이용자에 대한 설문조사를 포함하여야 하며, 세부 평가방법 및 절차 등에 필요한 사항은 국토교통부령으로 정한다.

4) 국토교통부장관은 화물운송서비스의 평가를 한 후 평가 항목별 평가 결과, 서비스 품질 등 세부사항을 대통령령으로 정하는 바에 따라 공표하여야 한다. 국토교통부장관은 화물운송서비스에 대한 평가 항목별 평가 결과 및 서비스 품질에 관한 세부사항을 국토교통부 인터넷 홈페이지에 공표하여야 한다.

5) 국토교통부장관은 화물운송서비스의 평가를 할 경우 운수사업자에게 관련 자료 및 의견 제출 등을 요구하거나 서비스에 대한 실지조사를 할 수 있다.

6) 자료 또는 의견 제출 등을 요구받은 운수사업자는 특별한 사유가 없으면 이에 따라야 한다.

제7장 사업자단체

1. 협회의 설립(제48조)

운수사업자는 화물자동차 운수사업의 건전한 발전과 운수사업자의 공동이익을 도모하기 위하여 국토교통부장관의 인가를 받아 화물자동차 운송사업, 화물자동차 운송주선사업 및 화물자동차 운송가맹사업의 종류별 또는 시·도별로 협회를 설립할 수 있다.

협회는 법인으로 하며, 주된 사무소의 소재지에서 설립등기를 함으로써 성립한다. 협회를 설립하려면 해당 협회의 회원 자격이 있는 자의 5분의 1 이상이 발기하고, 회원 자격이 있는 자의 3분의 1 이상의 동의를 받아 창립총회에서 정관을 작성한 후 국토교통부장관에게 인가를 신청하여야 한다.

운수사업자는 정관으로 정하는 바에 따라 협회에 가입할 수 있다. 회원의 자격, 임원의 정수(定數) 및 선출방법, 그 밖에 협회의 운영에 필요한 사항은 정관으로 정한다. 정관을 변경하려면 국토교통부장관의 인가를 받아야 한다.

협회의 정관의 기재사항과 감독에 필요한 사항은 국토교통부령으로 정한다. 협회에 관하여는 이 법에 규정된 사항 외에는 「민법」 중 사단법인에 관한 규정을 준용한다.

2. 협회의 사업(제49조)

협회는 다음 각 호의 사업을 한다.

① 화물자동차 운수사업의 건전한 발전과 운수사업자의 공동이익을 도모하는 사업

② 화물자동차 운수사업의 진흥 및 발전에 필요한 통계의 작성 및 관리, 외국 자료의 수집·조사 및 연구사업

③ 경영자와 운수종사자의 교육훈련

④ 화물자동차 운수사업의 경영개선을 위한 지도

⑤ 이 법에서 협회의 업무로 정한 사항

⑥ 국가나 지방자치단체로부터 위탁받은 업무

⑦ 사업에 따르는 업무

3. 연합회(제50조)

운송사업자로 구성된 협회, 운송주선사업자로 구성된 협회 및 운송가맹사업자로 구성된 협회는 그 공동목적을 달성하기 위하여 국토교통부령으로 정하는 바에 따라 각각 연합회를 설립할 수 있다. 이 경우 운송사업자로 구성된 협회, 운송주선사업자로 구성된 협회 및 운송가맹사업자로 구성된 협회는 각각 그 연합회의 회원이 된다.

4. 공제사업(제51조)

운수사업자가 설립한 협회의 연합회는 대통령령으로 정하는 바에 따라 국토교통부장관의 허가를 받아 운수사업자의 자동차 사고로 인한 손해배상 책임의 보장사업 및 적재물배상 공제사업 등을 할 수 있다.

공제사업의 분담금, 운영위원회, 공제사업의 범위, 공제규정(共濟規程), 보고·검사, 개선명령, 공제사업을 관리·운영하는 연합회의 임직원에 대한 제재, 재무건전성의 유지 등에 관하여는 제51조의2(공제조합의 설립 등)의 규정을 준용한다.

1) 공제사업의 허가

연합회는 공제사업의 허가를 신청할 때에는 허가신청서에 다음 각 호의 서류를 첨부하여 국토교통부장관에게 제출하여야 한다. 공제사업에 관한 회계는 다른 사업에 관한 회계와 구분하여 경리하여야 한다.

① 공제규정

② 사업계획서

③ 수지계산서

5. 공제조합의 설립 등(제51조의2)

운수사업자는 상호간의 협동조직을 통하여 조합원이 자주적인 경제 활동을 영위할 수 있도록 지원하고 조합원의 자동차 사고로 인한 손해배상책임의 보장사업 및 적재물배상 공제사업을 하기 위하여 대통령령으로 정하는 바에 따라 국토교통부장관의 인가를 받아 공제조합을 설립할 수 있다.

공제조합의 설립인가를 받으려는 자는 국토교통부령으로 정하는 인가신청서에 다음 각 호의 서류를 첨부하여 국토교통부장관에게 제출하여야 한다.

① 정관
② 사업계획서
③ 수지계산서
④ 창립총회의 회의록

국토교통부장관은 연합회별로 하나의 공제조합만을 인가하여야 한다. 공제조합은 법인으로 한다. 공제조합은 주된 사무소의 소재지에 설립등기를 함으로써 성립된다.

운수사업자는 정관으로 정하는 바에 따라 공제조합에 가입할 수 있다. 공제조합의 조합원은 공제사업에 필요한 분담금을 부담하여야 한다. 조합원의 자격과 임원에 관한 사항, 그 밖에 공제조합의 운영에 필요한 사항은 정관으로 정한다.

정관의 기재 사항, 그 밖에 공제조합의 감독에 필요한 사항은 대통령령으로 정한다. 공제조합의 정관에 포함되어야 할 사항은 다음 각 호와 같다.

① 목적
② 명칭
③ 사무소의 소재지
④ 조합원의 자격 및 가입·탈퇴에 관한 사항
⑤ 자산과 회계에 관한 사항
⑥ 총회에 관한 사항
⑦ 운영위원회에 관한 사항
⑧ 임원과 직원에 관한 사항
⑨ 업무와 그 집행에 관한 사항
⑩ 정관의 변경에 관한 사항
⑪ 해산과 잔여재산의 처리에 관한 사항

6. 공제조합의 설립인가 절차 등(제51조의3)

공제조합을 설립하려면 공제조합의 조합원 자격이 있는 자의 10분의 1 이상이 발기하고, 조합원 자격이 있는 자 200인 이상의 동의를 받아 창립총회에서 정관을 작성한 후 국토교통부장관에게 인가를 신청하여야 한다. 국토교통부장관은 인가를 한 경우 이를 공고하여야 한다.

7. 공제조합의 운영위원회(제51조의4)

공제조합은 공제사업에 관한 사항을 심의·의결하고 그 업무집행을 감독하기 위하여 운영위원회를 둔다.

운영위원회 위원은 조합원, 운수사업·금융·보험·회계·법률 분야 전문가, 관계 공무원 및 그 밖에 화물자동차 운수사업 관련 이해관계자로 구성하되, 그 수는 25명 이내로 한다. 다만, 연합회가 공제사업을 하는 경우의 운영위원회 위원은 시·도별 협회의 대표 전원을 포함하여 37명 이내로 한다.

이 법에서 규정한 사항 외에 운영위원회의 구성과 운영에 필요한 사항은 대통령령으로 정한다.

8. 운영위원회 위원의 결격 사유(제51조의5)

다음 각 호의 어느 하나에 해당하는 사람은 위원이 될 수 없다. 위원이 각 호의 어느 하나에 해당하게 된 때에는 그 날로 위원자격을 잃는다.

① 미성년자, 피성년후견인 또는 피한정후견인

② 파산선고를 받고 복권되지 아니한 사람

③ 이 법 또는 「보험업법」 등 대통령령으로 정하는 금융 관련 법률을 위반하여 금고 이상의 형의 집행유예를 선고받고 그 유예기간 중에 있는 사람

④ 이 법 또는 「보험업법」 등 대통령령으로 정하는 금융 관련 법률을 위반하여 벌금 이상의 형을 선고받고 그 집행이 끝나거나(집행이 끝난 것으로 보는 경우를 포함한다) 집행이 면제된 날부터 5년이 지나지 아니한 사람

⑤ 이 법에 따른 공제조합의 업무와 관련하여 벌금 이상의 형을 선고받고 그 집행이 끝나거나(집행이 끝난 것으로 보는 경우를 포함한다) 집행이 면제된 날부터 5년이 지나지 아니한 사람

⑥ 징계·해임의 요구 중에 있거나 징계·해임의 처분을 받은 후 3년이 지나지 아니한 사람

국토교통부장관은 범죄경력자료의 조회를 경찰청장에게 요청하여 공제조합에 제공할 수 있다.

9. 공제조합사업(제51조의6)

공제조합은 다음 각 호의 사업을 한다.

① 조합원의 사업용 자동차의 사고로 생긴 배상 책임 및 적재물배상에 대한 공제
② 조합원이 사업용 자동차를 소유·사용·관리하는 동안 발생한 사고로 그 자동차에 생긴 손해에 대한 공제
③ 운수종사자가 조합원의 사업용 자동차를 소유·사용·관리하는 동안에 발생한 사고로 입은 자기 신체의 손해에 대한 공제
④ 공제조합에 고용된 자의 업무상 재해로 인한 손실을 보상하기 위한 공제
⑤ 공동이용시설의 설치·운영 및 관리, 그 밖에 조합원의 편의 및 복지 증진을 위한 사업
⑥ 화물자동차 운수사업의 경영 개선을 위한 조사·연구 사업
⑦ 제1호부터 제6호까지의 사업에 딸린 사업으로서 정관으로 정하는 사업

공제조합은 공제사업을 하려면 공제규정을 정하여 국토교통부장관의 인가를 받아야 한다. 인가받은 사항을 변경하려는 경우에도 또한 같다. 공제규정에는 공제사업의 범위, 공제계약의 내용과 분담금, 공제금, 공제금에 충당하기 위한 책임준비금, 지급준비금의 계상 및 적립 등 공제사업의 운영에 필요한 사항이 포함되어야 한다.

공제조합은 결산기(決算期)마다 그 사업의 종류에 따라 책임준비금 및 지급준비금을 계상하고 이를 적립하여야 한다.

위 제1호부터 제4호까지의 규정에 따른 공제사업에는 「보험업법」을 적용하지 아니한다.

10. 보고서의 제출 명령 등(제51조의7)

국토교통부장관은 필요하다고 인정하면 공제조합에 대하여 다음 각 호의 조치를 할 수 있다.

① 교통사고 피해자에 대한 피해보상에 관한 보고서의 제출 명령
② 공제자금의 운용이나 그 밖에 공제사업과 관련된 사항에 관한 보고서의 제출 명령
③ 소속 공무원에게 공제조합의 업무 또는 회계의 상황을 조사하게 하는 조치
④ 소속 공무원에게 공제조합의 장부나 그 밖의 서류를 검사하게 하는 조치

조사나 검사를 하려면 조사 또는 검사 7일 전에 조사 또는 검사할 내용, 일시, 이유 등에 대한 계획서를 공제조합에 알려야 한다. 다만, 긴급한 경우 또는 사전통지

를 하면 증거인멸 등으로 조사목적을 달성할 수 없다고 인정하는 경우에는 그러하지 아니하다.

조사나 검사를 하는 공무원은 그 권한을 표시하는 증표를 지니고 이를 관계인에게 내보여야 하며, 출입할 때에는 출입자의 성명, 출입시간, 출입목적 등이 표시된 문서를 관계인에게 내주어야 한다.

11. 공제조합업무의 개선명령(제51조의8)

국토교통부장관은 공제조합의 업무 운영이 적정하지 아니하거나 자산상황이 불량하여 교통사고 피해자 및 공제 가입자 등의 권익을 해칠 우려가 있다고 인정하면 다음 각 호의 조치를 명할 수 있다.

① 업무집행방법의 변경
② 자산예탁기관의 변경
③ 자산의 장부가격의 변경
④ 불건전한 자산에 대한 적립금의 보유
⑤ 가치가 없다고 인정되는 자산의 손실 처리

12. 공제조합 임직원에 대한 제재 등(제51조의9)

국토교통부장관은 공제조합의 임직원이 다음 각 호의 어느 하나에 해당하여 공제사업을 건전하게 운영하지 못할 우려가 있다고 인정하면 임직원에 대한 징계·해임을 요구하거나 해당 위반행위를 시정하도록 명할 수 있다.

① 공제규정을 위반하여 업무를 처리한 경우
② 개선명령을 이행하지 아니한 경우
③ 재무건전성 기준을 지키지 아니한 경우

13. 재무건전성의 유지(제51조의10)[20]

1) 공제조합은 공제금 지급능력과 경영의 건전성을 확보하기 위하여 다음 각 호의

20) ① 이 조에서 사용하는 용어의 뜻은 다음과 같다.
1. "지급여력금액"이란 자본금, 대손충당금, 이익잉여금 및 그 밖에 이에 준하는 것으로서 국토교통부장관이 정하는 금액을 합산한 금액에서 영업권, 선급비용 등 국토교통부장관이 정하는 금액을 뺀 금액을 말한다.
2. "지급여력기준금액"이란 공제사업을 운영함에 따라 발생하게 되는 위험을 국토교통부장관이 정하는 방법에 따라 금액으로 환산한 것을 말한다.
3. "지급여력비율"이란 지급여력금액을 지급여력기준금액으로 나눈 비율을 말한다.

사항에 관하여 대통령령으로 정하는 재무건전성 기준을 지켜야 한다.[21)]

① 자본의 적정성에 관한 사항

② 자산의 건전성에 관한 사항

③ 유동성의 확보에 관한 사항

2) 국토교통부장관은 공제조합이 기준을 지키지 아니하여 경영의 건전성을 해칠 우려가 있다고 인정하면 대통령령으로 정하는 바에 따라 자본금의 증액을 명하거나 주식 등 위험자산의 소유를 제한하는 조치를 취할 수 있다. 국토교통부장관이 공제조합에 대하여 자본금의 증액을 명하거나 주식 등 위험자산의 소유를 제한하는 조치를 하려는 경우에는 다음 각 호의 사항을 고려하여야 한다.

① 해당 조치가 공제계약자의 보호를 위하여 적정한지 여부

② 해당 조치가 공제조합의 부실화를 예방하고 건전한 경영을 유도하기 위하여 필요한지 여부

14. 감독 기준(제51조의11)

국토교통부장관은 규정에 따른 공제사업의 건전한 육성과 공제 가입자의 보호를 위하여 금융위원회 위원장과 협의하여 감독에 필요한 기준을 정하고 이를 고시하여야 한다.

15. 다른 법률과의 관계(제51조의12)

공제조합에 관하여 이 법에 규정된 사항 외에는 「민법」 중 사단법인에 관한 규정과 「상법」 제3편제4장제7절을 준용한다.

16. 분쟁조정의 신청(제52조)

공제사업을 할 때 공제계약 및 공제금의 지급 등에 관하여 분쟁이 있으면 분쟁당사자는 「여객자동차 운수사업법」에 따른 공제분쟁조정위원회에 조정(調停)을 신청할 수 있다.

17. 감독(제54조)

국토교통부장관은 협회 및 연합회를 지도·감독한다.

---

21) ② 공제조합이 준수하여야 하는 재무건전성 기준은 다음 각 호와 같다.

1. 지급여력비율은 100분의 100 이상을 유지할 것
2. 구상채권 등 보유자산의 건전성을 정기적으로 분류하고 대손충당금을 적립할 것

국토교통부장관은 다음 각 호의 어느 하나에 해당하는 경우 협회 및 연합회에 대하여 업무에 관한 보고서의 제출이나 그 밖에 필요한 조치를 명하거나 소속 공무원에게 업무상황이나 회계상황을 조사하게 하거나 장부를 비롯한 서류를 검사하게 할 수 있다.

① 이 법의 위반 여부에 대한 확인이 필요하거나 민원 등이 발생한 경우

② 이 법에 따른 허가·신고·인가 또는 승인 등의 업무를 적정하게 수행하기 위하여 필요한 경우

③ 그 밖에 화물자동차 운수사업과 관련된 정책수립을 위하여 필요한 경우

조사 또는 검사를 하는 공무원은 그 권한을 표시하는 증표를 지니고 이를 관계인에게 내보여야 한다.

제8장 자가용 화물자동차의 사용

1. 자가용 화물자동차 사용신고(제55조)

화물자동차 운송사업과 화물자동차 운송가맹사업에 이용되지 아니하고 자가용으로 사용되는 화물자동차로서 대통령령으로 정하는 화물자동차로 사용하려는 자는 국토교통부령으로 정하는 사항을 시·도지사에게 신고하여야 한다. 신고한 사항을 변경하려는 때에도 또한 같다.

"대통령령으로 정하는 화물자동차"란 다음 각 호의 어느 하나에 해당하는 화물자동차를 말한다.

① 국토교통부령으로 정하는 특수자동차

② 특수자동차를 제외한 화물자동차로서 최대 적재량이 2.5톤 이상인 화물자동차

시·도지사는 신고 또는 변경신고를 받은 날부터 10일 이내에 신고수리 여부를 신고인에게 통지하여야 한다. 시·도지사가 기간 내에 신고수리 여부 또는 민원 처리 관련 법령에 따른 처리기간의 연장 여부를 신고인에게 통지하지 아니하면 그 기간이 끝난 날의 다음 날에 신고를 수리한 것으로 본다.

2. 유상운송의 금지(제56조)

자가용 화물자동차의 소유자 또는 사용자는 자가용 화물자동차를 유상(그 자동차의 운행에 필요한 경비를 포함한다)으로 화물운송용으로 제공하거나 임대하여서는 아니 된다. 다만, 국토교통부령으로 정하는 사유에 해당되는 경우로서 시·도지사의 허가를 받으면 화물운송용으로 제공하거나 임대할 수 있다.

3. 자가용 화물자동차 사용의 제한 또는 금지(제56조의2)

시·도지사는 자가용 화물자동차의 소유자 또는 사용자가 다음 각 호의 어느 하나에 해당하면 6개월 이내의 기간을 정하여 그 자동차의 사용을 제한하거나 금지할 수 있다. 시·도지사가 자가용 화물자동차의 사용을 금지한 경우에는 제20조(자

동차 사용의 정지)를 준용한다.

① 자가용 화물자동차를 사용하여 화물자동차 운송사업을 경영한 경우

② 허가를 받지 아니하고 자가용 화물자동차를 유상으로 운송에 제공하거나 임대한 경우

4. 차량충당조건(제57조)

화물자동차 운송사업 및 화물자동차 운송가맹사업의 신규등록, 증차 또는 대폐차(代廢車: 차령이 만료된 차량 등을 다른 차량으로 대체하는 것을 말한다)에 충당되는 화물자동차는 차령이 3년의 범위에서 대통령령으로 정하는 연한 이내여야 한다. 다만, 국토교통부령으로 정하는 차량은 차량충당조건을 달리 할 수 있다.

대폐차의 대상, 기한, 절차 및 방법 등에 필요한 사항은 국토교통부령으로 정한다. 화물자동차 운송사업 및 화물자동차 운송가맹사업에 충당되는 화물자동차는 차령 3년 이내의 차량으로 한다. 차령의 기산일은 「자동차관리법 시행령」에 따른다.

제9장 보칙

1. 압류금지(제58조)

계약으로 운송사업자에게 현물출자된 차량 및 지급된 금품과 이를 받을 권리는 압류하지 못한다. 다만, 현물출자된 차량에 대한 세금 또는 벌금·과태료 미납 및 저당권의 설정(운송사업자가 설정한 저당권은 설정된 것에 한정한다)으로 인하여 해당 차량을 압류하는 경우에는 그러하지 아니하다.

2. 운수종사자의 교육 등(제59조)

화물자동차의 운전업무에 종사하는 운수종사자는 국토교통부령으로 정하는 바에 따라 시·도지사가 실시하는 다음 각 호의 사항에 관한 교육을 매년 1회 이상 받아야 한다.

① 화물자동차 운수사업 관계 법령 및 도로교통 관계 법령

② 교통안전에 관한 사항

③ 화물운수와 관련한 업무수행에 필요한 사항

④ 그 밖에 화물운수 서비스 증진 등을 위하여 필요한 사항

시·도지사는 교육을 효율적으로 실시하기 위하여 필요하면 그 시·도의 조례로 정하는 바에 따라 운수종사자 연수기관을 직접 설립·운영하거나 이를 지정할 수 있으며, 운수종사자 연수기관의 운영에 필요한 비용을 지원할 수 있다.

운수종사자 연수기관은 교육을 받은 운수종사자의 현황을 시·도지사에게 제출하여야 하고, 시·도지사는 이를 취합하여 매년 국토교통부장관에게 제출하여야 한다. 교육현황의 제출 시기·방법에 관하여 필요한 사항은 국토교통부령으로 정한다.

3. 화물자동차 운수사업의 지도·감독(제60조)

국토교통부장관은 화물자동차 운수사업의 합리적인 발전을 도모하기 위하여 이

법에서 시·도지사의 권한으로 정한 사무를 지도·감독한다.

4. 신고포상금 지급 등(제60조의2)

1) 시·도지사는 다음 각 호의 어느 하나에 해당하는 자를 시·도지사나 수사기관에 신고 또는 고발한 자에 대하여 대통령령으로 정하는 바에 따라 포상금을 지급할 수 있다.

① 자가용 화물자동차를 유상으로 화물운송용으로 제공하거나 임대한 자

①의2. 고장 및 사고차량의 운송과 관련하여 자동차관리사업자와 부정한 금품을 주고 받은 운송사업자 또는 운수종사자

①의3. 덮개·포장·고정장치 등 필요한 조치를 하지 아니한 운송사업자

② 제11조의2제3항[22], 제26조제1항 본문 또는 제2항[23]을 위반한 자

②의2. 제12조제1항제8호[24](제33조에서 준용하는 경우를 포함한다)를 위반하여 제11조제20항[25]에 따른 조치를 하지 아니하고 화물자동차를 운행한 운수종사자

③ 거짓이나 부정한 방법으로 보조금을 지급받은 자

④ 허가 또는 변경허가를 받지 아니하거나 거짓이나 그 밖의 부정한 방법으로 허가 또는 변경허가를 받고 화물자동차 운송사업을 경영한 자

---

22) 제11조의2(운송사업자의 직접운송 의무 등) : ③ 다른 운송사업자나 운송주선사업자로부터 화물운송을 위탁받은 운송사업자와 운송가맹사업자로부터 화물운송을 위탁받은 운송사업자(운송가맹점인 운송사업자만 해당한다)는 해당 운송사업자에게 소속된 차량으로 직접 화물을 운송하여야 한다. 다만, 다른 운송사업자나 운송주선사업자로부터 화물운송을 위탁받은 운송사업자가 제1항 단서에 따른 국토교통부령으로 정하는 차량으로 운송하는 경우에는 이를 직접 운송한 것으로 본다.

23) 제26조(운송주선사업자의 준수사항) : ① 운송주선사업자는 자기의 명의로 운송계약을 체결한 화물에 대하여 그 계약금액 중 일부를 제외한 나머지 금액으로 다른 운송주선사업자와 재계약하여 이를 운송하도록 하여서는 아니 된다. 다만, 화물운송을 효율적으로 수행할 수 있도록 위·수탁차주나 개인 운송사업자에게 화물운송을 직접 위탁하기 위하여 다른 운송주선사업자에게 중개 또는 대리를 의뢰하는 때에는 그러하지 아니하다.
② 운송주선사업자는 화주로부터 중개 또는 대리를 의뢰받은 화물에 대하여 다른 운송주선사업자에게 수수료나 그 밖의 대가를 받고 중개 또는 대리를 의뢰하여서는 아니 된다.

24) 제12조(운수종사자의 준수사항)① : 8. 제11조제20항에 따른 조치를 하지 아니하고 화물자동차를 운행하는 행위

25) 제11조(운송사업자의 준수사항) : ⑳ 운송사업자는 적재된 화물이 떨어지지 아니하도록 국토교통부령으로 정하는 기준 및 방법에 따라 덮개·포장·고정장치 등 필요한 조치를 하여야 한다.

2) 포상금의 지급에 소요되는 비용은 시·도 또는 시·군·구의 재원으로 충당한다.

(1) 고발을 받은 수사기관은 지체 없이 그 사실을 관할 시·도지사에게 알려야 한다.

(2) 시·도지사는 신고를 받거나 통보를 받은 경우에는 그 내용을 확인한 후 포상금 지급 여부를 결정해야 한다. 다만, 다음 각 호의 어느 하나에 해당하는 경우에는 포상금을 지급하지 않는다.

① 신고 또는 고발이 있은 후 같은 위반행위에 대하여 같은 내용의 신고 또는 고발을 한 경우

② 신고 또는 고발이 있는 사항에 대하여 이미 재판절차가 진행 중인 경우

③ 관계 법령을 위반하여 신고 또는 고발을 한 경우

④ 공무원이 그 직무와 관련하여 신고하거나 고발한 경우

(3) 시·도지사는 포상금 지급 결정을 한 경우에는 신고인 또는 고발인에게 알려야 한다.

(4) 포상금 지급결정을 통보받은 신고인 또는 고발인은 관할 시·도지사에게 포상금 지급을 신청하여야 한다. 이 경우 시·도지사는 포상금 지급 신청을 받은 날부터 1개월 이내에 신고인 또는 고발인에게 포상금을 지급하여야 한다.

(5) 포상금은 시·도의 조례로 정하는 금액을 지급한다.

(6) 규정한 사항 외에 포상금의 지급기준·지급절차 및 지급방법 등에 관하여 필요한 사항은 시·도의 조례로 정한다.

5. 보고와 검사(제61조)

1) 국토교통부장관 또는 시·도지사는 다음 각 호의 어느 하나에 해당하는 경우에는 운수사업자나 화물자동차의 소유자 또는 사용자에 대하여 그 사업 및 운임에 관한 사항이나 그 화물자동차의 소유 또는 사용에 관하여 보고하게 하거나 서류를 제출하게 할 수 있으며, 필요하면 소속 공무원에게 운수사업자의 사업장에 출입하여 장부·서류, 그 밖의 물건을 검사하거나 관계인에게 질문을 하게 할 수 있다.

① 허가기준에 맞는지를 확인하기 위하여 필요한 경우

② 화물운송질서 등의 문란행위를 파악하기 위하여 필요한 경우

③ 운수사업자의 위법행위 확인 및 운수사업자에 대한 허가취소 등 행정 처분을 위하여 필요한 경우

2) 출입하거나 검사하는 공무원은 그 권한을 나타내는 증표를 지니고 이를 관계인에게 내보여야 하며, 국토교통부령으로 정하는 바에 따라 자신의 성명, 소속 기관, 출입의 목적 및 일시 등을 적은 서류를 상대방에게 내주거나 관계 장부에 적어야 한다.

6. 자료 제공 요청(제62조)

국토교통부장관은 화물운송 종사자격에 관한 관리를 효율적으로 하기 위하여 경찰청장에게 자격시험 응시자와 이론 및 실기 교육 참가자의 자격 확인과 화물운송 종사자격의 취소나 정지 등에 필요한 자료를 제공하여 줄 것을 요청할 수 있다.

국토교통부장관 및 특별시장·광역시장·특별자치시장·특별자치도지사·시장 또는 군수(광역시의 군수를 포함한다)는 보조금 지급업무의 효율적 운영을 위하여 국가기관, 지방자치단체, 「공공기관의 운영에 관한 법률」에 따른 공공기관, 이 법에 따른 공제조합, 「보험업법」에 따른 보험회사 및 보험요율 산출기관, 그 밖의 관계기관 등에 대통령령으로 정하는 자료를 제공하여 줄 것을 요청할 수 있다.

자료의 제공을 요청받은 자는 정당한 사유가 없으면 요청받은 자료를 제공하여야 한다.

7. 화물차주 등의 협조의무 등(제62조의2)

위원회는 화물자동차 안전운송원가 산정과 관련하여 필요한 경우에는 화물차주, 운수사업자 및 화주에 대하여 자료의 제출이나 의견의 진술 등을 요청할 수 있다. 이 경우 요청을 받은 화물차주 등은 특별한 사정이 없으면 이에 따라야 한다.

제출된 자료 등을 열람·검토한 자는 업무상 알게 된 비밀을 누설하여서는 아니 된다.

8. 권한의 위임(제63조)

국토교통부장관은 이 법에 따른 권한의 일부를 대통령령으로 정하는 바에 따라 시·도지사에게 위임할 수 있다.

시·도지사는 국토교통부장관으로부터 위임받은 권한의 일부를 국토교통부장관의 승인을 받아 시장·군수 또는 구청장에게 재위임할 수 있다.

시·도지사는 이 법에 따른 권한의 일부를 시·도의 조례로 정하는 바에 따라 시장·군수 또는 구청장에게 위임할 수 있다.

9. 권한의 위탁 등(제64조)

국토교통부장관 또는 시·도지사는 이 법에 따른 권한의 일부를 대통령령 또는 시·도의 조례로 정하는 바에 따라 협회·연합회, 「한국교통안전공단법」에 따른 한국교통안전공단, 「자동차손해배상 보장법」에 따른 자동차손해배상진흥원 또는 대통령령으로 정하는 전문기관에 위탁할 수 있다. 이 경우 시·도지사가 업무를 위탁하는 경우에는 미리 국토교통부장관의 승인을 받아야 한다.

위탁받은 업무에 종사하는 협회·연합회, 「한국교통안전공단법」에 따른 한국교통안전공단, 「자동차손해배상 보장법」에 따른 자동차손해배상진흥원 또는 전문기관의 임원과 직원은 「형법」에 따른 벌칙을 적용할 때에는 공무원으로 본다.

10. 수수료(제65조)

이 법에 따라 허가·인가 등을 신청하거나 신고하려는 자는 국토교통부령 및 해당 지방자치단체의 조례로 정하는 수수료를 내야 한다. 다만, 권한이 위탁된 경우에는 해당 수탁기관이 정하는 수수료를 그 수탁기관에 내야 한다.

수수료는 위탁업무의 종류별로 국토교통부령으로 정하는 기준에 따라 수탁기관이 자율적으로 정한다.

11. 규제의 재검토(제65조의2)

국토교통부장관은 다음 각 호의 사항에 대하여 2014년 1월 1일을 기준으로 3년마다(매 3년이 되는 해의 기준일과 같은 날 전까지를 말한다) 그 타당성을 검토하여 개선 등의 조치를 하여야 한다.

① 화물자동차 운송사업의 허가·변경허가 및 기준
② 화물자동차 운수사업의 운전업무 종사자격
③ 화물자동차 운수사업의 운전업무 종사의 제한
④ 운송사업자에 대한 개선명령
⑤ 화물자동차 운송주선사업의 허가 및 허가기준
⑥ 화물자동차 운송가맹사업의 허가·변경허가 및 기준
⑦ 운송가맹사업자에 대한 개선명령

⑧ 차량충당조건

12. 벌칙 적용에서 공무원 의제(제65조의3)

조사를 수행하는 「자동차관리법」에 따른 자동차안전단속원 및 「도로법」에 따른 운행제한단속원은 「형법」의 규정을 적용할 때에는 공무원으로 본다.

제10장 벌칙

1. 벌칙(제66조~제68조)

1) 다음 각 호의 어느 하나에 해당하는 자는 5년 이하의 징역 또는 2천만원 이하의 벌금에 처한다.

① 필요한 조치를 하지 아니하여 사람을 상해(傷害) 또는 사망에 이르게 한 운송사업자

② 조치를 하지 아니하고 화물자동차를 운행하여 사람을 상해(傷害) 또는 사망에 이르게 한 운수종사자

2) 다음 각 호의 어느 하나에 해당하는 자는 3년 이하의 징역 또는 3천만원 이하의 벌금에 처한다.

① 제14조제4항(제33조에서 준용하는 경우를 포함한다)을 위반한 자

② 거짓이나 부정한 방법으로 보조금을 교부받은 자

③ 제44조의2제1항제1호부터 제5호까지의 어느 하나에 해당하는 행위에 가담하였거나 이를 공모한 주유업자등

3) 다음 각 호의 어느 하나에 해당하는 자는 2년 이하의 징역 또는 2천만원 이하의 벌금에 처한다.

① 허가를 받지 아니하거나 거짓이나 그 밖의 부정한 방법으로 허가를 받고 화물자동차 운송사업을 경영한 자

①의2. 서로 부정한 금품을 주고받은 자

② 제11조제4항을 위반하여 자동차관리사업자와 부정한 금품을 주고 받은 운송사업자

③ 제12조제1항제4호를 위반하여 자동차관리사업자와 부정한 금품을 주고 받은 운수종사자

③의2. 개선명령을 이행하지 아니한 자

③의3. 제16조제9항을 위반하여 사업을 양도한 자

④ 허가를 받지 아니하거나 거짓이나 그 밖의 부정한 방법으로 허가를 받고 화물자동차 운송주선사업을 경영한 자

⑤ 명의이용 금지 의무를 위반한 자

⑥ 허가를 받지 아니하거나 거짓이나 그 밖의 부정한 방법으로 허가를 받고 화물자동차 운송가맹사업을 경영한 자

⑥의2. 화물운송실적관리시스템의 정보를 변경, 삭제하거나 그 밖의 방법으로 이용할 수 없게 한 자 또는 권한 없이 정보를 검색, 복제하거나 그 밖의 방법으로 이용한 자

⑥의3. 직무와 관련하여 알게 된 화물운송실적관리자료를 다른 사람에게 제공 또는 누설하거나 그 목적 외의 용도로 사용한 자

⑦ 자가용 화물자동차를 유상으로 화물운송용으로 제공하거나 임대한 자

4) 다음 각 호의 어느 하나에 해당하는 자는 1년 이하의 징역 또는 1천만원 이하의 벌금에 처한다.

① 다른 사람에게 자신의 화물운송 종사자격증을 빌려 준 사람

② 다른 사람의 화물운송 종사자격증을 빌린 사람

③ 금지하는 행위를 알선한 사람

2. 양벌규정(제69조)

법인의 대표자, 대리인, 사용인, 그 밖의 종업원이 그 법인의 업무에 관하여 제67조의 위반행위를 하면 그 행위자를 벌할 뿐만 아니라 그 법인에도 해당 조문의 벌금형을 과(科)한다. 다만, 법인이 그 위반행위를 방지하기 위하여 해당 업무에 관하여 상당한 주의와 감독을 게을리하지 아니한 때에는 그러하지 아니하다.

개인의 대리인, 사용인, 그 밖의 종업원이 그 개인의 업무에 관하여 위반행위를 하면 그 행위자를 벌할 뿐만 아니라 그 개인에게도 해당 조문의 벌금형을 과한다. 다만, 개인이 그 위반행위를 방지하기 위하여 해당 업무에 관하여 상당한 주의와 감독을 게을리하지 아니한 때에는 그러하지 아니하다.

3. 과태료(제70조)

1) 다음 각 호의 어느 하나에 해당하는 자에게는 1천만원 이하의 과태료를 부과한다.

① 국토교통부장관이 공표한 화물자동차 안전운임보다 적은 운임을 지급한 자

② 개선명령을 따르지 아니한 자
③ 임직원에 대한 징계·해임의 요구에 따르지 아니하거나 시정명령을 따르지 아니한 자

2) 다음 각 호의 어느 하나에 해당하는 자에게는 500만원 이하의 과태료를 부과한다.

① 허가사항 변경신고를 하지 아니한 자
② 운임 및 요금에 관한 신고를 하지 아니한 자
③ 약관의 신고를 하지 아니한 자
③의2. 화물운송 종사자격증을 받지 아니하고 화물자동차 운수사업의 운전 업무에 종사한 자
③의3. 거짓이나 그 밖의 부정한 방법으로 화물운송 종사자격을 취득한 자
④ 제10조를 위반한 자
④의2. 자료를 제공하지 아니하거나 거짓으로 제공한 자
⑤ 준수사항을 위반한 운송사업자
⑥ 준수사항을 위반한 운수종사자
⑥의2. 조사를 거부·방해 또는 기피한 자
⑦ 개선명령을 이행하지 아니한 자
⑧ 양도·양수, 합병 또는 상속의 신고를 하지 아니한 자
⑨ 휴업·폐업신고를 하지 아니한 자
⑩ 자동차등록증 또는 자동차등록번호판을 반납하지 아니한 자
⑪ 허가사항 변경신고를 하지 아니한 자
⑫ 준수사항을 위반한 운송주선사업자
⑫의2. 운송주선사업자의 준수사항을 위반한 국제물류주선업자
⑬ 허가사항 변경신고를 하지 아니한 자
⑭ 제31조에 따른 개선명령을 이행하지 아니한 자
⑮ 적재물배상보험등에 가입하지 아니한 자
⑯ 책임보험계약등의 체결을 거부한 보험회사등
⑰ 책임보험계약등을 해제하거나 해지한 보험등 의무가입자 또는 보험회사등
⑱ 제38조제1항 및 제2항을 위반하여 해당 사항을 알리지 아니한 보험회사등
⑱의2. 제40조제4항에 따라 서명날인한 계약서를 위·수탁차주에게 교부하지

아니한 운송사업자

⑱의3. 위·수탁계약의 체결을 명목으로 부당한 금전지급을 요구한 운송사업자

⑲ 보조금 또는 융자금을 보조받거나 융자받은 목적 외의 용도로 사용한 자

㉑의2. 화물운송서비스평가를 위한 자료제출 등의 요구 또는 실지조사를 거부하거나 거짓으로 자료제출 등을 한 자

㉒ 조치명령을 이행하지 아니하거나 조사 또는 검사를 거부·방해 또는 기피한 자

㉓ 자가용 화물자동차의 사용을 신고하지 아니한 자

㉓의2. 자가용 화물자동차의 사용 제한 또는 금지에 관한 명령을 위반한 자

㉓의3. 교육을 받지 아니한 자

㉔ 보고를 하지 아니하거나 거짓으로 보고한 자

㉕ 서류를 제출하지 아니하거나 거짓 서류를 제출한 자

㉖ 검사를 거부·방해 또는 기피한 자

㉗ 화물자동차 안전운송원가의 산정을 위한 자료 제출 또는 의견 진술의 요구를 거부하거나 거짓으로 자료 제출 또는 의견을 진술한 자

3) 과태료는 대통령령으로 정하는 바에 따라 국토교통부장관 또는 시·도지사가 부과·징수한다.

4. 과태료 규정 적용에 관한 특례(제71조)

과태료에 관한 규정을 적용할 경우 허가 또는 종사자격을 취소하거나 사업 또는 종사자격의 정지, 감차 조치를 명하는 행위 및 과징금을 부과한 행위에 대하여는 과태료를 부과할 수 없다.

PART

4

항만운송사업법

항만운송사업법	[시행 2023.12.21.]	[법 률 제19501호, 2023.06.20., 일부개정]
항만운송사업법 시행령	[시행 2023.12.21.]	[대 통 령 령 제33954호, 2023.12.12., 일부개정]
항만운송사업법 시행규칙	[시행 2021.11.05.]	[해양수산부령 제505호, 2021.11.05., 일부개정]

제1장 총칙

1. 목적(제1조)

이 법은 항만운송에 관한 질서를 확립하고, 항만운송사업의 건전한 발전을 도모하여 공공의 복리를 증진함을 목적으로 한다.

2. 정의(제2조)

1) 항만운송

타인의 수요에 응하여 하는 행위로서 다음의 어느 하나에 해당하는 것을 말한다.

① 선박을 이용하여 운송된 화물을 화물주(貨物主) 또는 선박운항업자의 위탁을 받아 항만에서 선박으로부터 인수하거나 화물주에게 인도하는 행위

② 선박을 이용하여 운송될 화물을 화물주 또는 선박운항업자의 위탁을 받아 항만에서 화물주로부터 인수하거나 선박에 인도하는 행위

③ 제1호 또는 제2호의 행위에 선행하거나 후속하여 제4호부터 제13호까지의 행위를 하나로 연결하여 하는 행위

④ 항만에서 화물을 선박에 싣거나 선박으로부터 내리는 일

⑤ 항만에서 선박 또는 부선(艀船)을 이용하여 화물을 운송하는 행위, 해양수산부령으로 정하는 항만과 항만 외의 장소와의 사이(지정구간)에서 부선 또는 범선을 이용하여 화물을 운송하는 행위와 항만 또는 지정구간에서 부선 또는 뗏목을 예인선(曳引船)으로 끌고 항해하는 행위. 다만, 다음 각 목의 어느 하나에 해당하는 운송은 제외한다.

가. 「해운법」에 따른 해상화물운송사업자가 하는 운송

나. 「해운법」에 따른 해상여객운송사업자가 여객선을 이용하여 하는 여객운송에 수반되는 화물 운송

다. 해양수산부령으로 정하는 운송

⑥ 항만에서 선박 또는 부선을 이용하여 운송된 화물을 창고 또는 하역장[수면(水面) 목재저장소는 제외한다. 이하 같다]에 들여놓는 행위
⑦ 항만에서 선박 또는 부선을 이용하여 운송될 화물을 하역장에서 내가는 행위
⑧ 항만에서 화물을 하역장에서 싣거나 내리거나 보관하는 행위
⑨ 항만에서 화물을 부선에 싣거나 부선으로부터 내리는 행위
⑩ 항만이나 지정구간에서 목재를 뗏목으로 편성하여 운송하는 행위
⑪ 항만에서 뗏목으로 편성하여 운송된 목재를 수면 목재저장소에 들여놓는 행위나, 선박 또는 부선을 이용하여 운송된 목재를 수면 목재저장소에 들여놓는 행위
⑫ 항만에서 뗏목으로 편성하여 운송될 목재를 수면 목재저장소로부터 내가는 행위나, 선박 또는 부선을 이용하여 운송될 목재를 수면 목재저장소로부터 내가는 행위
⑬ 항만에서 목재를 수면 목재저장소에서 싣거나 내리거나 보관하는 행위
⑭ 선적화물(船積貨物)을 싣거나 내릴 때 그 화물의 개수를 계산하거나 그 화물의 인도·인수를 증명하는 일(검수(檢數))
⑮ 선적화물 및 선박(부선을 포함한다)에 관련된 증명·조사·감정을 하는 일(감정(鑑定))
⑯ 선적화물을 싣거나 내릴 때 그 화물의 용적 또는 중량을 계산하거나 증명하는 일(검량(檢量))

2) 항만운송사업

영리를 목적으로 하는지 여부에 관계없이 항만운송을 하는 사업을 말한다.

3) 항만

다음의 어느 하나에 해당하는 것을 말한다.

① 「항만법」에 따른 항만 중 해양수산부령으로 지정하는 항만(항만시설을 포함한다)
② 「항만법」에 따른 항만 외의 항만으로서 해양수산부령으로 수역(水域)을 정하여 지정하는 항만(항만시설을 포함한다)
③ 「항만법」에 따라 해양수산부장관이 지정·고시한 항만시설

4) 항만운송관련사업

항만에서 선박에 물품이나 역무(役務)를 제공하는 항만용역업·선용품공급업·선박연료공급업·선박수리업 및 컨테이너수리업을 말하며, 업종별 사업의 내용은 대통령령으로 정한다. 이 경우 선용품공급업은 건조 중인 선박 또는 해상구조물 등에 선용품을 공급하는 경우를 포함한다.

(1) 항만용역업: 다음 각 목의 행위를 하는 사업

① 통선(通船)으로 본선(本船)과 육지 사이에서 사람이나 문서 등을 운송하는 행위

② 본선을 경비(警備)하는 행위나 본선의 이안(離岸) 및 접안(接岸)을 보조하기 위하여 줄잡이 역무(役務)를 제공하는 행위

③ 선박의 청소[유창(油艙) 청소는 제외한다], 오물 제거, 소독, 폐기물의 수집·운반, 화물 고정, 칠 등을 하는 행위

④ 선박에서 사용하는 맑은 물을 공급하는 행위

(2) 선용품공급업: 선박(건조 중인 선박 및 해양구조물 등을 포함한다)에 음료, 식품, 소모품, 밧줄, 수리용 예비부분품 및 부속품, 집기, 그 밖에 이와 유사한 선용품을 공급하는 사업

(3) 선박연료공급업: 선박용 연료를 공급하는 사업

(4) 선박수리업: 선체, 기관 등 선박시설 및 설비를 수리, 교체 또는 도색하는 사업

(5) 컨테이너수리업: 컨테이너를 수리하는 사업

5) 검수사, 감정사, 검량사

"검수사"란 직업으로서 검수에 종사하는 자를, "감정사"란 직업으로서 감정에 종사하는 자를, "검량사"란 직업으로서 검량에 종사하는 자를 말한다.

6) 부두운영회사

항만하역사업 및 그 부대사업을 수행하기 위하여 「항만법」에 따른 항만시설운영자 또는 「항만공사법」에 따른 항만공사(항만시설운영자 등)와 부두운영계약을 체결하고, 「항만법」에 따른 항만시설 및 그 항만시설의 운영에 필요한 장비·부대시설 등을 일괄적으로 임차하여 사용하는 자를 말한다. 다만, 다음의 어느 하나에 해당하는 자는 제외한다.

① 「항만공사법」에 따른 항만공사와 임대차계약을 체결하고, 해양수산부장관이

컨테이너 부두로 정하여 고시한 항만시설을 임차하여 사용하는 자

② 그 밖에 특정 화물에 대하여 전용 사용되는 등 해양수산부장관이 부두운영회사가 운영하기에 적합하지 아니하다고 인정하여 고시한 항만시설을 임차하여 사용하는 자

7) 관리청

항만운송사업·항만운송관련사업 및 항만종합서비스업의 등록, 신고 및 관리 등에 관한 행정업무를 수행하는 다음 각 호의 구분에 따른 행정관청을 말한다.

①「항만법」에 따른 국가관리무역항 및 국가관리연안항: 해양수산부장관

②「항만법」에 따른 지방관리무역항 및 지방관리연안항: 특별시장·광역시장·도지사 또는 특별자치도지사

8) 항만종합서비스업

항만용역업(이안(離岸) 및 접안(接岸)을 보조하기 위하여 줄잡이 역무를 제공하는 행위 및 화물 고정 행위가 포함되어야 한다)과 검수사업·감정사업 및 검량사업 중 1개 이상의 사업을 포함하는 내용의 사업을 말한다.

3. 사업의 종류(제3조)

항만운송사업의 종류는 다음과 같다.

① 항만하역사업

② 검수사업

③ 감정사업

④ 검량사업

제2장 항만운송사업

1. 사업의 등록(제4조)

① 항만운송사업을 하려는 자는 사업의 종류별로 관리청에 등록하여야 한다.

② 항만하역사업과 검수사업은 항만별로 등록한다.

③ 항만하역사업의 등록은 이용자별·취급화물별 또는「항만법」의 항만시설별로 등록하는 한정하역사업과 그 외의 일반하역사업으로 구분하여 행한다.

2. 등록의 신청(제5조)

① 항만운송사업의 등록을 신청하려는 자는 해양수산부령으로 정하는 바에 따라 사업계획을 첨부한 등록신청서를 관리청에 제출하여야 한다.

② 관리청은 등록신청을 받으면 사업계획과 등록기준을 검토한 후 등록요건을 모두 갖추었다고 인정하는 경우에는 해양수산부령으로 정하는 바에 따라 등록증을 발급하여야 한다.

3. 등록기준(제6조)

등록에 필요한 시설·자본금·노동력 등에 관한 기준은 대통령령으로 정한다. 다만, 관리청은 한정하역사업에 대하여는 이용자·취급화물 또는 항만시설의 특성을 고려하여 그 등록기준을 완화할 수 있다. 항만하역사업의 등록기준은 별표 1과 같고, 검수사업·감정사업 및 검량사업의 등록기준은 별표 2와 같다.

■ 항만운송사업법 시행령 [별표 1]

항만하역사업의 등록기준

구분	사업종류 / 항만별 / 내용	일반하역사업			한정하역사업
		1급지(부산항, 인천항, 울산항, 포항항, 광양항)	2급지(여수항, 마산항, 동해·묵호항, 군산항, 평택·당진항)	3급지(1급지와 2급지를 제외한 항)	
1. 시설	시설평가액(해양수산부령으로 정하는 하역장비의 평가액이 총시설평가액의 3분의 2 이상이어야 한다)	10억원 이상	5억원 이상	1억원 이상	일반하역사업의 등록기준을 적용하되, 관리청은 이용자, 취급화물 또는 항만시설의 특성을 고려하여 그 등록기준을 완화할 수 있다.
2. 자본금		2억원 이상	1억원 이상	5천만원 이상	

■ 항만운송사업법 시행령 [별표 2]

검수사업·감정사업 및 검량사업의 등록기준

구분	검수사업			감정사업	검량사업
	1급지(부산항, 인천항, 울산항, 포항항, 광양항)	2급지(마산항, 군산항)	3급지(1급지와 2급지를 제외한 항)		
1. 자본금	5천만원 이상	5천만원 이상	5천만원 이상	5천만원 이상	5천만원 이상
2. 검수사	가. 부산항: 40명 이상 나. 인천항: 25명 이상 다. 울산항, 포항항, 광양항: 7명 이상	3명 이상	2명 이상		
3. 감정사				6명 이상	
4. 검량사					6명 이상

4. 검수사 등의 자격 및 등록(제7조)

① 검수사·감정사 또는 검량사가 되려는 자는 해양수산부장관이 실시하는 자격시험에 합격한 후 해양수산부령으로 정하는 바에 따라 해양수산부장관에게 등록하여야 한다.

② 검수사등 자격시험의 시행일을 기준으로 결격사유에 해당하는 사람은 검수사등 자격시험에 응시할 수 없다.

③ 자격시험의 응시자격, 시험과목 및 시험방법 등에 관하여 필요한 사항은 대통령령으로 정한다.

5. 부정행위자에 대한 제재(제7조의2)

① 해양수산부장관은 검수사등의 자격시험에서 부정행위를 한 응시자에 대하여 그 시험을 정지 또는 무효로 하고, 그 시험을 정지하거나 무효로 한 날부터 3년간 같은 종류의 자격시험 응시자격을 정지한다.

② 해양수산부장관은 처분을 하려는 경우에는 미리 그 처분 내용과 사유를 부정행위를 한 응시자에게 통지하여 소명할 기회를 주어야 한다.

6. 결격사유(제8조)

다음의 어느 하나에 해당하는 사람은 검수사등의 자격을 취득할 수 없다.

① 미성년자

② 피성년후견인 또는 피한정후견인

③ 이 법 또는 「관세법」에 따른 죄를 범하여 금고 이상의 형의 선고를 받고 그 집행이 끝나거나(집행이 끝난 것으로 보는 경우를 포함한다) 집행이 면제된 날부터 3년이 지나지 아니한 사람

④ 이 법 또는 「관세법」에 따른 죄를 범하여 금고 이상의 형의 집행유예를 선고받고 그 유예기간 중에 있는 사람

⑤ 검수사등의 자격이 취소된 날부터 2년이 지나지 아니한 사람

7. 자격증 대여 등의 금지(제8조의2)

① 검수사등은 다른 사람에게 자기의 성명을 사용하여 검수사등의 업무를 하게 하거나 자기의 검수사등의 자격증을 양도 또는 대여하여서는 아니 된다.

② 누구든지 다른 사람의 검수사등의 자격증을 양수하거나 대여받아 사용하여

서는 아니 된다.

③ 누구든지 다른 사람의 검수사등의 자격증의 양도·양수 또는 대여를 알선해 서는 아니 된다.

8. 자격의 취소 등(제8조의3)

해양수산부장관은 다음의 어느 하나에 해당하는 경우에는 검수사등의 자격을 취소하여야 한다. 해양수산부장관은 검수사등의 자격을 취소한 때에는 해양수산부령으로 정하는 바에 따라 이를 공고하여야 한다.

① 거짓이나 그 밖의 부정한 방법으로 검수사등의 자격을 취득한 경우

② 다른 사람에게 자기의 성명을 사용하여 검수사등의 업무를 하게 하거나 검수사등의 자격증을 다른 사람에게 양도 또는 대여한 경우

9. 등록의 말소(제9조)

해양수산부장관은 검수사등이 다음의 어느 하나에 해당하면 그 등록을 말소하여야 한다.

① 업무를 폐지한 경우

② 사망한 경우

10. 운임 및 요금(제10조)

① 항만하역사업의 등록을 한 자는 해양수산부령으로 정하는 바에 따라 운임과 요금을 정하여 관리청의 인가를 받아야 한다. 이를 변경할 때에도 또한 같다.

② 해양수산부령으로 정하는 항만시설에서 하역하는 화물 또는 해양수산부령으로 정하는 품목에 해당하는 화물에 대하여는 해양수산부령으로 정하는 바에 따라 그 운임과 요금을 정하여 관리청에 신고하여야 한다. 이를 변경할 때에도 또한 같다.

③ 검수사업·감정사업 또는 검량사업(이하 "검수사업등"이라 한다)의 등록을 한 자는 해양수산부령으로 정하는 바에 따라 요금을 정하여 관리청에 미리 신고하여야 한다. 이를 변경할 때에도 또한 같다.

④ 관리청은 신고를 받은 경우 신고를 받은 날부터 30일 이내에, 제3항에 따른 신고를 받은 경우 신고를 받은 날부터 14일 이내에 신고수리 여부를 신고인에게 통지하여야 한다.

⑤ 관리청이 기간 내에 신고수리 여부 또는 민원 처리 관련 법령에 따른 처리기간의 연장을 신고인에게 통지하지 아니하면 그 기간(민원 처리 관련 법령에 따라 처리기간이 연장 또는 재연장된 경우에는 해당 처리기간을 말한다)이 끝난 날의 다음 날에 신고를 수리한 것으로 본다.

⑥ 관리청은 인가에 필요한 경우 표준운임 산출 및 표준요금의 산정을 위하여 선박운항업자, 부두운영회사 등 이해관계자들이 참여하는 협의체를 구성·운영할 수 있다.

⑦ 관리청은 신고된 운임 및 요금에 대하여 항만운송사업의 건전한 발전과 공공복리의 증진을 위하여 필요하다고 인정할 때에는 이 운임 및 요금의 변경 또는 조정에 필요한 조치를 명할 수 있다.

11. 권리·의무의 승계(제23조)

다음의 어느 하나에 해당하는 자는 항만운송사업의 등록을 한 자의 등록에 따른 권리·의무를 승계한다.

① 항만운송사업자가 사망한 경우 그 상속인

② 항만운송사업자가 그 사업을 양도한 경우 그 양수인

③ 법인인 항만운송사업자가 합병한 경우 합병 후 존속하는 법인이나 합병으로 설립되는 법인

다음 각 호의 어느 하나에 해당하는 절차에 따라 항만운송사업의 시설·장비 전부를 인수한 자는 종전의 항만운송사업자의 권리·의무를 승계한다.

①「민사집행법」에 따른 경매

②「채무자 회생 및 파산에 관한 법률」에 따른 환가(換價)

③「국세징수법」,「관세법」또는「지방세징수법」에 따른 압류재산의 매각

④ 그 밖에 제1호부터 제3호까지의 규정에 준하는 절차

12. 사업의 정지 및 등록의 취소(제26조)

관리청은 항만운송사업자가 다음 각 호의 어느 하나에 해당하면 그 등록을 취소하거나 6개월 이내의 기간을 정하여 그 항만운송사업의 정지를 명할 수 있다. 다만, 제5호 또는 제6호에 해당하는 경우에는 그 등록을 취소하여야 한다. 처분의 기준·절차와 그 밖에 필요한 사항은 대통령령으로 정한다.

① 정당한 사유 없이 운임 및 요금을 인가·신고된 운임 및 요금과 다르게 받은

경우

② 등록기준에 미달하게 된 경우

③ 항만운송사업자 또는 그 대표자가 「관세법」에 규정된 죄 중 어느 하나의 죄를 범하여 공소가 제기되거나 통고처분을 받은 경우

④ 사업 수행 실적이 1년 이상 없는 경우

⑤ 부정한 방법으로 사업을 등록한 경우

⑥ 사업정지명령을 위반하여 그 정지기간에 사업을 계속한 경우

13. 항만종합서비스업의 등록 등(제26조의2)

① 항만종합서비스업을 하려는 자는 대통령령으로 정하는 자본금, 노동력 등에 관한 기준을 갖추어 관리청에 등록하여야 한다.

② 항만종합서비스업의 등록을 신청하려는 자는 해양수산부령으로 정하는 바에 따라 사업계획을 첨부한 등록신청서를 관리청에 제출하여야 한다.

③ 항만종합서비스업의 등록을 한 자는 각각의 사업의 등록을 한 자로 본다.

④ 항만종합서비스업자의 권리·의무의 승계, 사업의 정지 및 등록의 취소 등에 대하여는 제23조(권리·의무의 승계) 및 제26조(사업의 정지 및 등록의 취소)를 준용한다. 이 경우 "항만운송사업자"는 "항만종합서비스업자"로 본다. [본조신설 2023.6.20.]

■ 항만운송사업법 시행령 [별표 5의2] 〈신설 2023.12.12.〉

항만종합서비스업의 등록기준

구 분		1급지 (부산항, 인천항, 울산항, 포항항, 광양항)	2급지 (여수항, 마산항, 군산항)	3급지 (1급지와 2급지를 제외한 항)
1. 필수 기준	가. 자본금	1.5억원 이상	1.5억원 이상	1억원 이상
	나. 노동력	검수사업·감정사업 및 검량사업 중 수행하려는 사업에 대한 별표 2에 따른 등록기준 중 같은 표 제2호에 따른 검수사, 제3호에 따른 감정사 또는 제4호에 따른 검량사의 기준을 갖출 것		
2. 기타 기준	제2조제1호에 따른 항만용역업 중 같은 호 가목 또는 라목에 해당하는 사업을 포함하여 수행하려는 경우에는 해당하는 사업에 대한 별표 6 제1호에 따른 등록기준(자본금 기준은 제외한다)을 함께 갖출 것			

제2장의2 항만운송관련사업

1. 사업의 등록 등(제26조의3)

① 항만운송관련사업을 하려는 자는 항만별·업종별로 해양수산부령으로 정하는 바에 따라 관리청에 등록하여야 한다. 다만, 선용품공급업을 하려는 자는 해양수산부령으로 정하는 바에 따라 해양수산부장관에게 신고하여야 한다.

② 항만운송관련사업의 등록을 하려는 자는 해양수산부령으로 정하는 바에 따라 등록신청서에 사용하려는 장비의 목록이 포함된 사업계획서 등을 첨부하여 관리청에 제출하여야 한다.

③ 항만운송관련사업 중 선박연료공급업을 등록한 자는 사용하려는 장비를 추가하거나 그 밖에 사업계획 중 해양수산부령으로 정하는 사항을 변경하려는 경우 해양수산부령으로 정하는 바에 따라 관리청에 사업계획 변경신고를 하여야 한다.

④ 관리청은 선용품공급업 신고를 받은 경우 신고를 받은 날부터 6일 이내에, 선박연료공급업 신고를 받은 경우 신고를 받은 날부터 5일 이내에 신고수리 여부를 신고인에게 통지하여야 한다.

⑤ 관리청이 기간 내에 신고수리 여부 또는 민원 처리 관련 법령에 따른 처리기간의 연장을 신고인에게 통지하지 아니하면 그 기간(민원 처리 관련 법령에 따라 처리기간이 연장 또는 재연장된 경우에는 해당 처리기간을 말한다)이 끝난 날의 다음 날에 신고를 수리한 것으로 본다.

⑥ 선박수리업과 선용품공급업의 영업구역은 항만시설로 하고, 「해운법」에 따라 내항 화물운송사업 등록을 한 선박연료공급선(운항구간의 제한을 받지 아니하는 선박에 한정한다)은 영업구역의 제한을 받지 아니한다.

⑦ 등록 및 신고에 필요한 자본금, 시설, 장비 등에 관한 기준은 대통령령으로 정한다.

■ 항만운송사업법 시행령 [별표 6] 〈개정 2023.12.12.〉

항만운송관련사업의 등록 및 신고의 기준

<table>
<tr><th colspan="3">구분</th><th>1급지
(부산항, 인천항, 울산항, 포항항, 광양항)</th><th>2급지
(여수항, 마산항, 군산항)</th><th>3급지
(1급지와 2급지를 제외한 항)</th></tr>
<tr><td rowspan="7">등록
기준</td><td rowspan="3">1. 항만용역업</td><td>가. 자본금</td><td>1억원 이상</td><td>1억원 이상</td><td>5천만원 이상</td></tr>
<tr><td>나. 선박
1) 제2조제1호가목의 사업을 수행하는 경우</td><td>통선: 20톤 이상</td><td>통선: 10톤 이상</td><td>통선: 5톤 이상</td></tr>
<tr><td>2) 제2조제1호라목의 사업을 수행하는 경우</td><td>급수선: 50톤 이상</td><td>급수선: 10톤 이상</td><td>급수선: 5톤 이상</td></tr>
<tr><td rowspan="3">2. 선박연료공급업</td><td>가. 자본금</td><td>1억원 이상</td><td>5천만원 이상</td><td>5천만원 이상</td></tr>
<tr><td>나. 다음 중 어느 하나 이상의 장비
1) 연료공급선(연료공급부선을 포함한다. 이하 같다)</td><td>총톤수 100톤 이상</td><td>총톤수 30톤 이상</td><td>총톤수 10톤 이상</td></tr>
<tr><td>2) 연료공급차량(유조차량의 경우 「위험물안전관리법」 제15조제1항 본문에 따른 이동탱크저장소를 말한다. 이하 같다)</td><td>탱크 용량 30킬로리터 이상</td><td>탱크 용량 20킬로리터 이상</td><td>탱크 용량 8킬로리터 이상</td></tr>
<tr><td>3. 선박수리업 및 컨테이너수리업</td><td>가. 자본금
나. 공구창고 또는 공장</td><td>5천만원 이상
총면적 30㎡ 이상</td><td>5천만원 이상
총면적 20㎡ 이상</td><td>5천만원 이상
총면적 20㎡ 이상</td></tr>
<tr><td>신고
기준</td><td>선용품 공급업</td><td>가. 자본금
나. 자동차</td><td>5천만원 이상
1대 이상</td><td>5천만원 이상
1대 이상</td><td>5천만원 이상
1대 이상</td></tr>
</table>

2. 권리·의무의 승계(제26조의4)

다음의 어느 하나에 해당하는 자는 항만운송관련사업의 등록 또는 신고를 한 자의 등록 또는 신고에 따른 권리·의무를 승계한다.

① 항만운송관련사업자가 사망한 경우 그 상속인

② 항만운송관련사업자가 그 사업을 양도한 경우 그 양수인

③ 법인인 항만운송관련사업자가 합병한 경우 합병 후 존속하는 법인이나 합병으로 설립되는 법인

3. 등록의 취소 등(제26조의5)

관리청은 항만운송관련사업자가 다음의 어느 하나에 해당하면 그 등록을 취소하거나 6개월 이내의 기간을 정하여 그 사업의 전부 또는 일부의 정지를 명할 수 있다. 다만, 제3호 또는 제5호에 해당하는 경우에는 그 등록을 취소하여야 한다. 처분의 기준·절차와 그 밖에 필요한 사항은 대통령령으로 정한다.

① 제26조(사업의 정지 및 등록의 취소)제1항제3호(관세법 위반)에 해당하게 된 경우

①의2. 제26조의3제3항에 따른 변경신고를 하지 아니하고 장비를 추가하거나 그 밖에 사업계획 중 해양수산부령으로 정하는 사항을 변경한 경우

② 등록 또는 신고의 기준에 미달하게 된 경우

③ 부정한 방법으로 사업의 등록 또는 신고를 한 경우

④ 사업 수행 실적이 1년 이상 없는 경우

⑤ 사업정지명령을 위반하여 그 정지기간에 사업을 계속한 경우

■ 항만운송사업법 시행령 [별표 5]

행정처분의 기준

위반행위	근거 법조문	행정처분의 기준		
		1차 위반	2차 위반	3차 이상 위반
가. 항만운송사업자 또는 항만종합서비스업자가 정당한 사유 없이 운임 및 요금을 인가·신고된 운임 및 요금과 다르게 받은 경우	법 제26조제1항제1호, 제26조의2제4항	사업정지 1개월	사업정지 6개월	등록취소

나. 항만운송사업자 또는 항만종합서비스업자가 법 제6조 또는 제26조의2제1항에 따른 등록기준에 미달하게 된 경우	법 제26조제1항제2호, 제26조의2제4항	사업정지 1개월	등록취소	
다. 항만운송사업자·항만종합서비스업자·항만운송관련사업자 또는 그 대표자가 「관세법」 제269조부터 제271조까지에 규정된 죄 중 어느 하나의 죄를 범하여 공소가 제기되거나 통고처분을 받은 경우	법 제26조제1항제3호, 제26조의2제4항, 제26조의5제1항제1호	사업정지 6개월	등록취소	
라. 항만운송사업자 또는 항만종합서비스업자의 사업 수행 실적이 1년 이상 없는 경우	법 제26조제1항제4호, 제26조의2제4항	사업정지 3개월	등록취소	
마. 항만운송사업자 또는 항만종합서비스업자가 부정한 방법으로 사업을 등록한 경우	법 제26조제1항제5호, 제26조의2제4항	등록취소		
바. 항만운송사업자 또는 항만종합서비스업자가 사업정지명령을 위반하여 그 정지기간에 사업을 계속한 경우	법 제26조제1항제6호, 제26조의2제4항	등록취소		
사. 항만운송관련사업 중 선박연료공급업을 등록한 항만운송관련사업자가 법 제26조의3제3항에 따른 변경신고를 하지 않고 장비를 추가하거나 그 밖에 사업계획 중 해양수산부령으로 정하는 사항을 변경한 경우	법 제26조의5제1항제1호의2	사업정지 1개월	사업정지 6개월	등록취소
아. 항만운송관련사업자가 법 제26조의3제7항에 따른 등록 또는 신고의 기준에 미달하게 된 경우	법 제26조의5제1항제2호	사업정지 1개월	등록취소 또는 사업정지 6개월(신고사업인 경우만 해당한다)	
자. 항만운송관련사업자가 부정한 방법으로 사업의 등록 또는 신고를 한 경우	법 제26조의5제1항제3호	등록취소		

차. 항만운송관련사업자의 사업 수행 실적이 1년 이상 없는 경우	법 제26조의5제1항제4호	사업정지 3개월	등록취소 또는 사업정지 6개월(신고사업인 경우만 해당한다)	
카. 항만운송관련사업자가 사업정지 명령을 위반하여 그 정지기간에 사업을 계속한 경우	법 제26조의5제1항제5호	등록취소		

제2장의3 부두운영회사의 운영 등

1. 부두운영계약의 체결 등(제26조의6)

항만시설운영자등은 항만 운영의 효율성 및 항만운송사업의 생산성 향상을 위하여 필요한 경우에는 해양수산부령으로 정하는 기준에 적합한 자를 선정하여 부두운영계약을 체결할 수 있다.

부두운영계약에는 다음의 사항이 포함되어야 한다.

① 부두운영회사가 부두운영계약으로 임차·사용하려는 항만시설 및 그 밖의 장비·부대시설 등(이하 이 장에서 "항만시설등"이라 한다)의 범위

② 부두운영회사가 부두운영계약 기간 동안 항만시설등의 임차·사용을 통하여 달성하려는 화물유치·투자 계획과 해당 화물유치·투자 계획을 이행하지 못하는 경우에 부두운영회사가 부담하여야 하는 위약금에 관한 사항

③ 해양수산부령으로 정하는 기준에 따른 항만시설등의 임대료에 관한 사항

④ 계약기간

⑤ 그 밖에 부두운영회사의 항만시설등의 사용 및 운영 등과 관련하여 해양수산부령으로 정하는 사항

부두운영회사의 선정 절차 및 부두운영계약의 갱신 등에 필요한 사항은 해양수산부령으로 정한다.

2. 화물유치 계획 등의 미이행에 따른 위약금 부과(제26조의7)

① 항만시설운영자등은 화물유치 또는 투자 계획을 이행하지 못한 부두운영회사에 대하여 위약금을 부과할 수 있다. 다만, 부두운영회사가 화물유치 또는 투자 계획을 이행하지 못하는 데 귀책사유가 없는 경우에는 위약금을 부과하지 아니한다.

② 위약금의 부과 대상·기간, 산정 방법 및 납부에 필요한 사항은 해양수산부령으로 정한다.

3. 부두운영회사 운영성과의 평가(제26조의8)

① 해양수산부장관은 항만 운영의 효율성을 높이기 위하여 매년 부두운영회사의 운영성과에 대하여 평가를 실시할 수 있다.

② 항만시설운영자등은 평가 결과에 따라 부두운영회사에 대하여 항만시설등의 임대료를 감면하거나 그 밖에 필요한 조치를 할 수 있다.

③ 평가의 대상·항목·방법 및 절차 등에 관하여 필요한 사항은 해양수산부장관이 정하여 고시한다.

4. 부두운영계약의 해지(제26조의9)

항만시설운영자등은 다음 각 호의 어느 하나에 해당하는 사유가 있으면 부두운영계약을 해지할 수 있다.

①「항만 재개발 및 주변지역 발전에 관한 법률」에 따른 항만재개발사업의 시행 등 공공의 목적을 위하여 항만시설등을 부두운영회사에 계속 임대하기 어려운 경우

② 부두운영회사가 항만시설등의 임대료를 3개월 이상 연체한 경우

③ 항만시설등이 멸실되거나 그 밖에 해양수산부령으로 정하는 사유로 부두운영계약을 계속 유지할 수 없는 경우

항만시설운영자등은 부두운영계약을 해지하려면 서면으로 그 뜻을 부두운영회사에 통지하여야 한다.

5. 부두운영회사의 항만시설 사용(제26조의10)

이 법에서 정한 것 외에 부두운영회사의 항만시설 사용에 대해서는「항만법」또는「항만공사법」에 따른다.

제3장 보칙

1. 미등록 항만에서의 일시적 영업행위(제27조의2)

1) 항만운송사업자 또는 항만운송관련사업자는 대통령령으로 정하는 부득이한 사유로 등록을 하지 아니한 항만에서 일시적으로 영업행위를 하려는 경우에는 미리 관리청에 신고하여야 한다. "대통령령으로 정하는 부득이한 사유"란 다음 각 호의 어느 하나에 해당하는 경우를 말한다.
   ① 같은 사업을 하는 사업자가 해당 항만에 없거나 행정처분 등으로 일시적으로 사업을 할 수 없게 된 경우
   ② 사업의 성질상 해당 항만의 사업자가 그 사업을 할 수 없는 경우
2) 관리청은 신고를 받은 날부터 3일 이내에 신고수리 여부를 신고인에게 통지하여야 한다.
3) 관리청이 기간 내에 신고수리 여부 또는 민원 처리 관련 법령에 따른 처리기간의 연장을 신고인에게 통지하지 아니하면 그 기간(민원 처리 관련 법령에 따라 처리기간이 연장 또는 재연장된 경우에는 해당 처리기간을 말한다)이 끝난 날의 다음 날에 신고를 수리한 것으로 본다.
4) 일시적 영업행위의 업종별 특성에 따른 신고 요건, 신고 절차 및 신고자의 준수사항 등에 관하여 필요한 사항은 대통령령으로 정한다.
   ① 항만운송사업자 또는 항만운송관련사업자가 등록하지 아니한 항만에서 일시적 영업행위의 신고를 할 때에는 해양수산부령으로 정하는 바에 따라 영업기간 등을 구체적으로 밝힌 서면으로 하여야 한다.
   ② 등록을 하지 아니한 항만에서 일시적으로 영업행위를 하기 위하여 신고한 항만운송사업자 또는 항만운송관련사업자는 그 신고한 내용에 맞게 영업행위를 하여야 한다.

2. 항만운송 종사자 등에 대한 교육훈련(제27조의3)

① 항만운송사업 또는 항만운송관련사업에 종사하는 사람 중 해양수산부령으로 정하는 안전사고가 발생할 우려가 높은 작업에 종사하는 사람은 해양수산부장관이 실시하는 교육훈련을 받아야 한다.

② 해양수산부장관은 교육훈련을 받지 아니한 사람에 대하여 해양수산부령으로 정하는 바에 따라 항만운송사업 또는 항만운송관련사업 중 해양수산부령으로 정하는 작업에 종사하는 것을 제한하여야 한다. 다만, 해양수산부령으로 정하는 정당한 사유로 교육훈련을 받지 못한 경우에는 그러하지 아니하다.

③ 교육훈련의 내용·방법 및 교육훈련의 유효기간 등에 관하여 필요한 사항은 해양수산부령으로 정한다.

3. 교육훈련기관의 설립 등(제27조의4)

① 항만운송사업자 또는 항만운송관련사업자에게 고용되거나 역무를 제공하는 자에 대하여 항만운송·항만안전 등에 관한 교육훈련을 하기 위하여 대통령령으로 정하는 바에 따라 교육훈련기관을 설립할 수 있다.[1]

② 교육훈련기관은 법인으로 한다.

③ 교육훈련기관은 해양수산부장관의 설립인가를 받아 그 주된 사무소의 소재지에서 설립등기를 함으로써 성립한다.

④ 교육훈련기관의 교육훈련 대상자, 교육훈련 과정, 교육훈련 내용 등에 관하여 필요한 사항은 대통령령으로 정한다.

⑤ 교육훈련기관의 운영에 필요한 경비는 대통령령으로 정하는 바에 따라 항만운송사업자, 항만운송관련사업자 및 해당 교육훈련을 받는 자가 부담한다.

⑥ 교육훈련기관에 관하여 이 법에 규정된 것을 제외하고는 「민법」 중 사단법인에 관한 규정을 준용한다.

⑦ 교육훈련기관의 운영, 정관, 감독 등에 관하여 필요한 사항은 대통령령으로 정한다.

---

1) 교육훈련기관을 설립하려는 자는 설립인가신청서에 정관 등 해양수산부령으로 정하는 서류를 첨부하여 해양수산부장관에게 제출하여야 한다.

■ 항만운송사업법 시행령 [별표 7]

교육훈련기관의 교육훈련 대상자, 교육훈련 과정 및 교육훈련 내용

교육훈련 과정	교육훈련 대상자	교육훈련 내용
1. 기초교육	항만운송사업자 등에게 신규로 고용된 사람 또는 고용되려는 사람	• 항만운송의 기초이론, 화물취급 실무 및 항만하역작업의 안전관리 등 • 항만안전, 항만하역장비 등 항만하역작업에 관한 기초이론과 실습
	항만운송사업자 등에게 역무를 제공하기 위하여 조직된 노동조합(이하 "항운노동조합"이라 한다)에 신규로 가입한 사람 또는 가입하려는 사람	
2. 양성교육	항만하역장비의 운전·조작 및 정비 등과 관련된 기능을 습득하려는 사람	• 항만하역장비의 구조와 특성 • 항만하역장비의 운전·조작 및 정비 등에 관한 이론과 실습
	자동차운반전용선의 선적작업 및 야드-트레일러(yard-trailer)운전을 수행하려는 사람	• 자동차운반전용선의 선적작업에 관한 이론과 실습 • 컨테이너 운송을 위한 야드-트레일러 운전에 관한 이론과 실습
	항만하역작업의 현장 감독업무를 수행하려는 사람	• 항만하역작업의 현장 감독자로서 필요한 이론과 실습
	검수·감정·검량사업자 및 항만운송관련사업자에게 고용되려는 사람 또는 역무를 제공하려는 사람	• 일반화물 및 컨테이너 등의 검수·감정·검량에 관한 이론과 실습 • 항만하역작업 및 관리에 관한 이론과 실습 • 청렴 등 직업윤리에 관한 사항
3. 안전교육	항만 내 위험물취급에 관한 안전관리자로 배치된 사람 또는 배치될 사람	• 위험물취급에 관한 이론과 실습
	항만하역작업의 현장 종사자 및 감독업무 수행자	• 항만하역작업의 안전관리에 관한 이론과 실습
4. 연수교육	항만운송사업 및 항만운송관련 사업의 종사자	• 「항만운송사업법」, 「개항질서법」 등 항만운송 관련 법령 • 항만운영 관리자 및 현장 감독자에게 필요한 지식과 이론 • 항만물류, 농수산물유통 및 국제유통에 관한 이론과 실습 • 항만운영의 효율화 관리기법 • 그 밖의 항만하역작업 및 관리에 관한 이론과 실습
	항운노동조합원	
	컨테이너터미널 종사자	• 컨테이너 항만인력 개발계획 프로그램(PDP) • 터미널의 운용 및 관리에 관한 이론과 실습

5. 정보교육	항만운송사업자 등의 임직원, 항운노동조합원으로서 항만운영전산망의 운영 및 컴퓨터 운용능력의 습득을 원하는 사람	• 전자문서 교환 등 항만운영전산망의 운영 실습 • 컴퓨터 기초이론 및 운용능력 실습 • 인터넷, 웹디자인 등에 관한 이론과 실습 • 그래픽 등 응용프로그램의 교육 및 실습
6. 특별교육	정부와 교육기관 등 외부기관의 위탁 등에 의하여 교육을 받게 된 사람	• 항만하역장비의 운전·조작·정비 및 관리 기술 • 항만물류, 농수산물유통 및 국제유통에 관한 이론과 실습 • 그 밖의 항만 관련 기술 및 운영관리

4. 표준계약서의 보급 등(제27조의5)

해양수산부장관은 항만운송사업·항만운송관련사업 및 항만종합서비스업의 공정한 거래질서 확립을 위하여 표준계약서를 작성·보급하고, 그 사용을 권장할 수 있다.

5. 과징금(제27조의6)

① 관리청은 항만운송사업자 또는 항만운송관련사업자에게 사업정지처분을 하여야 하는 경우로서 그 사업의 정지가 그 사업의 이용자 등에게 심한 불편을 주거나 공익을 해칠 우려가 있는 경우에는 사업정지처분을 갈음하여 500만원 이하의 과징금을 부과할 수 있다.

② 과징금을 부과하는 위반행위의 종류, 위반 정도에 따른 과징금의 금액, 그 밖에 필요한 사항은 대통령령으로 정한다.

③ 관리청은 과징금을 내야 할 자가 납부기한까지 과징금을 내지 아니하면 국세 체납처분의 예 또는 「지방행정제재·부과금의 징수 등에 관한 법률」에 따라 징수한다.

6. 항만인력 수급관리협의회(제27조의7)

① 항만운송사업자 또는 항만운송관련사업자가 구성한 단체, 항만운송사업자 또는 항만운송관련사업자에게 고용되거나 역무를 제공하는 자가 구성한 단체 및 그 밖에 대통령령으로 정하는 자는 항만운송사업 또는 항만운송관련사

업에 필요한 적정한 근로자의 수 산정, 근로자의 채용 및 교육훈련에 관한 사항 등 항만운송사업 또는 항만운송관련사업에 종사하는 인력의 원활한 수급과 투명하고 효율적인 관리에 필요한 사항을 협의하기 위하여 항만별로 항만인력 수급관리협의회를 구성·운영할 수 있다.

② 항만인력 수급관리협의회의 구성·운영 및 협의사항 등에 관하여 필요한 사항은 대통령령으로 정한다.

7. 항만운송 분쟁협의회 등(제27조의8)

① 항만운송사업자 단체, 항만운송근로자 단체 및 그 밖에 대통령령으로 정하는 자는 항만운송과 관련된 분쟁의 해소 등에 필요한 사항을 협의하기 위하여 항만별로 항만운송 분쟁협의회를 구성·운영할 수 있다.

② 항만운송사업자 단체와 항만운송근로자 단체는 항만운송과 관련된 분쟁이 발생한 경우 항만운송 분쟁협의회를 통하여 분쟁이 원만하게 해결되고, 분쟁기간 동안 항만운송이 원활하게 이루어질 수 있도록 노력하여야 한다.

③ 항만운송 분쟁협의회의 구성·운영 및 협의사항 등에 관하여 필요한 사항은 대통령령으로 정한다.

8. 항만운송사업 등에 대한 지원(제27조의9)

국가 및 지방자치단체는 항만운송사업·항만운송관련사업 및 항만종합서비스업의 육성을 위하여 항만운송사업자·항만운송관련사업자 및 항만종합서비스업자에게 필요한 지원을 할 수 있다

9. 수수료(제28조)

등록신청 또는 신고를 하는 자는 해양수산부령으로 정하는 바에 따라 수수료를 내야 한다.

10. 보고·검사(제28조의2)

관리청은 다음 각 호의 사항과 관련하여 필요하다고 인정하면 항만운송사업자 또는 항만운송관련사업자에게 필요한 사항을 보고하게 하거나 자료의 제출을 요구할 수 있으며, 소속 공무원으로 하여금 항만운송사업자 또는 항만운송관련사업자의 사업장·사무실, 부선·예선 등의 선박 또는 그 밖의 시설에 출입하여 보유 장

비 및 장부·서류 등을 검사하게 하거나 관계인에게 질문하게 할 수 있다. 출입·검사 또는 질문하는 공무원은 그 권한을 표시하는 증표를 지니고 이를 관계인에게 내보여야 한다.

① 등록한 사업에 관한 사항
② 인가한 항만하역 운임 및 요금에 관한 사항
③ 등록·신고한 사업에 관한 사항

11. 권한 등의 위임·위탁(제29조)

이 법에 따른 해양수산부장관의 권한은 대통령령으로 정하는 바에 따라 그 일부를 그 소속 기관의 장 또는 시·도지사에게 위임할 수 있다.

이 법에 따른 해양수산부장관의 업무는 대통령령으로 정하는 바에 따라 그 일부를 다음 각 호의 어느 하나에 해당하는 단체나 법인에 위탁할 수 있다. 위탁받은 업무를 수행하는 기관은 위탁 업무에 관하여 해양수산부령으로 정하는 바에 따라 해양수산부장관에게 보고하여야 한다.

① 항만운송사업자 단체
② 검수사업등의 건전한 발전을 목적으로 설립된 법인
③ 자격검정 등을 목적으로 설립된 법인
④ 교육훈련기관

12. 민원사무의 전산처리 등(제29조의2)

이 법에 따른 민원사무의 전산처리 등에 관하여는 「항만법」을 준용한다.

13. 청문(제29조의3)

관리청은 다음 각 호의 어느 하나에 해당하는 처분을 하려면 청문을 하여야 한다.

① 제8조의3제1항에 따른 자격의 취소
② 제26조에 따른 등록의 취소
③ 제26조의5제1항에 따른 등록의 취소

14. 벌칙 적용 시의 공무원 의제(제29조의4)

위탁받은 업무에 종사하는 항만운송사업자 단체 또는 법인의 임직원은 「형법」 제129조부터 제132조까지의 규정에 따른 벌칙을 적용할 때에는 공무원으로 본다.

제4장 벌칙

1. 벌칙(제30조-제32조)

1) 다음 각 호의 어느 하나에 해당하는 자는 1년 이하의 징역 또는 1천만원 이하의 벌금에 처한다.

① 등록을 하지 아니하고 항만운송사업을 한 자

①의2. 다른 사람에게 자기의 성명을 사용하여 검수사등의 업무를 하게 하거나 검수사등의 자격증을 양도·대여한 사람, 다른 사람의 검수사등의 자격증을 양수·대여받은 사람 또는 다른 사람의 검수사등의 자격증의 양도·양수 또는 대여를 알선한 사람

② 등록 또는 신고를 하지 아니하고 항만운송관련사업을 한 자

2) 다음 각 호의 어느 하나에 해당하는 자는 500만원 이하의 벌금에 처한다.

① 등록 또는 신고한 사항을 위반하여 항만운송사업 또는 항만운송관련사업을 한 자

①의2. 변경신고를 하지 아니하고 장비를 추가하거나 그 밖에 사업계획 중 해양수산부령으로 정하는 사항을 변경하여 선박연료공급업을 한 자

② 신고를 하지 아니하고 일시적 영업행위를 한 자

3) 다음 각 호의 어느 하나에 해당하는 자는 300만원 이하의 벌금에 처한다.

① 등록을 하지 아니하고 검수·감정 또는 검량 업무에 종사한 자

①의2. 거짓이나 그 밖의 부정한 방법으로 제7조에 따른 검수사등의 자격시험에 합격한 사람

② 인가나 변경인가를 받지 아니한 자 또는 신고나 변경신고를 하지 아니하거나 거짓으로 신고를 한 자

③ 사업정지처분을 위반한 자

2. 양벌규정(제33조)

법인의 대표자나 법인 또는 개인의 대리인, 사용인, 그 밖의 종업원이 그 법인 또는 개인의 업무에 관하여 제30조부터 제32조까지의 어느 하나에 해당하는 위반행위를 하면 그 행위자를 벌하는 외에 그 법인 또는 개인에게도 해당 조문의 벌금형을 과(科)한다. 다만, 법인 또는 개인이 그 위반행위를 방지하기 위하여 해당 업무에 관하여 상당한 주의와 감독을 게을리하지 아니한 경우에는 그러하지 아니하다.

3. 과태료(제34조)

1) 다음 각 호의 어느 하나에 해당하는 자에게는 200만원 이하의 과태료를 부과한다.
   ① 보고 또는 자료제출을 하지 아니하거나 거짓으로 한 자
   ② 관계 공무원의 출입, 검사 또는 질문을 거부·방해하거나 기피한 자
2) 과태료는 대통령령으로 정하는 바에 따라 관리청이 부과·징수한다.

PART

5

유통산업발전법

유통산업발전법	[시행 2023.06.28.]	[법 률 제19117호,	2022.12.27., 타법개정]
유통산업발전법 시행령	[시행 2023.11.21.]	[대 통 령 령 제33886호,	2023.11.21., 타법개정]
유통산업발전법 시행규칙	[시행 2023.02.28.]	[산업통상자원부령 제502호,	2023.02.28., 타법개정]

제1장 총칙

1. 목적(제1조)

이 법은 유통산업의 효율적인 진흥과 균형 있는 발전을 꾀하고, 건전한 상거래질서를 세움으로써 소비자를 보호하고 국민경제의 발전에 이바지함을 목적으로 한다.

2. 정의(제2조)

이 법에서 사용하는 용어의 뜻은 다음과 같다.

1) 유통산업

농산물·임산물·축산물·수산물(가공물 및 조리물을 포함한다) 및 공산품의 도매·소매 및 이를 경영하기 위한 보관·배송·포장과 이와 관련된 정보·용역의 제공 등을 목적으로 하는 산업을 말한다.

2) 매장

상품의 판매와 이를 지원하는 용역의 제공에 직접 사용되는 장소를 말한다. 이 경우 매장에 포함되는 용역의 제공 장소의 범위는 대통령령으로 정한다.

3) 대규모점포

다음 각 목의 요건을 모두 갖춘 매장을 보유한 점포의 집단으로서 별표에 규정된 것을 말한다.

① 하나 또는 대통령령으로 정하는 둘 이상의 연접되어 있는 건물 안에 하나 또는 여러 개로 나누어 설치되는 매장일 것

② 상시 운영되는 매장일 것

③ 매장면적의 합계가 3천제곱미터 이상일 것

4) 준대규모점포

다음 각 목의 어느 하나에 해당하는 점포로서 대통령령으로 정하는 것을 말한다.[1)]

① 대규모점포를 경영하는 회사 또는 그 계열회사(「독점규제 및 공정거래에 관

한 법률」에 따른 계열회사를 말한다)가 직영하는 점포

② 「독점규제 및 공정거래에 관한 법률」에 따른 상호출자제한기업집단의 계열회사가 직영하는 점포

③ 가목 및 나목의 회사 또는 계열회사가 제6호가목에 따른 직영점형 체인사업 및 같은 호 나목에 따른 프랜차이즈형 체인사업의 형태로 운영하는 점포

5) 임시시장

다수(多數)의 수요자와 공급자가 일정한 기간 동안 상품을 매매하거나 용역을 제공하는 일정한 장소를 말한다.

6) 체인사업

같은 업종의 여러 소매점포를 직영(자기가 소유하거나 임차한 매장에서 자기의 책임과 계산하에 직접 매장을 운영하는 것을 말한다. 이하 같다)하거나 같은 업종의 여러 소매점포에 대하여 계속적으로 경영을 지도하고 상품·원재료 또는 용역을 공급하는 다음 각 목의 어느 하나에 해당하는 사업을 말한다.

① 직영점형 체인사업 : 체인본부가 주로 소매점포를 직영하되, 가맹계약을 체결한 일부 소매점포(이하 이 호에서 "가맹점"이라 한다)에 대하여 상품의 공급 및 경영지도를 계속하는 형태의 체인사업

② 프랜차이즈형 체인사업 : 독자적인 상품 또는 판매·경영 기법을 개발한 체인본부가 상호·판매방법·매장운영 및 광고방법 등을 결정하고, 가맹점으로 하여금 그 결정과 지도에 따라 운영하도록 하는 형태의 체인사업

③ 임의가맹점형 체인사업 : 체인본부의 계속적인 경영지도 및 체인본부와 가맹점 간의 협업에 의하여 가맹점의 취급품목·영업방식 등의 표준화사업과 공동구매·공동판매·공동시설활용 등 공동사업을 수행하는 형태의 체인사업

④ 조합형 체인사업 : 같은 업종의 소매점들이 「중소기업협동조합법」에 따른 중소기업협동조합, 「협동조합 기본법」에 따른 협동조합, 협동조합연합회, 사회적협동조합 또는 사회적협동조합연합회를 설립하여 공동구매·공동판매·공동시설활용 등 사업을 수행하는 형태의 체인사업

---

1) [법률 제13510호(2015. 11. 20.) 제2조제4호의 개정규정은 같은 법 제48조의2의 규정에 의하여 2025년 11월 23일까지 유효함]

7) 상점가

일정 범위의 가로(街路) 또는 지하도에 대통령령으로 정하는 수 이상의 도매점포·소매점포 또는 용역점포가 밀집하여 있는 지구를 말한다.

8) 전문상가단지

같은 업종을 경영하는 여러 도매업자 또는 소매업자가 일정 지역에 점포 및 부대시설 등을 집단으로 설치하여 만든 상가단지를 말한다.

9) 무점포판매

상시 운영되는 매장을 가진 점포를 두지 아니하고 상품을 판매하는 것으로서 산업통상자원부령으로 정하는 것을 말한다.

10) 유통표준코드

상품·상품포장·포장용기 또는 운반용기의 표면에 표준화된 체계에 따라 표기된 숫자와 바코드 등으로서 산업통상자원부령으로 정하는 것을 말한다.

11) 유통표준전자문서

「전자문서 및 전자거래 기본법」에 따른 전자문서 중 유통부문에 관하여 표준화되어 있는 것으로서 산업통상자원부령으로 정하는 것을 말한다.

12) 판매시점 정보관리시스템

상품을 판매할 때 활용하는 시스템으로서 광학적 자동판독방식에 따라 상품의 판매·매입 또는 배송 등에 관한 정보가 수록된 것을 말한다.

13) 물류설비

화물의 수송·포장·하역·운반과 이를 관리하는 물류정보처리활동에 사용되는 물품·기계·장치 등의 설비를 말한다.

14) 도매배송서비스

집배송시설을 이용하여 자기의 계산으로 매입한 상품을 도매하거나 위탁받은 상품을 「화물자동차 운수사업법」에 따른 허가를 받은 자가 수수료를 받고 도매점포 또는 소매점포에 공급하는 것을 말한다.

15) 집배송시설

상품의 주문처리·재고관리·수송·보관·하역·포장·가공 등 집하(集荷) 및 배송에 관한 활동과 이를 유기적으로 조정하거나 지원하는 정보처리활동에 사용되는 기계·장치 등의 일련의 시설을 말한다.

16) 공동집배송센터

여러 유통사업자 또는 제조업자가 공동으로 사용할 수 있도록 집배송시설 및 부대업무시설이 설치되어 있는 지역 및 시설물을 말한다.

3. 유통산업시책의 기본방향(제3조)

정부는 목적을 달성하기 위하여 다음 각 호의 시책을 마련하여야 한다.

① 유통구조의 선진화 및 유통기능의 효율화 촉진

② 유통산업에서의 소비자 편익의 증진

③ 유통산업의 지역별 균형발전의 도모

④ 유통산업의 종류별 균형발전의 도모

⑤ 중소유통기업(유통산업을 경영하는 자로서 「중소기업기본법」 제2조에 따른 중소기업자에 해당하는 자를 말한다. 이하 같다)의 구조개선 및 경쟁력 강화

⑥ 유통산업의 국제경쟁력 제고

⑦ 유통산업에서의 건전한 상거래질서의 확립 및 공정한 경쟁여건의 조성

⑧ 그 밖에 유통산업의 발전을 촉진하기 위하여 필요한 사항

4. 적용 배제(제4조)

다음 각 호의 시장·사업장 및 매장에 대하여는 이 법을 적용하지 아니한다.

① 「농수산물 유통 및 가격안정에 관한 법률」에 따른 농수산물도매시장·농수산물공판장·민영농수산물도매시장 및 농수산물종합유통센터

② 「축산법」에 따른 가축시장

제2장 유통산업발전계획 등

1. 기본계획의 수립·시행 등(제5조)

산업통상자원부장관은 유통산업의 발전을 위하여 5년마다 유통산업발전기본계획(이하 "기본계획"이라 한다)을 관계 중앙행정기관의 장과 협의를 거쳐 세우고 시행하여야 한다. 기본계획에는 다음의 사항이 포함되어야 한다.

① 유통산업 발전의 기본방향
② 유통산업의 국내외 여건 변화 전망
③ 유통산업의 현황 및 평가
④ 유통산업의 지역별·종류별 발전 방안
⑤ 산업별·지역별 유통기능의 효율화·고도화 방안
⑥ 유통전문인력·부지 및 시설 등의 수급(需給) 변화에 대한 전망
⑦ 중소유통기업의 구조개선 및 경쟁력 강화 방안
⑧ 대규모점포와 중소유통기업 및 중소제조업체 사이의 건전한 상거래질서의 유지 방안
⑨ 그 밖에 유통산업의 규제완화 및 제도개선 등 유통산업의 발전을 촉진하기 위하여 필요한 사항

산업통상자원부장관은 기본계획을 세우기 위하여 필요하다고 인정하는 경우에는 관계 중앙행정기관의 장에게 필요한 자료를 요청할 수 있다. 이 경우 자료를 요청받은 관계 중앙행정기관의 장은 특별한 사정이 없으면 요청에 따라야 한다. 산업통상자원부장관은 기본계획을 특별시장·광역시장·특별자치시장·도지사·특별자치도지사에게 알려야 한다.

2. 시행계획의 수립·시행 등(제6조)

① 산업통상자원부장관은 기본계획에 따라 매년 유통산업발전시행계획을 관계 중앙행정기관의 장과 협의를 거쳐 세워야 한다.

② 산업통상자원부장관은 시행계획을 세우기 위하여 필요하다고 인정하는 경우에는 관계 중앙행정기관의 장에게 필요한 자료를 요청할 수 있다. 이 경우 자료를 요청받은 관계 중앙행정기관의 장은 특별한 사정이 없으면 요청에 따라야 한다.

③ 산업통상자원부장관 및 관계 중앙행정기관의 장은 시행계획 중 소관 사항을 시행하고 이에 필요한 재원을 확보하기 위하여 노력하여야 한다.

④ 산업통상자원부장관은 시행계획을 시·도지사에게 알려야 한다.

3. 지방자치단체의 사업시행 등(제7조)

1) 시·도지사는 기본계획 및 시행계획에 따라 다음의 사항을 포함하는 지역별 시행계획을 세우고 시행하여야 한다. 이 경우 시·도지사(특별자치시장은 제외한다)는 미리 시장(「제주특별자치도 설치 및 국제자유도시 조성을 위한 특별법」에 따른 행정시장을 포함한다.)·군수·구청장(자치구의 구청장을 말한다.)의 의견을 들어야 한다.

① 지역유통산업 발전의 기본방향

② 지역유통산업의 여건 변화 전망

③ 지역유통산업의 현황 및 평가

④ 지역유통산업의 종류별 발전 방안

⑤ 지역유통기능의 효율화·고도화 방안

⑥ 유통전문인력·부지 및 시설 등의 수급 방안

⑦ 지역중소유통기업의 구조개선 및 경쟁력 강화 방안

⑧ 그 밖에 지역유통산업의 규제완화 및 제도개선 등 지역유통산업의 발전을 촉진하기 위하여 필요한 사항

2) 관계 중앙행정기관의 장은 유통산업의 발전을 위하여 필요하다고 인정하는 경우에는 시·도지사 또는 시장·군수·구청장에게 시행계획의 시행에 필요한 조치를 할 것을 요청할 수 있다.

4. 유통산업의 실태조사(제7조의4)

① 산업통상자원부장관은 기본계획 및 시행계획 등을 효율적으로 수립·추진하기 위하여 유통산업에 대한 실태조사를 할 수 있다.

② 산업통상자원부장관은 유통산업의 실태조사를 위하여 필요하다고 인정하는

경우에는 관계 중앙행정기관의 장, 지방자치단체의 장, 공공기관의 장, 유통사업자 및 관련 단체 등에 필요한 자료를 요청할 수 있다. 이 경우 자료를 요청받은 관계 중앙행정기관의 장 등은 특별한 사정이 없으면 요청에 따라야 한다.

③ 유통산업의 실태조사를 위한 범위 등 필요한 사항은 대통령령으로 정한다.

5. 유통업상생발전협의회(제7조의5)

① 대규모점포 및 준대규모점포와 지역중소유통기업의 균형발전을 협의하기 위하여 특별자치시장·시장·군수·구청장 소속으로 유통업상생발전협의회를 둔다.

② 협의회의 구성 및 운영 등에 필요한 사항은 산업통상자원부령으로 정한다.

제3장 대규모점포 등

1. 대규모점포등의 개설등록 및 변경등록(제8조)

① 대규모점포를 개설하거나 전통상업보존구역에 준대규모점포를 개설하려는 자는 영업을 시작하기 전에 산업통상자원부령으로 정하는 바에 따라 상권영향평가서 및 지역협력계획서를 첨부하여 특별자치시장·시장·군수·구청장에게 등록하여야 한다. 등록한 내용을 변경하려는 경우에도 또한 같다.

② 특별자치시장·시장·군수·구청장은 제출받은 상권영향평가서 및 지역협력계획서가 미진하다고 판단하는 경우에는 제출받은 날부터 대통령령으로 정하는 기간 내에 그 사유를 명시하여 보완을 요청할 수 있다.

③ 특별자치시장·시장·군수·구청장은 개설등록 또는 변경등록[점포의 소재지를 변경하거나 매장면적이 개설등록(매장면적을 변경등록한 경우에는 변경등록) 당시의 매장면적보다 10분의 1이상 증가하는 경우로 한정한다]을 하려는 대규모점포 등의 위치가 전통상업보존구역에 있을 때에는 등록을 제한하거나 조건을 붙일 수 있다.

④ 등록 제한 및 조건에 관한 세부 사항은 해당 지방자치단체의 조례로 정한다.

⑤ 특별자치시장·시장·군수·구청장은 개설등록 또는 변경등록하려는 점포의 소재지로부터 산업통상자원부령으로 정하는 거리 이내의 범위 일부가 인접 특별자치시·시·군·구(자치구를 말한다. 이하 같다)에 속하여 있는 경우 인접지역의 특별자치시장·시장·군수·구청장에게 개설등록 또는 변경등록을 신청 받은 사실을 통보하여야 한다.

⑥ 신청 사실을 통보받은 인접지역의 특별자치시장·시장·군수·구청장은 신청 사실을 통보받은 날로부터 20일 이내에 개설등록 또는 변경등록에 대한 의견을 제시할 수 있다.

⑦ 특별자치시장·시장·군수·구청장은 제출받은 상권영향평가서 및 지역협력

계획서를 검토하는 경우 협의회의 의견을 청취하여야 하며, 필요한 때에는 대통령령으로 정하는 전문기관에 이에 대한 조사를 하게 할 수 있다.2)

2. 지역협력계획서의 내용 및 이행실적 평가·점검(제8조의2)

① 지역협력계획서에는 지역 중소유통기업과의 상생협력, 지역 고용 활성화 등의 사항을 포함할 수 있다.

② 특별자치시장·시장·군수·구청장은 지역협력계획서의 이행실적을 점검하고, 이행실적이 미흡하다고 판단되는 경우에는 개선을 권고할 수 있다.

3. 대규모점포등의 개설계획 예고(제8조의3)

대규모점포를 개설하려는 자는 영업을 개시하기 60일 전까지, 준대규모점포를 개설하려는 자는 영업을 시작하기 30일 전까지 산업통상자원부령으로 정하는 바에 따라 개설 지역 및 시기 등을 포함한 개설계획을 예고하여야 한다.

4. 허가등의 의제 등(제9조)

1) 대규모점포등을 등록하는 경우 다음 각 호의 신고·지정·등록 또는 허가에 관하여 특별자치시장·시장·군수·구청장이 다른 행정기관의 장과 협의를 한 사항에 대하여는 해당 허가등을 받은 것으로 본다.

① 「영화 및 비디오물의 진흥에 관한 법률」에 따른 비디오물제작업·비디오물배급업, 「게임산업진흥에 관한 법률」에 따른 게임제작업·게임배급업·게임제공업 또는 「음악산업진흥에 관한 법률」에 따른 음반·음악영상물제작업 및 음반·음악영상물배급업의 신고 또는 등록

② 「담배사업법」에 따른 소매인의 지정

③ 「식품위생법」에 따른 식품의 제조업·가공업·판매업 또는 식품접객업의 허가 또는 신고로서 대통령령으로 정하는 것

④ 「식품위생법」에 따른 집단급식소 설치·운영의 신고

⑤ 「관광진흥법」에 따른 유원시설업(遊園施設業)의 신고

⑥ 「평생교육법」에 따른 평생교육시설 설치의 신고

---

2) [법률 제13510호(2015.11.20.) 제8조제1항, 제8조제2항 중 준대규모점포와 관련된 부분, 제8조제3항, 제8조제4항의 개정규정은 같은 법 제48조의2의 규정에 의하여 2025년 11월 23일까지 유효함]

⑦「체육시설의 설치·이용에 관한 법률」에 따른 체육시설업의 신고
⑧「전자상거래 등에서의 소비자보호에 관한 법률」에 따른 통신판매업자의 신고
⑨「공연법」에 따른 공연장의 등록
⑩「옥외광고물 등의 관리와 옥외광고산업 진흥에 관한 법률」에 따른 광고물 또는 게시시설의 허가 또는 신고
⑪「외국환거래법」에 따른 외국환업무의 등록
⑫「주류 면허 등에 관한 법률」에 따른 주류 판매업면허 승계의 신고
⑬「축산물 위생관리법」에 따른 축산물판매업의 신고
⑭「물환경보전법」에 따른 배출시설 설치의 허가 또는 신고
⑮「폐기물관리법」에 따른 사업장폐기물배출자의 신고
⑯「약사법」에 따른 약국 개설의 등록
⑰「의료기사 등에 관한 법률」에 따른 안경업소개설의 등록

2) 허가등의 의제(擬制)를 받으려는 자는 대규모점포 등의 개설등록 신청 시에 허가등에 필요한 서류를 함께 제출하여야 한다.

3) 특별자치시장·시장·군수·구청장은 대규모점포 등의 등록신청 서류를 받은 경우에 제1항의 어느 하나에 해당하는 사항이 다른 행정기관의 권한에 속하는 경우에는 미리 그 다른 행정기관의 장과 협의하여야 한다.

5. 등록의 결격사유(제10조)

다음 각 호의 어느 하나에 해당하는 자는 대규모점포 등의 등록을 할 수 없다.

① 피성년후견인 또는 미성년자
② 파산선고를 받고 복권되지 아니한 자
③ 이 법을 위반하여 징역의 실형을 선고받고 그 집행이 끝나거나(집행이 끝난 것으로 보는 경우를 포함한다) 집행이 면제된 날부터 1년이 지나지 아니한 사람
④ 이 법을 위반하여 징역형의 집행유예선고를 받고 그 유예기간 중에 있는 사람
⑤ 등록이 취소된 후 1년이 지나지 아니한 자
⑥ 대표자가 제①호부터 제⑤호까지의 어느 하나에 해당하는 법인

6. 등록의 취소 등(제11조)

1) 특별자치시장·시장·군수·구청장은 대규모점포 등의 개설등록을 한 자가 다음 각 호의 어느 하나에 해당하는 경우에는 그 등록을 취소하여야 한다. 이 경

우 특별자치시장·시장·군수·구청장은 관련되는 행정기관의 장에게 등록의 취소에 관한 사항을 지체 없이 알려야 한다.

① 대규모점포등 개설자가 정당한 사유 없이 1년 이내에 영업을 시작하지 아니한 경우. 이 경우 대규모점포 등의 건축에 정상적으로 소요되는 기간은 산입(算入)하지 아니한다.

② 대규모점포 등의 영업을 정당한 사유 없이 1년 이상 계속하여 휴업한 경우

③ 등록의 결격사유 어느 하나에 해당하게 된 경우

④ 조건을 이행하지 아니한 경우

2) 다음의 어느 하나에 해당하는 경우에는 대표자 등록의 결격사유에 해당하게 된 날 또는 상속을 개시한 날부터 6개월이 지난 날까지는 적용하지 아니한다.

① 법인이 대표자 등록의 결격사유에 해당하게 된 경우

② 대규모점포등 개설자의 지위를 승계한 상속인이 등록의 결격사유 어느 하나에 해당하는 경우

7. 대규모점포등 개설자의 업무 등(제12조)

1) 대규모점포등 개설자는 다음 각 호의 업무를 수행한다.

① 상거래질서의 확립

② 소비자의 안전유지와 소비자 및 인근 지역주민의 피해·불만의 신속한 처리

③ 그 밖에 대규모점포등을 유지·관리하기 위하여 필요한 업무

2) 매장이 분양된 대규모점포 및 등록 준대규모점포에서는 다음의 어느 하나에 해당하는 자가 업무를 수행한다.

① 매장면적의 2분의 1 이상을 직영하는 자가 있는 경우에는 그 직영하는 자

② 매장면적의 2분의 1 이상을 직영하는 자가 없는 경우에는 다음 각 목의 어느 하나에 해당하는 자

가. 해당 대규모점포 또는 등록 준대규모점포에 입점(入店)하여 영업을 하는 상인 3분의 2 이상이 동의(동의를 얻은 입점상인이 운영하는 매장면적의 합은 전체 매장면적의 2분의 1 이상이어야 한다.)하여 설립한 「민법」 또는 「상법」에 따른 법인

나. 입점상인 3분의 2 이상이 동의하여 설립한 「중소기업협동조합법」에 따른 협동조합 또는 사업협동조합

다. 입점상인 3분의 2 이상이 동의하여 조직한 자치관리단체. 이 경우 6개월 이내에 가목 또는 나목에 따른 법인·협동조합 또는 사업조합의 자격을 갖추어야 한다.

라. 가목부터 다목까지의 어느 하나에 해당하는 자가 없는 경우에는 입점상인 2분의 1 이상이 동의하여 지정하는 자. 이 경우 6개월 이내에 가목 또는 나목에 따른 법인·협동조합 또는 사업조합을 설립하여야 한다.

3) 대규모점포등 관리자는 산업통상자원부령으로 정하는 바에 따라 특별자치시장·시장·군수·구청장에게 신고를 하여야 한다. 신고한 사항을 변경하려는 경우에도 또한 같다.

4) 매장이 분양된 대규모점포 및 등록 준대규모점포에서는 업무 중 구분소유(區分所有)와 관련된 사항에 대하여는 「집합건물의 소유 및 관리에 관한 법률」에 따른다.

5) 입점상인의 동의자 수 산정방법과 그 밖에 필요한 사항은 대통령령으로 정한다.

8. 대규모점포등에 대한 영업시간의 제한 등(제12조의2)

1) 특별자치시장·시장·군수·구청장은 건전한 유통질서 확립, 근로자의 건강권 및 대규모점포등과 중소유통업의 상생발전(相生發展)을 위하여 필요하다고 인정하는 경우 대형마트(대규모점포에 개설된 점포로서 대형마트의 요건을 갖춘 점포를 포함한다)와 준대규모점포에 대하여 다음의 영업시간 제한을 명하거나 의무휴업일을 지정하여 의무휴업을 명할 수 있다. 다만, 연간 총매출액 중 「농수산물 유통 및 가격안정에 관한 법률」에 따른 농수산물의 매출액 비중이 55퍼센트 이상인 대규모점포 등으로서 해당 지방자치단체의 조례로 정하는 대규모점포등에 대하여는 그러하지 아니하다.

① 영업시간 제한

② 의무휴업일 지정

2) 특별자치시장·시장·군수·구청장은 오전 0시부터 오전 10시까지의 범위에서 영업시간을 제한할 수 있다.

3) 특별자치시장·시장·군수·구청장은 매월 이틀을 의무휴업일로 지정하여야 한다. 이 경우 의무휴업일은 공휴일 중에서 지정하되, 이해당사자와 합의를 거쳐 공휴일이 아닌 날을 의무휴업일로 지정할 수 있다.

4) 영업시간 제한 및 의무휴업일 지정에 필요한 사항은 해당 지방자치단체의 조례로 정한다.

9. 대규모점포등의 관리비 등(제12조의3)

1) 대규모점포등 관리자는 대규모점포등을 유지·관리하기 위한 관리비를 입점상인에게 청구·수령하고 그 금원을 관리할 수 있다.
2) 관리비의 내용 등에 필요한 사항은 대통령령으로 정한다.
3) 대규모점포등 관리자는 입점상인이 납부하는 대통령령으로 정하는 사용료 등을 입점상인을 대행하여 그 사용료 등을 받을 자에게 납부할 수 있다.
4) 대규모점포등 관리자는 다음의 내역(항목별 산출내역을 말하며, 매장별 부과내역은 제외한다)을 대통령령으로 정하는 바에 따라 해당 대규모점포등의 인터넷 홈페이지(인터넷 홈페이지가 없는 경우에는 해당 대규모점포등의 관리사무소나 게시판 등을 말한다. 이하 같다)에 공개하여야 한다.
   ① 관리비
   ② 사용료 등
   ③ 그 밖에 대통령령으로 정하는 사항
5) 대규모점포등 관리자가 대규모점포등의 유지·관리를 위하여 위탁관리, 공사 또는 용역 등을 위한 계약을 체결하는 경우 계약의 성질 및 규모 등을 고려하여 대통령령으로 정하는 경우를 제외하고는 대통령령으로 정하는 입찰방식으로 계약을 체결하여야 한다.
6) 대규모점포등 관리자가 계약을 체결하는 경우에 계약체결일부터 1개월 이내에 그 계약서를 해당 대규모점포등의 인터넷 홈페이지에 공개하여야 한다. 이 경우 제12조의4제3항제1호의 정보는 제외하고 공개하여야 한다.

10. 회계서류의 작성·보관(제12조의4)

1) 대규모점포등 관리자는 금전을 입점상인에게 청구·수령하거나 그 금원을 관리하는 행위 등 모든 거래행위에 관하여 장부를 월별로 작성하여 그 증빙서류와 함께 해당 회계연도 종료일부터 5년간 보관하여야 한다.
2) 대규모점포등 관리자가 제12조제2항제1호에 해당하는 경우에는 대규모점포등 관리자의 고유재산과 분리하여 제1항의 회계처리를 하여야 한다.
3) 대규모점포등 관리자는 입점상인이 제1항에 따른 장부나 증빙서류, 그 밖에 대

통령령으로 정하는 정보의 열람을 요구하거나 자기의 비용으로 복사를 요구하는 때에는 다음 각 호의 정보는 제외하고 이에 응하여야 한다. 이 경우 관리규정에서 열람과 복사를 위한 방법 등 필요한 사항을 정할 수 있다.

① 「개인정보 보호법」조에 따른 고유식별정보 등 개인의 사생활의 비밀 또는 자유를 침해할 우려가 있는 정보

② 의사결정과정 또는 내부검토과정에 있는 사항 등으로서 공개될 경우 업무의 공정한 수행에 현저한 지장을 초래할 우려가 있는 정보

11. 대규모점포등 관리자의 회계감사(제12조의5)

1) 대규모점포등 관리자는 대통령령으로 정하는 바에 따라 「주식회사의 외부감사에 관한 법률」에 따른 감사인의 회계감사를 매년 1회 이상 받아야 한다. 다만 입점상인의 3분의 2 이상이 서면으로 회계감사를 받지 아니하는 데 동의한 연도에는 회계감사를 받지 아니할 수 있다.

2) 대규모점포등 관리자는 회계감사결과를 제출받은 날부터 1개월 이내에 대규모점포등의 인터넷 홈페이지에 그 결과를 공개하여야 한다.

3) 대규모점포등 관리자는 특별자치시장·시장·군수·구청장 또는 「공인회계사법」 제41조에 따른 한국공인회계사회에 감사인의 추천을 의뢰할 수 있다.

4) 회계감사를 받는 대규모점포등 관리자는 다음의 어느 하나에 해당하는 행위를 하여서는 아니 된다.

① 정당한 사유 없이 감사인의 자료 열람·등사·제출 요구 또는 조사를 거부·방해·기피하는 행위

② 감사인에게 거짓 자료를 제출하는 등 부정한 방법으로 회계감사를 방해하는 행위

12. 관리규정(제12조의6)

① 대규모점포등 관리자는 대규모점포등의 관리 또는 사용에 관하여 입점상인의 3분의 2 이상의 동의를 얻어 관리규정을 제정하여야 하며 관리규정에 따라 대규모점포등을 관리하여야 한다.

② 관리규정을 제정·개정하는 방법 등에 필요한 사항은 대통령령으로 정한다.

③ 대규모점포등 관리자는 입점상인이 관리규정의 열람이나 복사를 요구하는 때에는 이에 응하여야 한다.

④ 시·도지사는 이 법을 적용받는 대규모점포등의 효율적이고 공정한 관리를 위하여 대통령령으로 정하는 바에 따라 표준관리규정을 마련하여 보급하여야 한다.

13. 대규모점포등 개설자의 지위승계(제13조)

다음의 어느 하나에 해당하는 자는 종전의 대규모점포등 개설자의 지위를 승계한다. 지위를 승계한 자에 대하여는 등록의 결격사유(제10조)를 준용한다.

① 대규모점포등 개설자가 사망한 경우 그 상속인
② 대규모점포등 개설자가 대규모점포등을 양도한 경우 그 양수인
③ 법인인 대규모점포등 개설자가 다른 법인과 합병한 경우 합병 후 존속하는 법인이나 합병으로 설립되는 법인

14. 대규모점포등의 휴업·폐업 신고(제13조의2)

대규모점포등 개설자가 대규모점포등을 휴업하거나 폐업하려는 경우에는 산업통상자원부령으로 정하는 바에 따라 특별자치시장·시장·군수·구청장에게 신고를 하여야 한다.

15. 전통상업보존구역의 지정(제13조의3)

① 특별자치시장·시장·군수·구청장은 지역 유통산업의 전통과 역사를 보존하기 위하여 「전통시장 및 상점가 육성을 위한 특별법」에 따른 전통시장이나 중소벤처기업부장관이 정하는 전통상점가의 경계로부터 1킬로미터 이내의 범위에서 해당 지방자치단체의 조례로 정하는 지역을 전통상업보존구역으로 지정할 수 있다.

② 전통상업보존구역을 지정하려는 특별자치시장·시장·군수·구청장은 관할구역 전통시장등의 경계로부터 1킬로미터 이내의 범위 일부가 인접 특별자치시·시·군·구에 속해 있는 경우에는 인접지역의 특별자치시장·시장·군수·구청장에게 해당 지역을 전통상업보존구역으로 지정할 것을 요청할 수 있다.

③ 요청을 받은 인접지역의 특별자치시장·시장·군수·구청장은 요청한 특별자치시장·시장·군수·구청장과 협의하여 해당 지역을 전통상업보존구역으로 지정하여야 한다.

④ 전통상업보존구역의 범위, 지정 절차 및 지정 취소 등에 관하여 필요한 사항은 해당 지방자치단체의 조례로 정한다.

16. 영업정지(제13조의4)

특별자치시장·시장·군수·구청장은 다음의 어느 하나에 해당하는 경우에는 1개월 이내의 기간을 정하여 영업의 정지를 명할 수 있다.

① 명령을 1년 이내에 3회 이상 위반하여 영업제한시간에 영업을 한 자 또는 명령을 1년 이내에 3회 이상 위반하여 의무휴업일에 영업을 한 자. 이 경우 제12조의2제1항제1호에 따른 명령 위반과 같은 항 제2호에 따른 명령 위반의 횟수는 합산한다.

② 이 조에 따른 영업정지 명령을 위반하여 영업정지기간 중 영업을 한 자

17. 임시시장의 개설 등 (제14조)

① 임시시장의 개설방법·시설기준과 그 밖에 임시시장의 운영·관리에 관한 사항은 특별자치시·시·군·구의 조례로 정한다.

② 지방자치단체의 장은 임시시장의 활성화를 위하여 임시시장을 체계적으로 육성·지원하여야 한다.

제4장 유통산업의 경쟁력 강화

1. 분야별 발전시책 (제15조)

1) 산업통상자원부장관은 유통산업의 경쟁력을 강화하기 위하여 다음의 시책을 수립·시행할 수 있다.
   ① 체인사업의 발전시책
   ② 무점포판매업의 발전시책
   ③ 그 밖에 유통산업의 분야별 경쟁력 강화를 위하여 필요한 시책
2) 각 시책에는 다음 각 호의 사항이 포함되어야 한다.
   ① 국내외 사업현황
   ② 산업별·유형별 발전전략에 관한 사항
   ③ 유통산업에 대한 인식의 제고에 관한 사항
   ④ 전문인력의 양성에 관한 사항
   ⑤ 관련 정보의 원활한 유통에 관한 사항
   ⑥ 그 밖에 유통산업의 분야별 발전 또는 경쟁력 강화를 위하여 필요한 사항
3) 정부는 재래시장의 활성화에 필요한 시책을 수립·시행하여야 하고, 정부 또는 지방자치단체의 장은 이에 필요한 행정적·재정적 지원을 할 수 있다.
4) 정부 또는 지방자치단체의 장은 다음의 사항이 포함된 중소유통기업의 구조개선 및 경쟁력 강화에 필요한 시책을 수립·시행할 수 있고, 이에 필요한 행정적·재정적 지원을 할 수 있다.
   ① 중소유통기업의 창업을 지원하기 위한 사항
   ② 중소유통기업에 대한 자금·경영·정보·기술·인력의 지원에 관한 사항
   ③ 선진유통기법의 도입·보급 등을 위한 중소유통기업자의 교육·연수의 지원에 관한 사항
   ④ 중소유통공동도매물류센터의 설립·운영 등 중소유통기업의 공동협력사업

지원에 관한 사항

⑤ 그 밖에 중소유통기업의 구조개선을 촉진하기 위하여 필요하다고 인정되는 사항으로서 대통령령으로 정하는 사항

2. 체인사업자의 경영개선사항 등(제16조)

1) 체인사업자는 직영하거나 체인에 가입되어 있는 점포의 경영을 개선하기 위하여 다음 각 호의 사항을 추진하여야 한다.

① 체인점포의 시설 현대화

② 체인점포에 대한 원재료·상품 또는 용역 등의 원활한 공급

③ 체인점포에 대한 점포관리·품질관리·판매촉진 등 경영활동 및 영업활동에 관한 지도

④ 체인점포 종사자에 대한 유통교육·훈련의 실시

⑤ 체인사업자와 체인점포 간의 유통정보시스템의 구축

⑥ 집배송시설의 설치 및 공동물류사업의 추진

⑦ 공동브랜드 또는 자기부착상표의 개발·보급

⑧ 유통관리사의 고용 촉진

⑨ 그 밖에 중소벤처기업부장관이 체인사업의 경영개선을 위하여 필요하다고 인정하는 사항

2) 산업통상자원부장관·중소벤처기업부장관 또는 지방자치단체의 장은 체인사업자 또는 체인사업자단체가 제1항 각 호의 사업을 추진하는 경우에는 예산의 범위에서 필요한 자금 등을 지원할 수 있다.

3. 중소유통공동도매물류센터에 대한 지원(제17조의2)

1) 산업통상자원부장관, 중소벤처기업부장관 또는 지방자치단체의 장은 「중소기업기본법」에 따른 중소기업자 중 대통령령으로 정하는 소매업자 50인 또는 도매업자 10인 이상의 자(중소유통기업자단체라 한다)가 공동으로 중소유통기업의 경쟁력 향상을 위하여 다음의 사업을 하는 물류센터를 건립하거나 운영하는 경우에는 필요한 행정적·재정적 지원을 할 수 있다.

① 상품의 보관·배송·포장 등 공동물류사업

② 상품의 전시

③ 유통·물류정보시스템을 이용한 정보의 수집·가공·제공

④ 중소유통공동도매물류센터를 이용하는 중소유통기업의 서비스능력 향상을 위한 교육 및 연수

⑤ 그 밖에 중소유통공동도매물류센터 운영의 고도화를 위하여 산업통상자원부장관이 필요하다고 인정하여 공정거래위원회와 협의를 거친 사업

2) 지방자치단체의 장은 중소유통공동도매물류센터를 건립하여 다음의 단체 또는 법인에 그 운영을 위탁할 수 있다.

① 중소유통기업자단체

② 중소유통공동도매물류센터를 운영하기 위하여 지방자치단체와 중소유통기업자단체가 출자하여 설립한 법인

3) 지방자치단체가 중소유통공동도매물류센터를 건립하여 운영을 위탁하는 경우에는 운영주체와 협의하여 해당 중소유통공동도매물류센터의 매출액의 1천분의 5 이내에서 시설 및 장비의 이용료를 징수하여 시설물 및 장비의 유지·관리 등에 드는 비용에 충당할 수 있다.

4) 중소유통공동도매물류센터의 건립, 운영 및 관리 등에 필요한 사항은 중소벤처기업부장관이 정하여 고시한다.

4. 상점가진흥조합(제18조)

① 상점가에서 도매업·소매업·용역업이나 그 밖의 영업을 하는 자는 해당 상점가의 진흥을 위하여 상점가진흥조합을 결성할 수 있다.

② 상점가진흥조합의 조합원이 될 수 있는 자는 「중소기업기본법」에 따른 중소기업자에 해당하는 자로 한다.

③ 상점가진흥조합은 조합원의 자격이 있는 자의 3분의 2 이상의 동의를 받아 결성한다. 다만, 조합원의 자격이 있는 자 중 같은 업종을 경영하는 자가 2분의 1 이상인 경우에는 그 같은 업종을 경영하는 자의 5분의 3 이상의 동의를 받아 결성할 수 있다.

④ 상점가진흥조합은 협동조합 또는 사업조합으로 설립한다.

⑤ 상점가진흥조합의 구역은 다른 상점가진흥조합의 구역과 중복되어서는 아니 된다.

5. 상점가진흥조합에 대한 지원(제19조)

지방자치단체의 장은 상점가진흥조합이 다음 각 호의 사업을 하는 경우에는 예

산의 범위에서 필요한 자금을 지원할 수 있다.

① 점포시설의 표준화 및 현대화

② 상품의 매매 · 보관 · 수송 · 검사 등을 위한 공동시설의 설치

③ 주차장 · 휴게소 등 공공시설의 설치

④ 조합원의 판매촉진을 위한 공동사업

⑤ 가격표시 등 상거래질서의 확립

⑥ 조합원과 그 종사자의 자질향상을 위한 연수사업 및 정보제공

⑦ 그 밖에 지방자치단체의 장이 상점가 진흥을 위하여 필요하다고 인정하는 사업

6. 전문상가단지 건립의 지원 등(제20조)

1) 산업통상자원부장관, 관계 중앙행정기관의 장 또는 지방자치단체의 장은 다음 각 호의 어느 하나에 해당하는 자가 전문상가단지를 세우려는 경우에는 필요한 행정적 · 재정적 지원을 할 수 있다.

① 도매업자 또는 소매업자로 구성되는 「중소기업협동조합법」에 규정된 협동조합 · 사업협동조합 · 협동조합연합회 또는 중소기업중앙회로서 산업통상자원부령으로 정하는 기준에 해당하는 자

② 해당하는 자와 신탁계약을 체결한 「자본시장과 금융투자업에 관한 법률」에 따른 신탁업자로서 자본금 또는 연간 매출액이 산업통상자원부령으로 정하는 금액 이상인 자

2) 지원을 받으려는 자는 전문상가단지 조성사업계획을 작성하여 산업통상자원부장관, 관계 중앙행정기관의 장 또는 지방자치단체의 장에게 제출하여야 한다.

제5장 유통산업발전기반의 조성

1. 유통정보화시책 등(제21조)

1) 산업통상자원부장관은 유통정보화의 촉진 및 유통부문의 전자거래기반을 넓히기 위하여 다음 각 호의 사항이 포함된 유통정보화시책을 세우고 시행하여야 한다.

① 유통표준코드의 보급

② 유통표준전자문서의 보급

③ 판매시점 정보관리시스템의 보급

④ 점포관리의 효율화를 위한 재고관리시스템·매장관리시스템 등의 보급

⑤ 상품의 전자적 거래를 위한 전자장터 등의 시스템의 구축 및 보급

⑥ 다수의 유통·물류기업 간 기업정보시스템의 연동을 위한 시스템의 구축 및 보급

⑦ 유통·물류의 효율적 관리를 위한 무선주파수 인식시스템의 적용 및 실용화 촉진

⑧ 유통정보 또는 유통정보시스템의 표준화 촉진

⑨ 그 밖에 유통정보화를 촉진하기 위하여 필요하다고 인정되는 사항

2) 산업통상자원부장관은 유통정보화에 관한 시책을 세우기 위하여 필요하다고 인정하는 경우에는 과학기술정보통신부장관에게 유통정보화서비스를 제공하는 전기통신사업자에 관한 자료를 요청할 수 있다.

3) 산업통상자원부장관은 유통사업자·제조업자 또는 유통 관련 단체가 사업을 추진하는 경우에는 예산의 범위에서 필요한 자금을 지원할 수 있다.

2. 유통표준전자문서 및 유통정보의 보안 등(제22조)

① 누구든지 유통표준전자문서를 위작 또는 변작하거나 위작 또는 변작된 전자문서를 사용하거나 유통시켜서는 아니 된다.

② 유통정보화서비스를 제공하는 자는 유통표준전자문서 또는 컴퓨터 등 정보처리조직의 파일에 기록된 유통정보를 공개하여서는 아니 된다. 다만, 국가의 안전보장에 위해(危害)가 없고 타인의 비밀을 침해할 우려가 없는 정보로서 대통령령으로 정하는 것은 그러하지 아니하다.

③ 유통정보화서비스를 제공하는 자는 유통표준전자문서를 대통령령으로 정하는 기간 동안 보관하여야 한다.

3. 유통전문인력의 양성(제23조)

1) 산업통상자원부장관 또는 중소벤처기업부장관은 유통전문인력을 양성하기 위하여 다음의 사업을 할 수 있다.

① 유통산업에 종사하는 사람의 자질 향상을 위한 교육·연수

② 유통산업에 종사하려는 사람의 취업·재취업 또는 창업의 촉진을 위한 교육·연수

③ 선진유통기법의 개발·보급

④ 그 밖에 유통전문인력을 양성하기 위하여 필요하다고 인정되는 사업

2) 산업통상자원부장관 또는 중소벤처기업부장관은 다음의 기관이 사업을 하는 경우에는 예산의 범위에서 그 사업에 필요한 경비의 전부 또는 일부를 지원할 수 있다.

①「정부출연연구기관 등의 설립·운영 및 육성에 관한 법률」또는「과학기술분야 정부출연연구기관 등의 설립·운영 및 육성에 관한 법률」에 따른 정부출연연구기관

②「고등교육법」에 따른 대학 또는 대학원

③ 유통연수기관

3) "유통연수기관"이란 다음 각 호의 어느 하나에 해당하는 기관을 말한다.

①「상공회의소법」에 따른 대한상공회의소

②「산업발전법」에 따른 한국생산성본부

③ 유통인력 양성을 위한 대통령령으로 정하는 시설·인력 및 연수 실적의 기준에 적합한 법인으로서 산업통상자원부장관이 지정하는 기관

4) 유통연수기관의 지정절차 등에 관하여 필요한 사항은 산업통상자원부령으로 정한다.

5) 산업통상자원부장관은 지정유통연수기관이 제1호에 해당하는 경우에는 그 지정을 취소하여야 하고, 제2호에 해당하는 경우에는 그 지정을 취소하거나 3개월 이내의 기간을 정하여 지정의 효력을 정지할 수 있다.

① 거짓이나 그 밖의 부정한 방법으로 지정받은 경우

② 지정기준에 적합하지 아니한 경우

6) 지정유통연수기관이 해산되는 경우 해당 기관의 장은 산업통상자원부령으로 정하는 바에 따라 산업통상자원부장관에게 통보하여야 한다.

4. 유통관리사(제24조)

1) 유통관리사는 다음 각 호의 직무를 수행한다.

① 유통경영·관리 기법의 향상

② 유통경영·관리와 관련한 계획·조사·연구

③ 유통경영·관리와 관련한 진단·평가

④ 유통경영·관리와 관련한 상담·자문

⑤ 그 밖에 유통경영·관리에 필요한 사항

2) 유통관리사가 되려는 사람은 산업통상자원부장관이 실시하는 유통관리사 자격시험에 합격하여야 한다.

3) 유통관리사의 등급, 유통관리사 자격시험의 실시방법·응시자격·시험과목 및 시험과목의 면제나 시험점수의 가산, 자격증의 발급 등에 필요한 사항은 대통령령으로 정한다.

4) 산업통상자원부장관 또는 지방자치단체의 장은 유통관리사를 고용한 유통사업자 및 유통사업자단체에 대하여 다른 유통사업자 및 사업자단체에 우선하여 자금 등을 지원할 수 있다.

5) 산업통상자원부장관은 거짓이나 그 밖의 부정한 방법으로 유통관리사의 자격을 취득한 사람에 대하여 그 자격을 취소하여야 한다.

6) 산업통상자원부장관은 다른 사람에게 유통관리사의 명의를 사용하게 하거나 자격증을 빌려준 사람에 대하여 대통령령으로 정하는 바에 따라 6개월 이내의 기간을 정하여 자격을 정지할 수 있다.

7) 유통관리사의 자격이 취소된 사람은 취소일부터 3년간 유통관리사 자격시험에 응시할 수 없다.

5. 유통산업의 국제화 촉진(제25조)

산업통상자원부장관은 유통사업자 또는 유통사업자단체가 다음의 사업을 추진하는 경우에는 예산의 범위에서 필요한 경비의 전부 또는 일부를 지원할 수 있다.

① 유통 관련 정보·기술·인력의 국제교류
② 유통 관련 국제 표준화·공동조사·연구·기술 협력
③ 유통 관련 국제학술대회·국제박람회 등의 개최
④ 해외유통시장의 조사·분석 및 수집정보의 체계적인 유통
⑤ 해외유통시장에 공동으로 진출하기 위한 공동구매·공동판매망의 구축 등 공동협력사업
⑥ 그 밖에 유통산업의 국제화를 위하여 필요하다고 인정되는 사업

제6장 유통기능의 효율화

1. 유통기능 효율화 시책(제26조)

1) 산업통상자원부장관은 유통기능을 효율화하기 위하여 다음의 사항에 관한 시책을 마련하여야 한다.

① 물류표준화의 촉진
② 물류정보화 기반의 확충
③ 물류공동화의 촉진
④ 물류기능의 외부 위탁 촉진
⑤ 물류기술·기법의 고도화 및 선진화
⑥ 집배송시설 및 공동집배송센터의 확충 및 효율적 배치
⑦ 그 밖에 유통기능의 효율화를 촉진하기 위하여 필요하다고 인정되는 사항

2) 산업통상자원부장관은 제1항제5호에 따른 물류기술·기법의 고도화 및 선진화를 위하여 다음의 사업을 할 수 있다.

① 국내외 물류기술 수준의 조사
② 물류기술·기법의 연구개발 및 개발된 물류기술·기법의 활용
③ 물류에 관한 기술협력·기술지도 및 기술이전
④ 그 밖에 물류기술·기법의 개발 및 그 수준의 향상을 위하여 필요하다고 인정되는 사업

3) 산업통상자원부장관은 유통사업자·제조업자·물류사업자 또는 관련 단체가 사업을 하는 경우에는 산업통상자원부령으로 정하는 바에 따라 예산의 범위에서 필요한 자금을 지원할 수 있다.

2. 공동집배송센터의 지정 등(제29조)

① 산업통상자원부장관은 물류공동화를 촉진하기 위하여 필요한 경우에는 시·

도지사의 추천을 받아 부지 면적, 시설 면적 및 유통시설로의 접근성 등 산업통상자원부령으로 정하는 요건에 해당하는 지역 및 시설물을 공동집배송센터로 지정할 수 있다.

② 공동집배송센터의 지정을 받으려는 자는 산업통상자원부령으로 정하는 바에 따라 공동집배송센터의 조성·운영에 관한 사업계획을 첨부하여 시·도지사에게 공동집배송센터 지정 추천을 신청하여야 한다.

③ 추천 신청을 받은 시·도지사는 그 사업의 타당성 등을 검토한 결과 해당 지역 집배송체계의 효율화를 위하여 필요하다고 인정하는 경우에는 추천 사유서와 산업통상자원부령으로 정하는 서류를 산업통상자원부장관에게 제출하여야 한다.

④ 지정받은 공동집배송센터를 조성·운영하려는 자는 지정받은 사항 중 산업통상자원부령으로 정하는 중요 사항을 변경하려면 산업통상자원부장관의 변경지정을 받아야 한다.

⑤ 산업통상자원부장관은 공동집배송센터를 지정하거나 변경지정하려면 미리 관계 중앙행정기관의 장과 협의하여야 한다.

⑥ 산업통상자원부장관은 제1항에 따라 공동집배송센터를 지정하였을 때에는 산업통상자원부령으로 정하는 바에 따라 고시하여야 한다.

⑦ 공동집배송센터사업자는 산업통상자원부령으로 정하는 시설기준 및 운영기준에 따라 공동집배송센터를 설치하고 운영하여야 한다.

3. 인·허가등의 의제(제30조)

1) 공동집배송센터를 지정하는 경우 다음의 허가·신고·승인·인가·협의·해제·지정 및 심사에 관하여 산업통상자원부장관이 다른 행정기관의 장과 협의한 결과 동의를 받은 사항에 대하여는 해당 인·허가등을 받은 것으로 본다.

① 「농지법」에 따른 농지의 전용허가

② 「산지관리법」에 따른 산지전용허가 및 산지전용신고, 산지일시사용 허가·신고, 「산림자원의 조성 및 관리에 관한 법률」에 따른 입목벌채등의 허가·신고 및 「산림보호법」에 따른 입목·죽의 벌채, 임산물의 굴취·채취, 가축의 방목, 그 밖에 토지의 형질을 변경하는 행위의 허가·신고

③ 「초지법」에 따른 초지의 전용 허가 또는 신고

④「공유수면 관리 및 매립에 관한 법률」에 따른 공유수면의 점용·사용 허가, 국가 등이 시행하는 매립의 협의 또는 승인 및 공유수면매립실시계획의 승인

⑤「하천법」에 따른 하천공사의 허가 및 하천의 점용허가

⑥「도로법」에 따른 도로공사 시행의 허가 및 도로의 점용허가(도로굴착을 수반하는 경우는 제외한다)

⑦「사도법」에 따른 사도의 개설·개축·증축 또는 변경의 허가

⑧「수도법」에 따른 일반수도사업의 인가, 공업용수도사업의 인가, 전용상수도의 인가 및 전용공업용수도의 인가

⑨「하수도법」공공하수도공사 시행의 허가

⑩「농어촌정비법」농업생산기반시설의 사용허가

⑪「항만법」항만개발사업 시행의 허가 및 항만개발사업실시계획의 승인

⑫「사방사업법」에 따른 입목·죽의 벌채, 토석·나무뿌리 또는 풀뿌리의 채취, 가축의 방목, 그 밖에 사방시설을 훼손·변경하거나 토지의 형질을 변경하는 행위의 허가 및 사방지의 지정해제

⑬「국토의 계획 및 이용에 관한 법률」에 따른 개발행위의 허가 및 도시·군계획시설사업의 시행자 지정

⑭「장사 등에 관한 법률」에 따른 개장의 허가

⑮「공간정보의 구축 및 관리 등에 관한 법률」에 따른 지도등의 간행 심사

2) 산업통상자원부장관은 공동집배송센터를 지정하려는 경우 그 지정 내용에 제1항 각 호의 어느 하나에 해당하는 사항이 포함되어 있을 때에는 관계 행정기관의 장과 협의하여야 한다. 이 경우 관계 행정기관의 장은 산업통상자원부장관의 협의 요청을 받은 날부터 대통령령으로 정하는 기간 이내에 의견을 제출하여야 한다.

4. 공동집배송센터의 지원(제31조)

① 산업통상자원부장관은 지정받은 공동집배송센터의 조성에 필요한 자금 등을 지원할 수 있다.

② 산업통상자원부장관은 공동집배송센터의 조성을 위하여 필요하다고 인정하는 경우에는 부지의 확보, 도시·군계획의 변경 또는 도시·군계획시설의 설치 등에 관하여 시·도지사에게 협조를 요청할 수 있다.

5. 공동집배송센터의 신탁개발(제32조)

① 공동집배송센터사업자는 「자본시장과 금융투자업에 관한 법률」에 따른 신탁업자와 신탁계약을 체결하여 공동집배송센터를 신탁개발할 수 있다.

② 신탁계약을 체결한 신탁업자는 공동집배송센터사업자의 지위를 승계한다. 이 경우 공동집배송센터사업자는 계약체결일부터 14일 이내에 신탁계약서 사본을 산업통상자원부장관에게 제출하여야 한다.

6. 시정명령 및 지정취소(제33조)

1) 산업통상자원부장관은 공동집배송센터의 지정요건 및 시설·운영 기준에 미달하는 경우에는 산업통상자원부령으로 정하는 바에 따라 공동집배송센터사업자에 대하여 시정명령을 할 수 있다.

2) 산업통상자원부장관은 다음의 어느 하나에 해당하는 경우에는 공동집배송센터의 지정을 취소할 수 있다. 다만, 제1호에 해당하는 경우에는 그 지정을 취소하여야 한다.

① 거짓이나 그 밖의 부정한 방법으로 공동집배송센터의 지정을 받은 경우

② 공동집배송센터의 지정을 받은 날부터 정당한 사유 없이 3년 이내에 시공을 하지 아니하는 경우

③ 시정명령을 이행하지 아니하는 경우

④ 공동집배송센터사업자의 파산 등 대통령령으로 정하는 사유로 정상적인 사업추진이 곤란하다고 인정되는 경우

7. 공동집배송센터 개발촉진지구의 지정 등(제34조)

① 시·도지사는 집배송시설의 집단적 설치를 촉진하고 집배송시설의 효율적 배치를 위하여 공동집배송센터 개발촉진지구(이하 "촉진지구"라 한다)의 지정을 산업통상자원부장관에게 요청할 수 있다.

② 산업통상자원부장관은 시·도지사가 요청한 지역이 산업통상자원부령으로 정하는 요건에 적합하다고 판단하는 경우에는 촉진지구로 지정하고, 그 내용을 산업통상자원부령으로 정하는 바에 따라 고시하여야 한다.

③ 산업통상자원부장관은 촉진지구를 지정하려면 미리 관계 중앙행정기관의 장과 협의하여야 한다.

④ 지정의 요건 및 절차 등에 관하여 필요한 사항은 산업통상자원부령으로 정한다.

8. 촉진지구에 대한 지원(제35조)

① 산업통상자원부장관 또는 시·도지사는 촉진지구의 개발을 활성화하기 위하여 촉진지구에 설치되거나 촉진지구로 이전하는 집배송시설에 대하여 자금이나 그 밖에 필요한 사항을 지원할 수 있다.

② 산업통상자원부장관은 촉진지구의 집배송시설에 대하여는 시·도지사의 추천이 없더라도 공동집배송센터로 지정할 수 있다.

9. 국유재산·공유재산의 매각 등(제35조의2)

① 국가 또는 지방자치단체는 대규모점포의 개설과 중소유통공동도매물류센터의 건립을 위하여 필요한 경우로서 대통령령으로 정하는 경우에는 「국유재산법」 또는 「공유재산 및 물품 관리법」에도 불구하고 국유재산·공유재산을 수의계약으로 매각할 수 있다. 이 경우 국유재산·공유재산의 매각의 내용 및 조건에 관하여는 「국유재산법」 또는 「공유재산 및 물품 관리법」에서 정하는 바에 따른다.

② 대규모점포를 개설하려는 자 또는 중소유통공동도매물류센터를 건립하려는 자는 도로의 개설에 관한 업무를 대통령령으로 정하는 바에 따라 국가기관 또는 지방자치단체에 위탁하여 시행할 수 있다.

③ 대규모점포를 개설하려는 자 또는 중소유통공동도매물류센터를 건립하려는 자가 도로의 개설에 관한 업무를 국가기관 또는 지방자치단체에 위탁하여 시행하는 경우에는 산업통상자원부령으로 정하는 요율의 위탁수수료를 지급하여야 한다.

제7장 상거래질서의 확립

1. 유통분쟁조정위원회(제36조)

1) 유통에 관한 다음 각 호의 분쟁을 조정하기 위하여 특별시·광역시·특별자치시·도·특별자치도 및 시(「제주특별자치도 설치 및 국제자유도시 조성을 위한 특별법」에 따른 행정시를 포함한다.)·군·구에 각각 유통분쟁조정위원회를 둘 수 있다.

① 등록된 대규모점포등과 인근 지역의 도매업자·소매업자 사이의 영업활동에 관한 분쟁. 다만, 「독점규제 및 공정거래에 관한 법률」을 적용받는 사항은 제외한다.

② 등록된 대규모점포등과 중소제조업체 사이의 영업활동에 관한 사항. 다만, 「독점규제 및 공정거래에 관한 법률」을 적용받는 사항은 제외한다.

③ 등록된 대규모점포등과 인근 지역의 주민 사이의 생활환경에 관한 분쟁

④ 업무 수행과 관련한 분쟁

2) 위원회위원장 1명을 포함하여 11명 이상 15명 이하의 위원으로 구성한다.

3) 위원회의 위원장은 위원 중에서 호선(互選)한다.

4) 위원회의 위원은 다음의 사람이 된다.

① 다음의 어느 하나에 해당하는 사람으로서 해당 지방자치단체의 장이 위촉하는 사람

가. 판사·검사 또는 변호사의 자격이 있는 사람

나. 대한상공회의소의 임원 또는 직원

다. 소비자단체의 대표

라. 유통산업 분야에 관한 학식과 경험이 풍부한 사람

마. 해당 지방자치단체에 거주하는 소비자

② 해당 지방자치단체의 도매업·소매업에 관한 업무를 담당하는 공무원으로

서 그 지방자치단체의 장이 지명하는 사람

5) 공무원이 아닌 위원의 임기는 2년으로 한다.

6) 대규모점포등, 영업활동 및 생활환경의 범위에 대하여는 대통령령으로 정한다.

7) 위원회의 조직 및 운영 등에 필요한 사항은 해당 지방자치단체의 조례로 정한다.

2. 분쟁의 조정(제37조)

① 대규모점포등과 관련된 분쟁의 조정을 원하는 자는 특별자치시 · 시 · 군 · 구의 위원회에 분쟁의 조정을 신청할 수 있다.

② 분쟁의 조정신청을 받은 위원회는 신청을 받은 날부터 60일 이내에 이를 심사하여 조정안을 작성하여야 한다. 다만, 부득이한 사정이 있는 경우에는 위원회의 의결로 그 기간을 연장할 수 있다.

③ 시(특별자치시는 제외한다) · 군 · 구의 위원회의 조정안에 불복하는 자는 조정안을 제시받은 날부터 15일 이내에 시 · 도의 위원회에 조정을 신청할 수 있다.

④ 조정신청을 받은 시 · 도의 위원회는 그 신청 내용을 시 · 군 · 구의 위원회 및 신청인 외의 당사자에게 통지하고, 조정신청을 받은 날부터 30일 이내에 이를 심사하여 조정안을 작성하여야 한다. 다만, 부득이한 사정이 있는 경우에는 위원회의 의결로 그 기간을 연장할 수 있다.

⑤ 위원회는 기간을 연장하는 경우에는 기간을 연장하게 된 사유 등을 당사자에게 통보하여야 한다.

3. 자료 요청 등(제38조)

① 위원회는 분쟁조정을 위하여 필요한 자료를 제공하여 줄 것을 당사자 또는 참고인에게 요청할 수 있다. 이 경우 해당 당사자는 정당한 사유가 없으면 요청에 따라야 한다.

② 위원회는 필요하다고 인정하는 경우에는 당사자 또는 참고인으로 하여금 위원회에 출석하게 하여 그 의견을 들을 수 있다.

4. 조정의 효력(제39조)

① 위원회는 조정안을 작성하였을 때에는 지체 없이 조정안을 각 당사자에게 제시하여야 한다.

② 조정안을 제시받은 당사자는 그 제시를 받은 날부터 15일 이내에 그 수락 여

부를 위원회에 통보하여야 한다.

③ 당사자가 조정안을 수락하였을 때에는 위원회는 즉시 조정서를 작성하여야 하며, 위원장 및 각 당사자는 조정서에 기명날인하거나 서명하여야 한다.

④ 당사자가 조정안을 수락하고 조정서에 기명날인하거나 서명하였을 때에는 당사자 간에 조정서와 동일한 내용의 합의가 성립된 것으로 본다.

5. 조정의 거부 및 중지(제40조)

① 위원회는 분쟁의 성질상 위원회에서 조정함이 적합하지 아니하다고 인정하거나 부정한 목적으로 신청되었다고 인정하는 경우에는 조정을 거부할 수 있다. 이 경우 조정거부의 사유 등을 당사자에게 통보하여야 한다.

② 위원회는 신청된 조정사건에 대한 처리절차의 진행 중에 한쪽 당사자가 소(訴)를 제기한 때에는 그 조정의 처리를 중지하고 그 사실을 당사자에게 통보하여야 한다.

6. 조정절차 등(제41조)

분쟁의 조정방법, 조정절차, 조정업무의 처리 및 조정비용의 분담 등에 필요한 사항은 대통령령으로 정한다.

7. 비영리법인에 대한 권고(제42조)

① 지방자치단체의 장은 「민법」이나 그 밖의 법률에 따라 설립된 비영리법인이 판매사업을 할 때 그 법인의 목적사업의 범위를 벗어남으로써 인근 지역의 도매업자 또는 소매업자의 이익을 현저히 해치고 있다고 인정하는 경우에는 해당 법인에 대하여 목적사업의 범위를 벗어난 판매사업을 중단하도록 권고할 수 있다.

② 지방자치단체의 장은 제1항에 해당하는 비영리법인에 대하여 판매사업에 관한 현황 등의 자료를 제공하여 줄 것을 요청할 수 있다.

8. 상거래의 투명화(제43조)

정부는 유통부문에서 공정하고 투명한 상거래가 이루어질 수 있도록 노력하여야 한다.

제8장 보칙

1. 청문(제44조)

산업통상자원부장관, 중소벤처기업부장관 또는 특별자치시장·시장·군수·구청장은 다음 각 호의 어느 하나에 해당하는 처분을 하려면 청문을 하여야 한다.

① 대규모점포등 개설등록의 취소

② 지정유통연수기관의 취소

③ 유통관리사 자격의 취소

④ 공동집배송센터 지정의 취소

2. 대규모점포등의 관리현황 점검·감독 등(제44조의2)

① 산업통상자원부장관 또는 특별자치시장·시장·군수·구청장은 대규모점포등 관리자의 업무집행 및 비용의 징수·관리 등에 관하여 확인이 필요하다고 인정될 때에는 대규모점포등 관리자에 대하여 그 업무에 관한 사항을 보고하게 하거나 자료를 제출하게 할 수 있으며, 관계 공무원에게 사업장 등을 출입하여 관계 서류 등을 검사하게 할 수 있다.

② 검사를 하려는 공무원은 검사 3일 전까지 그 일시·목적 및 내용을 검사대상자에게 통지하여야 한다. 다만, 긴급히 검사하여야 하거나 사전에 알리면 증거인멸 등으로 검사목적을 달성할 수 없다고 인정하는 경우에는 그러하지 아니하다.

③ 출입·검사를 하는 공무원은 그 권한을 표시하는 증표를 지니고 이를 관계인에게 보여 주어야 한다.

④ 산업통상자원부장관은 특별자치시장·시장·군수·구청장으로 하여금 대규모점포등 관리자의 현황, 업무의 집행 및 비용의 징수·관리 등에 관한 사항을 보고하게 할 수 있다.

3. 보고(제45조)

1) 시·도지사 또는 시장·군수·구청장은 산업통상자원부령으로 정하는 바에 따

라 다음의 사항을 산업통상자원부장관에게 보고하여야 한다.

① 지역별 시행계획 및 추진 실적

② 대규모점포등 개설등록·취소 및 대규모점포등 개설자의 업무를 수행하는 자의 신고현황

③ 분쟁의 조정 실적

④ 비영리법인에 대한 권고 실적

2) 산업통상자원부장관, 중소벤처기업부장관 또는 지방자치단체의 장은 이 법에 따른 자금 등의 지원을 위하여 특히 필요하다고 인정하는 경우에는 다음 각 호에 해당하는 자에 대하여 사업실적 등 산업통상자원부령으로 정하는 사항을 보고하게 할 수 있다.

① 중소유통공동도매물류센터운영자 또는 공동집배송센터사업시행자

② 유통사업자단체

③ 유통연수기관

4. 권한 또는 업무의 위임·위탁(제46조)

① 이 법에 따른 산업통상자원부장관의 권한은 대통령령으로 정하는 바에 따라 그 일부를 국가기술표준원장에게 위임할 수 있다.

② 이 법에 따른 산업통상자원부장관 또는 중소벤처기업부장관의 권한은 대통령령으로 정하는 바에 따라 그 일부를 시·도지사에게 위임할 수 있다.

③ 이 법에 따른 산업통상자원부장관의 권한은 대통령령으로 정하는 바에 따라 그 일부를 중소벤처기업부장관에게 위탁할 수 있다.

④ 산업통상자원부장관은 유통관리사 자격시험의 실시에 관한 업무를 대통령령으로 정하는 바에 따라 대한상공회의소에 위탁할 수 있다.

⑤ 산업통상자원부장관은 유통산업의 실태조사에 관한 업무를 「통계법」에 따른 통계작성지정기관에 위탁할 수 있다.

5. 벌칙 적용 시의 공무원 의제(제47조)

위탁한 업무에 종사하는 대한상공회의소의 임원 및 직원은 「형법」의 규정을 적용할 때에는 공무원으로 본다.

6. 수수료(제48조)

대규모점포등의 개설등록을 하려는 자는 산업통상자원부령으로 정하는 범위에서 특별자치시·시·군·구의 조례로 정하는 바에 따라 수수료를 내야 한다.

제9장 벌칙

1. 벌칙(제49조-제50조)

1) 유통표준전자문서를 위작 또는 변작하거나 위작 또는 변작된 전자문서를 사용하거나 유통시킨 자는 10년 이하의 징역 또는 1억원 이하의 벌금에 처한다.

2) 다음의 어느 하나에 해당하는 자는 1년 이하의 징역 또는 3천만원 이하의 벌금에 처한다.
   ① 등록을 하지 아니하고 대규모점포등을 개설하거나 거짓이나 그 밖의 부정한 방법으로 대규모점포등의 개설등록을 한 자
   ② 신고를 하지 아니하고 대규모점포등 개설자의 업무를 수행하거나 거짓이나 그 밖의 부정한 방법으로 대규모점포등 개설자의 업무수행신고를 한 자
   ③ 유통표준전자문서를 보관하지 아니한 자는 1년 이하의 징역 또는 1천만원 이하의 벌금에 처한다.
   ④ 죄의 미수범은 처벌한다.

3) 유통표준전자문서 또는 컴퓨터 등 정보처리조직의 파일에 기록된 유통정보를 공개한 자는 1천만원 이하의 벌금에 처한다.

2. 양벌규정(제51조)

법인의 대표자나 법인 또는 개인의 대리인, 사용인, 그 밖의 종업원이 그 법인 또는 개인의 업무에 관하여 위반행위를 하면 그 행위자를 벌하는 외에 그 법인 또는 개인에게도 해당 조문의 벌금형을 과(科)한다. 다만, 법인 또는 개인이 그 위반행위를 방지하기 위하여 해당 업무에 관하여 상당한 주의와 감독을 게을리하지 아니한 경우에는 그러하지 아니하다.

3. 과태료(제52조)

1) 다음 각 호의 어느 하나에 해당하는 자에게는 1억원 이하의 과태료를 부과한다.

① 제12조의2제1항제1호에 따른 명령을 위반하여 영업제한시간에 영업을 한 자
② 제12조의2제1항제2호에 따른 의무휴업 명령을 위반한 자

2) 다음 각 호의 어느 하나에 해당하는 자에게는 1천만원 이하의 과태료를 부과한다.
① 회계감사를 받지 아니하거나 부정한 방법으로 받은 자
② 회계감사를 방해하는 등 같은 항 각 호의 어느 하나에 해당하는 행위를 한 자

3) 다음의 어느 하나에 해당하는 자에게는 500만원 이하의 과태료를 부과한다.
① 대규모점포등의 변경등록을 하지 아니하거나 거짓이나 그 밖의 부정한 방법으로 변경등록을 한 자
② 대규모점포등 개설자의 업무를 수행하지 아니한 자
②의2. 관리비 등의 내역을 공개하지 아니하거나 거짓으로 공개한 자
②의3. 제12조의3제5항을 위반하여 계약을 체결한 자
②의4. 계약서를 공개하지 아니하거나 거짓으로 공개한 자
②의5. 장부 및 증빙서류를 작성 또는 보관하지 아니하거나 거짓으로 작성한 자
②의6. 제12조의4제2항을 위반하여 회계처리를 한 자
②의7. 장부나 증빙서류 등의 정보에 대한 열람, 복사의 요구에 응하지 아니하거나 거짓으로 응한 자
②의8. 회계감사의 결과를 공개하지 아니하거나 거짓으로 공개한 자
②의9. 관리규정에 대한 열람이나 복사의 요구에 응하지 아니하거나 거짓으로 응한 자
③ 제14조제1항을 위반하여 임시시장을 개설한 자
④ 제29조제4항을 위반하여 변경지정을 받지 아니한 자
⑤ 제33조제1항에 따른 시정명령을 이행하지 아니한 공동집배송센터사업자
⑥ 제45조제2항에 따른 보고를 거짓으로 한 자

4) 과태료는 대통령령으로 정하는 바에 따라 산업통상자원부장관, 중소벤처기업부장관 또는 지방자치단체의 장이 부과·징수한다.

PART

철도사업법

철도사업법 [시행 2023.10.19.] [법 률 제19391호, 2023.04.18., 일부개정]
철도사업법 시행령 [시행 2024.01.01.] [대 통 령 령 제33795호, 2023.10.10., 일부개정]
철도사업법 시행규칙 [시행 2023.10.19.] [국토교통부령 제1261호, 2023.10.19., 일부개정]

제1장 총칙

1. 목적(제1조)

이 법은 철도사업에 관한 질서를 확립하고 효율적인 운영 여건을 조성함으로써 철도사업의 건전한 발전과 철도 이용자의 편의를 도모하여 국민경제의 발전에 이바지함을 목적으로 한다.

2. 정의(제2조)

이 법에서 사용하는 용어의 뜻은 다음과 같다.

1) 철도

「철도산업발전 기본법」에 따른 철도를 말한다.

2) 철도시설

「철도산업발전 기본법」에 따른 철도시설을 말한다.

3) 철도차량

「철도산업발전 기본법」에 따른 철도차량을 말한다.

4) 사업용철도

철도사업을 목적으로 설치하거나 운영하는 철도를 말한다.

5) 전용철도

다른 사람의 수요에 따른 영업을 목적으로 하지 아니하고 자신의 수요에 따라 특수 목적을 수행하기 위하여 설치하거나 운영하는 철도를 말한다.

6) 철도사업

다른 사람의 수요에 응하여 철도차량을 사용하여 유상(有償)으로 여객이나 화물을 운송하는 사업을 말한다.

7) 철도운수종사자

철도운송과 관련하여 승무(乘務, 동력차 운전과 열차 내 승무를 말한다. 이하 같다) 및 역무서비스를 제공하는 직원을 말한다.

8) 철도사업자

「한국철도공사법」에 따라 설립된 한국철도공사 및 철도사업 면허를 받은 자를 말한다.

9) 전용철도운영자

전용철도 등록을 한 자를 말한다.

3. 다른 법률과의 관계(제3조)

철도사업에 관하여 다른 법률에 특별한 규정이 있는 경우를 제외하고는 이 법에서 정하는 바에 따른다.

4. 조약과의 관계(제3조의2)

국제철도(대한민국을 포함한 둘 이상의 국가에 걸쳐 운행되는 철도를 말한다)를 이용한 화물 및 여객 운송에 관하여 대한민국과 외국 간 체결된 조약에 이 법과 다른 규정이 있는 때에는 그 조약의 규정에 따른다.

제2장 철도사업의 관리

1. 사업용 철도노선의 고시 등(제4조)

1) 국토교통부장관은 사업용 철도노선의 노선번호, 노선명, 기점(起點), 종점(終點), 중요 경과지(정차역을 포함한다)와 그 밖에 필요한 사항을 국토교통부령으로 정하는 바에 따라 지정·고시하여야 한다.

2) 국토교통부장관은 사업용 철도노선을 지정·고시하는 경우 사업용 철도노선을 다음 각 호의 구분에 따라 분류할 수 있다.

① 운행지역과 운행거리에 따른 분류

가. 간선(幹線)철도

나. 지선(支線)철도

② 운행속도에 따른 분류

가. 고속철도노선

나. 준고속철도노선

다. 일반철도노선

3) 사업용 철도노선 분류의 기준이 되는 운행지역, 운행거리 및 운행속도는 국토교통부령으로 정한다.

2. 철도차량의 유형 분류(제4조의2)

국토교통부장관은 철도 운임 상한의 산정, 철도차량의 효율적인 관리 등을 위하여 철도차량을 국토교통부령으로 정하는 운행속도에 따라 다음 각 호의 구분에 따른 유형으로 분류할 수 있다.

① 고속철도차량

② 준고속철도차량

③ 일반철도차량

3. 면허 등(제5조)

① 철도사업을 경영하려는 자는 지정·고시된 사업용 철도노선을 정하여 국토교통부장관의 면허를 받아야 한다. 이 경우 국토교통부장관은 철도의 공공성과 안전을 강화하고 이용자 편의를 증진시키기 위하여 국토교통부령으로 정하는 바에 따라 필요한 부담을 붙일 수 있다.

② 면허를 받으려는 자는 국토교통부령으로 정하는 바에 따라 사업계획서를 첨부한 면허신청서를 국토교통부장관에게 제출하여야 한다.

③ 철도사업의 면허를 받을 수 있는 자는 법인으로 한다.

4. 면허의 기준(제6조)

철도사업의 면허기준은 다음 각 호와 같다.

① 해당 사업의 시작으로 철도교통의 안전에 지장을 줄 염려가 없을 것

② 해당 사업의 운행계획이 그 운행 구간의 철도 수송 수요와 수송력 공급 및 이용자의 편의에 적합할 것

③ 신청자가 해당 사업을 수행할 수 있는 재정적 능력이 있을 것

④ 해당 사업에 사용할 철도차량의 대수(臺數), 사용연한 및 규격이 국토교통부령으로 정하는 기준에 맞을 것

5. 결격사유(제7조)

다음 각 호의 어느 하나에 해당하는 법인은 철도사업의 면허를 받을 수 없다.

① 법인의 임원 중 다음 각 목의 어느 하나에 해당하는 사람이 있는 법인

가. 피성년후견인 또는 피한정후견인

나. 파산선고를 받고 복권되지 아니한 사람

다. 이 법 또는 대통령령으로 정하는 철도 관계 법령을 위반하여 금고 이상의 실형을 선고받고 그 집행이 끝나거나(끝난 것으로 보는 경우를 포함한다) 면제된 날부터 2년이 지나지 아니한 사람

라. 이 법 또는 대통령령으로 정하는 철도 관계 법령을 위반하여 금고 이상의 형의 집행유예를 선고받고 그 유예 기간 중에 있는 사람

② 철도사업의 면허가 취소된 후 그 취소일부터 2년이 지나지 아니한 법인. 다만, 제1호가목 또는 나목에 해당하여 철도사업의 면허가 취소된 경우는 제외한다.

6. 운송 시작의 의무(제8조)

철도사업자는 국토교통부장관이 지정하는 날 또는 기간에 운송을 시작하여야 한다. 다만, 천재지변이나 그 밖의 불가피한 사유로 철도사업자가 국토교통부장관이 지정하는 날 또는 기간에 운송을 시작할 수 없는 경우에는 국토교통부장관의 승인을 받아 날짜를 연기하거나 기간을 연장할 수 있다.

7. 여객 운임·요금의 신고 등(제9조)

① 철도사업자는 여객에 대한 운임(여객운송에 대한 직접적인 대가를 말하며, 여객운송과 관련된 설비·용역에 대한 대가는 제외한다.)·요금을 국토교통부장관에게 신고하여야 한다. 이를 변경하려는 경우에도 같다.

② 철도사업자는 여객 운임·요금을 정하거나 변경하는 경우에는 원가(原價)와 버스 등 다른 교통수단의 여객 운임·요금과의 형평성 등을 고려하여야 한다. 이 경우 여객에 대한 운임은 사업용철도노선의 분류, 철도차량의 유형 등을 고려하여 국토교통부장관이 지정·고시한 상한을 초과하여서는 아니 된다.

③ 국토교통부장관은 여객 운임의 상한을 지정하려면 미리 기획재정부장관과 협의하여야 한다.

④ 국토교통부장관은 신고 또는 변경신고를 받은 날부터 3일 이내에 신고수리 여부를 신고인에게 통지하여야 한다.

⑤ 철도사업자는 신고 또는 변경신고를 한 여객 운임·요금을 그 시행 1주일 이전에 인터넷 홈페이지, 관계 역·영업소 및 사업소 등 일반인이 잘 볼 수 있는 곳에 게시하여야 한다.

8. 여객 운임·요금의 감면(제9조의2)

① 철도사업자는 재해복구를 위한 긴급지원, 여객 유치를 위한 기념행사, 그 밖에 철도사업의 경영상 필요하다고 인정되는 경우에는 일정한 기간과 대상을 정하여 신고한 여객 운임·요금을 감면할 수 있다.

② 철도사업자는 여객 운임·요금을 감면하는 경우에는 그 시행 3일 이전에 감면사항을 인터넷 홈페이지, 관계 역·영업소 및 사업소 등 일반인이 잘 볼 수 있는 곳에 게시하여야 한다. 다만, 긴급한 경우에는 미리 게시하지 아니할 수 있다.

9. 부가 운임의 징수(제10조)

① 철도사업자는 열차를 이용하는 여객이 정당한 운임·요금을 지급하지 아니하고 열차를 이용한 경우에는 승차 구간에 해당하는 운임 외에 그의 30배의 범위에서 부가 운임을 징수할 수 있다.

② 철도사업자는 송하인(送荷人)이 운송장에 적은 화물의 품명·중량·용적 또는 개수에 따라 계산한 운임이 정당한 사유 없이 정상 운임보다 적은 경우에는 송하인에게 그 부족 운임 외에 그 부족 운임의 5배의 범위에서 부가 운임을 징수할 수 있다.

③ 철도사업자는 부가 운임을 징수하려는 경우에는 사전에 부가 운임의 징수 대상 행위, 열차의 종류 및 운행 구간 등에 따른 부가 운임 산정기준을 정하고 철도사업약관에 포함하여 국토교통부장관에게 신고하여야 한다.

④ 국토교통부장관은 신고를 받은 날부터 3일 이내에 신고수리 여부를 신고인에게 통지하여야 한다.

⑤ 부가 운임의 징수 대상자는 이를 성실하게 납부하여야 한다.

10. 승차권 등 부정판매의 금지(제10조의2)

철도사업자 또는 철도사업자로부터 승차권 판매위탁을 받은 자가 아닌 자는 철도사업자가 발행한 승차권 또는 할인권·교환권 등 승차권에 준하는 증서를 상습 또는 영업으로 자신이 구입한 가격을 초과한 금액으로 다른 사람에게 판매하거나 이를 알선하여서는 아니 된다.

11. 철도사업약관(제11조)

① 철도사업자는 철도사업약관을 정하여 국토교통부장관에게 신고하여야 한다. 이를 변경하려는 경우에도 같다.

② 철도사업약관의 기재 사항 등에 필요한 사항은 국토교통부령으로 정한다.

③ 국토교통부장관은 신고 또는 변경신고를 받은 날부터 3일 이내에 신고수리 여부를 신고인에게 통지하여야 한다.

12. 사업계획의 변경(제12조)

1) 철도사업자는 사업계획을 변경하려는 경우에는 국토교통부장관에게 신고하여야 한다. 다만, 대통령령으로 정하는 중요 사항을 변경하려는 경우에는 국토교

통부장관의 인가를 받아야 한다.

2) 국토교통부장관은 철도사업자가 다음의 어느 하나에 해당하는 경우에는 사업계획의 변경을 제한할 수 있다.

① 국토교통부장관이 지정한 날 또는 기간에 운송을 시작하지 아니한 경우

② 노선 운행중지, 운행제한, 감차(減車) 등을 수반하는 사업계획 변경명령을 받은 후 1년이 지나지 아니한 경우

③ 개선명령을 받고 이행하지 아니한 경우

④ 철도사고(「철도안전법」에 따른 철도사고를 말한다.)의 규모 또는 발생 빈도가 대통령령으로 정하는 기준 이상인 경우

3) 사업계획 변경의 절차·기준과 그 밖에 필요한 사항은 국토교통부령으로 정한다.

4) 국토교통부장관은 제1항 본문에 따른 신고를 받은 날부터 3일 이내에 신고수리 여부를 신고인에게 통지하여야 한다.

13. 공동운수협정(제13조)

① 철도사업자는 다른 철도사업자와 공동경영에 관한 계약이나 그 밖의 운수에 관한 협정("공동운수협정"이라 한다)을 체결하거나 변경하려는 경우에는 국토교통부령으로 정하는 바에 따라 국토교통부장관의 인가를 받아야 한다. 다만, 국토교통부령으로 정하는 경미한 사항을 변경하려는 경우에는 국토교통부령으로 정하는 바에 따라 국토교통부장관에게 신고하여야 한다.

② 국토교통부장관은 공동운수협정을 인가하려면 미리 공정거래위원회와 협의하여야 한다.

③ 국토교통부장관은 신고를 받은 날부터 3일 이내에 신고수리 여부를 신고인에게 통지하여야 한다.

14. 사업의 양도·양수 등(제14조)

① 철도사업자는 그 철도사업을 양도·양수하려는 경우에는 국토교통부장관의 인가를 받아야 한다.

② 철도사업자는 다른 철도사업자 또는 철도사업 외의 사업을 경영하는 자와 합병하려는 경우에는 국토교통부장관의 인가를 받아야 한다.

③ 인가를 받은 경우 철도사업을 양수한 자는 철도사업을 양도한 자의 철도사업자로서의 지위를 승계하며, 합병으로 설립되거나 존속하는 법인은 합병으로

소멸되는 법인의 철도사업자로서의 지위를 승계한다.

④ 제1항과 제2항의 인가에 관하여는 제7조를 준용한다.

15. 사업의 휴업 · 폐업(제15조)

① 철도사업자가 그 사업의 전부 또는 일부를 휴업 또는 폐업하려는 경우에는 국토교통부령으로 정하는 바에 따라 국토교통부장관의 허가를 받아야 한다. 다만, 선로 또는 교량의 파괴, 철도시설의 개량, 그 밖의 정당한 사유로 휴업하는 경우에는 국토교통부령으로 정하는 바에 따라 국토교통부장관에게 신고하여야 한다.

② 휴업기간은 6개월을 넘을 수 없다. 다만, 제1항 단서에 따른 휴업의 경우에는 예외로 한다.

③ 허가를 받거나 신고한 휴업기간 중이라도 휴업 사유가 소멸된 경우에는 국토교통부장관에게 신고하고 사업을 재개(再開)할 수 있다.

④ 국토교통부장관은 신고를 받은 날부터 60일 이내에 신고수리 여부를 신고인에게 통지하여야 한다.

⑤ 철도사업자는 철도사업의 전부 또는 일부를 휴업 또는 폐업하려는 경우에는 대통령령으로 정하는 바에 따라 휴업 또는 폐업하는 사업의 내용과 그 기간 등을 인터넷 홈페이지, 관계 역 · 영업소 및 사업소 등 일반인이 잘 볼 수 있는 곳에 게시하여야 한다.

16. 면허취소 등(제16조)

1) 국토교통부장관은 철도사업자가 다음의 어느 하나에 해당하는 경우에는 면허를 취소하거나, 6개월 이내의 기간을 정하여 사업의 전부 또는 일부의 정지를 명하거나, 노선 운행중지 · 운행제한 · 감차 등을 수반하는 사업계획의 변경을 명할 수 있다. 다만, 제4호 및 제7호의 경우에는 면허를 취소하여야 한다.

① 면허받은 사항을 정당한 사유 없이 시행하지 아니한 경우

② 사업 경영의 불확실 또는 자산상태의 현저한 불량이나 그 밖의 사유로 사업을 계속하는 것이 적합하지 아니할 경우

③ 고의 또는 중대한 과실에 의한 철도사고로 대통령령으로 정하는 다수의 사상자(死傷者)가 발생한 경우

④ 거짓이나 그 밖의 부정한 방법으로 제5조에 따른 철도사업의 면허를 받은

경우
⑤ 면허에 붙인 부담을 위반한 경우
⑥ 철도사업의 면허기준에 미달하게 된 경우. 다만, 3개월 이내에 그 기준을 충족시킨 경우에는 예외로 한다.
⑦ 철도사업자의 임원 중 결격사유에 해당하게 된 사람이 있는 경우. 다만, 3개월 이내에 그 임원을 바꾸어 임명한 경우에는 예외로 한다.
⑧ 국토교통부장관이 지정한 날 또는 기간에 운송을 시작하지 아니한 경우
⑨ 휴업 또는 폐업의 허가를 받지 아니하거나 신고를 하지 아니하고 영업을 하지 아니한 경우
⑩ 준수사항을 1년 이내에 3회 이상 위반한 경우
⑪ 개선명령을 위반한 경우
⑫ 명의 대여 금지를 위반한 경우

2) 처분의 기준 및 절차와 그 밖에 필요한 사항은 국토교통부령으로 정한다.

3) 국토교통부장관은 철도사업의 면허를 취소하려면 청문을 하여야 한다.

17. 과징금처분(제17조)

1) 국토교통부장관은 철도사업자에게 사업정지처분을 하여야 하는 경우로서 그 사업정지처분이 그 철도사업자가 제공하는 철도서비스의 이용자에게 심한 불편을 주거나 그 밖에 공익을 해칠 우려가 있을 때에는 그 사업정지처분을 갈음하여 1억원 이하의 과징금을 부과·징수할 수 있다.

2) 과징금을 부과하는 위반행위의 종류, 과징금의 부과기준·징수방법 등 필요한 사항은 대통령령으로 정한다.

3) 국토교통부장관은 과징금 부과처분을 받은 자가 납부기한까지 과징금을 내지 아니하면 국세 체납처분의 예에 따라 징수한다.

4) 징수한 과징금은 다음 각 호 외의 용도로는 사용할 수 없다.
① 철도사업 종사자의 양성·교육훈련이나 그 밖의 자질향상을 위한 시설 및 철도사업 종사자에 대한 지도업무의 수행을 위한 시설의 건설·운영
② 철도사업의 경영개선이나 그 밖에 철도사업의 발전을 위하여 필요한 사업
③ 제1호 및 제2호의 목적을 위한 보조 또는 융자

5) 국토교통부장관은 과징금으로 징수한 금액의 운용계획을 수립하여 시행하여

야 한다.

6) 과징금 사용의 절차, 운용계획의 수립·시행에 관한 사항과 그 밖에 필요한 사항은 국토교통부령으로 정한다.

18. 철도차량 표시(제18조)

철도사업자는 철도사업에 사용되는 철도차량에 철도사업자의 명칭과 그 밖에 국토교통부령으로 정하는 사항을 표시하여야 한다.

19. 우편물 등의 운송(제19조)

철도사업자는 여객 또는 화물 운송에 부수(附隨)하여 우편물과 신문 등을 운송할 수 있다.

20. 철도사업자의 준수사항(제20조)

① 철도사업자는 「철도안전법」에 따른 요건을 갖추지 아니한 사람을 운전업무에 종사하게 하여서는 아니 된다.

② 철도사업자는 사업계획을 성실하게 이행하여야 하며, 부당한 운송 조건을 제시하거나 정당한 사유 없이 운송계약의 체결을 거부하는 등 철도운송 질서를 해치는 행위를 하여서는 아니 된다.

③ 철도사업자는 여객 운임표, 여객 요금표, 감면 사항 및 철도사업약관을 인터넷 홈페이지에 게시하고 관계 역·영업소 및 사업소 등에 갖추어 두어야 하며, 이용자가 요구하는 경우에는 제시하여야 한다.

④ 준수사항 외에 운송의 안전과 여객 및 화주(貨主)의 편의를 위하여 철도사업자가 준수하여야 할 사항은 국토교통부령으로 정한다.

21. 사업의 개선명령(제21조)

국토교통부장관은 원활한 철도운송, 서비스의 개선 및 운송의 안전과 그 밖에 공공복리의 증진을 위하여 필요하다고 인정하는 경우에는 철도사업자에게 다음 각 호의 사항을 명할 수 있다.

① 사업계획의 변경

② 철도차량 및 운송 관련 장비·시설의 개선

③ 운임·요금 징수 방식의 개선

④ 철도사업약관의 변경
⑤ 공동운수협정의 체결
⑥ 철도차량 및 철도사고에 관한 손해배상을 위한 보험에의 가입
⑦ 안전운송의 확보 및 서비스의 향상을 위하여 필요한 조치
⑧ 철도운수종사자의 양성 및 자질향상을 위한 교육

22. 철도운수종사자의 준수사항(제22조)

철도사업에 종사하는 철도운수종사자는 다음 각 호의 어느 하나에 해당하는 행위를 하여서는 아니 된다.

① 정당한 사유 없이 여객 또는 화물의 운송을 거부하거나 여객 또는 화물을 중도에서 내리게 하는 행위
② 부당한 운임 또는 요금을 요구하거나 받는 행위
③ 그 밖에 안전운행과 여객 및 화주의 편의를 위하여 철도운수종사자가 준수하여야 할 사항으로서 국토교통부령으로 정하는 사항을 위반하는 행위

23. 명의 대여의 금지(제23조)

철도사업자는 타인에게 자기의 성명 또는 상호를 사용하여 철도사업을 경영하게 하여서는 아니 된다.

24. 철도화물 운송에 관한 책임(제24조)

① 철도사업자의 화물의 멸실·훼손 또는 인도(引導)의 지연에 대한 손해배상책임에 관하여는 「상법」 제135조를 준용한다.
② 화물이 인도 기한을 지난 후 3개월 이내에 인도되지 아니한 경우에는 그 화물은 멸실된 것으로 본다.

제2장의2 민자철도 운영의 감독·관리 등

1. 민자철도의 유지·관리 및 운영에 관한 기준 등(제25조)

① 국토교통부장관은 「철도의 건설 및 철도시설 유지관리에 관한 법률」에 따른 고속철도, 광역철도 및 일반철도로서 「사회기반시설에 대한 민간투자법」에 따른 민간투자사업으로 건설된 철도의 관리운영권을 「사회기반시설에 대한 민간투자법」에 따라 설정받은 자가 해당 민자철도를 안전하고 효율적으로 유지·관리할 수 있도록 민자철도의 유지·관리 및 운영에 관한 기준을 정하여 고시하여야 한다.

② 민자철도사업자는 민자철도의 안전하고 효율적인 유지·관리와 이용자 편의를 도모하기 위하여 고시된 기준을 준수하여야 한다.

③ 국토교통부장관은 민자철도의 유지·관리 및 운영에 관한 기준에 따라 매년 소관 민자철도에 대하여 운영평가를 실시하여야 한다.

④ 국토교통부장관은 운영평가 결과에 따라 민자철도에 관한 유지·관리 및 체계 개선 등 필요한 조치를 민자철도사업자에게 명할 수 있다.

⑤ 민자철도사업자는 명령을 이행하고 그 결과를 국토교통부장관에게 보고하여야 한다.

⑥ 운영평가의 절차, 방법 및 그 밖에 필요한 사항은 국토교통부령으로 정한다.

2. 민자철도사업자에 대한 과징금 처분(제25조의2)

1) 국토교통부장관은 민자철도사업자가 다음 각 호의 어느 하나에 해당하는 경우에는 1억원 이하의 과징금을 부과·징수할 수 있다.

① 민자철도의 유지·관리 및 운영에 관한 기준을 준수하지 아니한 경우

② 명령을 이행하지 아니하거나 그 결과를 보고하지 아니한 경우

2) 과징금을 부과하는 위반행위의 종류와 위반 정도 등에 따른 과징금의 금액 및 징수방법 등에 필요한 사항은 대통령령으로 정한다.

3) 국토교통부장관은 과징금 부과처분을 받은 자가 납부기한까지 과징금을 내지 아니하면 국세강제징수의 예에 따라 징수한다.
4) 징수한 과징금의 용도 등에 관하여는 제17조제4항부터 제6항까지를 준용한다.

3. 사정변경 등에 따른 실시협약의 변경 요구 등(제25조의3)

1) 국토교통부장관은 중대한 사정변경 또는 민자철도사업자의 위법한 행위 등 다음 각 호의 어느 하나에 해당하는 사유가 발생한 경우 민자철도사업자에게 그 사유를 소명하거나 해소 대책을 수립할 것을 요구할 수 있다.
   ① 민자철도사업자가 「사회기반시설에 대한 민간투자법」에 따른 실시협약에서 정한 자기자본의 비율을 대통령령으로 정하는 기준 미만으로 변경한 경우. 다만, 주무관청의 승인을 받아 변경한 경우는 제외한다.
   ② 민자철도사업자가 대통령령으로 정하는 기준을 초과한 이자율로 자금을 차입한 경우
   ③ 교통여건이 현저히 변화되는 등 실시협약의 기초가 되는 사실 또는 상황에 중대한 변경이 생긴 경우로서 대통령령으로 정하는 경우
2) 요구를 받은 민자철도사업자는 국토교통부장관이 요구한 날부터 30일 이내에 그 사유를 소명하거나 해소 대책을 수립하여야 한다.
3) 국토교통부장관은 다음의 어느 하나에 해당하는 경우 민자철도 관리지원센터의 자문을 거쳐 실시협약의 변경 등을 요구할 수 있다.
   ① 민자철도사업자가에 따른 소명을 하지 아니하거나 그 소명이 충분하지 아니한 경우
   ② 민자철도사업자가에 따른 해소 대책을 수립하지 아니한 경우
   ③ 해소 대책으로는 사유를 해소할 수 없거나 해소하기 곤란하다고 판단되는 경우
4) 국토교통부장관은 민자철도사업자가 요구에 따르지 아니하는 경우 정부지급금, 실시협약에 따른 보조금 및 재정지원금의 전부 또는 일부를 지급하지 아니할 수 있다.

4. 민자철도사업자에 대한 지원(제25조의4)

국토교통부장관은 정책의 변경 또는 법령의 개정 등으로 인하여 민자철도사업자가 부담하여야 하는 비용이 추가로 발생하는 경우 그 비용의 전부 또는 일부를 지원할 수 있다.

5. 민자철도 관리지원센터의 지정 등(제25조의5)

1) 국토교통부장관은 민자철도에 대한 감독 업무를 효율적으로 수행하기 위하여

다음 각 호의 어느 하나에 해당하는 기관을 민자철도에 대한 전문성을 고려하여 민자철도 관리지원센터(이하 "관리지원센터"라 한다)로 지정할 수 있다.

① 「정부출연연구기관 등의 설립·운영 및 육성에 관한 법률」에 따른 정부출연연구기관

② 「공공기관의 운영에 관한 법률」에 따른 공공기관

2) 관리지원센터는 다음 각 호의 업무를 수행한다.

① 민자철도의 교통수요 예측, 적정 요금 또는 운임 및 운영비 산출과 관련한 자문 및 지원

② 민자철도의 유지·관리 및 운영에 관한 기준과 관련한 자문 및 지원

③ 운영평가와 관련한 자문 및 지원

④ 실시협약 변경 등의 요구와 관련한 자문 및 지원

⑤ 국토교통부장관이 위탁하는 업무

⑥ 그 밖에 이 법에 따른 민자철도에 관한 감독 지원을 위하여 국토교통부령으로 정하는 업무

3) 국토교통부장관은 관리지원센터가 업무를 수행하는 데에 필요한 비용을 예산의 범위에서 지원할 수 있다.

4) 국토교통부장관은 관리지원센터가 다음의 어느 하나에 해당하는 경우에는 지정을 취소할 수 있다. 다만, 제1호에 해당하는 경우에는 지정을 취소하여야 한다.

① 거짓이나 그 밖의 부정한 방법으로 지정을 받은 경우

② 지정받은 사항을 위반하여 업무를 수행한 경우

5) 국토교통부장관은 민자철도와 관련하여 이 법과 「사회기반시설에 대한 민간투자법」에 따른 업무로서 국토교통부령으로 정하는 업무를 관리지원센터에 위탁할 수 있다.

6. 국회에 대한 보고 등(제25조의6)

① 국토교통부장관은 「사회기반시설에 대한 민간투자법」에 따라 국가가 재정을 지원한 민자철도의 건설 및 유지·관리 현황에 관한 보고서를 작성하여 매년 5월 31일까지 국회 소관 상임위원회에 제출하여야 한다.

② 국토교통부장관은 보고서를 작성하기 위하여 민자철도사업자에게 필요한 자료의 제출을 요구할 수 있다.

제3장 철도서비스 향상 등

1. 철도서비스의 품질평가 등(제26조)

① 국토교통부장관은 공공복리의 증진과 철도서비스 이용자의 권익보호를 위하여 철도사업자가 제공하는 철도서비스에 대하여 적정한 철도서비스 기준을 정하고, 그에 따라 철도사업자가 제공하는 철도서비스의 품질을 평가하여야 한다.

② 철도서비스의 기준, 품질평가의 항목·절차 등에 필요한 사항은 국토교통부령으로 정한다.

2. 평가 결과의 공표 및 활용(제27조)

① 국토교통부장관은 철도서비스의 품질을 평가한 경우에는 그 평가 결과를 대통령령으로 정하는 바에 따라 신문 등 대중매체를 통하여 공표하여야 한다.

② 국토교통부장관은 철도서비스의 품질평가 결과에 따라 제21조에 따른 사업 개선명령 등 필요한 조치를 할 수 있다.

3. 우수 철도서비스 인증(제28조)

① 국토교통부장관은 공정거래위원회와 협의하여 철도사업자 간 경쟁을 제한하지 아니하는 범위에서 철도서비스의 질적 향상을 촉진하기 위하여 우수 철도서비스에 대한 인증을 할 수 있다.

② 인증을 받은 철도사업자는 그 인증의 내용을 나타내는 표지(이하 "우수서비스마크"라 한다)를 철도차량, 역 시설 또는 철도 용품 등에 붙이거나 인증 사실을 홍보할 수 있다.

③ 인증을 받은 자가 아니면 우수서비스마크 또는 이와 유사한 표지를 철도차량, 역 시설 또는 철도 용품 등에 붙이거나 인증 사실을 홍보하여서는 아니 된다.

④ 우수 철도서비스 인증의 절차, 인증기준, 우수서비스마크, 인증의 사후관리에 관한 사항과 그 밖에 인증에 필요한 사항은 국토교통부령으로 정한다.

4. 평가업무 등의 위탁(제29조)

국토교통부장관은 효율적인 철도 서비스 품질평가 체제를 구축하기 위하여 필요한 경우에는 관계 전문기관 등에 철도서비스 품질에 대한 조사·평가·연구 등의 업무와 우수 철도서비스 인증에 필요한 심사업무를 위탁할 수 있다.

5. 자료 등의 요청(제30조)

① 국토교통부장관이나 평가업무 등을 위탁받은 자는 철도서비스의 평가 등을 할 때 철도사업자에게 관련 자료 또는 의견 제출 등을 요구하거나 철도서비스에 대한 실지조사(實地調査)를 할 수 있다.

② 자료 또는 의견 제출 등을 요구받은 관련 철도사업자는 특별한 사유가 없으면 이에 따라야 한다.

6. 철도시설의 공동 활용(제31조)

공공교통을 목적으로 하는 선로 및 다음 각 호의 공동 사용시설을 관리하는 자는 철도사업자가 그 시설의 공동 활용에 관한 요청을 하는 경우 협정을 체결하여 이용할 수 있게 하여야 한다.

① 철도역 및 역 시설(물류시설, 환승시설 및 편의시설 등을 포함한다)

② 철도차량의 정비·검사·점검·보관 등 유지관리를 위한 시설

③ 사고의 복구 및 구조·피난을 위한 설비

④ 열차의 조성 또는 분리 등을 위한 시설

⑤ 철도 운영에 필요한 정보통신 설비

7. 회계의 구분(제32조)

① 철도사업자는 철도사업 외의 사업을 경영하는 경우에는 철도사업에 관한 회계와 철도사업 외의 사업에 관한 회계를 구분하여 경리하여야 한다.

② 철도사업자는 철도운영의 효율화와 회계처리의 투명성을 제고하기 위하여 국토교통부령으로 정하는 바에 따라 철도사업의 종류별·노선별로 회계를 구분하여 경리하여야 한다.

8. 벌칙 적용 시의 공무원 의제(제33조)

위탁받은 업무에 종사하는 관계 전문기관 등의 임원 및 직원은 「형법」의 규정을 적용할 때에는 공무원으로 본다.

제4장 전용철도

1. 등록(제34조)

① 전용철도를 운영하려는 자는 국토교통부령으로 정하는 바에 따라 전용철도의 건설·운전·보안 및 운송에 관한 사항이 포함된 운영계획서를 첨부하여 국토교통부장관에게 등록을 하여야 한다. 등록사항을 변경하려는 경우에도 같다. 다만 대통령령으로 정하는 경미한 변경의 경우에는 예외로 한다.

② 전용철도의 등록기준과 등록절차 등에 관하여 필요한 사항은 국토교통부령으로 정한다.

③ 국토교통부장관은 제2항에 따른 등록기준을 적용할 때에 환경오염, 주변 여건 등 지역적 특성을 고려할 필요가 있거나 그 밖에 공익상 필요하다고 인정하는 경우에는 등록을 제한하거나 부담을 붙일 수 있다.

2. 결격사유(제35조)

다음의 어느 하나에 해당하는 자는 전용철도를 등록할 수 없다. 법인인 경우 그 임원 중에 다음 각 호의 어느 하나에 해당하는 자가 있는 경우에도 같다.

① 제7조제1호 각 목의 어느 하나에 해당하는 사람

② 이 법에 따라 전용철도의 등록이 취소된 후 그 취소일부터 1년이 지나지 아니한 자

3. 전용철도 운영의 양도·양수 등(제36조)

① 전용철도의 운영을 양도·양수하려는 자는 국토교통부령으로 정하는 바에 따라 국토교통부장관에게 신고하여야 한다.

② 전용철도의 등록을 한 법인이 합병하려는 경우에는 국토교통부령으로 정하는 바에 따라 국토교통부장관에게 신고하여야 한다.

③ 국토교통부장관은 신고를 받은 날부터 30일 이내에 신고수리 여부를 신고인

에게 통지하여야 한다.

④ 신고가 수리된 경우 전용철도의 운영을 양수한 자는 전용철도의 운영을 양도한 자의 전용철도운영자로서의 지위를 승계하며, 합병으로 설립되거나 존속하는 법인은 합병으로 소멸되는 법인의 전용철도운영자로서의 지위를 승계한다.

⑤ 제1항과 제2항의 신고에 관하여는 제35조를 준용한다.

4. 전용철도 운영의 상속(제37조)

① 전용철도운영자가 사망한 경우 상속인이 그 전용철도의 운영을 계속하려는 경우에는 피상속인이 사망한 날부터 3개월 이내에 국토교통부장관에게 신고하여야 한다.

② 국토교통부장관은 신고를 받은 날부터 10일 이내에 신고수리 여부를 신고인에게 통지하여야 한다.

③ 신고가 수리된 경우 상속인은 피상속인의 전용철도운영자로서의 지위를 승계하며, 피상속인이 사망한 날부터 신고가 수리된 날까지의 기간 동안은 피상속인의 전용철도 등록은 상속인의 등록으로 본다.

④ 신고에 관하여는 제35조를 준용한다. 다만, 제35조 각 호의 어느 하나에 해당하는 상속인이 피상속인이 사망한 날부터 3개월 이내에 그 전용철도의 운영을 다른 사람에게 양도한 경우 피상속인의 사망일부터 양도일까지의 기간에 있어서 피상속인의 전용철도 등록은 상속인의 등록으로 본다.

5. 전용철도 운영의 휴업·폐업(제38조)

전용철도운영자가 그 운영의 전부 또는 일부를 휴업 또는 폐업한 경우에는 1개월 이내에 국토교통부장관에게 신고하여야 한다.

6. 전용철도 운영의 개선명령(제39조)

국토교통부장관은 전용철도 운영의 건전한 발전을 위하여 필요하다고 인정하는 경우에는 전용철도운영자에게 다음 각 호의 사항을 명할 수 있다.

① 사업장의 이전

② 시설 또는 운영의 개선

7. 등록의 취소·정지(제40조)

국토교통부장관은 전용철도운영자가 다음의 어느 하나에 해당하는 경우에는 그 등록을 취소하거나 1년 이내의 기간을 정하여 그 운영의 전부 또는 일부의 정지를 명할 수 있다. 다만, 제1호에 해당하는 경우에는 등록을 취소하여야 한다.

① 거짓이나 그 밖의 부정한 방법으로 제34조에 따른 등록을 한 경우

② 제34조제2항에 따른 등록기준에 미달하거나 같은 조 제3항에 따른 부담을 이행하지 아니한 경우

③ 휴업신고나 폐업신고를 하지 아니하고 3개월 이상 전용철도를 운영하지 아니한 경우

8. 준용규정(제41조)

전용철도에 관하여는 제16조제3항과 제23조를 준용한다. 이 경우 "철도사업의 면허"는 "전용철도의 등록"으로, "철도사업자"는 "전용철도운영자"로, "철도사업"은 "전용철도의 운영"으로 본다.

제5장 국유철도시설의 활용·지원 등

1. 점용허가(제42조)

① 국토교통부장관은 국가가 소유·관리하는 철도시설에 건물이나 그 밖의 시설물(이하 "시설물"이라 한다)을 설치하려는 자에게 「국유재산법」에도 불구하고 대통령령으로 정하는 바에 따라 시설물의 종류 및 기간 등을 정하여 점용허가를 할 수 있다.

② 점용허가는 철도사업자와 철도사업자가 출자·보조 또는 출연한 사업을 경영하는 자에게만 하며, 시설물의 종류와 경영하려는 사업이 철도사업에 지장을 주지 아니하여야 한다.

2. 점용허가의 취소(제42조의2)

① 국토교통부장관은 점용허가를 받은 자가 다음의 어느 하나에 해당하면 그 점용허가를 취소할 수 있다. 점용허가 취소의 절차 및 방법은 국토교통부령으로 정한다.

① 점용허가 목적과 다른 목적으로 철도시설을 점용한 경우

② 시설물의 종류와 경영하는 사업이 철도사업에 지장을 주게 된 경우

③ 점용허가를 받은 날부터 1년 이내에 해당 점용허가의 목적이 된 공사에 착수하지 아니한 경우. 다만, 정당한 사유가 있는 경우에는 1년의 범위에서 공사의 착수기간을 연장할 수 있다.

④ 점용료를 납부하지 아니하는 경우

⑤ 점용허가를 받은 자가 스스로 점용허가의 취소를 신청하는 경우

3. 시설물 설치의 대행(제43조)

국토교통부장관은 점용허가를 받은 자가 설치하려는 시설물의 전부 또는 일부가 철도시설 관리에 관계되는 경우에는 점용허가를 받은 자의 부담으로 그의 위탁

을 받아 시설물을 직접 설치하거나 「국가철도공단법」에 따라 설립된 국가철도공단으로 하여금 설치하게 할 수 있다.

4. 점용료(제44조)

1) 국토교통부장관은 대통령령으로 정하는 바에 따라 점용허가를 받은 자에게 점용료를 부과한다.

2) 점용허가를 받은 자가 다음에 해당하는 경우에는 대통령령으로 정하는 바에 따라 점용료를 감면할 수 있다.
   ① 국가에 무상으로 양도하거나 제공하기 위한 시설물을 설치하기 위하여 점용허가를 받은 경우
   ② 시설물을 설치하기 위한 경우로서 공사기간 중에 점용허가를 받거나 임시 시설물을 설치하기 위하여 점용허가를 받은 경우
   ③ 「공공주택 특별법」에 따른 공공주택을 건설하기 위하여 점용허가를 받은 경우
   ④ 재해, 그 밖의 특별한 사정으로 본래의 철도 점용 목적을 달성할 수 없는 경우
   ⑤ 국민경제에 중대한 영향을 미치는 공익사업으로서 대통령령으로 정하는 사업을 위하여 점용허가를 받은 경우

3) 국토교통부장관이 「철도산업발전기본법」에 따라 철도시설의 건설 및 관리 등에 관한 업무의 일부를 「국가철도공단법」에 따른 국가철도공단으로 하여금 대행하게 한 경우 점용료 징수에 관한 업무를 위탁할 수 있다.

4) 국토교통부장관은 점용허가를 받은 자가 점용료를 내지 아니하면 국세 체납처분의 예에 따라 징수한다.

5. 변상금의 징수(제44조의2)

국토교통부장관은 점용허가를 받지 아니하고 철도시설을 점용한 자에 대하여 점용료의 100분의 120에 해당하는 금액을 변상금으로 징수할 수 있다. 이 경우 변상금의 징수에 관하여는 제44조제3항을 준용한다.

6. 권리와 의무의 이전(제45조)

점용허가로 인하여 발생한 권리와 의무를 이전하려는 경우에는 대통령령으로 정하는 바에 따라 국토교통부장관의 인가를 받아야 한다.

7. 원상회복의무(제46조)

① 점용허가를 받은 자는 점용허가기간이 만료되거나 점용허가가 취소된 경우에는 점용허가된 철도 재산을 원상(原狀)으로 회복하여야 한다. 다만, 국토교통부장관은 원상으로 회복할 수 없거나 원상회복이 부적당하다고 인정하는 경우에는 원상회복의무를 면제할 수 있다.

② 국토교통부장관은 점용허가를 받은 자가 원상회복을 하지 아니하는 경우에는 「행정대집행법」에 따라 시설물을 철거하거나 그 밖에 필요한 조치를 할 수 있다.

③ 국토교통부장관은 원상회복의무를 면제하는 경우에는 해당 철도 재산에 설치된 시설물 등의 무상 국가귀속을 조건으로 할 수 있다.

8. 국가귀속 시설물의 사용허가기간 등에 관한 특례(제46조의2)

① 국가귀속된 시설물을 「국유재산법」에 따라 사용허가하려는 경우 그 허가의 기간은 10년 이내로 한다.

② 허가기간이 끝난 시설물에 대해서는 10년을 초과하지 아니하는 범위에서 1회에 한하여 종전의 사용허가를 갱신할 수 있다.

③ 사용허가를 받은 자는 「국유재산법」에도 불구하고 그 사용허가의 용도나 목적에 위배되지 않는 범위에서 국토교통부장관의 승인을 받아 해당 시설물의 일부를 다른 사람에게 사용·수익하게 할 수 있다.

제6장 보칙

1. 보고·검사 등(제47조)

국토교통부장관은 필요하다고 인정하면 철도사업자와 전용철도운영자에게 해당 철도사업 또는 전용철도의 운영에 관한 사항이나 철도차량의 소유 또는 사용에 관한 사항에 대하여 보고나 서류 제출을 명할 수 있다.

국토교통부장관은 필요하다고 인정하면 소속 공무원으로 하여금 철도사업자 및 전용철도운영자의 장부, 서류, 시설 또는 그 밖의 물건을 검사하게 할 수 있다.

검사를 하는 공무원은 그 권한을 표시하는 증표를 지니고 이를 관계인에게 보여주어야 한다. 증표에 관하여 필요한 사항은 국토교통부령으로 정한다.

2. 수수료(제48조)

이 법에 따른 면허·인가를 받으려는 자, 등록·신고를 하려는 자, 면허증·인가서·등록증·인증서 또는 허가서의 재발급을 신청하는 자는 국토교통부령으로 정하는 수수료를 내야 한다.

3. 규제의 재검토(제48조의2)

국토교통부장관은 다음의 사항에 대하여 2014년 1월 1일을 기준으로 3년마다(매 3년이 되는 해의 기준일과 같은 날 전까지를 말한다) 그 타당성을 검토하여 개선 등의 조치를 하여야 한다.

① 여객 운임·요금의 신고 등

② 부가 운임의 상한

③ 사업의 개선명령

④ 전용철도 운영의 개선명령

제7장 벌칙

1. 벌칙(제49조)

1) 다음의 어느 하나에 해당하는 자는 2년 이하의 징역 또는 2천만원 이하의 벌금에 처한다.
   ① 면허를 받지 아니하고 철도사업을 경영한 자
   ② 거짓이나 그 밖의 부정한 방법으로 철도사업의 면허를 받은 자
   ③ 사업정지처분기간 중에 철도사업을 경영한 자
   ④ 사업계획의 변경명령을 위반한 자
   ⑤ 타인에게 자기의 성명 또는 상호를 대여하여 철도사업을 경영하게 한 자
   ⑤ 철도사업자의 공동 활용에 관한 요청을 정당한 사유 없이 거부한 자
2) 다음의 어느 하나에 해당하는 자는 1년 이하의 징역 또는 1천만원 이하의 벌금에 처한다.
   ① 등록을 하지 아니하고 전용철도를 운영한 자
   ② 거짓이나 그 밖의 부정한 방법으로 제34조제1항에 따른 전용철도의 등록을 한 자
3) 다음의 어느 하나에 해당하는 자는 1천만원 이하의 벌금에 처한다.
   ① 국토교통부장관의 인가를 받지 아니하고 공동운수협정을 체결하거나 변경한 자
   ② 우수서비스마크 또는 이와 유사한 표지를 철도차량 등에 붙이거나 인증 사실을 홍보한 자

2. 양벌규정(제50조)

법인의 대표자나 법인 또는 개인의 대리인, 사용인, 그 밖의 종업원이 그 법인 또는 개인의 업무에 관하여 위반행위를 하면 그 행위자를 벌하는 외에 그 법인 또는 개인에게도 해당 조문의 벌금형을 과(科)한다. 다만, 법인 또는 개인이 그 위반행위

를 방지하기 위하여 해당 업무에 관하여 상당한 주의와 감독을 게을리하지 아니한 경우에는 그러하지 아니하다.

3. 과태료(제51조)

1) 다음 각 호의 어느 하나에 해당하는 자에게는 1천만원 이하의 과태료를 부과한다.

① 여객 운임 · 요금의 신고를 하지 아니한 자

② 철도사업약관을 신고하지 아니하거나 신고한 철도사업약관을 이행하지 아니한 자

③ 인가를 받지 아니하거나 신고를 하지 아니하고 사업계획을 변경한 자

④ 상습 또는 영업으로 승차권 또는 이에 준하는 증서를 자신이 구입한 가격을 초과한 금액으로 다른 사람에게 판매하거나 이를 알선한 자

2) 다음의 어느 하나에 해당하는 자에게는 500만원 이하의 과태료를 부과한다.

① 사업용철도차량의 표시를 하지 아니한 철도사업자

② 회계를 구분하여 경리하지 아니한 자

③ 정당한 사유 없이 명령을 이행하지 아니하거나 검사를 거부 · 방해 또는 기피한 자

3) 다음 각 호의 어느 하나에 해당하는 자에게는 100만원 이하의 과태료를 부과한다.

① 준수사항을 위반한 자

4) 철도운수종사자 및 그가 소속된 철도사업자에게는 50만원 이하의 과태료를 부과한다.

5) 과태료는 대통령령으로 정하는 바에 따라 국토교통부장관이 부과 · 징수한다.

PART

7

농수산물 유통 및 가격안정에 관한 법률

농수산물 유통 및 가격안정에 관한 법률	[시행 2022.01.01.]	[법 률 제18525호,	2021.11.30.,	타법개정]
농수산물 유통 및 가격안정에 관한 법률 시행령	[시행 2021.01.05.]	[대 통 령 령 제31380호,	2021.01.05.,	타법개정]
농수산물 유통 및 가격안정에 관한 법률 시행규칙	[시행 2022.01.01.]	[농림축산식품부령 제511호,	2021.12.31.,	타법개정]
	[시행 2022.01.01.]	[해양수산부령 제524호,	2021.12.31.,	타법개정]

제1장 총칙

1. 목적(제1조)

이 법은 농수산물의 유통을 원활하게 하고 적정한 가격을 유지하게 함으로써 생산자와 소비자의 이익을 보호하고 국민생활의 안정에 이바지함을 목적으로 한다.

2. 정의(제2조)

이 법에서 사용하는 용어의 뜻은 다음과 같다.

1) 농수산물

농산물·축산물·수산물 및 임산물 중 농림축산식품부령 또는 해양수산부령으로 정하는 것을 말한다.

2) 농수산물도매시장

특별시·광역시·특별자치시·특별자치도 또는 시가 양곡류·청과류·화훼류·조수육류(鳥獸肉類)·어류·조개류·갑각류·해조류 및 임산물 등 대통령령으로 정하는 품목의 전부 또는 일부를 도매하게 하기 위하여 관할구역에 개설하는 시장을 말한다.

3) 중앙도매시장

특별시·광역시·특별자치시 또는 특별자치도가 개설한 농수산물도매시장 중 해당 관할구역 및 그 인접지역에서 도매의 중심이 되는 농수산물도매시장으로서 농림축산식품부령 또는 해양수산부령으로 정하는 것을 말한다.

4) 지방도매시장

중앙도매시장 외의 농수산물도매시장을 말한다.

5) 농수산물공판장

지역농업협동조합, 지역축산업협동조합, 품목별·업종별협동조합, 조합공동사업법인, 품목조합연합회, 산림조합 및 수산업협동조합과 그 중앙회(농협경제지주회사를 포함한다.), 그 밖에 대통령령으로 정하는 생산자 관련 단체와 공익상 필요하다고 인정되는 법인으로서 대통령령으로 정하는 법인이 농수산물을 도매하기 위하여 특별시장·광역시장·특별자치시장·도지사 또는 특별자치도지사의 승인을 받아 개설·운영하는 사업장을 말한다.

6) 민영농수산물도매시장

국가, 지방자치단체 및 농수산물공판장을 개설할 수 있는 자 외의 자가 농수산물을 도매하기 위하여 시·도지사의 허가를 받아 특별시·광역시·특별자치시·특별자치도 또는 시 지역에 개설하는 시장을 말한다.

7) 도매시장법인

농수산물도매시장의 개설자로부터 지정을 받고 농수산물을 위탁받아 상장(上場)하여 도매하거나 이를 매수(買受)하여 도매하는 법인(도매시장법인의 지정을 받은 것으로 보는 공공출자법인을 포함한다)을 말한다.

8) 시장도매인

농수산물도매시장 또는 민영농수산물도매시장의 개설자로부터 지정을 받고 농수산물을 매수 또는 위탁받아 도매하거나 매매를 중개하는 영업을 하는 법인을 말한다.

9) 중도매인(仲都賣人)

농수산물도매시장·농수산물공판장 또는 민영농수산물도매시장의 개설자의 허가 또는 지정을 받아 다음의 영업을 하는 자를 말한다.

가. 농수산물도매시장·농수산물공판장 또는 민영농수산물도매시장에 상장된 농수산물을 매수하여 도매하거나 매매를 중개하는 영업

나. 농수산물도매시장·농수산물공판장 또는 민영농수산물도매시장의 개설자로부터 허가를 받은 비상장(非上場) 농수산물을 매수 또는 위탁받아 도매하거나 매매를 중개하는 영업

10) 매매참가인

농수산물도매시장·농수산물공판장 또는 민영농수산물도매시장의 개설자에게 신고를 하고, 농수산물도매시장·농수산물공판장 또는 민영농수산물도매시장에 상장된 농수산물을 직접 매수하는 자로서 중도매인이 아닌 가공업자·소매업자·수출업자 및 소비자단체 등 농수산물의 수요자를 말한다.

11) 산지유통인(産地流通人)

농수산물도매시장·농수산물공판장 또는 민영농수산물도매시장의 개설자에게 등록하고, 농수산물을 수집하여 농수산물도매시장·농수산물공판장 또는 민영농수산물도매시장에 출하(出荷)하는 영업을 하는 자(법인을 포함한다.)를 말한다.

12) 농수산물종합유통센터

국가 또는 지방자치단체가 설치하거나 국가 또는 지방자치단체의 지원을 받아 설치된 것으로서 농수산물의 출하 경로를 다원화하고 물류비용을 절감하기 위하여 농수산물의 수집·포장·가공·보관·수송·판매 및 그 정보처리 등 농수산물의 물류활동에 필요한 시설과 이와 관련된 업무시설을 갖춘 사업장을 말한다.

13) 경매사(競賣士)

도매시장법인의 임명을 받거나 농수산물공판장·민영농수산물도매시장 개설자의 임명을 받아, 상장된 농수산물의 가격 평가 및 경락자 결정 등의 업무를 수행하는 자를 말한다.

14) 농수산물 전자거래

농수산물의 유통단계를 단축하고 유통비용을 절감하기 위하여 「전자문서 및 전자거래 기본법」에 따른 전자거래의 방식으로 농수산물을 거래하는 것을 말한다.

3. 다른 법률의 적용 배제(제3조)

이 법에 따른 농수산물도매시장, 농수산물공판장, 민영농수산물도매시장 및 농수산물종합유통센터에 대하여는 「유통산업발전법」의 규정을 적용하지 아니한다.

제2장 농수산물의 생산조정 및 출하조절

1. 주산지의 지정 및 해제 등(제4조)

1) 시·도지사는 농수산물의 경쟁력 제고 또는 수급(需給)을 조절하기 위하여 생산 및 출하를 촉진 또는 조절할 필요가 있다고 인정할 때에는 주요 농수산물의 생산지역이나 생산수면을 지정하고 그 주산지에서 주요 농수산물을 생산하는 자에 대하여 생산자금의 융자 및 기술지도 등 필요한 지원을 할 수 있다.

2) 주요 농수산물은 국내 농수산물의 생산에서 차지하는 비중이 크거나 생산·출하의 조절이 필요한 것으로서 농림축산식품부장관 또는 해양수산부장관이 지정하는 품목으로 한다.

3) 주산지는 다음 각 호의 요건을 갖춘 지역 또는 수면(水面) 중에서 구역을 정하여 지정한다.
   ① 주요 농수산물의 재배면적 또는 양식면적이 농림축산식품부장관 또는 해양수산부장관이 고시하는 면적 이상일 것
   ② 주요 농수산물의 출하량이 농림축산식품부장관 또는 해양수산부장관이 고시하는 수량 이상일 것

4) 시·도지사는 지정된 주산지가 지정요건에 적합하지 아니하게 되었을 때에는 그 지정을 변경하거나 해제할 수 있다.

5) 주산지의 지정, 주요 농수산물 품목의 지정 및 주산지의 변경·해제에 필요한 사항은 대통령령으로 정한다.

2. 주산지협의체의 구성 등(제4조의2)

① 지정된 주산지의 시·도지사는 주산지의 지정목적 달성 및 주요 농수산물 경영체 육성을 위하여 생산자 등으로 구성된 주산지협의체를 설치할 수 있다.

② 협의체는 주산지 간 정보 교환 및 농수산물 수급조절 과정에의 참여 등을 위하여 공동으로 품목별 중앙주산지협의회를 구성·운영할 수 있다.

③ 협의체의 설치 및 중앙협의회의 구성·운영 등에 관하여 필요한 사항은 대통령령으로 정한다.

④ 국가 또는 지방자치단체는 협의체 및 중앙협의회의 원활한 운영을 위하여 필요한 경비의 일부를 지원할 수 있다.

3. 농림업관측(제5조)

① 농림축산식품부장관은 농산물의 수급안정을 위하여 가격의 등락 폭이 큰 주요 농산물에 대하여 매년 기상정보, 생산면적, 작황, 재고물량, 소비동향, 해외시장 정보 등을 조사하여 이를 분석하는 농림업관측을 실시하고 그 결과를 공표하여야 한다.

② 농림업관측에도 불구하고 농림축산식품부장관은 주요 곡물의 수급안정을 위하여 농림축산식품부장관이 정하는 주요 곡물에 대한 상시 관측체계의 구축과 국제 곡물수급모형의 개발을 통하여 매년 주요 곡물 생산 및 수출 국가들의 작황 및 수급 상황 등을 조사·분석하는 국제곡물관측을 별도로 실시하고 그 결과를 공표하여야 한다.

③ 농림축산식품부장관은 효율적인 농림업관측 또는 국제곡물관측을 위하여 필요하다고 인정하는 경우에는 품목을 지정하여 지역농업협동조합, 지역축산업협동조합, 품목별·업종별협동조합, 산림조합, 그 밖에 농림축산식품부령으로 정하는 자로 하여금 농림업관측 또는 국제곡물관측을 실시하게 할 수 있다.

④ 농림축산식품부장관은 농림업관측업무 또는 국제곡물관측업무를 효율적으로 실시하기 위하여 농림업 관련 연구기관 또는 단체를 농림업관측 전담기관(국제곡물관측업무를 포함한다)으로 지정하고, 그 운영에 필요한 경비를 충당하기 위하여 예산의 범위에서 출연금(出捐金) 또는 보조금을 지급할 수 있다.

⑤ 농림업관측 전담기관의 지정 및 운영에 필요한 사항은 농림축산식품부령으로 정한다.

4. 농수산물 유통 관련 통계작성 등(제5조의2)

① 농림축산식품부장관 또는 해양수산부장관은 농수산물의 수급안정을 위하여 가격의 등락 폭이 큰 주요 농수산물의 유통에 관한 통계를 작성·관리하고 공표하 되, 필요한 경우 통계청장과 협의할 수 있다.

② 농림축산식품부장관 또는 해양수산부장관은 제1항에 따른 통계 작성을 위하여 필요한 경우 관계 중앙행정기관의 장 또는 지방자치단체의 장 등에게 자료의 제공을 요청할 수 있다. 이 경우 자료제공을 요청받은 관계 중앙행정기관의 장 또는 지방자치단체의 장 등은 특별한 사유가 없으면 자료를 제공하여야 한다.

③ 농수산물의 유통에 관한 통계 작성·관리 및 공표 등에 필요한 사항은 대통령령으로 정한다.

5. 종합정보시스템의 구축·운영(제5조의3)

① 농림축산식품부장관 및 해양수산부장관은 농수산물의 원활한 수급과 적정한 가격 유지를 위하여 농수산물유통 종합정보시스템을 구축하여 운영할 수 있다.

② 농림축산식품부장관 및 해양수산부장관은 농수산물유통 종합정보시스템의 구축·운영을 대통령령으로 정하는 전문기관에 위탁할 수 있다.

③ 농수산물유통 종합정보시스템의 구축·운영 등에 필요한 사항은 대통령령으로 정한다.

6. 계약생산(제6조)

① 농림축산식품부장관은 주요 농산물의 원활한 수급과 적정한 가격 유지를 위하여 지역농업협동조합, 지역축산업협동조합, 품목별·업종별협동조합, 조합공동사업법인, 품목조합연합회, 산림조합과 그 중앙회(농협경제지주회사를 포함한다)나 그 밖에 대통령령으로 정하는 생산자 관련 단체(이하 "생산자단체"라 한다) 또는 농산물 수요자와 생산자 간에 계약생산 또는 계약출하를 하도록 장려할 수 있다.

② 농림축산식품부장관은 생산계약 또는 출하계약을 체결하는 생산자단체 또는 농산물 수요자에 대하여 농산물가격안정기금으로 계약금의 대출 등 필요한 지원을 할 수 있다.

7. 가격 예시(제8조)

1) 농림축산식품부장관 또는 해양수산부장관은 농림축산식품부령 또는 해양수산부령으로 정하는 주요 농수산물의 수급조절과 가격안정을 위하여 필요하다고 인정할 때에는 해당 농산물의 파종기 또는 수산물의 종자입식 시기 이전에 생

산자를 보호하기 위한 하한가격["예시가격"(豫示價格)이라 한다]을 예시할 수 있다.

2) 농림축산식품부장관 또는 해양수산부장관은 예시가격을 결정할 때에는 해당 농산물의 농림업관측, 주요 곡물의 국제곡물관측 또는 「수산물 유통의 관리 및 지원에 관한 법률」에 따른 수산업관측 결과, 예상 경영비, 지역별 예상 생산량 및 예상 수급상황 등을 고려하여야 한다.

3) 농림축산식품부장관 또는 해양수산부장관은 예시가격을 결정할 때에는 미리 기획재정부장관과 협의하여야 한다.

4) 농림축산식품부장관 또는 해양수산부장관은 가격을 예시한 경우에는 예시가격을 지지(支持)하기 위하여 다음의 사항 등을 연계하여 적절한 시책을 추진하여야 한다.

① 농림업관측·국제곡물관측 또는 수산업관측의 지속적 실시

② 「수산물 유통의 관리 및 지원에 관한 법률」에 따른 계약생산 또는 계약출하의 장려

③ 「수산물 유통의 관리 및 지원에 관한 법률」에 따른 수매 및 처분

④ 유통협약 및 유통조절명령

⑤ 「수산물 유통의 관리 및 지원에 관한 법률」에 따른 비축사업

8. 과잉생산 시의 생산자 보호(제9조)

① 농림축산식품부장관은 채소류 등 저장성이 없는 농산물의 가격안정을 위하여 필요하다고 인정할 때에는 그 생산자 또는 생산자단체로부터 농산물가격안정기금으로 해당 농산물을 수매할 수 있다. 다만, 가격안정을 위하여 특히 필요하다고 인정할 때에는 도매시장 또는 공판장에서 해당 농산물을 수매할 수 있다.

② 수매한 농산물은 판매 또는 수출하거나 사회복지단체에 기증하거나 그 밖에 필요한 처분을 할 수 있다.

③ 농림축산식품부장관은 수매 및 처분에 관한 업무를 농업협동조합중앙회·산림조합중앙회("농림협중앙회") 또는 「한국농수산식품유통공사법」에 따른 한국농수산식품유통공사("한국농수산식품유통공사")에 위탁할 수 있다.

④ 농림축산식품부장관은 채소류 등의 수급 안정을 위하여 생산·출하 안정 등

필요한 사업을 추진할 수 있다.

⑤ 수매 · 처분 등에 필요한 사항은 대통령령으로 정한다.

9. 몰수농산물등의 이관(제9조의2)

① 농림축산식품부장관은 국내 농산물 시장의 수급안정 및 거래질서 확립을 위하여 「관세법」 및 「검찰청법」에 따라 몰수되거나 국고에 귀속된 농산물("몰수농산물등")을 이관받을 수 있다.

② 농림축산식품부장관은 이관받은 몰수농산물등을 매각 · 공매 · 기부 또는 소각하거나 그 밖의 방법으로 처분할 수 있다.

③ 몰수농산물등의 처분으로 발생하는 비용 또는 매각 · 공매 대금은 농산물가격안정기금으로 지출 또는 납입하여야 한다.

④ 농림축산식품부장관은 몰수농산물등의 처분업무를 농업협동조합중앙회 또는 한국농수산식품유통공사 중에서 지정하여 대행하게 할 수 있다.

⑤ 몰수농산물등의 처분절차 등에 관하여 필요한 사항은 농림축산식품부령으로 정한다.

10. 유통협약 및 유통조절명령(제10조)

① 주요 농수산물의 생산자, 산지유통인, 저장업자, 도매업자 · 소매업자 및 소비자 등("생산자등")의 대표는 해당 농수산물의 자율적인 수급조절과 품질향상을 위하여 생산조정 또는 출하조절을 위한 협약("유통협약")을 체결할 수 있다.

② 농림축산식품부장관 또는 해양수산부장관은 부패하거나 변질되기 쉬운 농수산물로서 농림축산식품부령 또는 해양수산부령으로 정하는 농수산물에 대하여 현저한 수급 불안정을 해소하기 위하여 특히 필요하다고 인정되고 농림축산식품부령 또는 해양수산부령으로 정하는 생산자등 또는 생산자단체가 요청할 때에는 공정거래위원회와 협의를 거쳐 일정 기간 동안 일정 지역의 해당 농수산물의 생산자등에게 생산조정 또는 출하조절을 하도록 하는 유통조절명령("유통명령")을 할 수 있다.

③ 유통명령에는 유통명령을 하는 이유, 대상 품목, 대상자, 유통조절방법 등 대통령령으로 정하는 사항이 포함되어야 한다.

④ 생산자등 또는 생산자단체가 유통명령을 요청하려는 경우에는 내용이 포함된 요청서를 작성하여 이해관계인 · 유통전문가의 의견수렴 절차를 거치고 해

당 농수산물의 생산자등의 대표나 해당 생산자단체의 재적회원 3분의 2 이상의 찬성을 받아야 한다.

⑤ 유통명령을 하기 위한 기준과 구체적 절차, 유통명령을 요청할 수 있는 생산자등의 조직과 구성 및 운영방법 등에 관하여 필요한 사항은 농림축산식품부령 또는 해양수산부령으로 정한다.

11. 유통명령의 집행(제11조)

① 농림축산식품부장관 또는 해양수산부장관은 유통명령이 이행될 수 있도록 유통명령의 내용에 관한 홍보, 유통명령 위반자에 대한 제재 등 필요한 조치를 하여야 한다.

② 농림축산식품부장관 또는 해양수산부장관은 필요하다고 인정하는 경우에는 지방자치단체의 장, 해당 농수산물의 생산자등의 조직 또는 생산자단체로 하여금 제1항에 따른 유통명령 집행업무의 일부를 수행하게 할 수 있다.

12. 유통명령 이행자에 대한 지원 등(제12조)

① 농림축산식품부장관 또는 해양수산부장관은 유통협약 또는 유통명령을 이행한 생산자등이 그 유통협약이나 유통명령을 이행함에 따라 발생하는 손실에 대하여는 농산물가격안정기금 또는 「수산업·어촌 발전 기본법」에 따른 수산발전기금으로 그 손실을 보전(補塡)하게 할 수 있다.

② 농림축산식품부장관 또는 해양수산부장관은 유통명령 집행업무의 일부를 수행하는 생산자등의 조직이나 생산자단체에 필요한 지원을 할 수 있다.

③ 유통명령 이행으로 인한 손실 보전 및 유통명령 집행업무의 지원에 필요한 사항은 대통령령으로 정한다.

13. 비축사업 등(제13조)

① 농림축산식품부장관은 농산물(쌀과 보리는 제외한다.)의 수급조절과 가격안정을 위하여 필요하다고 인정할 때에는 농산물가격안정기금으로 농산물을 비축하거나 농산물의 출하를 약정하는 생산자에게 그 대금의 일부를 미리 지급하여 출하를 조절할 수 있다.

② 비축용 농산물은 생산자 및 생산자단체로부터 수매하여야 한다. 다만, 가격안정을 위하여 특히 필요하다고 인정할 때에는 도매시장 또는 공판장에서 수매

하거나 수입할 수 있다.

③ 농림축산식품부장관은 비축용 농산물을 수입하는 경우 국제가격의 급격한 변동에 대비하여야 할 필요가 있다고 인정할 때에는 선물거래(先物去來)를 할 수 있다.

④ 농림축산식품부장관은 사업을 농림협중앙회 또는 한국농수산식품유통공사에 위탁할 수 있다.

⑤ 비축용 농산물의 수매·수입·관리 및 판매 등에 필요한 사항은 대통령령으로 정한다.

14. 과잉생산 시의 생산자 보호 등 사업의 손실처리(제14조)

농림축산식품부장관은 수매와 비축사업의 시행에 따라 생기는 감모(減耗), 가격하락, 판매·수출·기증과 그 밖의 처분으로 인한 원가 손실 및 수송·포장·방제(防除) 등 사업실시에 필요한 관리비를 대통령령으로 정하는 바에 따라 그 사업의 비용으로 처리한다.

15. 농산물의 수입 추천 등(제15조)

① 「세계무역기구 설립을 위한 마라케쉬협정」에 따른 대한민국 양허표(讓許表) 상의 시장접근물량에 적용되는 양허세율(讓許稅率)로 수입하는 농산물 중 다른 법률에서 달리 정하지 아니한 농산물을 수입하려는 자는 농림축산식품부장관의 추천을 받아야 한다.

② 농림축산식품부장관은 농산물의 수입에 대한 추천업무를 농림축산식품부장관이 지정하는 비영리법인으로 하여금 대행하게 할 수 있다. 이 경우 품목별 추천물량 및 추천기준과 그 밖에 필요한 사항은 농림축산식품부장관이 정한다.

③ 농산물을 수입하려는 자는 사용용도와 그 밖에 농림축산식품부령으로 정하는 사항을 적어 수입 추천신청을 하여야 한다.

④ 농림축산식품부장관은 필요하다고 인정할 때에는 추천 대상 농산물 중 농림축산식품부령으로 정하는 품목의 농산물을 비축용 농산물로 수입하거나 생산자단체를 지정하여 수입하여 판매하게 할 수 있다.

16. 수입이익금의 징수 등(제16조)

① 농림축산식품부장관은 추천을 받아 농산물을 수입하는 자 중 농림축산식품

부령으로 정하는 품목의 농산물을 수입하는 자에 대하여 농림축산식품부령으로 정하는 바에 따라 국내가격과 수입가격 간의 차액의 범위에서 수입이익금을 부과·징수할 수 있다.

② 수입이익금은 농림축산식품부령으로 정하는 바에 따라 농산물가격안정기금에 납입하여야 한다.

③ 수입이익금을 정하여진 기한까지 내지 아니하면 국세 체납처분의 예에 따라 징수할 수 있다.

④ 농림축산식품부장관은 징수한 수입이익금이 과오납되는 등의 사유로 환급이 필요한 경우에는 농림축산식품부령으로 정하는 바에 따라 환급하여야 한다.

제3장 농수산물도매시장

1. 도매시장의 개설 등(제17조)

① 도매시장은 대통령령으로 정하는 바에 따라 부류(部類)별로 또는 둘 이상의 부류를 종합하여 중앙도매시장의 경우에는 특별시·광역시·특별자치시 또는 특별자치도가 개설하고, 지방도매시장의 경우에는 특별시·광역시·특별자치시·특별자치도 또는 시가 개설한다. 다만, 시가 지방도매시장을 개설하려면 도지사의 허가를 받아야 한다.

② 시가 지방도매시장의 개설허가를 받으려면 농림축산식품부령 또는 해양수산부령으로 정하는 바에 따라 지방도매시장 개설허가 신청서에 업무규정과 운영관리계획서를 첨부하여 도지사에게 제출하여야 한다.

③ 특별시·광역시·특별자치시 또는 특별자치도가 도매시장을 개설하려면 미리 업무규정과 운영관리계획서를 작성하여야 하며, 중앙도매시장의 업무규정은 농림축산식품부장관 또는 해양수산부장관의 승인을 받아야 한다.

④ 중앙도매시장의 개설자가 업무규정을 변경하는 때에는 농림축산식품부장관 또는 해양수산부장관의 승인을 받아야 하며, 지방도매시장의 개설자(시가 개설자인 경우만 해당한다)가 업무규정을 변경하는 때에는 도지사의 승인을 받아야 한다.

⑤ 시가 지방도매시장을 폐쇄하려면 그 3개월 전에 도지사의 허가를 받아야 한다. 다만, 특별시·광역시·특별자치시 및 특별자치도가 도매시장을 폐쇄하는 경우에는 그 3개월 전에 이를 공고하여야 한다.

⑥ 업무규정으로 정하여야 할 사항과 운영관리계획서의 작성 및 제출에 필요한 사항은 농림축산식품부령 또는 해양수산부령으로 정한다.

2. 개설구역(제18조)

① 도매시장의 개설구역은 도매시장이 개설되는 특별시·광역시·특별자치시·

특별자치도 또는 시의 관할구역으로 한다.

② 농림축산식품부장관 또는 해양수산부장관은 해당 지역에서의 농수산물의 원활한 유통을 위하여 필요하다고 인정할 때에는 도매시장의 개설구역에 인접한 일정 구역을 그 도매시장의 개설구역으로 편입하게 할 수 있다. 다만, 시가 개설하는 지방도매시장의 개설구역에 인접한 구역으로서 그 지방도매시장이 속한 도의 일정 구역에 대하여는 해당 도지사가 그 지방도매시장의 개설구역으로 편입하게 할 수 있다.

3. 허가기준 등(제19조)

1) 도지사는 허가신청의 내용이 다음의 요건을 갖춘 경우에는 이를 허가한다.
  ① 도매시장을 개설하려는 장소가 농수산물 거래의 중심지로서 적절한 위치에 있을 것
  ② 기준에 적합한 시설을 갖추고 있을 것
  ③ 운영관리계획서의 내용이 충실하고 그 실현이 확실하다고 인정되는 것일 것

2) 도지사는 시설이 갖추어지지 아니한 경우에는 일정한 기간 내에 해당 시설을 갖출 것을 조건으로 개설허가를 할 수 있다.

3) 특별시·광역시·특별자치시 또는 특별자치도가 도매시장을 개설하려면 제1항 각 호의 요건을 모두 갖추어 개설하여야 한다.

4. 도매시장 개설자의 의무(제20조)

1) 도매시장 개설자는 거래 관계자의 편익과 소비자 보호를 위하여 다음의 사항을 이행하여야 한다.
  ① 도매시장 시설의 정비·개선과 합리적인 관리
  ② 경쟁 촉진과 공정한 거래질서의 확립 및 환경 개선
  ③ 상품성 향상을 위한 규격화, 포장 개선 및 선도(鮮度) 유지의 촉진

2) 도매시장 개설자는 효과적으로 이행하기 위하여 이에 대한 투자계획 및 거래제도 개선방안 등을 포함한 대책을 수립·시행하여야 한다.

5. 도매시장의 관리(제21조)

① 도매시장 개설자는 소속 공무원으로 구성된 도매시장 관리사무소를 두거나 「지방공기업법」에 따른 지방공사("관리공사"), 공공출자법인 또는 한국농수

산식품유통공사 중에서 시장관리자를 지정할 수 있다.

② 도매시장 개설자는 관리사무소 또는 시장관리자로 하여금 시설물관리, 거래질서 유지, 유통 종사자에 대한 지도·감독 등에 관한 업무 범위를 정하여 해당 도매시장 또는 그 개설구역에 있는 도매시장의 관리업무를 수행하게 할 수 있다.

6. 도매시장의 운영 등(제22조)

도매시장 개설자는 도매시장에 그 시설규모·거래액 등을 고려하여 적정 수의 도매시장법인·시장도매인 또는 중도매인을 두어 이를 운영하게 하여야 한다. 다만, 중앙도매시장의 개설자는 농림축산식품부령 또는 해양수산부령으로 정하는 부류에 대하여는 도매시장법인을 두어야 한다.

7. 도매시장법인의 지정(제23조)

1) 도매시장법인은 도매시장 개설자가 부류별로 지정하되, 중앙도매시장에 두는 도매시장법인의 경우에는 농림축산식품부장관 또는 해양수산부장관과 협의하여 지정한다. 이 경우 5년 이상 10년 이하의 범위에서 지정 유효기간을 설정할 수 있다.

2) 도매시장법인의 주주 및 임직원은 해당 도매시장법인의 업무와 경합되는 도매업 또는 중도매업(仲都賣業)을 하여서는 아니 된다. 다만, 도매시장법인이 다른 도매시장법인의 주식 또는 지분을 과반수 이상 양수("인수")하고 양수법인의 주주 또는 임직원이 양도법인의 주주 또는 임직원의 지위를 겸하게 된 경우에는 그러하지 아니하다.

3) 도매시장법인이 될 수 있는 자는 다음의 요건을 갖춘 법인이어야 한다.

① 해당 부류의 도매업무를 효과적으로 수행할 수 있는 지식과 도매시장 또는 공판장 업무에 2년 이상 종사한 경험이 있는 업무집행 담당 임원이 2명 이상 있을 것

② 임원 중 이 법을 위반하여 금고 이상의 실형을 선고받고 그 형의 집행이 끝나거나(집행이 끝난 것으로 보는 경우를 포함한다) 집행이 면제된 후 2년이 지나지 아니한 사람이 없을 것

③ 임원 중 파산선고를 받고 복권되지 아니한 사람이나 피성년후견인 또는 피한정후견인이 없을 것

④ 임원 중 도매시장법인의 지정취소처분의 원인이 되는 사항에 관련된 사람이 없을 것
⑤ 거래규모, 순자산액 비율 및 거래보증금 등 도매시장 개설자가 업무규정으로 정하는 일정 요건을 갖출 것

4) 도매시장법인이 지정된 후 요건을 갖추지 아니하게 되었을 때에는 3개월 이내에 해당 요건을 갖추어야 한다.

5) 도매시장법인은 해당 임원이 요건을 갖추지 아니하게 되었을 때에는 그 임원을 지체 없이 해임하여야 한다.

6) 도매시장법인의 지정절차와 그 밖에 지정에 필요한 사항은 대통령령으로 정한다.

8. 도매시장법인의 인수·합병(제23조의2)

1) 도매시장법인이 다른 도매시장법인을 인수하거나 합병하는 경우에는 해당 도매시장 개설자의 승인을 받아야 한다.

2) 도매시장 개설자는 다음 각 호의 어느 하나에 해당하는 경우를 제외하고는 인수 또는 합병을 승인하여야 한다.
① 인수 또는 합병의 당사자인 도매시장법인이 요건을 갖추지 못한 경우
② 그 밖에 이 법 또는 다른 법령에 따른 제한에 위반되는 경우

3) 합병을 승인하는 경우 합병을 하는 도매시장법인은 합병이 되는 도매시장법인의 지위를 승계한다.

4) 도매시장법인의 인수·합병승인절차 등에 관하여 필요한 사항은 농림축산식품부령 또는 해양수산부령으로 정한다.

9. 공공출자법인(제24조)

1) 도매시장 개설자는 도매시장을 효율적으로 관리·운영하기 위하여 필요하다고 인정하는 경우에는 도매시장법인을 갈음하여 그 업무를 수행하게 할 법인("공공출자법인")을 설립할 수 있다.

2) 공공출자법인에 대한 출자는 다음의 어느 하나에 해당하는 자로 한정한다. 이 경우 제①호부터 제③호까지에 해당하는 자에 의한 출자액의 합계가 총출자액의 100분의 50을 초과하여야 한다.
① 지방자치단체
② 관리공사

③ 농림수협등

④ 해당 도매시장 또는 그 도매시장으로 이전되는 시장에서 농수산물을 거래하는 상인과 그 상인단체

⑤ 도매시장법인

⑥ 그 밖에 도매시장 개설자가 도매시장의 관리·운영을 위하여 특히 필요하다고 인정하는 자

3) 공공출자법인에 관하여 이 법에서 규정한 사항을 제외하고는 「상법」의 주식회사에 관한 규정을 적용한다.

4) 공공출자법인은 「상법」에 따른 설립등기를 한 날에 도매시장법인의 지정을 받은 것으로 본다.

10. 중도매업의 허가(제25조)

1) 중도매인의 업무를 하려는 자는 부류별로 해당 도매시장 개설자의 허가를 받아야 한다.

2) 도매시장 개설자는 다음 각 호의 어느 하나에 해당하는 경우를 제외하고는 허가 및 갱신허가를 하여야 한다.

① 제3항 각 호의 어느 하나에 해당하는 경우

② 그 밖에 이 법 또는 다른 법령에 따른 제한에 위반되는 경우

3) 다음의 어느 하나에 해당하는 자는 중도매업의 허가를 받을 수 없다.

① 파산선고를 받고 복권되지 아니한 사람이나 피성년후견인

② 이 법을 위반하여 금고 이상의 실형을 선고받고 그 형의 집행이 끝나거나(집행이 끝난 것으로 보는 경우를 포함한다) 면제되지 아니한 사람

③ 중도매업의 허가가 취소된 날부터 2년이 지나지 아니한 자

④ 도매시장법인의 주주 및 임직원으로서 해당 도매시장법인의 업무와 경합되는 중도매업을 하려는 자

⑤ 임원 중에 제①호부터 제④호까지의 어느 하나에 해당하는 사람이 있는 법인

⑥ 최저거래금액 및 거래대금의 지급보증을 위한 보증금 등 도매시장 개설자가 업무규정으로 정한 허가조건을 갖추지 못한 자

4) 법인인 중도매인은 임원이 제3항제5호에 해당하게 되었을 때에는 그 임원을 지체 없이 해임하여야 한다.

5) 중도매인은 다음 각 호의 행위를 하여서는 아니 된다.
① 다른 중도매인 또는 매매참가인의 거래 참가를 방해하는 행위를 하거나 집단적으로 농수산물의 경매 또는 입찰에 불참하는 행위
② 다른 사람에게 자기의 성명이나 상호를 사용하여 중도매업을 하게 하거나 그 허가증을 빌려 주는 행위

6) 도매시장 개설자는 중도매업의 허가를 하는 경우 5년 이상 10년 이하의 범위에서 허가 유효기간을 설정할 수 있다. 다만, 법인이 아닌 중도매인은 3년 이상 10년 이하의 범위에서 허가 유효기간을 설정할 수 있다.

7) 허가 유효기간이 만료된 후 계속하여 중도매업을 하려는 자는 농림축산식품부령 또는 해양수산부령으로 정하는 바에 따라 갱신허가를 받아야 한다.

11. 법인인 중도매인의 인수·합병(제25조의2)

법인인 중도매인의 인수·합병에 대하여는 제23조의2를 준용한다. 이 경우 "도매시장법인"은 "법인인 중도매인"으로 본다.

12. 매매참가인의 신고(제25조의3)

매매참가인의 업무를 하려는 자는 농림축산식품부령 또는 해양수산부령으로 정하는 바에 따라 도매시장·공판장 또는 민영도매시장의 개설자에게 매매참가인으로 신고하여야 한다.

13. 중도매인의 업무 범위 등의 특례(제26조)

허가를 받은 중도매인은 도매시장에 설치된 공판장에서도 그 업무를 할 수 있다.

14. 경매사의 임면(제27조)

1) 도매시장법인은 도매시장에서의 공정하고 신속한 거래를 위하여 농림축산식품부령 또는 해양수산부령으로 정하는 바에 따라 일정 수 이상의 경매사를 두어야 한다.

2) 경매사는 경매사 자격시험에 합격한 사람으로서 다음 각 호의 어느 하나에 해당하지 아니한 사람 중에서 임명하여야 한다.
① 피성년후견인 또는 피한정후견인
② 이 법 또는 「형법」의 죄 중 어느 하나에 해당하는 죄를 범하여 금고 이상의 실형을 선고받고 그 형의 집행이 끝나거나(집행이 끝난 것으로 보는 경우를

포함한다) 집행이 면제된 후 2년이 지나지 아니한 사람
③ 이 법 또는 「형법」의 죄 중 어느 하나에 해당하는 죄를 범하여 금고 이상의 형의 집행유예를 선고받거나 선고유예를 받고 그 유예기간 중에 있는 사람
④ 해당 도매시장의 시장도매인, 중도매인, 산지유통인 또는 그 임직원
⑤ 면직된 후 2년이 지나지 아니한 사람
⑥ 업무정지기간 중에 있는 사람

3) 도매시장법인은 경매사가 제2항제1호부터 제4호까지의 어느 하나에 해당하는 경우에는 그 경매사를 면직하여야 한다.

4) 도매시장법인이 경매사를 임면(任免)하였을 때에는 농림축산식품부령 또는 해양수산부령으로 정하는 바에 따라 그 내용을 도매시장 개설자에게 신고하여야 하며, 도매시장 개설자는 농림축산식품부장관 또는 해양수산부장관이 지정하여 고시한 인터넷 홈페이지에 그 내용을 게시하여야 한다.

15. 경매사 자격시험(제27조의2)

① 경매사 자격시험은 농림축산식품부장관 또는 해양수산부장관이 실시하되, 필기시험과 실기시험으로 구분하여 실시한다.
② 농림축산식품부장관 또는 해양수산부장관은 경매사 자격시험에서 부정행위를 한 사람에 대하여 해당 시험의 정지·무효 또는 합격 취소 처분을 한다. 이 경우 처분을 받은 사람에 대해서는 처분이 있은 날부터 3년간 경매사 자격시험의 응시자격을 정지한다.
③ 농림축산식품부장관 또는 해양수산부장관은 처분을 하려는 때에는 미리 그 처분 내용과 사유를 당사자에게 통지하여 소명할 기회를 주어야 한다.
④ 농림축산식품부장관 또는 해양수산부장관은 경매사 자격시험의 관리에 관한 업무를 대통령령으로 정하는 바에 따라 시험관리 능력이 있다고 인정하는 관계 전문기관에 위탁할 수 있다.
⑤ 경매사 자격시험의 응시자격, 시험과목, 시험의 일부 면제, 시험방법, 자격증 발급, 시험 응시 수수료, 자격증 발급 수수료, 그 밖에 시험에 관하여 필요한 사항은 대통령령으로 정한다.

16. 경매사의 업무 등(제28조)

1) 경매사는 다음 각 호의 업무를 수행한다.

① 도매시장법인이 상장한 농수산물에 대한 경매 우선순위의 결정
② 도매시장법인이 상장한 농수산물에 대한 가격평가
③ 도매시장법인이 상장한 농수산물에 대한 경락자의 결정

2) 경매사는 「형법」의 규정을 적용할 때에는 공무원으로 본다.

17. 산지유통인의 등록(제29조)

1) 농수산물을 수집하여 도매시장에 출하하려는 자는 농림축산식품부령 또는 해양수산부령으로 정하는 바에 따라 부류별로 도매시장 개설자에게 등록하여야 한다. 다만, 다음 각 호의 어느 하나에 해당하는 경우에는 그러하지 아니하다.
① 생산자단체가 구성원의 생산물을 출하하는 경우
② 도매시장법인이 제31조제1항 단서에 따라 매수한 농수산물을 상장하는 경우
③ 중도매인이 제31조제2항 단서에 따라 비상장 농수산물을 매매하는 경우
④ 시장도매인이 제37조에 따라 매매하는 경우
⑤ 그 밖에 농림축산식품부령 또는 해양수산부령으로 정하는 경우

2) 도매시장법인, 중도매인 및 이들의 주주 또는 임직원은 해당 도매시장에서 산지유통인의 업무를 하여서는 아니 된다.

3) 도매시장 개설자는 이 법 또는 다른 법령에 따른 제한에 위반되는 경우를 제외하고는 등록을 하여주어야 한다.

4) 산지유통인은 등록된 도매시장에서 농수산물의 출하업무 외의 판매·매수 또는 중개업무를 하여서는 아니 된다.

5) 도매시장 개설자는 등록을 하여야 하는 자가 등록을 하지 아니하고 산지유통인의 업무를 하는 경우에는 도매시장에의 출입을 금지·제한하거나 그 밖에 필요한 조치를 할 수 있다.

6) 국가나 지방자치단체는 산지유통인의 공정한 거래를 촉진하기 위하여 필요한 지원을 할 수 있다.

18. 출하자 신고(제30조)

① 도매시장에 농수산물을 출하하려는 생산자 및 생산자단체 등은 농수산물의 거래질서 확립과 수급안정을 위하여 농림축산식품부령 또는 해양수산부령으로 정하는 바에 따라 해당 도매시장의 개설자에게 신고하여야 한다.

② 도매시장 개설자, 도매시장법인 또는 시장도매인은 제1항에 따라 신고한 출

하자가 출하 예약을 하고 농수산물을 출하하는 경우에는 위탁수수료의 인하 및 경매의 우선 실시 등 우대조치를 할 수 있다.

19. 수탁판매의 원칙(제31조)

① 도매시장에서 도매시장법인이 하는 도매는 출하자로부터 위탁을 받아 하여야 한다. 다만, 농림축산식품부령 또는 해양수산부령으로 정하는 특별한 사유가 있는 경우에는 매수하여 도매할 수 있다.

② 중도매인은 도매시장법인이 상장한 농수산물 외의 농수산물은 거래할 수 없다. 다만, 농림축산식품부령 또는 해양수산부령으로 정하는 도매시장법인이 상장하기에 적합하지 아니한 농수산물과 그 밖에 이에 준하는 농수산물로서 그 품목과 기간을 정하여 도매시장 개설자로부터 허가를 받은 농수산물의 경우에는 그러하지 아니하다.

③ 중도매인의 거래에 관하여는 제35조제1항, 제38조, 제39조, 제40조제2항·제4항, 제41조(제2항 단서는 제외한다), 제42조제1항제1호·제3호 및 제81조를 준용한다.

④ 중도매인이 해당하는 물품을 농수산물 전자거래소에서 거래하는 경우에는 그 물품을 도매시장으로 반입하지 아니할 수 있다.

⑤ 중도매인은 도매시장법인이 상장한 농수산물을 농림축산식품부령 또는 해양수산부령으로 정하는 연간 거래액의 범위에서 해당 도매시장의 다른 중도매인과 거래하는 경우를 제외하고는 다른 중도매인과 농수산물을 거래할 수 없다.

⑥ 중도매인 간 거래액은 최저거래금액 산정 시 포함하지 아니한다.

⑦ 다른 중도매인과 농수산물을 거래한 중도매인은 농림축산식품부령 또는 해양수산부령으로 정하는 바에 따라 그 거래 내역을 도매시장 개설자에게 통보하여야 한다.

20. 매매방법(제32조)

도매시장법인은 도매시장에서 농수산물을 경매·입찰·정가매매 또는 수의매매(隨意賣買)의 방법으로 매매하여야 한다. 다만, 출하자가 매매방법을 지정하여 요청하는 경우 등 농림축산식품부령 또는 해양수산부령으로 매매방법을 정한 경우에는 그에 따라 매매할 수 있다.

21. 경매 또는 입찰의 방법(제33조)

① 도매시장법인은 도매시장에 상장한 농수산물을 수탁된 순위에 따라 경매 또는 입찰의 방법으로 판매하는 경우에는 최고가격 제시자에게 판매하여야 한다. 다만, 출하자가 서면으로 거래 성립 최저가격을 제시한 경우에는 그 가격 미만으로 판매하여서는 아니 된다.

② 도매시장 개설자는 효율적인 유통을 위하여 필요한 경우에는 농림축산식품부령 또는 해양수산부령으로 정하는 바에 따라 대량 입하품, 표준규격품, 예약 출하품 등을 우선적으로 판매하게 할 수 있다.

③ 경매 또는 입찰의 방법은 전자식(電子式)을 원칙으로 하되 필요한 경우 농림축산식품부령 또는 해양수산부령으로 정하는 바에 따라 거수수지식(擧手手指式), 기록식, 서면입찰식 등의 방법으로 할 수 있다. 이 경우 공개경매를 실현하기 위하여 필요한 경우 농림축산식품부장관, 해양수산부장관 또는 도매시장 개설자는 품목별·도매시장별로 경매방식을 제한할 수 있다.

22. 거래의 특례(제34조)

도매시장 개설자는 입하량이 현저히 많아 정상적인 거래가 어려운 경우 등 농림축산식품부령 또는 해양수산부령으로 정하는 특별한 사유가 있는 경우에는 그 사유가 발생한 날에 한정하여 도매시장법인의 경우에는 중도매인·매매참가인 외의 자에게, 시장도매인의 경우에는 도매시장법인·중도매인에게 판매할 수 있도록 할 수 있다.

23. 도매시장법인의 영업제한(제35조)

1) 도매시장법인은 도매시장 외의 장소에서 농수산물의 판매업무를 하지 못한다.

2) 도매시장법인은 다음 각 호의 어느 하나에 해당하는 경우에는 해당 거래물품을 도매시장으로 반입하지 아니할 수 있다.

① 도매시장 개설자의 사전승인을 받아 「전자문서 및 전자거래 기본법」에 따른 전자거래 방식으로 하는 경우(온라인에서 경매 방식으로 거래하는 경우를 포함한다)

② 농림축산식품부령 또는 해양수산부령으로 정하는 일정 기준 이상의 시설에 보관·저장 중인 거래 대상 농수산물의 견본을 도매시장에 반입하여 거래하

는 것에 대하여 도매시장 개설자가 승인한 경우

3) 전자거래 및 견본거래 방식 등에 관하여 필요한 사항은 농림축산식품부령 또는 해양수산부령으로 정한다.

4) 도매시장법인은 농수산물 판매업무 외의 사업을 겸영(兼營)하지 못한다. 다만, 농수산물의 선별·포장·가공·제빙(製氷)·보관·후숙(後熟)·저장·수출입 등의 사업은 농림축산식품부령 또는 해양수산부령으로 정하는 바에 따라 겸영할 수 있다.

5) 도매시장 개설자는 산지(産地) 출하자와의 업무 경합 또는 과도한 겸영사업으로 인하여 도매시장법인의 도매업무가 약화될 우려가 있는 경우에는 대통령령으로 정하는 바에 따라 겸영사업을 1년 이내의 범위에서 제한할 수 있다.

24. 도매시장법인 등의 공시(제35조의2)

① 도매시장법인 또는 시장도매인은 출하자와 소비자의 권익보호를 위하여 거래물량, 가격정보 및 재무상황 등을 공시(公示)하여야 한다.

② 공시내용, 공시방법 및 공시절차 등에 관하여 필요한 사항은 농림축산식품부령 또는 해양수산부령으로 정한다.

25. 시장도매인의 지정(제36조)

1) 시장도매인은 도매시장 개설자가 부류별로 지정한다. 이 경우 5년 이상 10년 이하의 범위에서 지정 유효기간을 설정할 수 있다.

2) 시장도매인이 될 수 있는 자는 다음 각 호의 요건을 갖춘 법인이어야 한다.

① 임원 중 이 법을 위반하여 금고 이상의 실형을 선고받고 그 형의 집행이 끝나거나(집행이 끝난 것으로 보는 경우를 포함한다) 집행이 면제된 후 2년이 지나지 아니한 사람이 없을 것

② 임원 중 해당 도매시장에서 시장도매인의 업무와 경합되는 도매업 또는 중도매업을 하는 사람이 없을 것

③ 임원 중 파산선고를 받고 복권되지 아니한 사람이나 피성년후견인 또는 피한정후견인이 없을 것

④ 임원 중 시장도매인의 지정취소처분의 원인이 되는 사항에 관련된 사람이 없을 것

⑤ 거래규모, 순자산액 비율 및 거래보증금 등 도매시장 개설자가 업무규정으

로 정하는 일정 요건을 갖출 것

3) 시장도매인은 해당 임원이 요건을 갖추지 아니하게 되었을 때에는 그 임원을 지체 없이 해임하여야 한다.

4) 시장도매인의 지정절차와 그 밖에 지정에 필요한 사항은 대통령령으로 정한다.

26. 시장도매인의 인수·합병(제36조의2)

시장도매인의 인수·합병에 대하여는 제23조의2를 준용한다. 이 경우 "도매시장법인"은 "시장도매인"으로 본다.

27. 시장도매인의 영업(제37조)

① 시장도매인은 도매시장에서 농수산물을 매수 또는 위탁받아 도매하거나 매매를 중개할 수 있다. 다만, 도매시장 개설자는 거래질서의 유지를 위하여 필요하다고 인정하는 경우 등 농림축산식품부령 또는 해양수산부령으로 정하는 경우에는 품목과 기간을 정하여 시장도매인이 농수산물을 위탁받아 도매하는 것을 제한 또는 금지할 수 있다.

② 시장도매인은 해당 도매시장의 도매시장법인·중도매인에게 농수산물을 판매하지 못한다.

28. 수탁의 거부금지 등(제38조)

도매시장법인 또는 시장도매인은 그 업무를 수행할 때에 다음 각 호의 어느 하나에 해당하는 경우를 제외하고는 입하된 농수산물의 수탁을 거부·기피하거나 위탁받은 농수산물의 판매를 거부·기피하거나, 거래 관계인에게 부당한 차별대우를 하여서는 아니 된다.

① 유통명령을 위반하여 출하하는 경우

② 출하자 신고를 하지 아니하고 출하하는 경우

③ 안전성 검사 결과 그 기준에 미달되는 경우

④ 도매시장 개설자가 업무규정으로 정하는 최소출하량의 기준에 미달되는 경우

⑤ 그 밖에 환경 개선 및 규격출하 촉진 등을 위하여 대통령령으로 정하는 경우

29. 출하 농수산물의 안전성 검사(제38조의2)

① 도매시장 개설자는 해당 도매시장에 반입되는 농수산물에 대하여 「농수산물

품질관리법」에 따른 유해물질의 잔류허용기준 등의 초과 여부에 관한 안전성 검사를 하여야 한다. 이 경우 도매시장 개설자 중 시는 해당 도매시장의 개설을 허가한 도지사 소속의 검사기관에 안전성 검사를 의뢰할 수 있다.

② 도매시장 개설자는 안전성 검사 결과 그 기준에 못 미치는 농수산물을 출하하는 자에 대하여 1년 이내의 범위에서 해당 농수산물과 같은 품목의 농수산물을 해당 도매시장에 출하하는 것을 제한할 수 있다. 이 경우 다른 도매시장 개설자로부터 안전성 검사 결과 출하 제한을 받은 자에 대해서도 또한 같다.

③ 안전성 검사의 실시 기준 및 방법과 출하제한의 기준 및 절차 등에 관하여 필요한 사항은 농림축산식품부령 또는 해양수산부령으로 정한다.

30. 매매 농수산물의 인수 등(제39조)

① 도매시장법인 또는 시장도매인으로부터 농수산물을 매수한 자는 매매가 성립한 즉시 그 농수산물을 인수하여야 한다.

② 도매시장법인 또는 시장도매인은 매수인이 정당한 사유 없이 매수한 농수산물의 인수를 거부하거나 게을리하였을 때에는 그 매수인의 부담으로 해당 농수산물을 일정 기간 보관하거나, 그 이행을 최고(催告)하지 아니하고 그 매매를 해제하여 다시 매매할 수 있다.

③ 차손금(差損金)이 생겼을 때에는 당초의 매수인이 부담한다.

31. 하역업무(제40조)

① 도매시장 개설자는 도매시장에서 하는 하역업무의 효율화를 위하여 하역체제의 개선 및 하역의 기계화 촉진에 노력하여야 하며, 하역비의 절감으로 출하자의 이익을 보호하기 위하여 필요한 시책을 수립·시행하여야 한다.

② 도매시장 개설자가 업무규정으로 정하는 규격출하품에 대한 표준하역비(도매시장 안에서 규격출하품을 판매하기 위하여 필수적으로 드는 하역비를 말한다)는 도매시장법인 또는 시장도매인이 부담한다.

③ 농림축산식품부장관 또는 해양수산부장관은 하역체제의 개선 및 하역의 기계화와 규격출하의 촉진을 위하여 도매시장 개설자에게 필요한 조치를 명할 수 있다.

④ 도매시장법인 또는 시장도매인은 도매시장에서 하는 하역업무에 대하여 하역 전문업체 등과 용역계약을 체결할 수 있다.

32. 출하자에 대한 대금결제(제41조)

① 도매시장법인 또는 시장도매인은 매수하거나 위탁받은 농수산물이 매매되었을 때에는 그 대금의 전부를 출하자에게 즉시 결제하여야 한다. 다만, 대금의 지급방법에 관하여 도매시장법인 또는 시장도매인과 출하자 사이에 특약이 있는 경우에는 그 특약에 따른다.

② 도매시장법인 또는 시장도매인은 출하자에게 대금을 결제하는 경우에는 표준송품장(標準送品狀)과 판매원표(販賣元標)를 확인하여 작성한 표준정산서를 출하자와 정산 조직(제41조의2에 따른 대금정산조직 또는 그 밖에 대금정산을 위한 조직 등을 말한다. 이하 이 조에서 같다)에 각각 발급하고, 정산 조직에 대금결제를 의뢰하여 정산 조직에서 출하자에게 대금을 지급하는 방법으로 하여야 한다. 다만, 도매시장 개설자가 농림축산식품부령 또는 해양수산부령으로 정하는 바에 따라 인정하는 도매시장법인의 경우에는 출하자에게 대금을 직접 결제할 수 있다.

③ 표준송품장, 판매원표, 표준정산서, 대금결제의 방법 및 절차 등에 관하여 필요한 사항은 농림축산식품부령 또는 해양수산부령으로 정한다.

33. 대금정산조직 설립의 지원(제41조의2)

도매시장 개설자는 도매시장법인·시장도매인·중도매인 등이 공동으로 다음 각 호의 대금의 정산을 위한 조합, 회사 등("대금정산조직")을 설립하는 경우 그에 대한 지원을 할 수 있다.

① 출하대금

② 도매시장법인과 중도매인 또는 매매참가인 간의 농수산물 거래에 따른 판매대금

34. 수수료 등의 징수제한(제42조)

1) 도매시장 개설자, 도매시장법인, 시장도매인, 중도매인 또는 대금정산조직은 해당 업무와 관련하여 징수 대상자에게 다음 각 호의 금액 외에는 어떠한 명목으로도 금전을 징수하여서는 아니 된다.

① 도매시장 개설자가 도매시장법인 또는 시장도매인으로부터 도매시장의 유지·관리에 필요한 최소한의 비용으로 징수하는 도매시장의 사용료

② 도매시장 개설자가 도매시장의 시설 중 농림축산식품부령 또는 해양수산부령으로 정하는 시설에 대하여 사용자로부터 징수하는 시설 사용료
③ 도매시장법인이나 시장도매인이 농수산물의 판매를 위탁한 출하자로부터 징수하는 거래액의 일정 비율 또는 일정액에 해당하는 위탁수수료
④ 시장도매인 또는 중도매인이 농수산물의 매매를 중개한 경우에 이를 매매한 자로부터 징수하는 거래액의 일정 비율에 해당하는 중개수수료
⑤ 거래대금을 정산하는 경우에 도매시장법인·시장도매인·중도매인·매매참가인 등이 대금정산조직에 납부하는 정산수수료

2) 사용료 및 수수료의 요율은 농림축산식품부령 또는 해양수산부령으로 정한다.

35. 지방도매시장의 운영 등에 관한 특례(제42조의2)

① 지방도매시장의 개설자는 해당 도매시장의 규모 및 거래물량 등에 비추어 필요하다고 인정하는 경우 농림축산식품부령 또는 해양수산부령으로 정하는 사유와 다른 내용의 특례를 업무규정으로 정할 수 있다.

36. 과밀부담금의 면제(제42조의3)

도매시장의 시설현대화 사업으로 건축하는 건축물에 대해서는 「수도권정비계획법」에도 불구하고 그 과밀부담금을 부과하지 아니한다.

제4장 농수산물공판장 및 민영농수산물도매시장 등

1. 공판장의 개설(제43조)

1) 농림수협등, 생산자단체 또는 공익법인이 공판장을 개설하려면 시·도지사의 승인을 받아야 한다.

2) 농림수협등, 생산자단체 또는 공익법인이 공판장의 개설승인을 받으려면 농림축산식품부령 또는 해양수산부령으로 정하는 바에 따라 공판장 개설승인 신청서에 업무규정과 운영관리계획서 등 승인에 필요한 서류를 첨부하여 시·도지사에게 제출하여야 한다.

3) 공판장의 업무규정 및 운영관리계획서에 정할 사항에 관하여는 제17조제5항 및 제7항을 준용한다.

4) 시·도지사는 신청이 다음 각 호의 어느 하나에 해당하는 경우를 제외하고는 승인을 하여야 한다.

① 공판장을 개설하려는 장소가 교통체증을 유발할 수 있는 위치에 있는 경우

② 공판장의 시설이 기준에 적합하지 아니한 경우

③ 운영관리계획서의 내용이 실현 가능하지 아니한 경우

④ 그 밖에 이 법 또는 다른 법령에 따른 제한에 위반되는 경우

2. 공판장의 거래 관계자(제44조)

① 공판장에는 중도매인, 매매참가인, 산지유통인 및 경매사를 둘 수 있다.

② 공판장의 중도매인은 공판장의 개설자가 지정한다.

③ 농수산물을 수집하여 공판장에 출하하려는 자는 공판장의 개설자에게 산지유통인으로 등록하여야 한다.

④ 공판장의 경매사는 공판장의 개설자가 임면한다.

3. 공판장의 운영 등(제45조)

공판장의 운영 및 거래방법 등에 관하여는 제31조부터 제34조까지, 제38조, 제39조, 제40조, 제41조제1항 및 제42조를 준용한다. 다만, 공판장의 규모·거래물량 등에 비추어 이를 준용하는 것이 적합하지 아니한 공판장의 경우에는 개설자가 합리적이라고 인정되는 범위에서 업무규정으로 정하는 바에 따라 운영 및 거래방법 등을 달리 정할 수 있다.

4. 도매시장공판장의 운영 등에 관한 특례(제46조)

① 도매시장공판장의 운영 및 거래방법 등에 관하여는 제30조제2항, 제31조제1항, 제32조부터 제34조까지, 제35조제2항부터 제5항까지, 제35조의2, 제38조, 제39조부터 제41조까지, 제41조의2 및 제42조를 준용한다.

② 도매시장공판장의 중도매인에 관하여는 제25조, 제31조제2항부터 제7항까지, 제42조 및 제75조를 준용한다.

③ 도매시장공판장의 산지유통인에 관하여는 제29조를 준용한다.

④ 도매시장공판장의 경매사에 관하여는 제27조 및 제28조를 준용한다.

⑤ 도매시장공판장은 제70조에 따른 농림수협등의 유통자회사(流通子會社)로 하여금 운영하게 할 수 있다.

5. 민영도매시장의 개설(제47조)

1) 민간인등이 특별시·광역시·특별자치시·특별자치도 또는 시 지역에 민영도매시장을 개설하려면 시·도지사의 허가를 받아야 한다.

2) 민간인등이 민영도매시장의 개설허가를 받으려면 농림축산식품부령 또는 해양수산부령으로 정하는 바에 따라 민영도매시장 개설허가 신청서에 업무규정과 운영관리계획서를 첨부하여 시·도지사에게 제출하여야 한다.

3) 업무규정 및 운영관리계획서에 관하여는 제17조제5항 및 제7항을 준용한다.

4) 시·도지사는 다음 각 호의 어느 하나에 해당하는 경우를 제외하고는 허가하여야 한다.

① 민영도매시장을 개설하려는 장소가 교통체증을 유발할 수 있는 위치에 있는 경우

② 민영도매시장의 시설이 기준에 적합하지 아니한 경우

③ 운영관리계획서의 내용이 실현 가능하지 아니한 경우

④ 그 밖에 이 법 또는 다른 법령에 따른 제한에 위반되는 경우

5) 시·도지사는 민영도매시장 개설허가의 신청을 받은 경우 신청서를 받은 날부터 30일 이내에 허가 여부 또는 허가처리 지연 사유를 신청인에게 통보하여야 한다. 이 경우 허가 처리기간에 허가 여부 또는 허가처리 지연 사유를 통보하지 아니하면 허가 처리기간의 마지막 날의 다음 날에 허가를 한 것으로 본다.

6) 시·도지사는 허가처리 지연 사유를 통보하는 경우에는 허가 처리기간을 10일 범위에서 한 번만 연장할 수 있다.

6. 민영도매시장의 운영 등(제48조)

① 민영도매시장의 개설자는 중도매인, 매매참가인, 산지유통인 및 경매사를 두어 직접 운영하거나 시장도매인을 두어 이를 운영하게 할 수 있다.

② 민영도매시장의 중도매인은 민영도매시장의 개설자가 지정한다.

③ 농수산물을 수집하여 민영도매시장에 출하하려는 자는 민영도매시장의 개설자에게 산지유통인으로 등록하여야 한다.

④ 민영도매시장의 경매사는 민영도매시장의 개설자가 임면한다.

⑤ 민영도매시장의 시장도매인은 민영도매시장의 개설자가 지정한다.

⑥ 민영도매시장의 개설자가 중도매인, 매매참가인, 산지유통인 및 경매사를 두어 직접 운영하는 경우 그 운영 및 거래방법 등에 관하여는 제31조부터 제34조까지, 제38조, 제39조부터 제41조까지 및 제42조를 준용한다. 다만, 민영도매시장의 규모·거래물량 등에 비추어 해당 규정을 준용하는 것이 적합하지 아니한 민영도매시장의 경우에는 그 개설자가 합리적이라고 인정되는 범위에서 업무규정으로 정하는 바에 따라 그 운영 및 거래방법 등을 달리 정할 수 있다.

7. 산지판매제도의 확립(제49조)

① 농림수협등 또는 공익법인은 생산지에서 출하되는 주요 품목의 농수산물에 대하여 산지경매제를 실시하거나 계통출하(系統出荷)를 확대하는 등 생산자 보호를 위한 판매대책 및 선별·포장·저장 시설의 확충 등 산지 유통대책을 수립·시행하여야 한다.

② 농림수협등 또는 공익법인은 경매 또는 입찰의 방법으로 창고경매, 포전경매

(圃田競賣) 또는 선상경매(船上競賣) 등을 할 수 있다.

8. 농수산물집하장의 설치·운영(제50조)

① 생산자단체 또는 공익법인은 농수산물을 대량 소비지에 직접 출하할 수 있는 유통체제를 확립하기 위하여 필요한 경우에는 농수산물집하장을 설치·운영할 수 있다.

② 국가와 지방자치단체는 농수산물집하장의 효과적인 운영과 생산자의 출하편의를 도모할 수 있도록 그 입지 선정과 도로망의 개설에 협조하여야 한다.

③ 생산자단체 또는 공익법인은 운영하고 있는 농수산물집하장 중 공판장의 시설기준을 갖춘 집하장을 시·도지사의 승인을 받아 공판장으로 운영할 수 있다.

9. 농수산물산지유통센터의 설치·운영 등(제51조)

① 국가나 지방자치단체는 농수산물의 선별·포장·규격출하·가공·판매 등을 촉진하기 위하여 농수산물산지유통센터를 설치하여 운영하거나 이를 설치하려는 자에게 부지 확보 또는 시설물 설치 등에 필요한 지원을 할 수 있다.

② 국가나 지방자치단체는 농수산물산지유통센터의 운영을 생산자단체 또는 전문유통업체에 위탁할 수 있다.

③ 농수산물산지유통센터의 운영 등에 필요한 사항은 농림축산식품부령 또는 해양수산부령으로 정한다.

10. 농수산물 유통시설의 편의제공(제52조)

국가나 지방자치단체는 그가 설치한 농수산물 유통시설에 대하여 생산자단체, 농업협동조합중앙회, 산림조합중앙회, 수산업협동조합중앙회 또는 공익법인으로부터 이용 요청을 받으면 해당 시설의 이용, 면적 배정 등에서 우선적으로 편의를 제공하여야 한다.

11. 포전매매의 계약(제53조)

① 농림축산식품부장관이 정하는 채소류 등 저장성이 없는 농산물의 포전매매(생산자가 수확하기 이전의 경작상태에서 면적단위 또는 수량단위로 매매하는 것을 말한다. 이하 이 조에서 같다)의 계약은 서면에 의한 방식으로 하여야 한다.

② 농산물의 포전매매의 계약은 특약이 없으면 매수인이 그 농산물을 계약서에 적힌 반출 약정일부터 10일 이내에 반출하지 아니한 경우에는 그 기간이 지난 날에 계약이 해제된 것으로 본다. 다만, 매수인이 반출 약정일이 지나기 전에 반출 지연 사유와 반출 예정일을 서면으로 통지한 경우에는 그러하지 아니하다.

③ 농림축산식품부장관은 포전매매의 계약에 필요한 표준계약서를 정하여 보급하고 그 사용을 권장할 수 있으며, 계약당사자는 표준계약서에 준하여 계약하여야 한다.

④ 농림축산식품부장관과 지방자치단체의 장은 생산자 및 소비자의 보호나 농산물의 가격 및 수급의 안정을 위하여 특히 필요하다고 인정할 때에는 대상 품목, 대상 지역 및 신고기간 등을 정하여 계약 당사자에게 포전매매 계약의 내용을 신고하도록 할 수 있다.

제5장 농산물가격안정기금

1. 기금의 설치(제54조)

정부는 농산물(축산물 및 임산물을 포함한다.)의 원활한 수급과 가격안정을 도모하고 유통구조의 개선을 촉진하기 위한 재원을 확보하기 위하여 농산물가격안정기금을 설치한다.

2. 기금의 조성(제55조)

1) 기금은 다음의 재원으로 조성한다.
① 정부의 출연금
② 기금 운용에 따른 수익금
③ 제9조의2제3항, 제16조제2항 및 다른 법률의 규정에 따라 납입되는 금액
④ 다른 기금으로부터의 출연금

2) 농림축산식품부장관은 기금의 운영에 필요하다고 인정할 때에는 기금의 부담으로 한국은행 또는 다른 기금으로부터 자금을 차입(借入)할 수 있다.

3. 기금의 운용·관리(제56조)

① 기금은 국가회계원칙에 따라 농림축산식품부장관이 운용·관리한다.
② 기금의 운용·관리에 관한 농림축산식품부장관의 업무는 대통령령으로 정하는 바에 따라 그 일부를 국립종자원장과 한국농수산식품유통공사의 장에게 위임 또는 위탁할 수 있다.
③ 기금의 운용·관리에 관하여 이 법에서 규정한 사항 외에 필요한 사항은 대통령령으로 정한다.

4. 기금의 용도(제57조)

1) 기금은 다음 각 호의 사업을 위하여 필요한 경우에 융자 또는 대출할 수 있다.
① 농산물의 가격조절과 생산·출하의 장려 또는 조절

② 농산물의 수출 촉진
③ 농산물의 보관·관리 및 가공
④ 도매시장, 공판장, 민영도매시장 및 경매식 집하장(농수산물집하장 중 경매 또는 입찰의 방법으로 농수산물을 판매하는 집하장을 말한다)의 출하촉진·거래대금정산·운영 및 시설설치
⑤ 농산물의 상품성 향상
⑥ 그 밖에 농림축산식품부장관이 농산물의 유통구조 개선, 가격안정 및 종자산업의 진흥을 위하여 필요하다고 인정하는 사업

2) 기금은 다음 각 호의 사업을 위하여 지출한다.
① 「농수산자조금의 조성 및 운용에 관한 법률」 제5조에 따른 농수산자조금에 대한 출연 및 지원
② 제9조, 제9조의2, 제13조 및 「종자산업법」 제22조에 따른 사업 및 그 사업의 관리
2의2. 제12조에 따른 유통명령 이행자에 대한 지원
③ 기금이 관리하는 유통시설의 설치·취득 및 운영
④ 도매시장 시설현대화 사업 지원
⑤ 그 밖에 대통령령으로 정하는 농산물의 유통구조 개선 및 가격안정과 종자산업의 진흥을 위하여 필요한 사업

3) 기금의 융자를 받을 수 있는 자는 농업협동조합중앙회(농협경제지주회사 및 그 자회사를 포함한다), 산림조합중앙회 및 한국농수산식품유통공사로 하고, 대출을 받을 수 있는 자는 농림축산식품부장관이 사업을 효율적으로 시행할 수 있다고 인정하는 자로 한다.

4) 기금의 대출에 관한 농림축산식품부장관의 업무는 기금의 융자를 받을 수 있는 자에게 위탁할 수 있다.

5) 기금을 융자받거나 대출받은 자는 융자 또는 대출을 할 때에 지정한 목적 외의 목적에 그 융자금 또는 대출금을 사용할 수 없다.

5. 기금의 회계기관(제58조)

① 농림축산식품부장관은 기금의 수입과 지출에 관한 사무를 수행하게 하기 위하여 소속 공무원 중에서 기금수입징수관·기금재무관·기금지출관 및 기금

출납공무원을 임명한다.

② 농림축산식품부장관은 기금의 운용·관리에 관한 업무의 일부를 위임 또는 위탁한 경우, 위임 또는 위탁받은 기관의 소속 공무원 또는 임직원 중에서 위임 또는 위탁받은 업무를 수행하기 위한 기금수입징수관 또는 기금수입담당임원, 기금재무관 또는 기금지출원인행위담당임원, 기금지출관 또는 기금지출원 및 기금출납공무원 또는 기금출납원을 임명하여야 한다. 이 경우 기금수입담당임원은 기금수입징수관의 직무를, 기금지출원인행위담당임원은 기금재무관의 직무를, 기금지출원은 기금지출관의 직무를, 기금출납원은 기금출납공무원의 직무를 수행한다.

③ 농림축산식품부장관은 기금수입징수관·기금재무관·기금지출관 및 기금출납공무원, 기금수입담당임원·기금지출원인행위담당임원·기금지출원 및 기금출납원을 임명하였을 때에는 감사원, 기획재정부장관 및 한국은행총재에게 그 사실을 통지하여야 한다.

6. 기금의 손비처리(제59조)

농림축산식품부장관은 다음 각 호의 어느 하나에 해당하는 비용이 생기면 이를 기금에서 손비(損費)로 처리하여야 한다.

① 사업을 실시한 결과 생긴 결손금

② 차입금의 이자 및 기금의 운용에 필요한 경비

7. 기금의 운용계획(제60조)

1) 농림축산식품부장관은 회계연도마다 「국가재정법」에 따라 기금운용계획을 수립하여야 한다.

2) 기금운용계획에는 다음 각 호의 사항이 포함되어야 한다.

① 기금의 수입·지출에 관한 사항

② 융자 또는 대출의 목적, 대상자, 금리 및 기간에 관한 사항

③ 그 밖에 기금의 운용에 필요한 사항

3) 융자기간은 1년 이내로 하여야 한다. 다만, 시설자금의 융자 등 자금의 사용 목적상 1년 이내로 하는 것이 적당하지 아니하다고 인정되는 경우에는 그러하지 아니하다.

8. 여유자금의 운용(제60조의2)

농림축산식품부장관은 기금의 여유자금을 다음 각 호의 방법으로 운용할 수 있다.

① 「은행법」에 따른 은행에 예치

② 국채·공채, 그 밖에 「자본시장과 금융투자업에 관한 법률」에 따른 증권의 매입

9. 결산보고(제61조)

농림축산식품부장관은 회계연도마다 기금의 결산보고서를 작성하여 다음 연도 2월 말일까지 기획재정부장관에게 제출하여야 한다.

제6장 농수산물 유통기구의 정비 등

1. 정비 기본방침 등(제62조)

농림축산식품부장관 또는 해양수산부장관은 농수산물의 원활한 수급과 유통질서를 확립하기 위하여 필요한 경우에는 다음 각 호의 사항을 포함한 농수산물 유통기구 정비기본방침을 수립하여 고시할 수 있다.

① 시설기준에 미달하거나 거래물량에 비하여 시설이 부족하다고 인정되는 도매시장·공판장 및 민영도매시장의 시설 정비에 관한 사항

② 도매시장·공판장 및 민영도매시장 시설의 바꿈 및 이전에 관한 사항

③ 중도매인 및 경매사의 가격조작 방지에 관한 사항

④ 생산자와 소비자 보호를 위한 유통기구의 봉사(奉仕) 경쟁체제의 확립과 유통 경로의 단축에 관한 사항

⑤ 운영 실적이 부진하거나 휴업 중인 도매시장의 정비 및 도매시장법인이나 시장도매인의 교체에 관한 사항

⑥ 소매상의 시설 개선에 관한 사항

2. 지역별 정비계획(제63조)

① 시·도지사는 기본방침이 고시되었을 때에는 그 기본방침에 따라 지역별 정비계획을 수립하고 농림축산식품부장관 또는 해양수산부장관의 승인을 받아 그 계획을 시행하여야 한다.

② 농림축산식품부장관 또는 해양수산부장관은 지역별 정비계획의 내용이 기본방침에 부합되지 아니하거나 사정의 변경 등으로 실효성이 없다고 인정하는 경우에는 그 일부를 수정 또는 보완하여 승인할 수 있다.

3. 유사 도매시장의 정비(제64조)

① 시·도지사는 농수산물의 공정거래질서 확립을 위하여 필요한 경우에는 농수산물도매시장과 유사(類似)한 형태의 시장을 정비하기 위하여 유사 도매시장

구역을 지정하고, 농림축산식품부령 또는 해양수산부령으로 정하는 바에 따라 그 구역의 농수산물도매업자의 거래방법 개선, 시설 개선, 이전대책 등에 관한 정비계획을 수립·시행할 수 있다.

② 특별시·광역시·특별자치시·특별자치도 또는 시는 정비계획에 따라 유사 도매시장구역에 도매시장을 개설하고, 그 구역의 농수산물도매업자를 도매시장법인 또는 시장도매인으로 지정하여 운영하게 할 수 있다.

③ 농림축산식품부장관 또는 해양수산부장관은 시·도지사로 하여금 제1항에 따른 정비계획의 내용을 수정 또는 보완하게 할 수 있으며, 정비계획의 추진에 필요한 지원을 할 수 있다.

4. 시장의 개설·정비 명령(제65조)

① 농림축산식품부장관 또는 해양수산부장관은 기본방침을 효과적으로 수행하기 위하여 필요하다고 인정할 때에는 도매시장·공판장 및 민영도매시장의 개설자에 대하여 대통령령으로 정하는 바에 따라 도매시장·공판장 및 민영도매시장의 통합·이전 또는 폐쇄를 명할 수 있다.

② 농림축산식품부장관 또는 해양수산부장관은 농수산물을 원활하게 수급하기 위하여 특정한 지역에 도매시장이나 공판장을 개설하거나 제한할 필요가 있다고 인정할 때에는 그 지역을 관할하는 특별시·광역시·특별자치시·특별자치도 또는 시나 농림수협등 또는 공익법인에 대하여 도매시장이나 공판장을 개설하거나 제한하도록 권고할 수 있다.

③ 정부는 명령으로 인하여 발생한 도매시장·공판장 및 민영도매시장의 개설자 또는 도매시장법인의 손실에 관하여는 대통령령으로 정하는 바에 따라 정당한 보상을 하여야 한다.

5. 도매시장법인의 대행(제66조)

① 도매시장 개설자는 도매시장법인이 판매업무를 할 수 없게 되었다고 인정되는 경우에는 기간을 정하여 그 업무를 대행하거나 관리공사, 다른 도매시장법인 또는 도매시장공판장의 개설자로 하여금 대행하게 할 수 있다.

② 도매시장법인의 업무를 대행하는 자에 대한 업무처리기준과 그 밖에 대행에 관하여 필요한 사항은 도매시장 개설자가 정한다.

6. 유통시설의 개선 등(제67조)

① 농림축산식품부장관 또는 해양수산부장관은 농수산물의 원활한 유통을 위하여 도매시장·공판장 및 민영도매시장의 개설자나 도매시장법인에 대하여 농수산물의 판매·수송·보관·저장 시설의 개선 및 정비를 명할 수 있다.

② 도매시장·공판장 및 민영도매시장이 보유하여야 하는 시설의 기준은 부류별로 그 지역의 인구 및 거래물량 등을 고려하여 농림축산식품부령 또는 해양수산부령으로 정한다.

7. 농수산물 소매유통의 개선(제68조)

① 농림축산식품부장관, 해양수산부장관 또는 지방자치단체의 장은 생산자와 소비자를 보호하고 상거래질서를 확립하기 위한 농수산물 소매단계의 합리적 유통 개선에 대한 시책을 수립·시행할 수 있다.

② 농림축산식품부장관 또는 해양수산부장관은 제1항에 따른 시책을 달성하기 위하여 농수산물의 중도매업·소매업, 생산자와 소비자의 직거래사업, 생산자단체 및 대통령령으로 정하는 단체가 운영하는 농수산물직판장, 소매시설의 현대화 등을 농림축산식품부령 또는 해양수산부령으로 정하는 바에 따라 지원·육성한다.

③ 농림축산식품부장관, 해양수산부장관 또는 지방자치단체의 장은 제2항에 따른 농수산물소매업자 등이 농수산물의 유통 개선과 공동이익의 증진 등을 위하여 협동조합을 설립하는 경우에는 도매시장 또는 공판장의 이용편의 등을 지원할 수 있다.

8. 종합유통센터의 설치(제69조)

① 국가나 지방자치단체는 종합유통센터를 설치하여 생산자단체 또는 전문유통업체에 그 운영을 위탁할 수 있다.

② 국가나 지방자치단체는 종합유통센터를 설치하려는 자에게 부지 확보 또는 시설물 설치 등에 필요한 지원을 할 수 있다.

③ 농림축산식품부장관, 해양수산부장관 또는 지방자치단체의 장은 종합유통센터가 효율적으로 그 기능을 수행할 수 있도록 종합유통센터를 운영하는 자 또는 이를 이용하는 자에게 그 운영방법 및 출하 농어가에 대한 서비스의 개선 또는 이용방법의 준수 등 필요한 권고를 할 수 있다.

④ 농림축산식품부장관, 해양수산부장관 또는 지방자치단체의 장은 종합유통센터를 운영하는 자 및 지원을 받아 종합유통센터를 운영하는 자가 권고를 이행하지 아니하는 경우에는 일정한 기간을 정하여 운영방법 및 출하 농어가에 대한 서비스의 개선 등 필요한 조치를 할 것을 명할 수 있다.

⑤ 종합유통센터의 설치, 시설 및 운영에 관하여 필요한 사항은 농림축산식품부령 또는 해양수산부령으로 정한다.

9. 유통자회사의 설립(제70조)

① 농림수협등은 농수산물 유통의 효율화를 도모하기 위하여 필요한 경우에는 종합유통센터 · 도매시장공판장을 운영하거나 그 밖의 유통사업을 수행하는 별도의 법인("유통자회사")을 설립 · 운영할 수 있다.

② 유통자회사는 「상법」상의 회사이어야 한다.

③ 국가나 지방자치단체는 유통자회사의 원활한 운영을 위하여 필요한 지원을 할 수 있다.

10. 농수산물 전자거래의 촉진 등(제70조의2)

1) 농림축산식품부장관 또는 해양수산부장관은 농수산물 전자거래를 촉진하기 위하여 한국농수산식품유통공사 및 농수산물 거래와 관련된 업무경험 및 전문성을 갖춘 기관으로서 대통령령으로 정하는 기관에 다음 각 호의 업무를 수행하게 할 수 있다.

   ① 농수산물 전자거래소(농수산물 전자거래장치와 그에 수반되는 물류센터 등의 부대시설을 포함한다)의 설치 및 운영 · 관리

   ② 농수산물 전자거래 참여 판매자 및 구매자의 등록 · 심사 및 관리

   ③ 농수산물 전자거래 분쟁조정위원회에 대한 운영 지원

   ④ 대금결제 지원을 위한 정산소(精算所)의 운영 · 관리

   ⑤ 농수산물 전자거래에 관한 유통정보 서비스 제공

   ⑥ 그 밖에 농수산물 전자거래에 필요한 업무

2) 농림축산식품부장관 또는 해양수산부장관은 농수산물 전자거래를 활성화하기 위하여 예산의 범위에서 필요한 지원을 할 수 있다.

3) 거래품목, 거래수수료 및 결제방법 등 농수산물 전자거래에 필요한 사항은 농림축산식품부령 또는 해양수산부령으로 정한다.

11. 농수산물 전자거래 분쟁조정위원회의 설치(제70조의3)

① 농수산물 전자거래에 관한 분쟁을 조정하기 위하여 한국농수산식품유통공사와 같은 항 각 호 외의 부분에 따른 기관에 농수산물 전자거래 분쟁조정위원회를 둔다.

② 분쟁조정위원회는 위원장 1명을 포함하여 9명 이내의 위원으로 구성하고, 위원은 농림축산식품부장관 또는 해양수산부장관이 임명하거나 위촉하며, 위원장은 위원 중에서 호선(互選)한다.

③ 위원의 자격 및 임기, 위원의 제척(除斥)·기피·회피 등 분쟁조정위원회의 구성·운영에 필요한 사항은 대통령령으로 정한다.

12. 유통 정보화의 촉진(제72조)

① 농림축산식품부장관 또는 해양수산부장관은 유통 정보의 원활한 수집·처리 및 전파를 통하여 농수산물의 유통효율 향상에 이바지할 수 있도록 농수산물 유통 정보화와 관련한 사업을 지원하여야 한다.

② 농림축산식품부장관 또는 해양수산부장관은 정보화사업을 추진하기 위하여 정보기반의 정비, 정보화를 위한 교육 및 홍보사업을 직접 수행하거나 이에 필요한 지원을 할 수 있다.

13. 재정 지원(제73조)

정부는 농수산물 유통구조 개선과 유통기구의 육성을 위하여 도매시장·공판장 및 민영도매시장의 개설자에 대하여 예산의 범위에서 융자하거나 보조금을 지급할 수 있다.

14. 거래질서의 유지(제74조)

① 누구든지 도매시장에서의 정상적인 거래와 도매시장 개설자가 정하여 고시하는 시설물의 사용기준을 위반하거나 적절한 위생·환경의 유지를 저해하여서는 아니 된다. 이 경우 도매시장 개설자는 도매시장에서의 거래질서가 유지되도록 필요한 조치를 하여야 한다.

② 농림축산식품부장관, 해양수산부장관, 도지사 또는 도매시장 개설자는 대통령령으로 정하는 바에 따라 소속 공무원으로 하여금 이 법을 위반하는 자를 단속하게 할 수 있다.

③ 단속을 하는 공무원은 그 권한을 표시하는 증표를 관계인에게 보여주어야 한다.

15. 교육훈련 등(제75조)

① 농림축산식품부장관 또는 해양수산부장관은 농수산물의 유통 개선을 촉진하기 위하여 경매사, 중도매인 등 농림축산식품부령 또는 해양수산부령으로 정하는 유통 종사자에 대하여 교육훈련을 실시할 수 있다.

② 도매시장법인 또는 공판장의 개설자가 임명한 경매사는 농림축산식품부장관 또는 해양수산부장관이 실시하는 교육훈련을 이수하여야 한다.

③ 농림축산식품부장관 또는 해양수산부장관은 교육훈련을 농림축산식품부령 또는 해양수산부령으로 정하는 기관에 위탁하여 실시할 수 있다.

④ 교육훈련의 내용, 절차 및 그 밖의 세부사항은 농림축산식품부령 또는 해양수산부령으로 정한다.

16. 실태조사 등(제76조)

농림축산식품부장관 또는 해양수산부장관은 도매시장을 효율적으로 운영·관리하기 위하여 필요하다고 인정할 때에는 농림축산식품부령 또는 해양수산부령으로 정하는 법인 등으로 하여금 도매시장에 대한 실태조사를 하게 하거나 운영·관리의 지도를 하게 할 수 있다.

17. 평가의 실시(제77조)

① 농림축산식품부장관 또는 해양수산부장관은 도매시장 개설자의 의견을 수렴하여 도매시장의 거래제도 및 물류체계 개선 등 운영·관리와 도매시장법인·도매시장공판장·시장도매인의 거래 실적, 재무 건전성 등 경영관리에 관한 평가를 실시하여야 한다. 이 경우 도매시장 개설자는 평가에 필요한 자료를 농림축산식품부장관 또는 해양수산부장관에게 제출하여야 한다.

② 도매시장 개설자는 중도매인의 거래 실적, 재무 건전성 등 경영관리에 관한 평가를 실시할 수 있다.

③ 도매시장 개설자는 평가 결과와 시설규모, 거래액 등을 고려하여 도매시장법인, 시장도매인, 도매시장공판장의 개설자, 중도매인에 대하여 시설 사용면적의 조정, 차등 지원 등의 조치를 할 수 있다.

④ 농림축산식품부장관 또는 해양수산부장관은 평가 결과에 따라 도매시장 개설자에게 다음 각 호의 명령이나 권고를 할 수 있다.

1. 부진한 사항에 대한 시정 명령
2. 부진한 도매시장의 관리를 관리공사 또는 한국농수산식품유통공사에 위탁 권고
3. 도매시장법인, 시장도매인 또는 도매시장공판장에 대한 시설 사용면적의 조정, 차등 지원 등의 조치 명령

⑤ 평가 및 자료 제출에 관한 사항은 농림축산식품부령 또는 해양수산부령으로 정한다.

18. 시장관리운영위원회의 설치(제78조)

① 도매시장의 효율적인 운영·관리를 위하여 도매시장 개설자 소속으로 시장관리운영위원회를 둔다.

② 위원회는 다음 각 호의 사항을 심의한다.

1. 도매시장의 거래제도 및 거래방법의 선택에 관한 사항
2. 수수료, 시장 사용료, 하역비 등 각종 비용의 결정에 관한 사항
3. 도매시장 출하품의 안전성 향상 및 규격화의 촉진에 관한 사항
4. 도매시장의 거래질서 확립에 관한 사항
5. 정가매매·수의매매 등 거래 농수산물의 매매방법 운용기준에 관한 사항
6. 최소출하량 기준의 결정에 관한 사항
7. 그 밖에 도매시장 개설자가 특히 필요하다고 인정하는 사항

③ 위원회의 구성·운영 등에 필요한 사항은 농림축산식품부령 또는 해양수산부령으로 정한다.

19. 도매시장거래 분쟁조정위원회의 설치 등(제78조의2)

① 도매시장 내 농수산물의 거래 당사자 간의 분쟁에 관한 사항을 조정하기 위하여 도매시장 개설자 소속으로 도매시장거래 분쟁조정위원회를 둘 수 있다.

② 조정위원회는 당사자의 한쪽 또는 양쪽의 신청에 의하여 다음 각 호의 분쟁을 심의·조정한다.

1. 낙찰자 결정에 관한 분쟁
2. 낙찰가격에 관한 분쟁
3. 거래대금의 지급에 관한 분쟁
4. 그 밖에 도매시장 개설자가 특히 필요하다고 인정하는 분쟁

③ 조정위원회의 구성·운영에 필요한 사항은 대통령령으로 정한다.

제7장 보칙

1. 보고(제79조)

① 농림축산식품부장관, 해양수산부장관 또는 시·도지사는 도매시장·공판장 및 민영도매시장의 개설자로 하여금 그 재산 및 업무집행 상황을 보고하게 할 수 있으며, 농수산물의 가격 및 수급 안정을 위하여 특히 필요하다고 인정할 때에는 도매시장법인·시장도매인 또는 도매시장공판장의 개설자(이하 "도매시장법인등"이라 한다)로 하여금 그 재산 및 업무집행 상황을 보고하게 할 수 있다.

② 도매시장·공판장 및 민영도매시장의 개설자는 도매시장법인등으로 하여금 기장사항(記帳事項), 거래명세 등을 보고하게 할 수 있으며, 농수산물의 가격 및 수급 안정을 위하여 특히 필요하다고 인정할 때에는 중도매인 또는 산지유통인으로 하여금 업무집행 상황을 보고하게 할 수 있다.

2. 검사(제80조)

① 농림축산식품부장관, 해양수산부장관, 도지사 또는 도매시장 개설자는 농림축산식품부령 또는 해양수산부령으로 정하는 바에 따라 소속 공무원으로 하여금 도매시장·공판장·민영도매시장·도매시장법인·시장도매인 및 중도매인의 업무와 이에 관련된 장부 및 재산상태를 검사하게 할 수 있다.

② 도매시장 개설자는 필요하다고 인정하는 경우에는 시장관리자의 소속 직원으로 하여금 도매시장법인, 시장도매인, 도매시장공판장의 개설자 및 중도매인이 갖추어 두고 있는 장부를 검사하게 할 수 있다.

③ 검사를 하는 공무원과 검사를 하는 직원에 관하여는 제74조제3항을 준용한다.

3. 명령(제81조)

① 농림축산식품부장관, 해양수산부장관 또는 시·도지사는 도매시장·공판장 및 민영도매시장의 적정한 운영을 위하여 필요하다고 인정할 때에는 도매시장·공판장 및 민영도매시장의 개설자에 대하여 업무규정의 변경, 업무처리

의 개선, 그 밖에 필요한 조치를 명할 수 있다.

② 농림축산식품부장관, 해양수산부장관 또는 도매시장 개설자는 도매시장법인·시장도매인 및 도매시장공판장의 개설자에 대하여 업무처리의 개선 및 시장 질서 유지를 위하여 필요한 조치를 명할 수 있다.

③ 농림축산식품부장관은 기금에서 융자 또는 대출받은 자에 대하여 감독상 필요한 조치를 명할 수 있다.

4. 허가 취소 등(제82조)

1) 시·도지사는 지방도매시장 개설자(시가 개설자인 경우만 해당한다)나 민영도매시장 개설자가 다음 각 호의 어느 하나에 해당하는 경우에는 개설허가를 취소하거나 해당 시설을 폐쇄하거나 그 밖에 필요한 조치를 할 수 있다.

① 허가나 승인 없이 지방도매시장 또는 민영도매시장을 개설하였거나 업무규정을 변경한 경우

② 제출된 업무규정 및 운영관리계획서와 다르게 지방도매시장 또는 민영도매시장을 운영한 경우

③ 명령을 위반한 경우

2) 농림축산식품부장관, 해양수산부장관, 시·도지사 또는 도매시장 개설자는 도매시장법인등이 다음 각 호의 어느 하나에 해당하면 6개월 이내의 기간을 정하여 해당 업무의 정지를 명하거나 그 지정 또는 승인을 취소할 수 있다. 다만, 제26호에 해당하는 경우에는 그 지정 또는 승인을 취소하여야 한다.

① 지정조건 또는 승인조건을 위반하였을 때

②「축산법」을 위반하여 등급판정을 받지 아니한 축산물을 상장하였을 때

②의2.「농수산물의 원산지 표시 등에 관한 법률」을 위반하였을 때

③ 경합되는 도매업 또는 중도매업을 하였을 때

④ 지정요건을 갖추지 못하거나 같은 조 제5항을 위반하여 해당 임원을 해임하지 아니하였을 때

⑤ 일정 수 이상의 경매사를 두지 아니하거나 경매사가 아닌 사람으로 하여금 경매를 하도록 하였을 때

⑥ 해당 경매사를 면직하지 아니하였을 때

⑦ 산지유통인의 업무를 하였을 때

⑧ 매수하여 도매를 하였을 때

⑨ 위반하여 경매 또는 입찰을 하였을 때
⑩ 위반하여 지정된 자 외의 자에게 판매하였을 때
⑪ 위반하여 도매시장 외의 장소에서 판매를 하거나 농수산물 판매업무 외의 사업을 겸영하였을 때
⑫ 위반하여 공시하지 아니하거나 거짓된 사실을 공시하였을 때
⑬ 지정요건을 갖추지 못하거나 같은 조 제3항을 위반하여 해당 임원을 해임하지 아니하였을 때
⑭ 제한 또는 금지된 행위를 하였을 때
⑮ 해당 도매시장의 도매시장법인·중도매인에게 판매를 하였을 때
⑯ 수탁 또는 판매를 거부·기피하거나 부당한 차별대우를 하였을 때
⑰ 표준하역비의 부담을 이행하지 아니하였을 때
⑱ 대금의 전부를 즉시 결제하지 아니하였을 때
⑲ 대금결제 방법을 위반하였을 때
⑳ 위반하여 수수료 등을 징수하였을 때
㉑ 시설물의 사용기준을 위반하거나 개설자가 조치하는 사항을 이행하지 아니하였을 때
㉒ 정당한 사유 없이 검사에 응하지 아니하거나 이를 방해하였을 때
㉓ 도매시장 개설자의 조치명령을 이행하지 아니하였을 때
㉔ 농림축산식품부장관, 해양수산부장관 또는 도매시장 개설자의 명령을 위반하였을 때
㉕ 업무의 정지 처분을 받고 그 업무의 정지 기간 중에 업무를 하였을 때

3) 평가 결과 운영 실적이 농림축산식품부령 또는 해양수산부령으로 정하는 기준 이하로 부진하여 출하자 보호에 심각한 지장을 초래할 우려가 있는 경우 도매시장 개설자는 도매시장법인 또는 시장도매인의 지정을 취소할 수 있으며, 시·도지사는 도매시장공판장의 승인을 취소할 수 있다.

4) 농림축산식품부장관·해양수산부장관 또는 도매시장 개설자는 경매사가 다음 각 호의 어느 하나에 해당하는 경우에는 도매시장법인 또는 도매시장공판장의 개설자로 하여금 해당 경매사에 대하여 6개월 이내의 업무정지 또는 면직을 명하게 할 수 있다.

① 상장한 농수산물에 대한 경매 우선순위를 고의 또는 중대한 과실로 잘못 결

정한 경우

② 상장한 농수산물에 대한 가격평가를 고의 또는 중대한 과실로 잘못한 경우

③ 상장한 농수산물에 대한 경락자를 고의 또는 중대한 과실로 잘못 결정한 경우

5) 도매시장 개설자는 중도매인 또는 산지유통인이 다음 각 호의 어느 하나에 해당하면 6개월 이내의 기간을 정하여 해당 업무의 정지를 명하거나 중도매업의 허가 또는 산지유통인의 등록을 취소할 수 있다. 다만, 제11호에 해당하는 경우에는 그 허가 또는 등록을 취소하여야 한다.

① 허가조건을 갖추지 못하거나 해당 임원을 해임하지 아니하였을 때

② 다른 중도매인 또는 매매참가인의 거래 참가를 방해하거나 정당한 사유 없이 집단적으로 경매 또는 입찰에 불참하였을 때

②의2. 다른 사람에게 자기의 성명이나 상호를 사용하여 중도매업을 하게 하거나 그 허가증을 빌려 주었을 때

③ 위반하여 해당 도매시장에서 산지유통인의 업무를 하였을 때

④ 위반하여 판매 · 매수 또는 중개 업무를 하였을 때

⑤ 위반하여 허가 없이 상장된 농수산물 외의 농수산물을 거래하였을 때

⑥ 위반하여 중도매인이 도매시장 외의 장소에서 농수산물을 판매하는 등의 행위를 하였을 때

⑥의2. 위반하여 다른 중도매인과 농수산물을 거래하였을 때

⑦ 위반하여 수수료 등을 징수하였을 때

⑧ 시설물의 사용기준을 위반하거나 개설자가 조치하는 사항을 이행하지 아니하였을 때

⑨ 검사에 정당한 사유 없이 응하지 아니하거나 이를 방해하였을 때

⑩ 「농수산물의 원산지 표시 등에 관한 법률」을 위반하였을 때

⑪ 업무의 정지 처분을 받고 그 업무의 정지 기간 중에 업무를 하였을 때

6) 위반행위별 처분기준은 농림축산식품부령 또는 해양수산부령으로 정한다.

7) 도매시장 개설자가 중도매업의 허가를 취소한 경우에는 농림축산식품부장관 또는 해양수산부장관이 지정하여 고시한 인터넷 홈페이지에 그 내용을 게시하여야 한다.

5. 과징금(제83조)

1) 농림축산식품부장관, 해양수산부장관, 시 · 도지사 또는 도매시장 개설자는 도매시장법인등이 제82조제2항에 해당하거나 중도매인이 제82조제5항에 해당하여 업무

정지를 명하려는 경우, 그 업무의 정지가 해당 업무의 이용자 등에게 심한 불편을 주거나 공익을 해칠 우려가 있을 때에는 업무의 정지를 갈음하여 도매시장법인 등에는 1억원 이하, 중도매인에게는 1천만원 이하의 과징금을 부과할 수 있다.

2) 과징금을 부과하는 경우에는 다음 각 호의 사항을 고려하여야 한다.
   1. 위반행위의 내용 및 정도
   2. 위반행위의 기간 및 횟수
   3. 위반행위로 취득한 이익의 규모

3) 과징금의 부과기준은 대통령령으로 정한다.

4) 농림축산식품부장관, 해양수산부장관, 시·도지사 또는 도매시장 개설자는 과징금을 내야 할 자가 납부기한까지 내지 아니하면 납부기한이 지난 후 15일 이내에 10일 이상 15일 이내의 납부기한을 정하여 독촉장을 발부하여야 한다.

5) 농림축산식품부장관, 해양수산부장관, 시·도지사 또는 도매시장 개설자는 제4항에 따른 독촉을 받은 자가 그 납부기한까지 과징금을 내지 아니하면 과징금 부과처분을 취소하고 업무정지처분을 하거나 국세 체납처분의 예 또는 「지방행정제재·부과금의 징수 등에 관한 법률」에 따라 과징금을 징수한다.

6. 청문(제84조)

농림축산식품부장관, 해양수산부장관, 시·도지사 또는 도매시장 개설자는 다음 각 호의 어느 하나에 해당하는 처분을 하려면 청문을 하여야 한다.

① 도매시장법인등의 지정취소 또는 승인취소

② 중도매업의 허가취소 또는 산지유통인의 등록취소

7. 권한의 위임 등(제85조)

① 이 법에 따른 농림축산식품부장관 또는 해양수산부장관의 권한은 대통령령으로 정하는 바에 따라 그 일부를 산림청장, 시·도지사 또는 소속 기관의 장에게 위임할 수 있다.

② 다음 각 호에 따른 도매시장 개설자의 권한은 대통령령으로 정하는 바에 따라 시장관리자에게 위탁할 수 있다.
   1. 산지유통인의 등록과 도매시장에의 출입의 금지·제한 또는 그 밖에 필요한 조치
   2. 도매시장법인·시장도매인·중도매인 또는 산지유통인에 대한 보고명령

제8장 벌칙

1. 벌칙(제86조-제88조)

1) 다음의 어느 하나에 해당하는 자는 2년 이하의 징역 또는 2천만원 이하의 벌금에 처한다.

① 수입 추천신청을 할 때에 정한 용도 외의 용도로 수입농산물을 사용한 자
② 도매시장의 개설구역이나 공판장 또는 민영도매시장이 개설된 특별시·광역시·특별자치시·특별자치도 또는 시의 관할구역에서 허가를 받지 아니하고 농수산물의 도매를 목적으로 지방도매시장 또는 민영도매시장을 개설한 자
③ 지정을 받지 아니하거나 지정 유효기간이 지난 후 도매시장법인의 업무를 한 자
④ 허가 또는 갱신허가를 받지 아니하고 중도매인의 업무를 한 자
⑤ 등록을 하지 아니하고 산지유통인의 업무를 한 자
⑥ 도매시장 외의 장소에서 농수산물의 판매업무를 하거나 농수산물 판매업무 외의 사업을 겸영한 자
⑦ 지정을 받지 아니하거나 지정 유효기간이 지난 후 도매시장 안에서 시장도매인의 업무를 한 자
⑧ 승인을 받지 아니하고 공판장을 개설한 자
⑨ 업무정지처분을 받고도 그 업(業)을 계속한 자

2) 다음 각 호의 어느 하나에 해당하는 자는 1년 이하의 징역 또는 1천만원 이하의 벌금에 처한다.

① 위반하여 인수·합병을 한 자
② 다른 중도매인 또는 매매참가인의 거래 참가를 방해하거나 정당한 사유 없이 집단적으로 경매 또는 입찰에 불참한 자
③ 다른 사람에게 자기의 성명이나 상호를 사용하여 중도매업을 하게 하거나

그 허가증을 빌려 준 자
④ 위반하여 경매사를 임면한 자
⑤ 위반하여 산지유통인의 업무를 한 자
⑥ 위반하여 출하업무 외의 판매·매수 또는 중개 업무를 한 자
⑦ 위반하여 매수하거나 거짓으로 위탁받은 자 또는 상장된 농수산물 외의 농수산물을 거래한 자
⑧ 위반하여 다른 중도매인과 농수산물을 거래한 자
⑨ 제한 또는 금지를 위반하여 농수산물을 위탁받아 거래한 자
⑩ 위반하여 해당 도매시장의 도매시장법인 또는 중도매인에게 농수산물을 판매한 자
⑪ 표준하역비의 부담을 이행하지 아니한 자
⑫ 위반하여 수수료 등 비용을 징수한 자
⑬ 조치명령을 위반한 자

2. 양벌규정(제89조)

법인의 대표자나 법인 또는 개인의 대리인, 사용인, 그 밖의 종업원이 그 법인 또는 개인의 업무에 관하여 위반행위를 하면 그 행위자를 벌하는 외에 그 법인 또는 개인에게도 해당 조문의 벌금형을 과(科)한다. 다만, 법인 또는 개인이 그 위반행위를 방지하기 위하여 해당 업무에 관하여 상당한 주의와 감독을 게을리하지 아니한 경우에는 그러하지 아니하다.

3. 과태료(제90조)

1) 다음 각 호의 어느 하나에 해당하는 자에게는 1천만원 이하의 과태료를 부과한다.
① 유통명령을 위반한 자
② 표준계약서와 다른 계약서를 사용하면서 표준계약서로 거짓 표시하거나 농림축산식품부 또는 그 표식을 사용한 매수인

2) 다음 각 호의 어느 하나에 해당하는 자에게는 500만원 이하의 과태료를 부과한다.
① 포전매매의 계약을 서면에 의한 방식으로 하지 아니한 매수인
② 단속을 기피한 자
③ 보고를 하지 아니하거나 거짓된 보고를 한 자

3) 다음 각 호의 어느 하나에 해당하는 자에게는 100만원 이하의 과태료를 부과한다.

① 경매사 임면 신고를 하지 아니한 자
② 도매시장 또는 도매시장공판장의 출입제한 등의 조치를 거부하거나 방해한 자
③ 출하 제한을 위반하여 출하(타인명의로 출하하는 경우를 포함한다)한 자
④ 포전매매의 계약을 서면에 의한 방식으로 하지 아니한 매도인
⑤ 도매시장에서의 정상적인 거래와 시설물의 사용기준을 위반하거나 적절한 위생 · 환경의 유지를 저해한 자(도매시장법인, 시장도매인, 도매시장공판장의 개설자 및 중도매인은 제외한다)
⑥ 교육훈련을 이수하지 아니한 도매시장법인 또는 공판장의 개설자가 임명한 경매사
⑦ 보고를 하지 아니하거나 거짓된 보고를 한 자
⑧ 명령을 위반한 자

4) 과태료는 대통령령으로 정하는 바에 따라 농림축산식품부장관, 해양수산부장관, 시 · 도지사 또는 시장이 부과 · 징수한다.

찾아보기

▶ 저자 약력◀

유 창 권

- 대전대학교 물류통상학과 부교수(경영학 박사)
- 서강대학교 대학원 무역학과(상학 석사)
- 서강대학교 대학원 무역학과(경영학 박사수료)
- 국토교통부 글로벌물류인력양성사업단 사업단장
- 대전대학교 부설 미래유통물류연구소 연구소장
- 고용노동부 HRD 지역산업맞춤형인력양성사업 물류관리직무 책임교수
- 국토교통부 물류산업공생발전협의체 신산업분과 자문위원
- 대전광역시 유통업 상생발전협의회 자문위원
- 대전광역시 동구청 유통업 상생발전협의회자문 위원
- 국토교통부 장관 표창(글로벌 물류전문인력양성 공적)
- 물류관리사 출제위원 및 검토위원

[주요 저서 및 논문]

- 국제물류론, 도서출판 두남(2022)
- 무역학개론, 도서출판 두남(2021)
- 보관하역론, 도서출판 두남(2020)
- 물류관리론, 도서출판 두남(2019)
- 화물운송론, 도서출판 두남(2018)
- 무역창업과 수출입실무가이드, 도서출판 두남(2016)
- 글로벌 물류의 이해, 형설출판사(2014) 외 다수

- A Study on The Impact of Self-Gifting Factors on Purchase Intention And Satisfaction of Chinese Live Commerce Consumers(2023)
- A Study on the Effect of Local Food Product Attributes on Satisfaction and Purchase Intention(2023)
- 중국 중소기업의 아웃소싱 유형과 수출성과에 관한 연구(2022)
- An Empirical Analysis of the Effects of Information Collection and Utilization Capabilities of Chinese Small and Medium Enterprises(2022)
- A Study on the Activation Strategy of Underground Shopping Malls: Focusing on Public Underground Shopping Malls in Six Major Cities(2022)
- A Study on the Institutional Improvements in the Operation and Management of Underground Shopping Malls(2022)
- 전통시장 상권 활성화를 위한 공유재산 및 물품관리법에 관한 소고(2022)
- 배달앱을 활용한 전통시장 배송모형에 관한 실증분석(2019)
- 편의점 PB 상품속성이 구매의도와 브랜드신뢰에 미치는 영향관계에 관한 실증분석(2018)
- 한국과 중국이 체결한 FTA 무역구제제도 비교고찰(2017)
- A study on the determinants of third-party logistics service supplier of Dong-daemoon market(2017)

- An empirical study on logistics barriers in three countries(2016)
- Counteractions against Changes of Logistics Environment in Northeast Asia(2015)
- 유통업체의 정보물류시스템 아웃소싱 성과에 관한 실증연구(2014)
- 한국과 중국의 물류장벽에 관한 실증연구(2012)
- 중국 진출 한국기업의 물류아웃소싱 성과에 관한 실증연구(2011)
- 일본의 유통장벽에 관한 실증연구(2010)
- 중국의 물류장벽에 관한 실증연구(2010)외 다수

김 만 길

- 현)한남대학교 무역학과 강의 전담교수(경영학 박사)
- 전)청주대학교 경제통상학부 무역학전공 강의교수
- 고려대학교, 대전대학교 등 출강

[주요 저서 및 논문]
- 무역학개론(도서출판 두남, 2021)
- 국제통상환경론(도서출판 두남, 2019)
- 수출입실무가이드(도서출판 두남, 2016)
- 무역실무(도서출판 두남, 2014)
- 세계화와 무역(도서출판 두남, 2007)
- 최신 관세법(우용출판사, 2007)
- 최신 대외무역법(우용출판사, 2006)
- WTO 통상법(대왕사, 2006)
- 대외무역법(도서출판 두남, 2002) 외 다수

- 해상운송인의 감항능력주의의무에 대한 일고찰(2021)
- 미국과 EU의 특별시장상황 적용에 대한 한국과 중국의 대응방안(2019)
- 한국과 중국이 체결한 FTA 무역구제제도 비교고찰(2017)
- FTA에 따른 우회덤핑과 원산지규정 -미국과 EU를 중심으로-(2014)
- 한국과 미국, EU의 FTA 협정상 원산지검증에 관한 비교연구(2013)
- 우리나라 원산지증명제도의 문제점 분석 및 개선방안(2011)
- 원산지증명제도의 효율적 운영 방안(2010) 외 다수

물류관련법규

초　판 1쇄 인쇄 ── 2024년 3월 4일
초　판 1쇄 발행 ── 2024년 3월 8일
지은이 ── 유 창 권·김 만 길
펴낸이 ── 전 두 표
펴낸곳 ── 도서출판 **두남**
서울시 강동구 성내로 6길 34-16 두남빌딩
신 고 : 제25100-1988-9호
TEL : 02) 478-2066, 2077
FAX : 02) 478-2068
E-mail : dnbooks@dunam.co.kr
http://www.dunam.co.kr

정가 26,000원

ISBN 978-89-6414-990-4 93320